ང་ལ་གསོ་

NgelSo
Autocura Tântrica III

Guia para o Supermercado dos Bons Pensamentos

Venerável Lama Gangchen Tulku Rimpoche

NgelSo
Autocura Tântrica III

Guia para o Supermercado dos Bons Pensamentos

São Paulo
2003

Copyright © Lama Gangchen Peace Publications, 2002
1ª edição em inglês, 1994, Peace Publications, Milão, Itália.
2ª edição em português, 1998, Sarasvati, São Paulo, Brasil.
3ª edição em português, 2003, Editora Gaia, São Paulo, Brasil.

Diretor Editorial
JEFFERSON L. ALVES

Diretor de Marketing
RICHARD A. ALVES

Gerente de Produção
FLÁVIO SAMUEL

Consultoria Editorial
BEL CESAR

Coordenação de Revisão
ANA CRISTINA TEIXEIRA

Capa
EDUARDO OKUNO

Revisão
ANA CRISTINA TEIXEIRA
SANDRA LIA FARAH

Editoração Eletrônica
SPRESS

Dados Internacionais de Catalogação na Publicação (CIP)
(Câmara Brasileira do Livro, SP, Brasil)

Gangchen Tulku, Rimpoche, 1941 – .
    NgelSo : Autocura tântrica III : guia para o supermercado dos bons pensamentos / Gangchen Tulku Rimpoche . – 3. ed. – São Paulo : Gaia, 2003.

Título original : Self-Healing III.
ISBN 85-7555-02-1

    1. Autocuidados de saúde 2. Cura pelo espírito 3. Tantrismo - Tibete I. Título : Autocura tântrica III.

03-1909   CDD-294

Índice para catálogo sistemático:
1. Autocura : Tantrismo 294

Direitos Reservados
EDITORA GAIA LTDA.
(uma divisão da Global Editora e Distribuidora)
Rua Pirapitingüi, 111-A – Liberdade – CEP 01508-020 – São Paulo - SP
Tel.: (11) 3277-7999 – Fax: (11) 3277-8141
E-mail: gaia@dialdata.com.br

Colabore com a produção científica e cultural.
Proibida a reprodução total ou parcial desta obra sem a autorização do editor.

Nº DE CATÁLOGO: **2375**

Venerável Lama Gangchen Tulku Rimpoche

ངལ་གསོ་

NgelSo – Autocura Tântrica III

Guia para o Supermercado dos Bons Pensamentos

*A Autocura é a forma de relaxar e curar
o corpo, a palavra e a mente.
O Caminho para a Iluminação.*

Como reconhecer e cuidar dos Cinco Elementos.

Como tornar-se um Curador Supremo através do Método de Treinamento Espacial.

A Interdependência dos Fenômenos – A resposta de Buddha para criarmos a Paz Interna e a Paz no Mundo agora e sempre.

Ligando a Antiga Sabedoria dos Iogues e Mahasiddhas budistas às mais recentes Teorias e Tecnologias dos Cientistas, Físicos e Cosmólogos, criando assim um Novo Veículo de Sabedoria para curar nosso Corpo, nossa Mente e o Planeta.

A Paz no Mundo Interno e Externo – Um Método para unirmos nossa energia à Energia de Cristal Puro e à Experiência de Shakyamuni Vajradhara Tubwang Tendrelma, "O Totalmente Capaz de Curar pelo Poder da Interdependência dos Fenômenos".

Como desenvolver rapidamente nossa Iluminação combinando o Vinayayana, Mahayana e Métodos de Autocura Vajrayana.

ངལ་གསོ་
NgelSo – Autocura Tântrica III

Todos os direitos reservados

Nenhuma parte deste livro pode ser reproduzida de forma nenhuma e por nenhum meio, exceto para fins de citação de passagens breves, estudos privados, pesquisas, críticas ou revisão. Qualquer um que deseje traduzir, divulgar ou ensinar as práticas de Autocura NgelSo deve entrar em contato com a *Lama Gangchen World Peace Foundation (LGWPF)* para obter uma permissão.

Desejamos deixar claro que a prática de autocura ensinada neste livro não tem intenção alguma de substituir qualquer tratamento prescrito por praticantes da medicina. Nos tempos antigos muitas pessoas eram capazes de se curar, mesmo de doenças sérias, praticando o Lam Rim, Lodjong, Mahamudra ou invocando a energia de cura do Buddha da Paz Mundial, ou Bishwa Shanti Buddha. Nos dias de hoje, porém, se você está doente, recomendamos que utilize estas visualizações de autocura em conjunção com o tratamento e os conselhos de seu médico ou terapeuta. Seu médico deve ser informado dos métodos que você está utilizando para tentar aumentar a eficácia do tratamento prescrito por ele. Em caso de dúvida, peça a orientação de seu médico.

A LGWPF gostaria de receber informações de todos que puderam encontrar alívio, melhora ou cura de suas doenças utilizando a prática da Autocura em conjunção com seu tratamento médico, e convida-os a partilhar sua experiência de autocura com outros, escrevendo um testemunho para ser publicado por nós.

Também gostaríamos que entrassem em contato conosco todos que desejarem se tornar um dos mil braços da LGWPF e que puderem oferecer suas habilidades à nossa Cruz Verde Vajra, como, por exemplo, profissionais da área de saúde, cientistas, tecnólogos, tradutores, profissionais da área de edição e publicação, informática, produção de filmes e vídeos, fotógrafos, artistas, músicos, técnicos de música, cantores, dançarinos, coreógrafos e profissionais de muitas outras áreas.

Lama Gangchen Peace Publications
Via Marco Polo 13,
20124 Milão, Itália

26 de abril de 1994, dia de lua cheia

Todos os direitos reservados a Lama Gangchen
e à Lama Gangchen Peace Publications

Sumário

Lista das Ilustrações 17
Prefácio Desta Edição 23
Primeira Luz: Declaração de Intenção 25
Segunda Luz: Prefácio de S.E. Sandhong Rimpoche 26
Terceira Luz: Prefácio de Gerardo Gonzales Cortez 27
Quarta Luz: Agradecimentos 30
Prefácio à Edição Brasileira 35
Quinta Luz: Prefácio do Autor 39
Sexta Luz: Sutra da Autocura 42
Sétima Luz: O que é a Autocura? 43

A Mensagem de Louca Sabedoria de Lama Gangchen
A Essência da Autocura Tântrica III

Oitava Luz: Como Manter Nossa Preciosa Energia Pura e Saudável 48
Nona Luz: NgelSo e Autocura 52
Décima Luz: Mantra da Interdependência dos Fenômenos 54
Décima Primeira Luz: De onde vem a Linhagem de Paz do Livro Autocura Tântrica III? 60
Décima Segunda Luz: Por que Precisamos Reconhecer e Cuidar de Nossos Ventos Internos e Externos que Sustentam os Cinco Elementos 64
Décima Terceira Luz: Treinamento Espacial — Como Curar os Mundos Externo e Interno Através do Relaxamento NgelSo no Espaço Absoluto da Vacuidade 81
Décima Quarta Luz: Karma ou como Instalar os Programas de Nosso Computador da Realidade em Nosso Disco do Espaço Interior 88

Décima Quinta Luz: Shindje Radja Externo: O Detentor do Espelho onde os Registros Kármicos de Todos os Seres Humanos Estão Armazenados 91
Décima Sexta Luz: Purificação: Como Apagar Vírus e Programas Desnecessários de Nosso Disco do Espaço Interior 94
Décima Sétima Luz: O que é Reencarnação? 97
Décima Oitava Luz: Como os Tulkus Recuperam Suas Lembranças do Dharma 99
Décima Nona Luz: Existe Vida Depois do Samsara? 101
Vigésima Luz: O que é o Tantra? 103
Vigésima Primeira Luz: Como Usar o Espaço em Nosso Dia-a-dia 106
Vigésima Segunda Luz: Como Usar o Tempo Positivamente em Nosso Dia-a-dia 110
Vigésima Terceira Luz: As Três Jóias: Buddha, Dharma e Sangha 113
Vigésima Quarta Luz: Autocura é Dharma: Um Remédio para Curar o Sofrimento dos Mundos Externo e Interno 118
Vigésima Quinta Luz: Um Exemplo de Sangha (Boa Companhia) é a Fundação Lama Gangchen para a Paz no Mundo 119
Vigésima Sexta Luz: Como Voar como um Garuda com a Prática da Autocura 121
Vigésima Sétima Luz: Mahamudra: O Grande Relaxamento 126

LIGANDO A ANTIGA SABEDORIA DOS IOGUES E MAHASIDDHAS BUDISTAS ÀS ÚLTIMAS TEORIAS E TECNOLOGIAS DOS CIENTISTAS, FÍSICOS E COSMÓLOGOS, CRIANDO ASSIM UM NOVO VEÍCULO DE SABEDORIA PARA CURAR NOSSO CORPO, NOSSA MENTE E O PLANETA

Vigésima Oitava Luz: Budismo, Ciência e Tecnologia, o Novo Veículo de Sabedoria 132
Vigésima Nona Luz: A Vacuidade 135
Trigésima Luz: A Interdependência 138
Trigésima Primeira Luz: A Relação entre o Macrocosmo e o Microcosmo 139
Trigésima Segunda Luz: A Mente está Criando a Realidade Material 139
Trigésima Terceira Luz: Como Usar a Impermanência Criativamente 141
Trigésima Quarta Luz: Por que Precisamos Desenvolver o Mundo Interno Tanto Quanto o Mundo Externo 143
Trigésima Quinta Luz: A Harmonia Entre Ciência e Religião 148
Trigésima Sexta Luz: O Novo Veículo de Sabedoria 153

Trigésima Sétima Luz: Introdução ao Método de Autocura do Guru
Buddha da Paz Mundial Shakyamuni-Vajradhara 165
Trigésima Oitava Luz: Explicação do Significado do Buddha da
Paz no Mundo, Tubwang Tendrelma, "O Totalmente Capaz de
Curar pelo Poder da Interdependência dos Fenômenos" 167
Trigésima Nona Luz: Ngel — A Interdependência Negativa —
O Caminho da Sombra 169
Quadragésima Luz: So — A Interdependência Positiva —
O Caminho da Luz de Cristal 171
Quadragésima Primeira Luz: A Chave para a Liberdade e a Paz
é Perceber o Espaço Absoluto e Harmonizar os Dois Mandalas 172
Lalitavistara: "O Sutra da Revelação" — A Primeira Parte da História
da Vida de Buddha Shakyamuni Segundo as Ilustrações da Stupa
Mandala de Borobudur construída no Século VIII, na Indonésia 175
Quadragésima Segunda Luz: Os Primeiros Ensinamentos de Buddha
Shakyamuni 185
Quadragésima Terceira Luz: Como Usar o Mantra de Guru Buddha
Shakyamuni para Autocura, Relaxamento e Companhia Espiritual 192
Quadragésima Quarta Luz: Os Benefícios do Mantra de Cura de
Guru Buddha Shakyamuni são Ilimitados 193
Quadragésima Quinta Luz: O Significado do Mantra de Guru
Buddha Shakyamuni 194
Quadragésima Sexta Luz: Sete Meditações Curativas para Fazermos
Enquanto Recitamos o Mantra de Guru Buddha Shakyamuni 196
Primeira Luz do Sol: Meditação respiratória para tornar nosso
corpo, palavra e mente puros e limpos 196
Segunda Luz do Sol: Introdução à aura e à meditação que cura a
aura 198
Terceira Luz do Sol: Meditação de Proteção Áurica 201
Quarta Luz do Sol: Visualização para aumentar o poder dos remédios 202
Quinta Luz do Sol: Meditação para os doentes 203
Sexta Luz do Sol: Meditação para os que estão perto da morte 204
Sétima Luz do Sol: Meditação para os mortos e renascidos 204
Quadragésima Sétima Luz: Como Realizar o Caminho Completo de
Relaxamento e Regeneração Autocura Tântrica NgelSo por meio da
Compreensão de Tendrel — A Interdependência dos Fenômenos 206
Quadragésima Oitava Luz: Pedido a Tubwang Tendrelma para que nos
Conceda a Percepção do Surgir Interdependente dos Fenômenos,
da qual Automaticamente se Manifestam Muitos Níveis de
Regeneração e Relaxamento Autocurativos NgelSo Vinayayana,
Mahayana e Vajrayana 206

Autocura Tântrica NgelSo e a Interdependência dos Fenômenos no Nível Grosseiro

Quadragésima Nona Luz: Introdução 209
Quinquagésima Luz: Como Cuidar de Nossas Emoções 209
Quinquagésima Primeira Luz: Como Cuidar de Nossos Três Humores 212

Vento

Quinquagésima Segunda Luz: Uma Pessoa Dominada pelo Humor Vento 212
Quinquagésima Terceira Luz: Como Saber se Temos um Distúrbio do Humor Vento 213
Quinquagésima Quarta Luz: A Dieta Autodestrutiva e a Dieta Autocurativa para as Pessoas Dominadas pelo Humor Vento 214
Quinquagésima Quinta Luz: O Comportamento Autodestrutivo e o Comportamento Autocurativo para as Pessoas Dominadas pelo Humor Vento 215

Bile

Quinquagésima Sexta Luz: Uma Pessoa Dominada pelo Humor Bile 217
Quinquagésima Sétima Luz: Como Saber se Temos um Distúrbio do Humor Bile 217
Quinquagésima Oitava Luz: A Dieta Autodestrutiva e a Dieta Autocurativa para as Pessoas Dominadas pelo Humor Bile 218
Quinquagésima Nona Luz: O Comportamento Autodestrutivo e o Comportamento Autocurativo para as Pessoas Dominadas pela Bile 220

Fleuma

Sexagésima Luz: As Pessoas Dominadas pelo Humor Fleuma 221
Sexagésima Primeira Luz: Como Saber se Temos um Distúrbio da Fleuma 221
Sexagésima Segunda Luz: A Dieta Autodestrutiva e a Dieta Autocurativa para as Pessoas Dominadas pela Fleuma 222
Sexagésima Terceira Luz: O Comportamento Autodestrutivo e o Comportamento Autocurativo para as Pessoas Dominadas pela Fleuma 224
Sexagésima Quarta Luz: Como Abençoar a Comida 224

Nível Sutil da Interdependência dos Fenômenos e da Autocura Tântrica NgelSo Lam Rim e Lodjong

Sexagésima Quinta Luz: Programa de Autocura Lam Rim para Desenvolver Luz Interna, Paz Interna e Paz Mundial 228

Sexagésima Sexta Luz: O Caminho da Sombra e o Caminho da Luz —
Para Cada Obscurecimento Há uma Luz (A Interdependência
Negativa e a Interdependência Positiva) 232
Sexagésima Sétima Luz: A História de Gueshe Ben Kunguial 237
Sexagésima Oitava Luz: Lendo e Refletindo sobre os Estágios do
Caminho — Lam Rim 238

Nível Básico de Autocura Tântrica NgelSo
Vinayayana Lam Rim

Sexagésima Nona Luz: Desenvolvendo os Seis Reconhecimentos 240
Septuagésima Luz: Compreendendo a Preciosidade da Vida Humana 241
Septuagésima Primeira Luz: Usando a Morte e a Impermanência de
Forma Criativa 246
Septuagésima Segunda Luz: O Karma Positivo e Negativo nos Segue
Como Nossa Aura e Nossa Sombra 250
Septuagésima Terceira Luz: O que Torna as Ações mais Poderosas 253
Septuagésima Quarta Luz: Karma Fixo, Karma Móvel e Karma de Projeção ... 254
Septuagésima Quinta Luz: Os Dez Principais Caminhos Energéticos
de Nosso Corpo, Palavra e Mente — Para Cada Sombra Há uma Luz 255
Septuagésima Sexta Luz: Como Conseguir a Melhor Chance para
Desenvolver Nossa Luz Interna 263
Septuagésima Sétima Luz: Compreendendo os Resultados de Nossas
Ações Interdependentes Negativas (O Sofrimento dos Reinos
Inferiores) 266
Septuagésima Oitava Luz: Refúgio — A Melhor Apólice de Seguro de
Vida 268
Septuagésima Nona Luz: As Qualidades das Três Jóias 271
Octogésima Luz: Doze Sugestões para Aprofundar Nosso Refúgio 274
Octogésima Primeira Luz: Como Purificar Nossas Ações Negativas
com os Quatro Poderes Oponentes. Como Apagar Programas
Negativos de Nosso Disco do Espaço 278

Nível Intermediário da Autocura Tântrica NgelSo

Octogésima Segunda Luz: O Sofrimento dos Reinos Superiores
(ou "E Você Pensava que era Feliz!") 281
Octogésima Terceira Luz: Renúncia: O Desejo de Escapar ao
Sofrimento do Samsara 283
Octogésima Quarta Luz: Como Seguir o Caminho da Autocura para a
Libertação e o Nirvana — As Quatro Nobres Verdades 287

Octogésima Quinta Luz: Como Atingir a Libertação de Todas as
Doenças e Sofrimentos do Corpo e da Mente nos Níveis Grosseiro
e Sutil Meditando Sobre o Caminho Obscuro dos Doze Elos
Interdependentes da Corrente do Samsara e Cortando esses Doze Elos .. 290
Octogésima Sexta Luz: Os Três Treinamentos Superiores 307
Octogésima Sétima Luz: O Resultado do Vinayayana é o Nirvana 308

Nível Avançado de Autocura Mahayana Lam Rim NgelSo

Octogésima Oitava Luz: Refúgio Mahayana 310
Octogésima Nona Luz: Os Dez Benefícios da Bodhichitta 310
Nonagésima Luz: Desenvolvendo um Vínculo Puro com um Lama Curador .. 314
Nonagésima Primeira Luz: O Método das Seis Causas e um Efeito
para Desenvolver a Bodhichitta 318
Nonagésima Segunda Luz: As Seis Luzes Causais 320
   Primeira Luz Causal: Desenvolvendo a equanimidade 320
   Segunda Luz Causal: Compreendendo a brincadeira cósmica de
   que todos já foram nossas mães em outras vidas 321
   Terceira Luz Causal: Desejando retribuir a bondade que todos
   os seres vivos já nos demonstraram 322
   Quarta Luz Causal: Desenvolvendo o amor que nasce de vermos
   os outros como atraentes 323
   Quinta Luz Causal: Desenvolvendo a grande compaixão 324
   Sexta Luz Causal: Desenvolvendo o Altruísmo 325
Nonagésima Terceira Luz: Sétima Luz Resultante: Desenvolvendo a
Bodhichitta 327
Nonagésima Quarta Luz: O Estilo de Vida de um Líder 329
   Primeira Luz da Jóia: A Perfeição do Oferecer 329
   Segunda Luz da Jóia: A Perfeição do Controle da Energia dos
   Chakras 330
   Terceira Luz da Jóia: A Perfeição da Paciência 331
   Quarta Luz da Jóia: A Perfeição de Gerar e Sustentar a energia 332
   Quinta Luz da Jóia: A Perfeição da Concentração 334
   Sexta Luz da Jóia: A Perfeição da Sabedoria 335
Nonagésima Quinta Luz: Como Desenvolver Shine, a Paz da
Concentração 336
Nonagésima Sexta Luz: A Vacuidade e a Interdependência dos
Fenômenos 341
Nonagésima Sétima Luz: A Interdependência dos Fenômenos
(Tendrel) 346

Nonagésima Oitava Luz: Como "Caçar e Matar" o Ego, Nosso Verdadeiro Inimigo 352
Nonagésima Nona Luz: Lodjong — O Treinamento da Mente 360
Centésima Luz: Os Oito Versos de Treinamento da Mente, por Gueshe Langri Tangpa 362
Centésima Primeira Luz: Por que Precisamos Praticar o Lam Rim e o Tantra Juntos 366

NÍVEL VAJRAYANA: O NÍVEL MUITO SUTIL DE SURGIR INTERDEPENDENTE E AUTOCURA TÂNTRICA NGELSO

Centésima Segunda Luz: Como Transformar o Obscuro Caminho do Bardo no Resplandecente Caminho da Libertação 368
Centésima Terceira Luz: Como se Preparar para a Morte, a Libertação e a Iluminação Através da Meditação Mahamudra 393
Centésima Quarta Luz: A Chave de Sabedoria 401
Centésima Quinta Luz: A Forma da Energia de Néctar Cristalino de Pura luz 404
Centésima-Sexta Luz: Um Gostinho do Significado de Evam — A Essência da Paz Interior e da Paz Mundial 406
Centésima Sétima Luz: Dedicação Mahamudra para Obter os Sete Beijos Puros 413
Centésima Oitava Luz: Dedicatória do Volume I — NgelSo — Autocura Tântrica III 414
Apêndice I: A Universidade Budista de Khanyagopa — As Cavernas dos Mahasiddhas Perto de Bombaim, na Índia, por Dorje Khanyen Lhamo 415
Apêndice II: Sistema Geral dos Ventos Elementais no Tantra Ioga Superior 421
Apêndice III: Algumas Considerações Sobre o Aborto 423
Apêndice IV: Declaração Universal dos Direitos Humanos 425
Apêndice V: Fundação Lama Gangchen para a Paz no Mundo (LGWPF) 432
Grupos de Estudo e Centros de Autocura e Paz Interior de Lama Gangchen 435

Lista das Ilustrações

Capa:

Buddha Shakyamuni e o Mandala de Cura dos Dezesseis Arhats
no centro: Buddha Shakyamuni
à esquerda: o Arhat Shariputra
à direita: o Arhat Maudgalyana

Os Dezesseis Arhats: (seres autoliberados)
01   ANGAJA
02   AJITA
03   VANAVASIR
04   KALIKA
05   VAJRIPUTRA
06   SHRIBHADRA
07   KANAKAVATSA
08   KANAKBHARADVAJA
09   BAKULA
10   RAHULA
11   TCHUDAPANTHAKA
12   PINDOLA BHARADVAJA
13   PANTHAKA
14   NAGASENA
15   GOPAKA
16   ABHEDA
17   UPASIKA DHARMATALA (uma emanação de Tchenrezig)
18   HVA-SHANG (o benfeitor chinês)

Os Quatro Reis Guardiões
19   YULKHOR SUNG – Protetor do Leste
20   PAGKYEPO – Protetor do Sul

O Mandala de Buddha Shakyamuni e os dezesseis Arhats

Primeiro oráculo de sabedoria: um oráculo verdadeiro nos oferece sabedoria clara, respostas que nos ajudam a desenvolver a luz interna e a Autocura Tântrica Ngelso.

21   TCHENMIZANG – Protetor do Oeste
22   NAMTHOSE – Protetor do Norte

Os Gurus-raiz de Lama Gangchen: S.S. o Dalai Lama, S.S. o Pantchen Lama,
    S.S. Ling Dordjetchang, S.S. Tridjang Dorjdetchang, S.S. Zong Dordjetchang 29
O selo de T.Y.S. Lama Gangchen Tulku Rimpoche 33
T.Y.S. Lama Gangchen Tulku Rimpoche, o fundador do sistema de Autocura
    Tântrica NgelSo 36
A canção de Lama Gangchen de sua experiência interior de NgelSo e
    Tendrel (a interdependência dos fenômenos) 37
Lama Gangchen Rimpoche no Lago Turquesa, Tibete, 1991 38
O Sutra da Autocura 42
Tubwang Tendrelma, "O Totalmente Capaz de Curar Pelo Poder da
    Interdependência dos Fenômenos", sustentando e desenvolvendo
    a paz dos mundos externo e interno 46
Assim como a lua cresce gradualmente da lua nova até a lua cheia,
    também nós precisamos desenvolver gradualmente nossas realizações
    de autocura e nossa luz interior até a Iluminação completa 51
O mantra da Interdependência dos Fenômenos 53
Primeira luz da lua: a autocura é o caminho para a Iluminação 59
Segunda luz da lua: EH YAM RAM LAM BAM 63
"Assim como é no mundo externo, também é no mundo interno" 65
Terceira luz da lua: EH LAM YAM BAM RAM 67
Precisamos reconhecer e cuidar dos cinco elementos 70
A canção dos cinco ventos elementais do Tantra Ioga Superior 74
Seu amigo Lama está sempre com você! 76
O sistema dos ventos elementais da medicina tântrica tibetana 78
Quarta luz da lua: relaxe NgelSo no espaço absoluto pleno de
    bem-aventurança 80
As bênçãos de cristal puro permeiam as dez direções 82
Precisamos desenvolver o corpo, a palavra e a energia mental OM AH HUM 84
Quinta luz da lua: os exploradores do espaço interior seguem o Programa
    de Treinamento Espacial 87
Sexta luz da lua: o disco do espaço interior é o espelho do karma
    negativo e positivo 89
Sétima luz da lua: o espaço interior é maior que todo o universo 96
Oitava luz da lua: a paciência é o relaxamento NgelSo no espaço absoluto 108
Nona luz da lua: faça um passeio no espaço interno de sua mente e de seu
    coração 112
Por favor, ocupe-se em paz 116
Décima luz da lua: Jesus, Buddha, Einstein — Pioneiros do Espaço Interior 117
Autocura é voar como um garuda 120
Décima primeira luz da lua: Budismo, ciência e tecnologia — Um novo
    veículo de sabedoria 131

Descobertas da ciência moderna 136
O mundo interno está chorando e com ciúmes; por favor, cuide dele
    com carinho 144
A: a vogal primordial é o símbolo do espaço absoluto 146
Décima segunda luz da lua: Djetsün Dordje Trokar – A dança cósmica 149
Décima terceira luz da lua: Djetsün Dordje Lukar – A canção do arco-íris
    vajra 151
Décima quarta luz da lua: a Cruz Verde Vajra – As Nações Unidas da
    Espiritualidade 154
Albert Einstein, o pai da mecânica quântica e da relatividade e cuja obra
    mudou a forma de percepção da realidade do homem no século XX 157
Décima quinta luz da lua: Fundação Lama Gangchen para a Paz no Mundo 160
Tendrelma, o Buddha da Paz Mundial 164
NGELSO 170
A stupa mandala de Borobudur na Indonésia 175
O Sutra Lalitavistara – Ilustração da primeira parte da vida de Buddha
    Shakyamuni segundo as ilustrações da stupa mandala de Borobudur,
    na Indonésia 176
Yulkhor Sung, Protetor do Leste, o protetor da porta da morte 188
Pagkyepo, Protetor do Sul, o protetor da porta das ilusões 189
Tchenmizang, Protetor do Oeste, o protetor da porta do corpo e mente
    poluídos 190
Namthose, Protetor do Norte, o protetor da porta de Mara, o rei dos
    demônios 191
OM MUNI MUNI MAHA MUNI SHAKYAMUNIE SOHA 195
Por favor, cuide da paz do mundo interno, externo e secreto e faça-a crescer 197
As ações kármicas de luz e de escuridão são registradas em nosso disco do
    espaço interno e nos seguem como nossa aura e nossa sombra 205
A combinação destrutiva e a combinação harmoniosa dos cinco elementos 210
Buddha Shakyamuni ama este mundo e por isso revelou a interdependência
    dos fenômenos 226
Todas as coisas são vazias de existência inerente. Todos os fenômenos
    surgem interdependentemente e se transformam devido ao karma 229
Precisamos compreender a preciosidade de nossa vida 242
Precisamos usar a morte e a impermanência de forma criativa 245
Por favor, mantenha a paz do mundo interno e externo 247
Para cada sombra há uma luz 252
Os seis reinos samsáricos estão dentro de nós 265
Precisamos contar com um refúgio 269
Os três venenos-raiz: a ignorância, o apego e a raiva 284
Todos os seres vivos precisam de paz 286
A roda da vida samsárica 289

Quebrando os doze elos interdependentes 291
Transforme seu pequeno coração egocêntrico e sua mente pequena de apego a si mesmo no grande coração e na grande mente do guerreiro desperto 308
Tubwang Tendrelma, "O Totalmente Capaz de Curar pelo Poder da Interdependência dos Fenômenos sustentando a paz do mundo interno e externo" 313
Nunca existiu um Lama Curador sem Bodhichitta 319
Precisamos usar o Gancho da Vigilância e o Anel da Consciência Desperta para desenvolvermos o poder da concentração "Shine" 338
A percepção da vacuidade do "eu" e do "meu" leva-nos à libertação perfeita 340
Nada possui existência por si mesmo pois todas as coisas são fenômenos surgidos interdependentemente 345
Tubwang Tendrelma absorvendo todos os obstáculos à paz mundial 351
Com o coração pleno de amor, veja a vida como um sonho, flua com a impermanência e cure o mundo 361
O "sistema de cozimento" dos cinco elementos segundo o estágio de geração 365
Vairochana – o Curador Supremo da Ignorância 370
Ratnasambhava – o Curador Supremo do Orgulho e da Avareza 372
Amitabha – o Curador Supremo do Apego 374
Amogasiddhi – o Curador Supremo da Inveja 376
Akshobhya – o Curador Supremo da Raiva 378
A dissolução dos ventos elementais e das consciências durante a morte, o adormecer e a meditação tântrica 382
Tubwang Tendrelma Vajradhara 389
A forma de energia de néctar cristalino de pura luz 403
Curando o mundo pelo poder de NgelSo e EVAM 407
Os sete beijos puros 412

Prefácio desta Edição

Rejubilo-me com os esforços de meus amigos brasileiros que publicaram a segunda edição de *NgelSo Autocura Tântrica III* em português, tornando-o disponível para o público mais amplo. Espero que os antigos métodos de sabedoria contidos neste livro ajudem o leitor a lidar mais facilmente com as dificuldades dos tempos atuais, mostrando uma alternativa para o moderno progresso tecnológico, para a pesquisa científica avançada e para a exploração abusiva de nossos recursos naturais. Espero que o leitor encontre neste livro a inspiração para explorar a profunda ciência interior que se abre para vastidão de nosso universo íntimo.

Gostaria de agradecer em particular a Bel Cesar, Editora Gaia e a todos os amigos do Dharma que ajudaram a publicar a segunda edição deste livro, um dos melhores investimentos para as gerações atuais e futuras e para o desenvolvimento da Paz Interior e Exterior para uma Cultura da Paz no Terceiro Milênio.

Milão, 19 de abril de 2003

T.Y.S. Lama Gangchen
Lama Tibetano de Cura
Fundador da Lama Gangchen World Peace Foundation
Chanceler Nacional para a Itália da Int. Ass. of Educators for World Peace *(UN NGO, Ecsosoc-Unesco-Unicef)*

Primeira Luz

Declaração de Intenção

ཉོན་མོངས་མ་ལུས་བསལ་བ་དང་།
མི་ཤེས་མ་ལུས་སྤོང་བའི་ཕྱིར།
བསམ་པའི་བྱད་པར་ཇི་བཞིན་དུ།
སེམས་ཅན་རྣམས་ལ་བཤད་པར་བྱ།

NIMO MALÜ SOWA DANG
MESE MALÜ PANG PE TCHIR
SANGPE KIEPAR TCHI SHIN DUR
SEMTCHE MANLA SHEPA DSAR

A fim de dispersar todo tipo de mácula e poluição
E de eliminar a obscura sombra da ignorância
Explicarei a autocura de acordo com a diferente
Capacidade e os diferentes desejos dos seres vivos.

Manjushri Nama Sanghita

Segunda Luz

Prefácio de S.E. Sandhong Rimpoche Reitor do Instituto dos Estudos Tibetanos Superiores: Sarnath – Varanasi – Índia

A cura é a necessidade atual para a humanidade em sofrimento, especialmente nesta época de degeneração e poluição de todos os tipos: física, mental e ambiental.

Há vários sistemas de cura no mundo. A doença e sua cura em geral é um dos temas básicos dos ensinamentos de Buddha. Em muitos Sutras, Buddha diz que cada um é seu próprio salvador. Os sofrimentos ou problemas que os seres sencientes enfrentam têm muitos níveis e formas diferentes. Alguns podem ser aliviados por agentes externos, mas existem aflições que nunca poderão ser aliviadas se o seu sujeito, ou quem a vivencia, não se esforçar por si mesmo para se purificar. Isso significa que a autocura é o único remédio para os seres sencientes que pode, sozinho, ser uma panacéia sólida e duradoura.

Na tradição do Budismo Tibetano floresceu a prática de curar muitos tipos de doenças por meio do poder de mantras e métodos tântricos de meditação. O método de Lama Gangchen para a autocura do corpo, palavra e mente aborda os complexos problemas enfrentados por todos os seres sencientes de uma forma nova. Baseado no espectro dos ensinamentos e métodos disponíveis na vasta literatura do Budismo Tibetano e em suas ricas tradições, Rimpoche, em sua série NgelSo de métodos graduais de cura, enfatizou a cura das aflições da mente que se originam basicamente nela, através de um método de autocura do corpo, palavra e mente, empregando meios diligentes ensinados por Buddha para adequarem-se à atitude mental da pessoa envolvida.

A técnica da recitação meditativa somada à ajuda de visualização da aura tem sido utilizada com eficácia, e ajuda a acalmar a mente perturbada e a despertar a consciência inata. Esperamos que os praticantes deste método em seus vários níveis possam beneficiar-se muito dele, e que a antiga tradição de cura assim reformulada possa atrair a atenção de uma crescente audiência e ser preservada para a posteridade.

Sarnath, 12 de abril de 1994   *Sandhong Rimpoche*

Terceira Luz

Prefácio de Gerardo Gonzales Cortez

Santiago, Chile, 26 de abril de 1994

Lama Gangchen Tulku Rimpoche atravessou as fronteiras do tempo para trazer a antiga sabedoria do Budismo Tibetano ao nosso turbulento planeta. Sua mensagem tem o otimismo audacioso de uma profecia: "com a Autocura Tântrica podemos curar o mundo"; uma profecia cuja realização é nossa própria responsabilidade.

Enquanto o saber científico e suas aplicações tecnológicas progrediram linearmente, a sabedoria e a vida espiritual das sociedades modernas evoluíram em um movimento circular, passando por ciclos instáveis de luz e obscurecimento. Assim, enquanto a tecnologia antiga pode ser considerada obsoleta em nossa sociedade, a sabedoria antiga – nascida em uma época em que o homem vivia em maior harmonia com a natureza, em contato direto com a terra, o vento, a água e o fogo – pode ser como sangue novo para o nosso mundo adoentado.

Depois de setecentos anos de contínuo desenvolvimento tecnológico, dramaticamente acelerado neste século, a humanidade está alcançando em muitos campos não apenas um sucesso impressionante, mas também níveis críticos de desequilíbrio. O progresso científico e tecnológico possibilitou a cura de muitas doenças, prolongou a vida e alimenta uma população humana cada vez maior, que já alcançou a casa dos bilhões e continua a crescer no ritmo alarmante de alguns milhões de seres humanos por ano. Novas tecnologias nos campos da habitação, transporte e energia melhoraram a aparência e tornaram possível o funcionamento das grandes cidades, que estão se tornando o ambiente mais comum de nosso dia-a-dia. A revolução nas tecnologias de comunicação transformou nosso vasto planeta em uma aldeia global, simultaneamente democratizando o acesso à informação, à sabedoria e às artes.

As conquistas são muitas, mas há também muitos problemas e desafios. O superconsumo por parte das classes mais abastadas contrasta com o dramático subconsumo nas classes mais pobres, enquanto o desejo confesso de todos é o de consumir sempre mais. A superexploração dos recursos naturais em muitos locais resulta em desflorestamentos, desertificação, degradação de muitos ecossistemas, redução da biodiversidade e uma cadeia completa de problemas ambientais. Apesar da "guerra fria" ter terminado, a paz ainda está muito distante, enquanto muitos grupos étnicos continuam guerreando entre si para obter o domínio de territórios ou para tornar-se politicamente independentes.

Mudanças profundas em nosso estilo de vida e na forma como interagimos com a natureza são necessárias. Também na forma como interagimos conosco mesmos e com os que nos rodeiam. Entretanto, não é mais possível voltar ao estilo de vida rural para encontrar a paz interna e externa. A mensagem de Lama Gangchen não propõe a fuga para o passado, mas o uso da sabedoria antiga para construirmos o equilíbrio interno e externo aqui mesmo em nosso mundo contemporâneo, com sua tecnologia avançada, grandes cidades, aviões, supermercados e televisão. Ele nos chama para uma revolução que venha de cima; uma revolução pacífica que deve mobilizar todas as forças espirituais construtivas para trabalharem unidas na cura do mundo e de nós mesmos.

Gerardo Gonzales Cortez
Consultor sobre População e Desenvolvimento
UNFPA
Departamento do Corpo de Apoio
à América Latina e Caribe

Os Gurus-raiz de Lama Gangchen: S.S. o Dalai Lama, S.S. o Pantchen Lama, S.S. Ling Dordjetchang, S.S. Tridjang Dorjdetchang, S.S. Zong Dordjetchang

Quarta Luz

Agradecimentos

O livro *NgelSo – Autocura Tântrica III* foi escrito nos anos 1993 e 1994, enquanto eu estava viajando e aprendendo com meus amigos na Itália, Nepal, Malásia, Índia, Indonésia, Bélgica, Holanda, Suíça, Inglaterra e Brasil. Seu objetivo é partilhar a mensagem da Paz Interna e da Paz no Mundo com todos os meus amigos.

O mundo está cheio de fundações e métodos de paz, mas este livro foi escrito com a finalidade de oferecer uma nova perspectiva para criarmos a Paz Interna e pôr um fim à guerra interna que a maior parte das pessoas hoje vive em quase todas as suas atividades cotidianas. A agressão e a raiva que as pessoas de hoje vivenciam, tanto no trânsito logo de manhã quanto no curso normal do trabalho, são maiores do que as que os povos antigos vivenciavam durante uma guerra. Portanto, precisamos começar a trabalhar pela Paz Mundial em nosso coração.

Gostaria de agradecer aos meus Gurus-raiz e Gurus da Linhagem, e a todos os meus amigos de Dharma que me ensinaram incansavelmente os Sutras, Tantras, medicina e astrologia da linhagem tibetana Guelupa da paz, a base do livro *NgelSo – Autocura Tântrica III*. Agradeço também a todos os meus Gurus, a todos os Buddhas e Bodhisattvas e outros Seres Sagrados, por terem me tornado capaz de completá-lo rapidamente e sem interferências enquanto eu me ocupava também de muitos outros projetos.

Este livro, no nível relativo, foi escrito e publicado com muita rapidez, mas em um outro nível, poderíamos dizer que levou muitos anos para ser completado. Uma de minhas encarnações passadas, Truphul Lotsawa, que viveu na região oeste do Tibete durante o século XII, foi um grande tradutor e escritor sobre muitos assuntos, como o Tantra, o Sutra, a astrologia, alquimia, cura tântrica, etc. Ele escreveu livros sobre a interdependência dos fenômenos, a purificação dos chakras e NgelSo, por exemplo, Tchenrezig Sem Nyi NgelSo. Ele também escreveu muitos livros sobre como percorrer o caminho do Lam Rim, sobre o Lodjong, o Tantra e a cura do meio ambiente. Muitos de seus livros eram profundamente esotéricos e estavam na verdade destinados às gerações futuras, e não ao século XII.

Truphul Lotsawa escondeu esses textos no céu para que fossem encontrados no futuro. Isso significa que meus livros de Autocura Tântrica NgelSo são "termas" da mente (tesouros da mente), pois foram gravados em meu disco do espaço interno há oito séculos, e agora as causas e condições corretas surgidas interdependentemente se manifestaram para que esses programas de autocura fossem impressos a partir do computador interno de meu coração.

Eu também gostaria de agradecer a todos os meus amigos da *Lama Gangchen Peace Publications*, sediada na Itália, e da *Lama Gangchen Sarasvati* do Brasil, a todos os que trabalham para a *Fundação Lama Gangchen para a Paz no Mundo*, aos que cuidam de meus centros Tchomen pelo mundo e a todos os meus assistentes, que contribuem trabalhando de muitas formas. Agradeço também a todos os meus pacientes e amigos, que me inspiraram a escrever estes livros de Autocura Tântrica NgelSo e a tentar fazer algo para desenvolver um "novo veículo de sabedoria" e o Budismo no Ocidente.

As esperanças, desejos e pedidos de todos os meus amigos e pacientes criaram as condições para que eu ensinasse a Autocura Tântrica NgelSo. Sou profundamente grato a todos eles por terem tornado isso possível. Eu gostaria de agradecer de forma especial às minhas secretárias Cozy Back e Choekyi-Lag, que digitaram, revisaram e corrigiram este livro muitas vezes; a Anna Maria Di Palma por suas belas ilustrações e, especialmente, a Caroline Nicholson, Dordje Khanyen Lhamo, "a Atendente-Vajra que escuta as palavras de Vajaradhara", que me ajuda a escrever e ilustrar meus livros de autocura. Agradeço a todos vocês por terem tornado realidade este meu desejo.

Há muitas formas diferentes de escrever um livro. Muitos dos Sutras que formam a base dos ensinamentos budistas foram escritos em um esforço conjunto por vários Arhats (pessoas autoliberadas) que lembravam os ensinamentos e os feitos de seu mestre, Buddha Shakyamuni. Alguns Sutras são compilações feitas por Ananda e Shariputra, assistentes de Shakyamuni. Outros originaram-se de forças miraculosas, nasceram do movimento do vento sobre as árvores, de canções de pássaros, etc. Outros se manifestaram da Ushnisha de Shakyamuni (a protuberância em sua cabeça). Alguns Sutras são o resultado de Buddha ter abençoado a mente de seus discípulos Bodhisattvas para que quando falassem transmitissem o desejo e a intenção de Buddha, como médiuns. A maior parte dos Tantras foi revelada desta forma por Vajrapani. Os Tantras médicos foram revelados sob a forma de um diálogo entre Rigpa Yeshe, "O Conhecedor Transcendental", e o interlocutor Rishi Yi Lekyie, o "Sábio Nascido do Coração".

Quando alguém cria uma *tanka*, estátua ou mandala de areia, deve antes praticar a *sadhana* e a autogeração das energias de cristal puro personificadas como a divindade que se deseja representar. Quando estou escrevendo um livro, faço o mesmo. Tento abençoar o máximo possível a mente de Dordje Khanyen Lhamo e de meus outros assistentes. Tento abençoar até as canetas, papéis e computadores. Meus assistentes não trabalham de uma maneira comum e nem têm uma motivação comum, e nós sempre seguimos as energias astrológicas, começando novos projetos sempre em dias auspiciosos.

Todos os meus livros e práticas de autocura foram preparados dessa maneira. Por isso, espero que vocês possam receber deles mais sentimentos e mensagens de paz interna. Tenho bons sentimentos em relação a todas as pessoas e situações e tento comunicar isso em meus livros. A sociedade atual perdeu esse sentimento e é extremamente necessário reconstruí-lo. Abençoando nosso corpo, palavra, mente, qualidades e ações nos níveis grosseiro, sutil e muito sutil, podemos recuperar a essência da vida e desenvolver sentimentos puros de amor, compaixão e paz, que poderemos então partilhar com os outros.

É, portanto, sobre a base de todas essas causas e condições positivas, e também sobre a base de meus ensinamentos e de minhas palavras, que eu e meus assistentes estamos criando os livros de Autocura Tântrica NgelSo.

Sou um mestre tântrico e, por isso, comunico-me em um inglês tântrico especial, que pode ser interpretado e compreendido em muitos níveis. Cada pessoa compreende minhas palavras de uma forma diferente, segundo seu conhecimento, experiência e capacidade pessoal. É possível que Dordje Khanyen Lhamo não tenha compreendido algumas das idéias sutis que tentei expressar e, por isso, pode ser que existam alguns enganos filosóficos nos livros de Autocura. Desculpem-me!

Atualmente, nosso planeta se encontra seriamente poluído e estamos passando por um período crítico na história da humanidade. Por esse motivo, apressei-me em expor este método tântrico secreto de autocura como uma resposta de emergência à urgente situação global. Portanto, é claro que vocês encontrarão alguns erros ortográficos e também de outros tipos. De qualquer maneira, este livro destina-se a ajudar as novas gerações da sociedade moderna e todo o planeta, e não aos especialistas e filósofos do Budismo.

Eu e todos os membros da *Fundação Lama Gangchen para a Paz no Mundo* estamos trabalhando juntos pela paz. Nenhum de nós sabe quanto ainda viverá, já que existimos todos de forma impermanente. Antes de morrermos, temos que criar muitas causas e condições interdependentes positivas para realizarmos a paz interna e a paz no mundo, tão necessárias à nossa sociedade e ao nosso planeta.

Espero que possamos deixar um "novo veículo de sabedoria", resultado da união das ciências interna e externa, filosofia, Tantra, psicologia e medicina, para curar o corpo e a mente de incontáveis seres e do meio ambiente, agora e para as gerações futuras.

Alegra-me muito que meus amigos compreendam o que estou fazendo, minha palavra *tchöd* e, por isso, trabalhem arduamente dia e noite para me ajudar. Aprecio essa ajuda profundamente pois, devido às causas e às condições interdependentes positivas de nossas boas relações e acúmulo de méritos, temos hoje a chance de passar as mensagens profundas da Autocura Tântrica NgelSo a nossos caros irmãos e irmãs. Para beneficiar não só a geração atual, mas também as gerações futuras, precisamos partilhar estes métodos de autocura no supermercado espiritual da sociedade moderna.

Pelas bênçãos do poder de Guru Buddha, pela verdade da interdependência dos fenômenos e pela lei de causa e efeito, podemos tornar possível o impossível e curar nós mesmos, nossa sociedade e o planeta.

Agradeço profundamente a todos!

Lama Gangchen
Kumpen Lama Gancen
Via Marco Polo 13
20124 Milão, Itália

O SELO DE T.Y.S. LAMA GANGCHEN TULKU RIMPOCHE

Primeiro dia de Losar "Ano do Cachorro de Madeira"
11 de fevereiro de 1994

ༀ། གངས་ཅན་འཛམ་གླིང་ཞི་བདེའི་ཆོས་སྐྱོན་རྒྱལ་ཡོངས་གཙོ་བོའི་ཆོགས་སྡེ།།

LAMA GANGCHEN WORLD PEACE FOUNDATION - L.G.W.P.F.

International Friendship for the Support of Himalayan Healing Medicine, Non-Formal Education: Inner Peace Education, Environmental Care and Tantric Self-Healing, for World Peace
UNITED NATIONS AFFILIATED NGO

T.Y.S. Lama Gangchen - Founder of L.G.W.P.F.
Initiator of the United Nations Spiritual Forum

FOREWORD

I rejoice in the efforts of my Brazilian friends who have translated my book Self-Healing III into Portugese and thus made it available to a wider public. I hope that the ancient wisdom methods contained in this book will help the reader to deal more easily with the difficulties of our modern time and show an alternative to modern technological progress, advanced scientific research and over exploitation of the natural resources. With this book I hope the reader will find inspiration to explore the profound inner sciences opening up the depth of our inner universe.

In particular, I would like to thank the translator Adriana Toledo Piza, the publishers Bel Cesar and Stefano de Schulthaus who have founded "L. G. Sarasvati" Editions in Brazil and the thirty dharama friends who have sponsored this book, for making this publication possible and for offering their support and contribution for the development of Inner and Outer World Peace for a Peace Culture of the Third Millennium.

Milan, May 27th 1998

T.Y.S. Lama Gangchen
Tibetan Lama Healer
National Chancellor for Italy
of the Int. Ass. of Educators for World Peace

"INNER PEACE IS THE MOST SOLID FOUNDATION OF WORLD PEACE"

Via Marco Polo 13 - 20124 Milan - Italy - Tel. +39-2-29010263 - Fax +39-2-29010271

Lama Gangchen Tulku Rimpoche

Prefácio à Edição Brasileira

Alegra-me imensamente que meus amigos brasileiros tenham se esforçado para fazer uma versão de meu livro *Autocura Tântrica III* em português, permitindo assim que um número maior de pessoas tenha acesso a ele. Espero que os métodos de antiga sabedoria contidos neste livro ajudem os leitores a lidar com as dificuldades de nossos tempos, oferecendo uma alternativa ao conhecimento da investigação científica avançada, ao progresso tecnológico e à atual superexploração dos recursos naturais. Espero, principalmente, que os leitores encontrem aqui inspiração para explorar a vasta ciência interior, a porta de entrada às profundezas de nosso universo interno.

Eu gostaria de agradecer especialmente à Adriana Toledo Piza e à equipe de tradução; a Bel Cesar e Stefano de Schulthaus, por terem fundado, no Brasil, a L.G. Sarasvati; e a todos os amigos de Dharma que contribuíram com doações para esta publicação, oferecendo seu apoio ao desenvolvimento da paz interna e mundial e à construção de uma cultura de paz no próximo milênio.

Milão, 27 de maio de 1998

T.Y.S. Lama Gangchen
Lama Curador Tibetano
Chanceler Nacional da Itália na Associação Internacional
de Educadores para a Paz no Mundo

T.Y.S. Lama Gangchen Tulku Rimpoche, o fundador do sistema de Autocura Tântrica NgelSo

Lama Gangchen Tulku Rimpoche

A canção de Lama Gangchen de sua experiência interior de NgelSo e Tendrel
(a interdependência dos fenômenos)

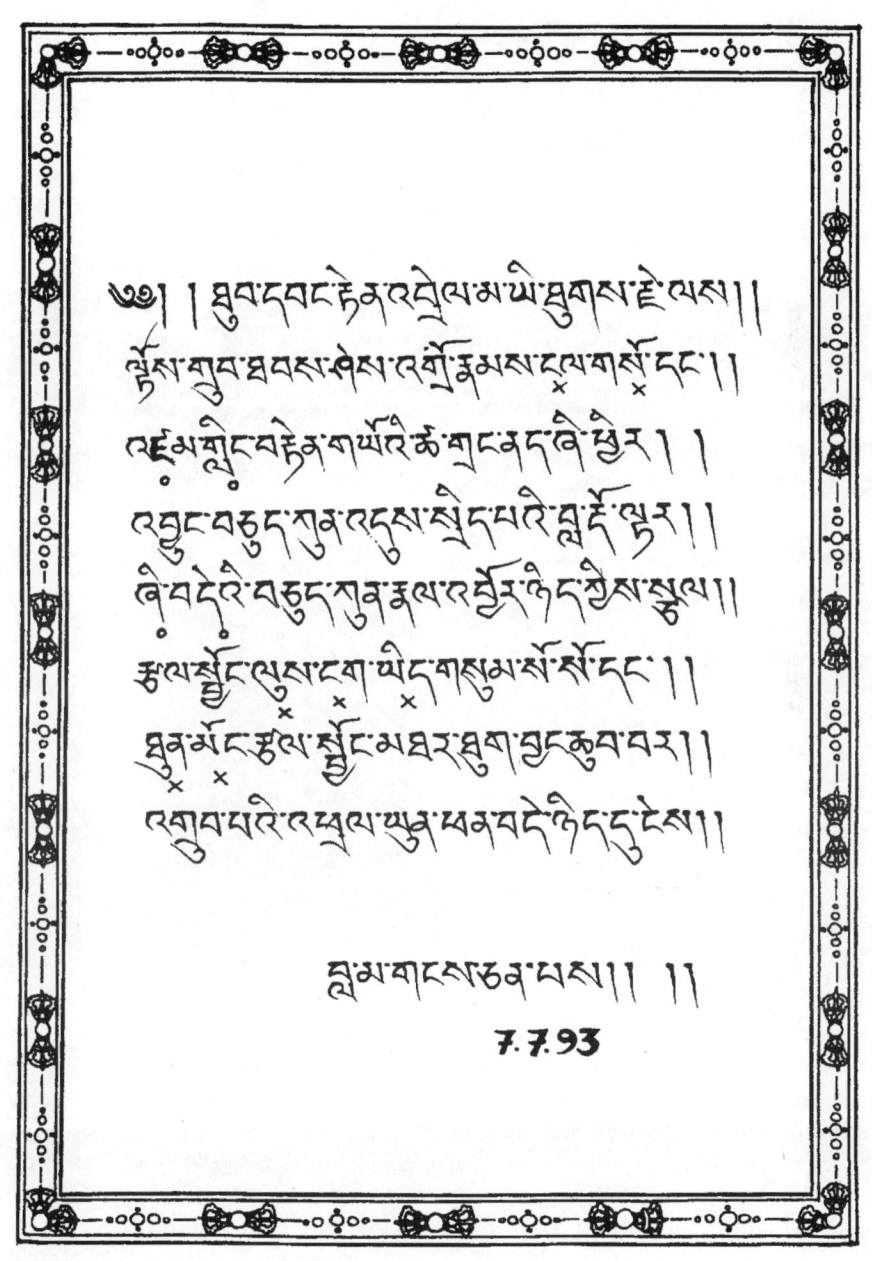

[Tibetan script text]

7.7.93

Lama Gangchen Rimpoche no Lago Turquesa, Tibete, 1991

No Tibete podíamos tocar a terra e beber a água, não havia perigo. No Ocidente as coisas são um pouco diferentes. Precisamos aprender e compreender profundamente a interdependência entre nosso corpo e mente, os cinco elementos e o meio ambiente onde vivemos. Precisamos redescobrir o que é realmente importante e precioso na vida e identificar onde erramos individual e coletivamente. Com a Autocura Tântrica podemos curar o mundo.

Quinta Luz

Prefácio do Autor

Fonética tibetana e a tradução da
Canção da Experiência de Lama Gangchen:

THUB WANG TEN DREL MA YI THUG DJE LE
TÖ DRUB THAB SHE DRO NAM NGEL SO DANG
DZAM LING TEN YO TSA DRANG NE SHI TCHIR
DJUNG TCHU KÜN DU SI PE LA DO TAR
SHI DE TCHÜ KÜN NELDJOR NYI KYI TSEL
TSEL DJONG LÜ NGA YI SUM SO SO DANG
TÜN MONG TSEL DJONG THAR THUG DJANG TCHUB BAR
DRUB PE TREL YÜN PEN DE NYI DU NGE

No Lado Escuro – Ngel ངལ་
Exaustão e Degeneração

Nesta época degenerada de Kalyuga, o surgimento interdependente negativo das perturbações emocionais dos seis venenos-raiz resulta na poluição de nossas energias e elementos nos níveis grosseiro, sutil e muito sutil. Tais perturbações exaurem e detroem nossa energia de vida e nossas possibilidades espirituais, tanto do ponto de vista individual quanto coletivo. Essa energia negativa irradia-se para todos os lados, poluindo e envenenando nossa sociedade, o meio ambiente, o planeta, os corpos celestes e o universo. O surgimento interdependente negativo de abalos e perturbações dos grandes elementos externos durante os desastres ambientais causa também o abalo dos elementos e energias do corpo e mente dos seres vivos. Como conseqüência, muitas doenças terríveis de calor e frio, cada vez mais difíceis de serem curadas, estão surgindo por todo o mundo.

Ngel significa que, devido às causas e às condições negativas surgidas interdependentemente, o recipiente e o conteúdo, o mundo e seus seres, estão hoje profundamente poluídos e doentes, e a essência da energia de vida está degenerada.

No Lado da Luz – So
Recuperação e Regeneração

Devido ao surgimento interdependente positivo da bondade e dedicação especiais de Guru Buddha Shakyamuni Vajradhara, Tubwang Tendrelma – "O Totalmente Capaz de Curar pelo Poder da Interdependência dos Fenômenos" nesta época degenerada de Kalyuga, inúmeros métodos secretos de Autocura Tântrica NgelSo externos e internos da união das iogas do Método e da Sabedoria estão sendo revelados. Tais métodos, ligados no nível absoluto da energia de cristal puro, curam e transformam, purificam e regeneram a essência dos cinco elementos externos, internos e secretos, aumentando e estabilizando nossa felicidade, paz interna e paz no mundo.

So significa que precisamos dispersar todas as energias, causas e condições negativas surgidas interdependentemente, e recuperar a essência pura da vida e a energia elemental do mundo e seus seres, aceitando todas as energias positivas e seguindo as causas e condições positivas surgidas interdependentemente.

Recipiente NgelSo

É cem por cento possível relaxar, regenerar e recuperar a energia essencial de cristal puro do mundo e do cosmos, e transformar nosso mandala samsárico relativo em um mandala absoluto de cristal puro.

Conteúdo NgelSo

É perfeitamente possível relaxar, regenerar e recuperar a energia essencial de cristal puro dos seres vivos doentes e cansados, nos níveis grosseiro, sutil e muito sutil. Podemos transformar nosso mandala relativo do corpo em um mandala-vajra de corpo, absoluto, limpo, claro e poderoso; nossa palavra relativa no mandala-vajra da palavra, e nossa mente comum, no mandala-vajra da mente. Purificando nosso cristal puro que tem a natureza de Buddha, realizamos completamente nosso potencial humano.

NGELSO é esse processo de transformação das energias, causas e condições obscuras interdependentemente surgidas em energias, causas e condições de luz. Como resultado, podemos recuperar por completo nossa fonte pura de vida e chegar à Iluminação. Nenhum Deus, Buddha, médico ou cientista pode fazer isso por nós. Os outros podem nos mostrar o caminho, mas precisamos trilhá-lo nós mesmos, praticando nossa própria autocura.

Curando nós mesmos, nos tornamos nossos próprios Gurus, nossos próprios líderes e guias, desenvolvendo assim a capacidade de ajudar os outros a se curarem por meio de nosso exemplo e conselhos. Integrando o *Autocura Tântrica III* em nosso modo de vida, podemos encontrar a Autocura NgelSo a cada momento de nosso dia-a-dia. Precisamos superar os nossos sofrimentos e os dos outros momento a momento. Todos estão convidados a experimentar os métodos do livro *Autocura Tântrica III* para checar se se beneficiam com eles ou não.

Sexta Luz

Sutra da Autocura

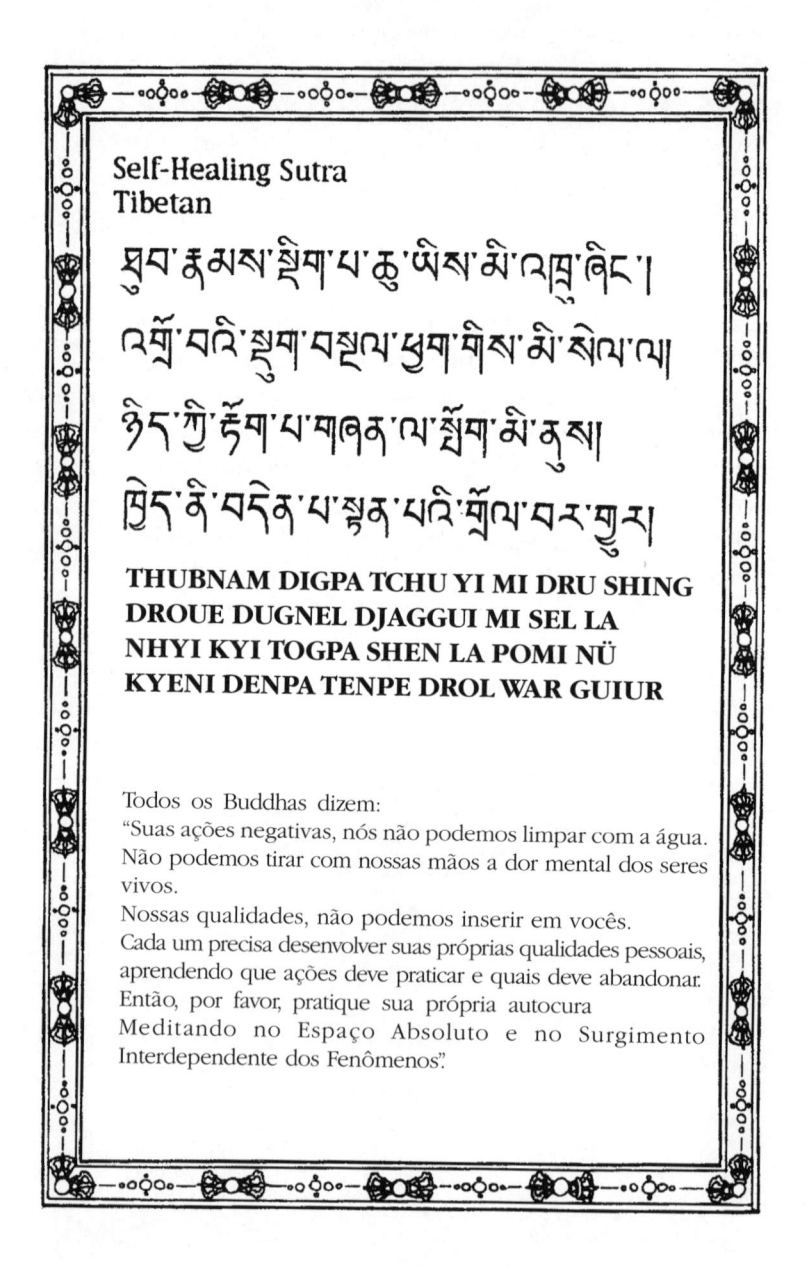

Self-Healing Sutra
Tibetan

ཕུབ་རྣམས་སྡིག་པ་ཆུ་ཡིས་མི་འཁྲུ་ཞིང་། །
འགྲོ་བའི་སྡུག་བསྔལ་ཕྱག་གིས་མི་སེལ་ལ། །
ཉིད་ཀྱི་རྟོགས་པ་གཞན་ལ་སྤོ་མི་ནུས། །
ཁྱིད་ནི་བདེན་པ་སྟོན་པའི་སྒྲོལ་བར་གྱུར། །

**THUBNAM DIGPA TCHU YI MI DRU SHING
DROUE DUGNEL DJAGGUI MI SEL LA
NHYI KYI TOGPA SHEN LA POMI NÜ
KYENI DENPA TENPE DROL WAR GUIUR**

Todos os Buddhas dizem:
"Suas ações negativas, nós não podemos limpar com a água.
Não podemos tirar com nossas mãos a dor mental dos seres vivos.
Nossas qualidades, não podemos inserir em vocês.
Cada um precisa desenvolver suas próprias qualidades pessoais, aprendendo que ações deve praticar e quais deve abandonar.
Então, por favor, pratique sua própria autocura
Meditando no Espaço Absoluto e no Surgimento Interdependente dos Fenômenos".

Sétima Luz

O Que é a Autocura?

No nível grosseiro, autocura significa:

"Nossa saúde está em nossas mãos".

No nível sutil, autocura significa:

"Nosso desenvolvimento e realizações pessoais estão em nossas próprias mãos".

Autocura é desenvolver a paz interna nos níveis sutil e muito sutil e, no nível grosseiro, a paz no mundo. Autocura é cortar nosso egocentrismo, é automoralidade, auto-realização, autocompreensão, é entrar em contato com nosso curador, médico, terapeuta e Lama interno, nossa divindade interna e protetor interno. Autocura é assumir a responsabilidade por nossa própria vida e pela maquiagem de nossa mente, que nos tornará bonitos em todas as situações.

Desde os tempos mais antigos até os dias de hoje, existiram muitas religiões e explicações científicas e filosóficas diferentes sobre a origem do universo, o sofrimento e o sentido da vida e da morte. Na opinião de algumas pessoas, Deus criou o mundo. Segundo outras, o universo é criação do karma coletivo dos seres vivos, enquanto para outras, o universo é mera ilusão e não existe. E outros, ainda, pensam que o universo foi criado pelo *big bang*.

Há um grande debate acontecendo. Para encontrar uma resposta pessoal a essas questões, precisamos investigar mais profundamente os mundos externo e interno e, sobretudo, como funciona o disco do espaço interno no computador de nosso coração. Esse conhecimento nos possibilitará abrir todos os mistérios do universo interno e externo. Meras palavras, porém, não são suficientes; precisamos ter a experiência pessoal. Precisamos ter a percepção direta de como nosso computador interno do coração registra todas as ações de luz e de escuridão e de como ele cria, sustenta e destrói todas as nossas experiências, nosso corpo e mente grosseiros e o universo. Essa foi a mensagem de Buddha quando disse que devemos praticar a ciência interna da autocura. A Autocura Tântrica NgelSo é um método ióguico de ciência interior que, para produzir resultados, requer uma experimentação sistemática, e não uma fé cega.

Por favor, não pensem que a Autocura é simplesmente cuidar de mim, "o mais importante de todos", desenvolvendo assim uma atitude egocêntrica. A Autocura é o oposto do egocentrismo. Estamos nos curando com a motivação do grande coração de Bodhichitta, desejando chegar a ser Tubwang, "o totalmente capaz (TUB) de usar o poder de Buddha (WANG) para curar os outros".

Nos dias de hoje, perdemos a confiança em nossos irmãos seres humanos. Em quem confiaremos, então, para nos ajudar a desenvolver níveis profundos ou superficiais de cura? Já que não podemos confiar ou acreditar nos outros, precisamos confiar em nós mesmos e praticar a Autocura.

Atualmente, meu trabalho como Lama envolve sobretudo orientar os outros para que realizem sua própria autocura. A mente das pessoas está hoje cheia de dúvidas. Isso destrói a relação tradicional entre um Lama e seus discípulos e a possibilidade de uma cura milagrosa por um curador, santo ou divindade. Tanto quanto posso compreender, orientar os outros a realizarem sua própria autocura é o significado original da palavra "doutor" N.T. (*doctor* em inglês, que significa "médico"). A palavra latina *docere* (da qual deriva a palavra "doutor") significa "ensinar". Portanto, o doutor é quem ensina ao paciente o significado de sua doença mental ou física e as possibilidades de modificar os padrões de vida negativos que a causaram.

Hipócrates, o famoso médico da Grécia Antiga, e muitos outros antigos curadores do Ocidente e do Oriente também propagaram a doutrina do *vis medicatrix naturae*, ou seja, a confiança nas forças autocurativas de nossa energia de vida, orientadas por um médico mas considerando o paciente como o responsável por sua própria saúde.

Em minha opinião, a Autocura é muito adequada para os tempos atuais, pois as pessoas, hoje, estão obcecadas com sua própria individualidade, sempre recitando o mantra "liberdade individual". Essas pessoas não desejam ser controladas por um deus, padre, lama, rei ou político, mas apenas por suas próprias decisões internas, negativas ou positivas. A Autocura é a verdadeira técnica do pensamento positivo, pois através da sabedoria, descobrimos por que temos que cultivar nosso sorriso interno dia e noite.

A Organização Mundial de Saúde define saúde como "um estado de completo bem-estar social, mental e físico, e não apenas a ausência de doenças ou deficiências". A Autocura Tântrica NgelSo é um método prático para, em um primeiro momento, chegar a esse estado e, depois, à autolibertação e à Iluminação.

Este foi o motivo que me fez escrever o livro *NgelSo – Autocura Tântrica III – O Guia para o Supermercado dos Bons Pensamentos*.

Por favor, aceitem-no com a mente e o coração abertos.

TUBWANG TENDRELMA, "O TOTALMENTE CAPAZ DE CURAR PELO PODER DA INTERDEPENDÊNCIA DOS FENÔMENOS", SUSTENTANDO E DESENVOLVENDO A PAZ DOS MUNDOS EXTERNO E INTERNO

A Mensagem de Louca Sabedoria de Lama Gangchen

A Essência da Autocura Tântrica III

Oitava Luz

Como Manter Nossa Preciosa Energia Pura e Saudável

Respondendo a todas as perguntas com uma única resposta: O uso diligente de Tendrel – A Interdependência dos Fenômenos

Meu desejo é partilhar o profundo significado da Autocura Tântrica NgelSo com vocês, mas como tenho um conhecimento limitado da língua inglesa e do mundo moderno, pode ser que eu cometa alguns enganos. Tudo isso, somado ao meu conhecimento também limitado, pode tornar difícil a vocês a compreensão do que tentarei dizer. Eu gostaria de me desculpar previamente por isso.

No Tibete, antes de 1959, não tínhamos o costume de estudar outras línguas. Depois que deixei minha terra natal e fui para a Índia, em 1963, estudei apenas um pouco de hindi e sânscrito na Universidade de Sânscrito de Varanasi. Na época em que morei em Kalimpong, no início dos anos sessenta, tive a oportunidade de conhecer Sangharashita que, algum tempo depois, fundou a Ordem Ocidental dos Amigos Budistas. Sangharashita estava ensinando inglês a um grupo de tulkus mas, naquela época, não me pareceu necessário aprender inglês.

Em 1964, sonhei uma noite que um avião a jato voava sobre minha cabeça e que uma bandeira tibetana caía do avião e tocava o topo da minha cabeça. Na manhã seguinte, recebi uma carta pessoal de Sua Santidade o Dalai Lama, solicitando que eu fosse à Universidade de Sânscrito de Varanasi para aprender sânscrito, hindi e inglês.

O Governo tibetano no Exílio me dava dinheiro para viver e, morando na comunidade internacional de estudantes, comecei então a cursar a universidade, onde conheci pela primeira vez europeus e americanos. Eu não falava inglês mas, mesmo assim, eles gostavam de mim. Naquele tempo, comecei a sentir que seria bom trabalhar para o benefício de todas as pessoas do mundo, e não apenas para minha própria comunidade tibetana.

Depois que vim para o Ocidente, em 1983, fui aprendendo inglês pouco a pouco, ouvindo meus amigos e pacientes. Meu conhecimento da língua inglesa, portanto, está longe de ser perfeito, motivo pelo qual eu gostaria de me desculpar mais uma vez.

Sua Santidade o Pantchen Lama também me encorajou a aprender inglês. Em 1986, encontrei-o no Nepal pela primeira vez desde o final da década de 50. Ele perguntou sobre minha vida na Europa e se eu falava inglês e italiano. Eu lhe respondi que não e que viajava sempre com um tradutor. Sua Santidade chamou minha atenção, dizendo: "Isto não é bom. Você tem que aprender inglês e italiano para se comunicar diretamente. Veja o meu exemplo: hoje sei falar chinês. Quando fui jogado na cadeia pelos comunistas, minha vida se tornou muito difícil. Eles me torturaram com fios elétricos em volta dos pulsos e de muitas outras formas horríveis. Aprendi a falar chinês para poder enfrentá-los. A língua chinesa é a arma que uso para lutar pelo Tibete e, hoje, luto contra os comunistas diariamente. Quando você fala outras línguas, muitas portas se abrem". Assim me encorajou Sua Santidade a aprender inglês e italiano, e eu então comecei a tentar.

Primeiro Sua Santidade o Dalai Lama me encorajara ao me enviar à Universidade de Sânscrito de Varanasi, e agora Sua Santidade o Pantchen Lama estava me encorajando também. Então, finalmente, comecei a compreender a mensagem.

Entretanto, mesmo falando inglês hoje, como venho de uma cultura diferente, talvez eu tenha uma mentalidade e uma visão de mundo diferente da de vocês, o que pode tornar difícil a comunicação de idéias mais sutis. Talvez a nossa diferença cultural seja um obstáculo para vocês aceitarem minha antiga linhagem de métodos para a paz. Mesmo assim, devemos tentar partilhar algo juntos.

Estou oferecendo a Autocura Tântrica NgelSo e minha linhagem de paz abertamente a todos os interessados. Eu gostaria de deixar claro, porém, que meus livros e ensinamentos não se destinam aos que já seguem uma linhagem ou sistema religioso estabelecido e que deles se beneficiam. A mensagem da Autocura é para as pessoas que não aceitam a religião tradicional e que, mesmo interessadas na ciência e na tecnologia, desejam também aprender a cultivar a paz em todos os momentos do dia-a-dia, e que procuram métodos relativos e absolutos para curar os sofrimentos da vida e da morte.

A autocura é importante para todos, idosos ou jovens. Espero, entretanto, que as gerações mais jovens se interessem especialmente por ela, pois as gerações futuras terão que enfrentar dificuldades, doenças e sofrimentos bem piores que os nossos. A autocura não é uma invenção minha; é a essência dos ensinamentos de Buddha Shakyamuni. Nos dias de hoje, com tantos problemas e poluições ambientais, sociais, físicas e mentais, precisamos mais do que nunca desta mensagem de autocura e linhagem de paz interna.

Precisamos investigar e cuidar dos níveis grosseiro, sutil e muito sutil dos fenômenos nos mundos relativo e absoluto e aprender a usar todos os fenômenos de forma positiva. Por essa razão, eu gostaria de tentar fazer uma ponte entre a investigação da ciência interna dos mahasiddhas e iogues budistas e as últimas pesquisas da ciência moderna. Os mahasiddhas e iogues, investigando os níveis sutil e muito sutil, e os físicos e cosmólogos, investigando o nível grosseiro dos fenômenos, descobriram independentemente uns dos outros a verdade da interdependência dos fenômenos, a relação kármica de causa e efeito e a ausência de existência substancial em todos os fenômenos.

Essas são as chaves de sabedoria que abrem os mistérios do universo interno e externo e, por isso, incluí neste livro as visões de ambos os cientistas, do interior e do exterior, na esperança de que, de um lado ou de outro, a mente de vocês possa aceitar a realidade do espaço absoluto e do surgimento interdependente dos fenômenos. A principal mensagem de Buddha Shakyamuni foi a interdependência dos fenômenos, e ele a dedicou à cura do mundo e de todos os seres.

Tenho certeza de que os Seres Sagrados estão a cada momento pensando em como ajudar os seres humanos, tanto agora quanto no futuro, quando tempos mais difíceis chegarem.

Nos últimos dez anos, venho investigando a sociedade moderna e refletindo sobre qual seria o método mais benéfico para curar todos os meus amigos e o mundo. Cheguei à conclusão de que a Autocura Tântrica e NgelSo são os melhores métodos.

Os Sutras e Tantras de Buddha e seus comentários contêm muitas mensagens profundas e vastas que têm sido detalhadamente estudadas e traduzidas através dos séculos, nas grandes universidades budistas da Índia, Tibete, China, Mongólia, Nepal, etc. Eu gostaria de partilhar com vocês a essência de todos esses profundos ensinamentos baseada apenas em duas palavras: NgelSo e Autocura Tântrica.

Não tenho muitos termos filosóficos complicados para oferecer. Sem dúvida, há hoje muitos grandes seres tentando divulgar a mensagem da paz interna e da paz mundial. O livro *Autocura Tântrica III* é apenas uma pequena contribuição ao intenso trabalho dos grandes Seres Sagrados, baseada em minha perspectiva pessoal de Lama Curador Tântrico. É um pequeno presente oferecido com sinceridade a todos os meus pacientes, amigos e interessados. Por favor, aceitem-no.

Lama Gangchen Tulku Rimpoche

Assim como a lua cresce gradualmente da lua nova até a lua cheia, também nós precisamos desenvolver gradualmente nossas realizações de autocura e nossa luz interior até a Iluminação completa

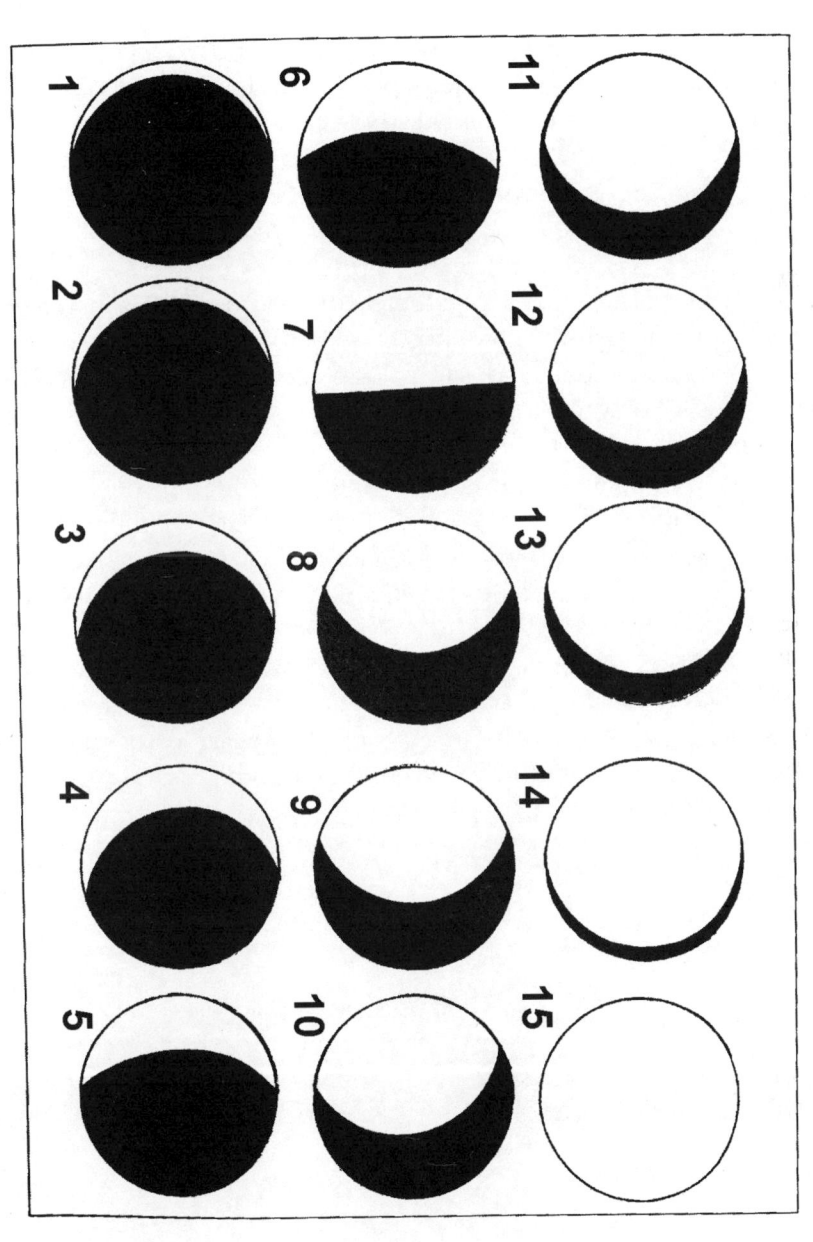

Nona Luz

NgelSo e Autocura

NgelSo mostra a essência dos ensinamentos de Guru Buddha Shakyamuni Vajradhara sobre a interdependência dos fenômenos, o karma, a vacuidade e a natureza da realidade. Buddha Shakyamuni disse:

"Porque as coisas existem interdependentemente, não pode haver existência independente".

A manifestação interdependente dos fenômenos é a natureza da realidade, e a compreensão disso nos traz liberdade para criarmos causas e condições interdependentes positivas. Como conseqüência, vivenciaremos resultados positivos como a felicidade, a saúde, a longevidade, a prosperidade, o sucesso, a libertação e a Iluminação. Essa é uma opção muito melhor do que criar causas e condições interdependentes negativas, que nos causarão doenças e a poluição de nosso corpo, mente e meio ambiente. A verdadeira liberdade individual é poder escolher a luz, a paz e a felicidade em lugar da escuridão, da destruição e da infelicidade.

Nos tempos antigos, todas as informações importantes da investigação da ciência interior eram codificadas em mantras, sadhanas, mandalas secretos, etc. Eu gostaria, agora, de revelar esses segredos e oferecê-los no supermercado da sociedade moderna, usando estas duas palavras: NgelSo e Autocura.

O Mantra da Interdependência dos Fenômenos

OM YE DHARMA HETU PRABHAWA
HETUN TESHAN TATHAGATO
HIAWADATA TESHAN TCHAIO NIRODHA
EVAM VADI MAHA SRAMANAYE SOHA

Segundo oráculo de sabedoria: a autocura é uma ação negativa a menos e uma ação positiva a mais a cada dia. Cada cigarro e xícara de café a menos é autocura.

Décima Luz

Mantra da Interdependência dos Fenômenos

Tubwang Tendrelma significa focalizar a mente na qualidade especial de Buddha Shakyamuni de ser "Totalmente Capaz de Curar através do Poder da Interdependência dos Fenômenos". Por isso, cantar os mantras de Buddha Shakyamuni e da interdependência dos fenômenos juntos é especialmente poderoso.

Buddha Shakyamuni foi alguém muito especial. Quando seus discípulos lhe perguntavam como um certo evento ou fenômeno tinha acontecido, ele sabia explicar exatamente que causas e condições haviam produzido este efeito. Por exemplo, ele sabia por que determinado pavão tinha penas tão bonitas, embora a causa pudesse ter sido criada há muito tempo, até há milhões de anos.

O mantra da interdependência dos fenômenos em sânscrito é:

**OM YE DHARMA HETU PRABHAWA
HETUN TESHAN TATHAGATO
HIAWADATA TESHAN TCHAIO NIRODHA
EVAM VADI MAHA SRAMANAYE SOHA**

O mantra da interdependência dos fenômenos em Tibetano é:

**OM TCHÖ NAM TAMTCHE GUIU LE DJUNG
DE GUIU DE SHIN SHEG PE SUNG
GUIU LA GO PA KANGYING BAR
GUE DJONG TCHENPO DE KE SUNG**

Existem diversas traduções possíveis para o mantra ou "proteção mental" da interdependência dos fenômenos, com muitos níveis diferentes de significado.

Minhas traduções são:

OM Todos os fenômenos são dependentes de causas e condições. Sabemos disso porque o Tathagata, o grande asceta que fala a verdade, disse: "o que não depende de causas e condições não existe **SOHA**".

OM Todas as coisas originam-se de causas.

O Tathagata, o grande asceta que fala a verdade, revelou com exatidão as causas da luz e da escuridão de todos os fenômenos grosseiros, sutis e muito sutis. Ele revelou os resultados exatos dessas ações e como podemos causar a cessação de toda manifestação interdependente negativa e positiva **SOHA**.

OM Todos os fenômenos estão relacionados a causas e efeitos. O Completamente Vitorioso ensinou que a relação causa-efeito é a origem da realidade. A liberdade nasce da percepção de que da verdade da causa surge a verdade do efeito **SOHA** (a realidade é isso).

Em algumas passagens deste livro, a fim de tornar a mensagem mais clara, acrescentei "**BHISHWA SHANTI**" ao mantra da interdependência dos fenômenos, que então deve ser traduzido assim:

OM Todos os fenômenos são dependentes de causas. O Completamente Vitorioso disse que o que não depende de causas e condições não existe. Ele revelou a relação exata entre todas as causas e efeitos positivos e negativos. A liberdade, a paz interna e a paz externa mundial nascem da percepção de que da verdade da causa surge a verdade do efeito **SOHA** (essa é a natureza da realidade).

Neste livro, estamos usando a primeira tradução do mantra da interdependência dos fenômenos, pois é a menor e a mais simples. Mas, por favor, tentem de vez em quando lembrar-se do significado de minhas outras traduções. Cada um pode escolher a versão que melhor se adaptar à sua mente.

De todos os ensinamentos de Buddha, o ensinamento sobre a interdependência dos fenômenos é o mais profundo. No nível absoluto, precisamos ter a percepção da vacuidade de todos os fenômenos. Antes, porém, precisamos criar a causa para isso, ao compreendermos que, no nível grosseiro, todas as coisas existem como manifestações interdependentes.

As emoções que surgem em nossa mente são manifestações interdependentes. Os ventos de energia fluindo por nossos canais sutis são manifestações interdependentes. O vento, a chuva e os planetas em órbita ao redor do sol são manifestações interdependentes.

Essa verdade é investigada e analisada filosoficamente em textos como o Vinaya, a Perfeição dos Sutras da Sabedoria e no Tantra-Ioga mais elevados.

As pessoas de hoje que desejam ter a experiência do nível absoluto da verdade têm, ao mesmo tempo, a sorte e o azar de não precisar passar anos estudando a filosofia budista em um monastério. Temos a chance de entrar em contato com a realidade do espaço absoluto através do poder transformador da energia de cristal puro de Guru Buddha e das chaves da sabedoria interna do mantra da interdependência dos fenômenos.

Compreendendo e praticando o Sutra e o Tantra através da Autocura Tântrica NgelSo, é possível ter a experiência direta da realidade. Esse é o motivo por que em muitas passagens de meus livros cito os Sutras e Tantras. O *Tantra de Kalachakra*, especialmente, tem uma explicação muito precisa sobre a natureza dos mundos externo, interno e secreto e a relação entre eles. Essa é a razão por que o *Tantra Kalachackra da Roda do Tempo* aparece tantas vezes em meus livros de Autocura.

O *Autocura Tântrica III* fala da realidade do espaço absoluto de uma forma fácil, da perspectiva da cura. Não quero oferecer a vocês um monte de idéias e mensagens filosóficas e complexas, mas falar das experiências subjetivas que ocorrem quando investigamos nosso próprio computador do espaço.

Este livro contém muitas mensagens, mas se você preferir enxergá-lo de uma forma mais simples, pode pensar que sua verdadeira mensagem é: como reconhecer, usar e criar espaço. Na série dos livros *Autocura Tântrica NgelSo* está contida a essência de todos os ensinamentos de Buddha dos três veículos Vinayayana, Mahayana e Vajrayana, além dos ensinamentos dos quatro setores do Budismo Tibetano, Nyimapa, Sakyapa, Kargyupa e Guelupa.

Todas essas informações são apresentadas de uma forma fácil, adequada e útil para as pessoas tão ocupadas dos tempos de hoje. Para obter qualquer realização no mundo atual, é necessário utilizar métodos rápidos e fáceis, pois hoje as pessoas não têm tempo, paciência ou a sorte de seguir o programa tradicional vitalício de estudos e investigação dos monastérios tibetanos.

A série de livros da Autocura revela a essência desses programas de estudo, a união do Lam Rim e do Lodjong (Sutra) e o rápido caminho do Tantra. De uma forma muito fácil, prática e essencial, meus livros cobrem muitos temas vastos e profundos e contêm a essência de todos os ensinamentos de Buddha.

Com a Autocura, estudando apenas duas palavras, Autocura e NgelSo, todos podem logo experimentar um pouco do maravilhoso gosto da renúncia, da Bodhichitta, da vacuidade, dos estágios de geração e de realização e o verdadeiro gosto da liberdade e da auto-realização. Nas duas sílabas *ngel* e *so*, por exemplo, As Quatro Nobres Verdades estão condensadas em duas verdades. Essa é a explicação fácil e direta para a sociedade moderna.

Os níveis interno, externo e secreto de NgelSo podem ser interpretados como níveis correspondentes aos três veículos dos ensinamentos de Buddha. Meus livros da série *Autocura* são meus ensinamentos do Lam Rim, Lodjong, Tantra, Mahamudra e Dzogchen, do ponto de vista da cura e de forma facilitada. Sinto que é benéfico apresentar a sabedoria antiga da minha linhagem de paz dessa forma simplificada, embora eu possa facilmente voltar a ensinar da forma tradicional com base em um texto, se esse for o desejo de vocês. Na verdade, ensinar assim seria muito mais fácil para mim pois, devido à minha educação monástica, posso simplesmente ligar a mente no piloto automático e começar a ensinar os inúmeros programas e esquematizar as estruturas em meu computador mental. Escrever os livros da série *Autocura* obriga-me a usar meu computador mental de uma forma nova e moderna.

Talvez eu esteja louco, sinto muito. As gerações futuras saberão julgar.

Vocês podem estar se perguntando como é possível que este livro contenha as linhagens de paz e os ensinamentos das quatro escolas do Budismo Tibetano, como o Dzogchen Nyimapa, o Lamdre, o Tselton Nyime Sakyapa e o Mahamudra Kagyupa já que eu, nesta vida, recebi minha formação na escola Guelupa. Lama Tsong Khapa, o fundador da escola Guelupa no século XIV, foi um discípulo não sectário dos grandes Lamas de todas as escolas, como o Primeiro Karmapa, Sakya Rendawa, o Nyingmapa Nakha Lekhe Dordje e muitos outros.

Eu também respeito todas as tradições do Budismo Tibetano como Lama Tsong Khapa, que manteve as linhagens de paz interior de todas elas. Todos os ensinamentos de cada escola são ramificações dos ensinamentos de Guru Buddha Shakyamuni sobre o Sutra, o Tantra, a medicina e a astrologia. Normalmente, os livros de Dharma apresentam uma ramificação particular de conhecimento, e cada pessoa deve então realizar individualmente uma síntese das mensagens internas, externas e secretas dos diferentes ensinamentos, para poder assim visualizar a árvore completa.

Os livros de Autocura apresentam uma visão abrangente dos ensinamentos do Senhor Buddha de uma forma holística e sinergética. A Autocura é a união do Sutra e do Tantra com a medicina e a astrologia. Com a ajuda de Manjushri, o Buddha da sabedoria, Lama Tsong Khapa procurou e comprou a essência positiva de todas as poderosas linhagens energéticas de paz no supermercado espiritual de seu tempo. Ele sintetizou todas as linhagens do Budismo em uma linhagem de paz clara, perfeita e essencial, que mais tarde recebeu o nome de Ganden Kargyu Tchakya Tchenpo, a linhagem secreta Mahamudra da Terra Pura Plena de Alegria.

Desde o século XIV, Ganden Kargyu Tchakya Tchenpo tem sido visto pelos integrantes da escola Guelupa como um "livro mágico", ou um disco de computador de sabedoria pura, que podia ser acessado apenas pelos computadores mentais de alguns poucos afortunados. Chamá-lo de "livro mágico" não significa que ele tenha "palavras mágicas", mas que, quem quiser vê-lo, precisa ter olhos de sabedoria. Normalmente, o livro mágico apareceria na tela do computador interno mental apenas de Lamas elevados, e não haveria nada impresso para o público comum. Nos dias de hoje, porém, vocês também podem ter acesso a uma impressão desse disco de sabedoria pura sob a forma dos livros de *Autocura Tântrica NgelSo*.

Que a linhagem de paz interior de Kyabje Tridjang Dordjetchang esteja sendo mostrada em público é algo incrivelmente raro e afortunado. Vocês deveriam se sentir profundamente felizes e alegrar-se por essa boa sorte. Os livros de *Autocura Tântrica NgelSo* – as impressões do disco de paz interior dos meus Gurus – são a essência dos ensinamentos de Buddha Shakyamuni; por isso, eles podem ser praticados por seguidores das quatro escolas do Budismo Tibetano, como também por seguidores de todas as culturas e religiões. Qualquer pessoa pode aprender a Autocura, se tiver o coração aberto e desejar experimentar os métodos.

Se conectarmos os computadores de nosso coração, você poderá fazer uma cópia do meu disco da linhagem de paz, e isso o tornará um curador melhor, mais relaxado, mais poderoso e em paz. O disco da paz despertará seu próprio Guru interno, desenvolverá sua paz, alegria, compaixão e amor. Fará você lúcido, caso você esteja louco, e será a causa para que você desenvolva todas as realizações da Autocura.

Estou oferecendo abertamente esses discos da paz interna no supermercado espiritual. Então, por favor, comprem um pouco de paz hoje. Esse foi o motivo por que criei a Fundação Lama Gangchen para a Paz Mundial: para partilhar a paz interna e a paz mundial com a sociedade moderna.

Primeira luz da lua: a autocura é o caminho para a Iluminação

Décima Primeira Luz

De Onde Vem a Linhagem de Paz do Livro Autocura Tântrica III?

A Autocura Tântrica está profundamente ligada energeticamente à Stupa Mandala de Borobudur, na Indonésia. A Stupa Mandala de Borobudur dos Cinco Curadores Supremos foi construída no século VIII, seguida da Stupa Mandala construída por Trulphul Lotsawa no Tibete Ocidental, no século XII, e da Stupa Mandala de Gyantse Kumbum, na região central do Tibete, construída no século XV.

Como complementação ao livro *Autocura Tântrica II*, estou escrevendo agora sobre como usar os mandalas de cristal puro de Borobudur e Kumbum no nível energético ou sutil. O livro *Autocura Tântrica III* está energeticamente ligado à Kanheri, as 84 cavernas dos Mahasiddhas perto de Bombaim, na Índia, local sagrado hinduísta e budista onde já estive cinco vezes.

É claro que durante todo esse tempo os budistas têm seguido e praticado a Autocura por meio da meditação e da utilização da interdependência dos fenômenos, que contém a essência dos ensinamentos de Buddha Shakyamuni. Sinto, porém, que essa energia está especialmente ligada às 84 cavernas dos Mahasiddhas. Essas cavernas foram, ao mesmo tempo, um laboratório e uma universidade espiritual dos "três veículos", habitada por muitos grandes iogues sustentados financeiramente pelos maharajas de Bombaim. Esses reis eram os homens que, materialmente gratificados mas espiritualmente insatisfeitos, decidiram construir a universidade-caverna para assim encorajar a investigação da verdadeira essência da vida. Os praticantes de Kanheri seguiam os três veículos, mas praticavam em especial o mantra da interdependência dos fenômenos, tendo-o lapidado em muitos lugares das cavernas.

No inverno de 1993, enquanto estávamos preparando o livro *Autocura Tântrica III*, eu e um grupo de vinte amigos de diferentes nacionalidades visitamos esse lugar sagrado, onde tivemos a oportunidade de entrar em contato com a essência e a experiência da interdependência dos fenômenos por meio da meditação e da recitação do mantra da interdependência em cada uma das 84 cavernas. Muitos sinais auspiciosos[1] manifestaram-se espontaneamente durante os dois dias que ficamos nas cavernas.

Enquanto meditávamos sobre a interdependência dos fenômenos nas 84 cavernas dos Mahasiddhas dedicamos o livro *Autocura Tântrica III* para o benefício deste mundo.

Neste livro, utilizo o mesmo mantra, a mesma linhagem energética de paz e o mesmo método antigo, deixando-os para as gerações do século XXI.

O livro *Autocura Tântrica III* é minha interpretação dos antigos métodos de Buddha Shakyamuni, expressa de uma forma que espero ser adequada à perspectiva mental da sociedade contemporânea.

Em Kanheri há muitas estátuas, relevos e alguns afrescos de Buddhas e Bodhisattvas, como Shakyamuni, Maitreya, Tchenrezig, os Cinco Curadores Supremos, etc. As principais estátuas remanescentes são duas imensas estátuas do Lama da Paz Mundial, Buddha Tubwang Tendrelma, "O Totalmente Capaz de Curar por Meio do Poder da Interdependência dos Fenômenos". O Buddha da Paz Mundial é o símbolo da Fundação Lama Gangchen para a Paz no Mundo, significando que seguir a interdependência dos fenômenos é essencial para a cura do nosso corpo e mente, nossa sociedade e planeta, nos níveis grosseiro, sutil e muito sutil.

Os reis de Bombaim construíram Kanheri porque, apesar de possuírem tudo do ponto de vista material, não conseguiam superar seu sofrimento mental. Decidiram, então, construir esse laboratório espiritual na floresta, para que os cientistas do mundo interno pudessem pesquisar métodos para atingirmos a paz interior permanente.

Por um lado, podemos dizer que é difícil superar nosso sofrimento de forma profunda e permanente. Por outro lado, se encontrarmos um bom guia, um curador supremo psicológico, e o seguirmos, será possível alcançarmos um estado mental no qual não vivenciamos sofrimento nunca, nem por um só momento. A Iluminação acontecerá então naturalmente, como resultado disso. É claro que no aspecto físico relativo, nosso corpo poluído nos causará dor e sofrimento até o momento da morte. Entretanto, se seguimos a tecnologia avançada da ciência interior budista, mesmo que o corpo esteja sentindo dor, será possível para a mente manter-se forte, alegre e em paz. Essa é a qualidade dos métodos de cura de Buddha: mesmo fisicamente doentes, é possível vivermos todas as experiências de alegria, felicidade, amor, sabedoria, harmonia e paz e chegar à Iluminação.

---

1 Se você deseja saber mais sobre esses sinais, leia o Apêndice I.

Por exemplo, em uma de suas vidas anteriores como Bodhisattva, Buddha Shakyamuni escolheu nascer no reino dos infernos para ajudar os seres que vivem nessas condições. Inferno é o nome dado pelos budistas ao estado de máximo sofrimento, tanto no mundo humano como em outros mundos. Isso significa que Buddha teve que enfrentar sofrimentos físicos inacreditáveis ao renascer em tais condições. Entretanto, devido à sua paz interna e força mental, isso não o incomodava. Buddha conseguia até mesmo estar alegre nesse lugar. No Budismo, já desenvolvemos completamente a tecnologia da autocura psicológica e, por isso, podemos escolher a felicidade em vez do sofrimento, tornando-a realidade por meio dos métodos de cura da ciência interior.

A religião tradicional sempre enfocou o nível absoluto, o transcendental, etc. Penso, porém, que devemos cuidar também do nível relativo, ou seja, da dor e das doenças de nosso corpo grosseiro. Temos que enfrentar o nível relativo de vida cotidiana com seus problemas, e não ignorá-los ou esquecê-los. Se cuidarmos de ambos os níveis, o relativo e o absoluto, poderemos remover um a um os sofrimentos de nossa mente e corpo grosseiros, sutis e muito sutis, curando nossa sociedade, o meio ambiente e o planeta.

A Autocura procura superar nossos sofrimentos um a um e desenvolver nossas realizações de sabedoria como uma lua nova que cresce gradualmente, até que a mente de lua cheia e energia de Iluminação se manifeste. Realizações não são coisas estranhas. Realização interna significa transformação mental: transformar nossas mentes e energias obscuras em luz de cristal. Desenvolver a experiência interna estável de amor, compaixão e Bodhichitta vale mil vezes mais do que ver mil Buddhas no céu. Realização significa uma ignorância a menos e uma sabedoria a mais, embora as realizações possam também nos trazer algumas belas experiências místicas. Se essas experiências tornarem nossa mente mais segura, feliz e em paz, poderemos concluir então que foram experiências verdadeiras e benéficas. Se não for assim, não devemos lhes dar atenção e nem sair por aí ostentando-as.

Todos os meus amigos precisam de um método para atingir a auto-realização. Penso que o método mais importante é observar os fenômenos dos mundos externo e interno e identificar que causas e condições, manifestando-se interdependentemente, estão produzindo benefícios, e quais estão causando sofrimento e danos. Esse é o método para lidarmos com os mundos interno e externo nos níveis absoluto e relativo da realidade. Essa é a Autocura Tântrica NgelSo nos níveis externo, interno e secreto. Baseando-nos na manifestação interdependente dos fenômenos, podemos compreender como os cinco elementos estão funcionando e como se dá a relação entre o macrocosmo e o microcosmo.

Segunda luz da lua: EH YAM RAM LAM BAM

Terceiro oráculo de sabedoria: devemos desenvolver as cinco energias de cristal puro em nosso corpo e mente, até a Iluminação completa. Precisamos começar a praticar nossa autocura analisando os detalhes práticos do nosso estilo de vida, dieta, comportamento e emoções.

Décima Segunda Luz

Por que Precisamos Reconhecer e Cuidar de Nossos Ventos Internos e Externos que Sustentam os Cinco Elementos

Nasci e cresci no "antigo Tibete", o Tibete de antes da invasão comunista. O Tibete da minha juventude era uma sociedade antiga, profundamente enraizada em valores espirituais e ambientais. Portanto, sou como uma pessoa do século VIII que, em razão de circunstâncias especiais, foi transportada para a realidade do século XX. Por isso, tenho uma perspectiva diferente da maioria de meus amigos e da nova geração. Se vocês me permitirem, gostaria de partilhar com vocês uma pequena parte dessa sabedoria ambiental antiga de minha cultura.

No Tibete, as pessoas que não eram ricas e, portanto, não podiam ter um cavalo: iam a pé a todos os lugares, mantendo assim um contato direto com a energia da terra diariamente. Nos dias de hoje, todos vão a qualquer lugar de carro, usam sapatos de sola grossa ou caminham sobre o concreto e o asfalto. Não tocamos mais a terra, nem sentimos sua qualidade e energia preciosa.

A sociedade contemporânea perdeu o contato com a terra, e isso está criando muitas dificuldades e perigos. Também perdemos o contato com o espaço, o vento, a água e o fogo, os cinco elementos que são a própria base de nossa existência física. Nossa sociedade se desligou da natureza e, como resultado, passou a poluir e destruir a base física do planeta. Destruindo nosso planeta de forma egoísta, estamos destruindo nosso próprio corpo e mente.

"Assim como é no mundo externo, também é no mundo interno."

O mundo externo – o cosmo, os planetas, o meio ambiente, nosso corpo, etc. – e o mundo interno – nossas mentes grosseiras, sutis e muito sutis e ventos de energia – são sustentados pelos cinco elementos: espaço, vento, fogo, água e terra. Precisamos reconhecer isso para compreendermos a importância de cuidarmos dos elementos, se realmente desejamos um corpo, uma mente e um mundo saudáveis, nessa vida e em nossas vidas futuras.

Originalmente, todos os elementos internos e externos eram claros, limpos e positivos. Hoje, porém, devido à acumulação de venenos físicos e mentais, temos dois grupos de elementos: um grupo puro de elementos saudáveis e positivos e um grupo impuro e extremamente perigoso. Precisamos transformar nossa energia impura de espaço em energia pura de espaço, nossa energia impura de vento em energia pura de vento, nosso elemento fogo impuro em fogo puro, nosso elemento água impuro em água pura e o elemento terra impuro em terra pura.

Temos que compreender profundamente a interdependência de nosso corpo e mente, dos cinco elementos e do meio ambiente onde vivemos. Precisamos redescobrir o que é realmente importante e precioso na vida, e identificar onde falhamos, do ponto de vista individual e coletivo. Todas as antigas sociedades espiritualizadas compreenderam a importância dos cinco elementos e, por isso, eram capazes de manter corpos e mentes saudáveis, e de viver em harmonia com o meio ambiente.

"Assim como é no mundo externo, também é no mundo interno"
Tantra-raiz de Kalachakra

Desde a revolução industrial, a sociedade contemporânea tem-se esquecido de cuidar dos cinco elementos. Podemos ver o resultado desse esquecimento por toda parte: no ar, nas terras e mares poluídos; na extinção em massa de algumas espécies, na devastação de florestas, na camada de ozônio, nos desastres ambientais e acidentes nucleares, na proliferação de câncer, alergias, doenças imunológicas, doenças de pulmão e muitos outros distúrbios e problemas. A lista de nossos erros coletivos é longa, mas não podemos continuar a ignorar as conseqüências de nossas próprias ações.

No Tibete, podíamos tocar a terra e beber a água. Não havia perigo. No Ocidente, tudo é diferente. No Tibete, não tínhamos um grande desenvolvimento material nem uma tecnologia avançada, mas tínhamos a essência da energia ambiental e um modo de vida natural que satisfazia a mente.

No século XVII, a sociedade contemporânea começou a criar máquinas. Desde então, o antigo modo de vida natural foi sendo pouco a pouco substituído pela urbanização, industrialização, etc. Por quê? Porque a maior parte das pessoas passou a duvidar da verdade do antigo modo de vida, voltando-se então para a mecanização e a tecnologia, em busca de algo melhor.

Não há dúvida de que muitos avanços tecnológicos da sociedade moderna são maravilhosos. Contudo, nos dias de hoje estão todos sempre correndo apressados para conseguir dinheiro e muitas outras complicações, esquecendo-se da natureza e de nossas idéias e valores antigos. O resultado é que tanto nós quanto o meio ambiente estamos ficando doentes e cansados.

As máquinas e o desenvolvimento tecnológico são verdadeiros e benéficos, mas a natureza, o meio ambiente também são verdadeiros. Em minha opinião, devemos parar de usar tecnologias que destroem o meio ambiente e, em vez disso, procurar aprender a viver em harmonia com a natureza e desenvolver tecnologias positivas, apropriadas e amigas do meio ambiente.

Podemos enxergar claramente as conseqüências da exploração tecnológica e industrial da natureza por toda parte. Um bom exemplo são os maravilhosos lagos nas montanhas da Europa, os quais já tive a oportunidade de visitar muitas vezes. Apesar de tudo parecer tão limpo nesses lugares, não podemos beber a água por causa da contaminação química. A água está envenenada e, portanto, não serve para ser bebida. Parece maravilhosamente limpa, mas sua essência está morta. Esse é

Terceira luz da lua: EH LAM YAM BAM RAM

Quarto oráculo de sabedoria: para praticarmos a autocura, precisamos primeiro saber como e por que ficamos doentes. Devemos reconhecer que tipo de problemas temos, se quisermos nos curar. Precisamos entender a verdadeira causa de nossas doenças.

apenas um pequeno exemplo de como hoje não é mais possível usar diretamente muitos dos recursos naturais, devido aos perigosos níveis de poluição. Precisamos desintoxicar muitas coisas antes de poder utilizá-las com segurança, como fazemos com nossa água potável. Se ela não fosse desintoxicada, logo morreríamos.

Cada um de nós precisa, individualmente, reconhecer e aceitar esse fato. Só então será possível mudar alguma coisa. Não podemos desistir de nossa responsabilidade coletiva e esperar que o governo, a ONU ou a Comunidade Européia resolvam os problemas ambientais mundiais "lá de cima". Nossa única chance é assumirmos, todos nós, a responsabilidade pelo mundo em que vivemos.

Atualmente, a maioria das pessoas nem deseja pensar muito sobre o meio ambiente, pois parece que somos impotentes e que a situação é muito assustadora. Mesmo assim, devemos nos lembrar de que a sociedade é formada de indivíduos. Os governos e a ONU responderão por uma mudança genuína na opinião pública e à conscientização em relação ao meio ambiente.

Estou usando o exemplo da água poluída, mas todos os cinco elementos, o espaço, a terra, o vento, a água e o fogo estão sofrendo, profundamente poluídos. Até este momento, eles foram pacientes e aceitaram todo o mal e a poluição que infligimos a eles. Mas nós já fomos longe demais. Devemos esperar agora uma reação ambiental violenta e perigosa, a menos que tomemos uma decisão rápida para mudar nossa mente e nosso comportamento.

Os cinco elementos sustentam o mundo: o samsara externo e nosso mundo individual (o samsara interno de nosso corpo e mente). Tudo isso está hoje poluído nos níveis grosseiro, sutil e muito sutil. Seja o que for que esperamos da vida, saúde física, sucesso material, um belo e saudável lugar para viver, ou chegar à libertação e à Iluminação, precisamos cuidar dos cinco elementos, purificá-los e reenergizá-los para que fiquem fortes e limpos novamente.

Se perguntarmos a todas as pessoas se elas desejam ser saudáveis, felizes, cheias de energia e viver em um lugar limpo e bonito, muitas, automaticamente, responderão que sim. Entretanto, quando examinamos nosso estilo de vida e nossos hábitos, vemos que, na verdade, estamos criando uma inacreditável quantidade de poluição. Sempre pensamos que não estamos contribuindo muito para a poluição do mundo mas, se prestarmos atenção aos pequenos detalhes de nossa vida, dia após dia, semana a semana, e examinarmos a forma como usamos nosso carro e nossa casa, que tipo de combustível utilizamos, o lixo tóxico e as pilhas, plásticos, pinturas, metais e detergentes que todos nós despejamos no meio ambiente, perceberemos que realmente temos uma responsabilidade individual. Se você não concorda, tente imaginar o que aconteceria se o lixeiro não aparecesse por um ano. O que você faria se isso acontecesse?

Se continuarmos a seguir essa moda atual de autodestruição, chegaremos pouco a pouco a uma situação ambiental muito delicada, que causará o perigo verdadeiro de que os cinco elementos de nosso planeta desintegrem fisicamente e morram. Por exemplo, se perdermos a energia do elemento terra do planeta, a energia de nosso próprio corpo e de nossa própria vida pouco a pouco se fragmentará e se desintegrará. Por isso, precisamos purificar os cinco elementos internos e externos de uma forma muito poderosa, direta e perfeita.

A Autocura Tântrica é um método para isso, baseado nos profundos ensinamentos e métodos de cura deixados por Buddha. Buddha era, originalmente, um ser como nós, confuso e cheio de sofrimento, que não sabia o que estava fazendo. Ele tinha, porém, a atitude da investigação científica interior e, por isso, decidiu encontrar um método para curar seu próprio sofrimento e o sofrimento do mundo. Ele purificou suas ações obscuras e destrutivas e seus sofrimentos um a um, desenvolvendo gradualmente sua luz interna e as energias positivas de seu corpo e mente, até chegar à Iluminação total (o nível máximo de consciência humana e purificação dos elementos sutis). Buddha decidiu, então, mostrar sua experiência ao mundo, a fim de beneficiar todos os seres vivos (não só os seres humanos).

Os ensinamentos de Buddha são universais, pois lidam com a condição humana, com o sofrimento do nascer, envelhecer, adoecer, morrer e passar pelo bardo, e com as formas de superar esses sofrimentos. São, portanto, ensinamentos importantes para as pessoas de todas as culturas e religiões. O desejo de Buddha era possibilitar a paz interna e mundial para todos os seres. Por isso, sua investigação científica interna tem condições de oferecer uma resposta adequada a todos, além de poder nos trazer também a felicidade, momento após momento, dia após dia, semana após semana, vida após vida.

O Budismo é famoso por suas idéias sobre o karma e a reencarnação. Mesmo não acreditando nessas idéias, precisamos tomar cuidado com o que programamos em nosso computador pessoal da realidade. Se gravarmos muitas ações destrutivas no disco do espaço que há em nosso coração, mais cedo ou mais tarde, na próxima semana ou na próxima vida, uma resposta será impressa, e teremos, então, que pagar nossa conta telefônica kármica.

Precisamos reconhecer e cuidar dos cinco elementos

De qualquer forma, acreditando ou não em reencarnação, se destruirmos nosso meio ambiente interno e externo, que tipo de herança deixaremos aos nossos filhos e às gerações futuras? Não será egoísmo nosso despejar lixo tóxico altamente radioativo nos mares e em nossa mãe-Terra, em recipientes sem nenhuma segurança, que permanecerão venenosos por milhares de anos? Precisamos cuidar do meio ambiente, por nossos filhos e pelos filhos de nossos filhos.

Com a Autocura Tântrica podemos curar o mundo. O método antigo da minha linhagem tântrica de paz coloca todas as informações importantes em sadhanas (métodos de realização), gomde (meditação e recitação), mandalas e mantras. Talvez no futuro eu seja capaz de traduzir a linhagem de paz de uma forma mais moderna mas, por enquanto, ela está sendo impressa diretamente do computador interno de meu coração dessa forma. Sinto muito!

Nas preces de purificação do vento da natureza da terra para o Buddha da Paz Mundial Lama Se Tagme Rangshin, Curador Supremo do elemento terra, encontramos uma explicação exata de como podemos reconhecer os danos que estamos causando à terra, do ponto de vista individual e coletivo. Encontramos também indicações de como curar a terra e manter toda a sua energia preciosa. Se examinarmos com atenção as preces de purificação dos ventos dos cinco elementos, veremos que elas contêm soluções para os problemas ambientais partindo de uma perspectiva nova.

Se compreendermos o quanto nossa terra é preciosa, teremos em relação a ela um sentimento semelhante ao que os povos dos tempos antigos tinham em relação ao Guru. Não sei se atualmente as pessoas já experimentaram a mesma profundidade de intenso amor por outra pessoa mas, de qualquer forma, precisamos ter esse sentimento especial pelos cinco elementos. Devemos reconhecer e desenvolver esse sentimento especial em nosso coração e, então, a devoção ao Guru acontecerá espontaneamente. Isso é autocura.

São poucas as pessoas que praticam o Budismo na sociedade atual, mas todos têm necessidade de reconhecer a preciosidade dos cinco elementos. Atualmente, as pessoas sofrem mais ou menos dos mesmos problemas em qualquer lugar do mundo. Por exemplo, a poluição química da água por toda parte prejudica não só o meio ambiente, mas também nossa saúde mental e física. Poluímos o planeta coletivamente e, por isso, precisamos todos fazer alguma coisa para curá-lo. Só então, nosso desejo de viver em um mundo puro e saudável se tornará realidade com certeza.

Utilizando Tendrel, a interdependência dos fenômenos, e a Autocura Tântrica, podemos entender os resultados positivos e negativos de nossas ações em relação ao meio ambiente, o que nos permite gerar muita energia para purificar os cinco elementos de nosso corpo e do mundo. Todos os dias, os Lamas Tibeteanos fazem a purificação dos cinco elementos e, por isso, são capazes de controlá-los. Eles podem, por exemplo, causar ou interromper chuvas, pacificar enchentes, vendavais, desmoronamentos, incêndios florestais, etc. Se você se interessa por essas coisas, pode ler minha biografia ou a de muitos outros Lamas, mais elevados que eu.

Na tradição do Budismo Tibetano, temos muitas práticas poderosas e efetivas para curar o meio ambiente. Entretanto, porque elas são muito difíceis, complicadas e antiquadas para a mente moderna, decidi ensinar a essência de todos esses métodos sob a forma da purificação dos cinco ventos elementais.

EH LAM YAM BAM RAM

Esse método realmente funciona. Desde que começamos a praticar a Autocura Tântrica, em 1993, os índices de poluição do ar em Milão e em muitas outras cidades que o grupo de viajantes "Mensageiros da Paz" visitou têm diminuído. Por todo o mundo, quando meu grupo e eu praticamos a purificação dos cinco elementos, ocorrem mudanças de tempo benéficas, e numerosos arco-íris brilhantes aparecem no céu limpo e sem nuvens. Quanto mais as pessoas praticarem a purificação dos cinco elementos no mundo, mais poderosos serão seus resultados. A Fundação Lama Gangchen Para Paz no Mundo (LGWPF) necessita de milhares de mãos para curar o mundo.

Com o Tantra podemos fazer coisas muito lindas e curar o mundo. Normalmente, fazemos compras no supermercado dos pensamentos negativos e compramos todas as energias e emoções negativas que perturbam nosso corpo, mente e meio ambiente. Precisamos trocar de supermercado e comprar todas as energias positivas no supermercado tântrico dos mandalas e divindades. Temos que aprender a fazer isso em todas as nossas ações cotidianas.

O Tantra não é magia branca, mas um sistema prático de ciência interior que trabalha com as energias muito sutis de nosso corpo e mente, usando e desenvolvendo nosso tsa, lung e tigle. Tsa é a rede de canais de energia sutil que permeiam todo nosso corpo. Esses canais são muito mais sutis que nossas veias, artérias e nervos. Por isso, não conseguimos vê-los, mesmo com um microscópio ou com uma máquina de ressonância magnética. O tsa existe em nosso corpo de energia sutil, e nele fluem os cinco maiores e cinco menores ventos sutis.

Nosso corpo sutil é como um *chip* de computador com mais de 72 mil ou 84 mil caminhos sutis. Nele também encontramos quatro, cinco ou sete chakras principais de energia. Muitos cientistas internos (iogues e mahasiddhas) desenharam mapas do tsa e dos chakras baseados em suas visões internas e, por isso, existem muitos sistemas diferentes.

O livro *Autocura Tântrica II* ensina sobre o tsa e os chakras, o sistema dos três canais principais, os cinco chakras principais e os Cinco Curadores Supremos. O *Autocura Tântrica III* ensina sobre os cinco elementos **EH LAM YAM BAM RAM**, do ponto de vista dos cinco ventos principais e dos cinco ventos secundários de energia interna que precisamos aprender a usar de forma positiva. O vento está sempre em movimento, podendo produzir resultados benéficos ou destrutivos. Por isso, precisamos cuidar muito bem de nossos ventos internos. Usá-los negativamente, como fazemos normalmente em nosso dia-a-dia, pode ser muito perigoso para nós.

Também precisamos aprender a cuidar bem de nossa energia interna da bile e da fleuma. Segundo o Tantra Medicinal Guyushi, nosso corpo está baseado em cinco elementos e três humores (vento, bile e fleuma). Essas energias podem ser benéficas ou prejudiciais, dependendo das condições e causas de manifestação interdependente que criamos. Os cinco elementos e os três humores encontram-se em um estado dinâmico e, por isso, são muito sensíveis. Uma pequena causa pode produzir uma grande reação energética numa direção positiva ou negativa.

Como já foi mencionado, o *Autocura Tântrica II* discute nossos chakras e o tsa (canais), enquanto o *Autocura Tântrica III* fala de nossos ventos elementais internos. No livro *Autocura Tântrica IV,* enfocaremos o Tantra do ponto de vista de nosso tigle (gotas internas). Dentro de nossos canais e chakras, encontram-se milhares de gotas vermelhas e brancas, a essência da energia lunar masculina e da energia solar feminina. Essas gotas concentram-se especialmente em nossos chakras do coração, coroa e umbigo. O tsa é a casa, o lung é o dono da casa, e o tigle são as jóias preciosas escondidas nela. Precisamos desenvolver nosso tigle usando a energia dos diferentes momentos do dia: enquanto dormimos, sonhamos, estamos acordados, etc. Veremos mais sobre isso, porém, no *Autocura Tântrica IV*. Esse é um assunto muito profundo.

Há muitos programas especiais escondidos nos livros de Autocura. Lendo cronologicamente meus livros de Autocura, é possível perceber

A Canção dos Cinco Ventos Elementais do Tantra Ioga Superior

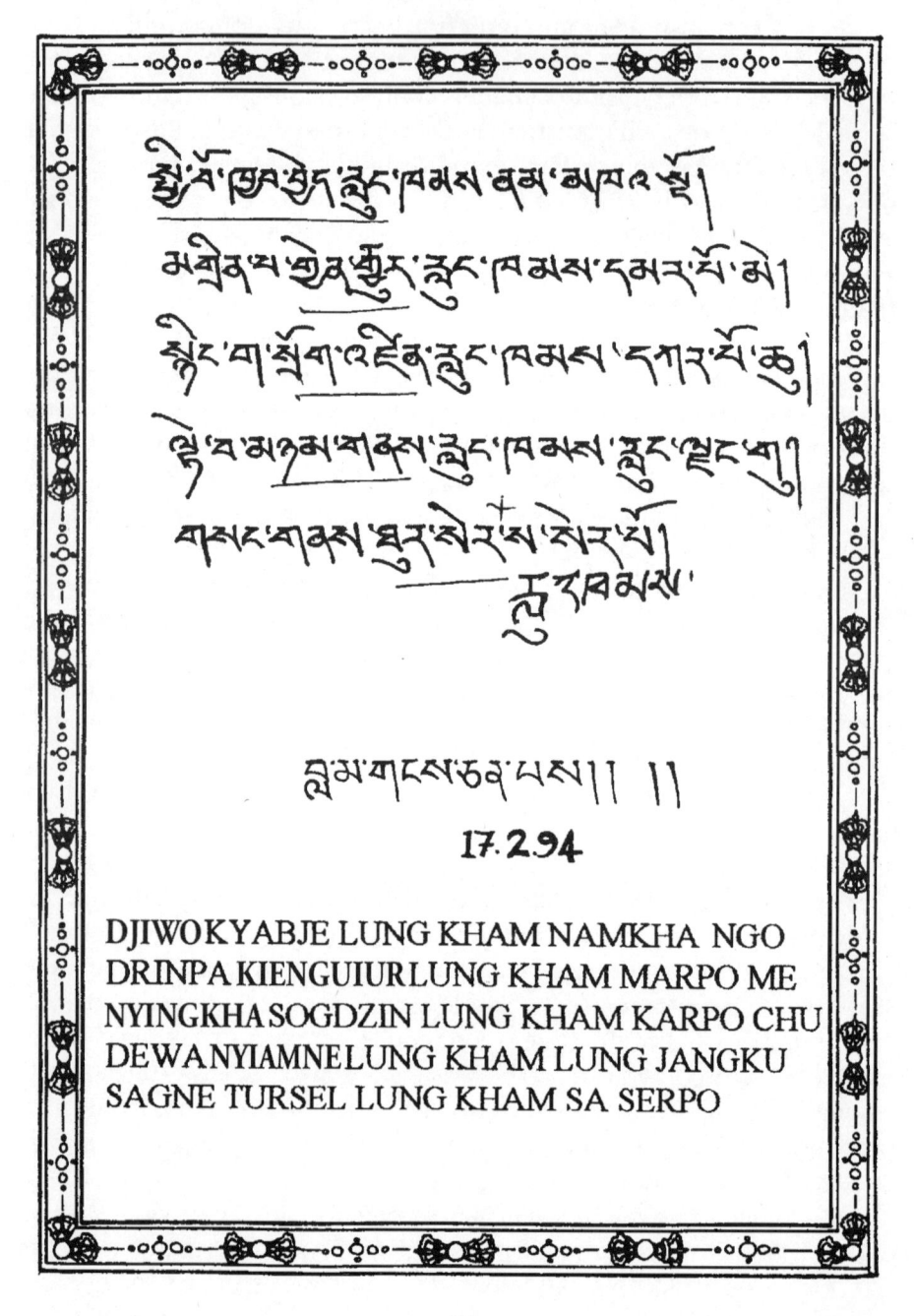

17.2.94

DJIWO KYABJE LUNG KHAM NAMKHA NGO
DRINPA KIENGUIUR LUNG KHAM MARPO ME
NYINGKHA SOGDZIN LUNG KHAM KARPO CHU
DEWA NYIAMNE LUNG KHAM LUNG JANGKU
SAGNE TURSEL LUNG KHAM SA SERPO

uma espécie de estrutura se desvelar. Os que desejam praticar a Autocura devem fazer o programa seguindo os mesmos estágios em que os livros estão sendo escritos.

Por exemplo, no *Autocura Tântrica I* falo sobre brincadeiras infantis, o elemento espaço, Buddha Shakyamuni (o Curador Supremo), os Quatro Pensamentos Ilimitados e tudo o que parece nosso amigo mas, na verdade, é nosso inimigo. No *Autocura Tântrica II*, desenvolvo mais profundamente essas idéias com os Cinco Curadores Supremos, Os Cinco Pensamentos Ilimitados e a sadhana das crianças. No *Autocura Tântrica III*, mais uma vez falo sobre um Curador Supremo, o treinamento espacial e Tendrel, a interdependência dos fenômenos como seguir nossos verdadeiros amigos e abandonar nossos inimigos.

Para desenvolvermos por completo nosso potencial humano e luz interior, relaxando e regenerando (NgelSo) nossa energia essencial de vida, precisamos aprender a reconhecer, purificar e usar nossos canais, ventos e gotas de uma forma positiva. O Tantra nos ensina justamente a usar nosso tsa, lung, tigle, elementos sutis, energia de vida e corpo-vajra de forma positiva, para desenvolvermos por completo nosso grande coração, a experiência do espaço, luz interior e o poder de Curador Supremo.

Chamamos nosso corpo de energia sutil de corpo-vajra (Diamante Indestrutível), porque o Tantra trabalha trazendo o resultado para o caminho. Assim, quando pensamos positivamente ao chamarmos nossa energia sutil comum de corpo-vajra (um corpo de néctar de energia de pura luz cristalina), criamos uma causa de manifestação interdependente positiva para, no futuro, atingirmos o corpo-vajra de verdade.

Outro método de trazer o resultado para o caminho é fazer o mudra (gesto) de tocar a terra, ou mudra da estabilidade, do Curador Supremo Akshobya. Esse mudra se refere ao fato de que, quando realizarmos o estado de Buddha, nossa energia se encontrará completamente estável.

Um dos temas principais do *Autocura Tântrica III* é aprender a reconhecer e usar nossos ventos internos. Temos dez ventos internos que precisamos reconhecer e unir a energias positivas, e não a energias negativas. Uma vez tendo controlado e purificado essas dez energias, podemos nos curar, curar nossa sociedade e o meio ambiente.

ESSES DEZ VENTOS SÃO:

1 O vento pervasivo, de cor azul celeste, localizado no chakra da coroa. Esse vento sustenta a natureza essencial de nosso elemento

NgelSo — Autocura Tântrica III

Seu amigo Lama está sempre com você!

espaço e está associado à família de Buddhas *Sangye*, do Curador Supremo Vairochana.
2. O vento ascendente *kenguiur*, localizado no chakra da garganta. Esse vento sustenta a natureza essencial de nosso elemento fogo e controla os movimentos do falar, salivar, engolir e vomitar. É de cor vermelha e está associado à família de Buddhas *Pema*, do Curador Supremo Amitabha.
3. *Sogdzin* ou vento de sustentação da vida. Sua cor é o branco, e ele se localiza no chakra do coração. Esse vento sustenta a natureza essencial de nossa energia da água e da energia vital. O *sogdzin-lung* muito sutil sobrevive à morte e é a base física de nosso disco do espaço interno que contém nossos registros kármicos. Ele está associado à família *Vajra* e ao Curador Supremo Akshobya.
4. *Namne* ou vento acompanhante, de cor verde, localizado em nosso chakra do umbigo. O *namne* sustenta a natureza essencial da energia do elemento vento e é responsável pela digestão. Está associado à família Karma, do Curador Supremo Amogasiddhi.
5. *Tursel*, ou vento descendente. Sua cor é o amarelo e ele está localizado no chakra secreto. Esse vento sustenta a natureza essencial da energia de nosso elemento terra e é responsável pela excreção, menstruação, ejaculação, etc. Ele está associado à família *Ratna*, do Curador Supremo Ratnasambhava.

Todos esses ventos elementais são interdependentes e sustentam nossa vida. Se algum deles falha, todos ficam desequilibrados, e adoecemos. Se não conseguimos nos curar, gradualmente todos os ventos começam a falhar e, então, morremos.

TEMOS TAMBÉM CINCO VENTOS MENORES:

6. O "vento que se move", de cor vermelha, permite que nossos olhos funcionem.
7. O "vento que se move intensamente", de cor azul, permite que nossos ouvidos funcionem.
8. O "vento que se move perfeitamente", de cor amarela, permite que nosso olfato funcione.
9. O "vento que se move fortemente", de cor branca, permite que nossa língua funcione.
10. O "vento que se move definitivamente", de cor verde, permite que nosso sentido do tato funcione.

O sistema dos ventos elementais da medicina tântrica tibetana

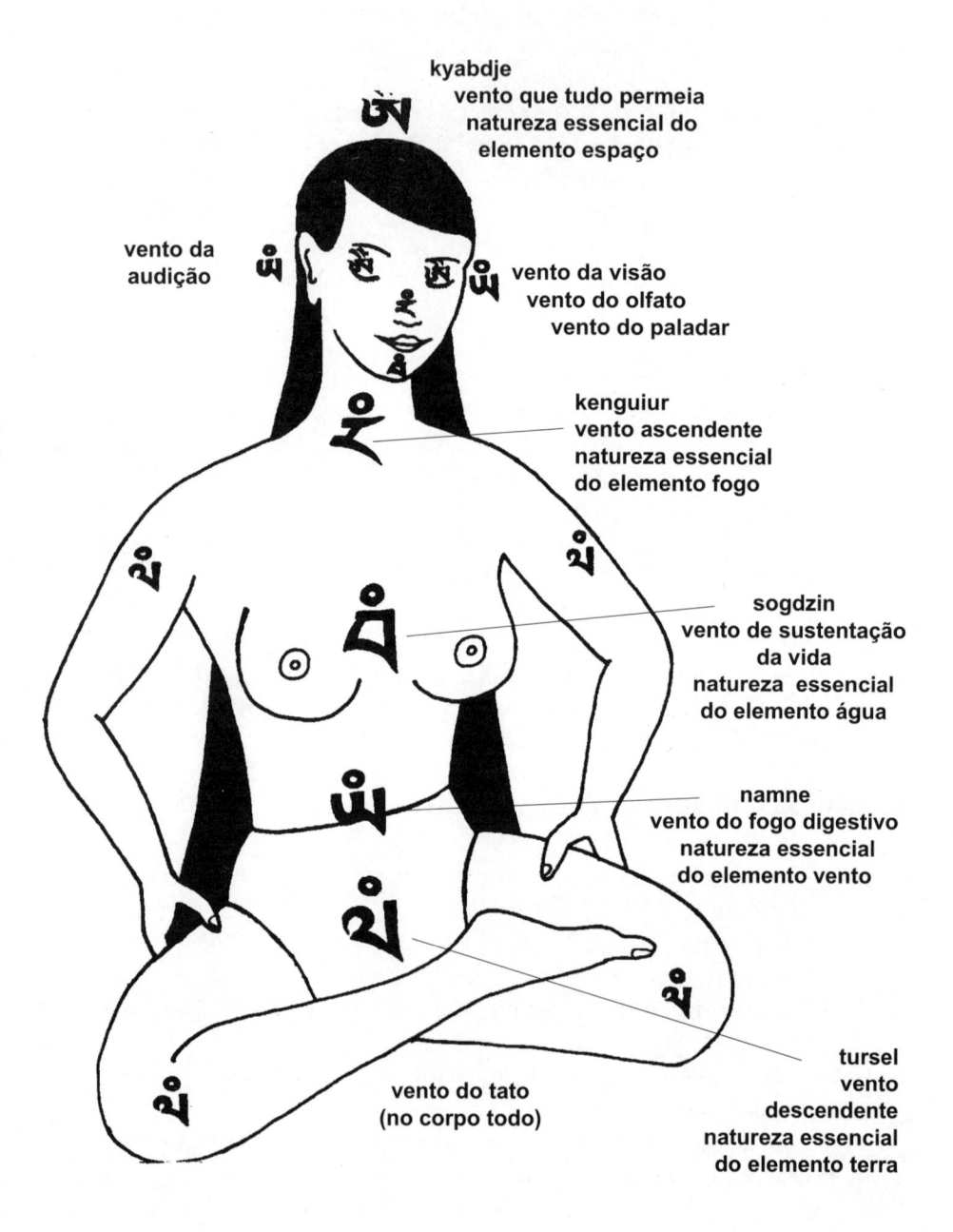

kyabdje
vento que tudo permeia
natureza essencial do elemento espaço

vento da audição

vento da visão
vento do olfato
vento do paladar

kenguiur
vento ascendente
natureza essencial do elemento fogo

sogdzin
vento de sustentação da vida
natureza essencial do elemento água

namne
vento do fogo digestivo
natureza essencial do elemento vento

tursel
vento descendente
natureza essencial do elemento terra

vento do tato
(no corpo todo)

De acordo com a medicina tibetana, esses são ventos secundários em relação aos cinco ventos elementais principais. Segundo o Mahamudra, todos eles surgem do vento *sogdzin* em nosso coração.

Talvez neste momento vocês tenham dúvidas em relação à existência desses ventos internos, pois nunca ouviram falar deles antes. Entretanto, o fato de vocês nunca terem visto ou sentido esses ventos não significa que eles não existam. Hoje, as pessoas aceitam muitos fenômenos abstratos como *pulsars*, buracos negros, partículas subatômicas, etc. Há centenas de anos, usando uma capacidade elevada de percepção e se unindo ao poder de cristal puro do Mestre Vajra, os cientistas internos descobriram a existência do tsa, lung e tigle. Tal grau de percepção é ainda totalmente possível nos dias de hoje, como muitas pessoas no Ocidente e no Oriente podem verificar.

Aprendendo a reconhecer e a cuidar dos ventos internos das energias elementais podemos curar nosso corpo e mente e o meio ambiente. Por que deveríamos continuar a ignorar nosso próprio potencial e capacidade de cura?

O Budismo Tântrico é mais um método de ciência interior do que uma religião, pois não há dogmas nem catecismos. A confiança nos ensinamentos de Buddha nasce de sua própria descoberta da mesma verdade e de sua própria experiência dos resultados benéficos desses ensinamentos. A Autocura Tântrica é a investigação e o desenvolvimento da ciência interna, e está disponível a todos que desejam se curar, curar os outros e o meio ambiente.

A Autocura Tântrica é muito fácil, mas pode produzir resultados inacreditáveis. Então, por favor, por que não a praticamos e fazemos assim uma grande doação à nossa sociedade, ao meio ambiente e ao planeta? Nossos filhos e as gerações futuras com certeza nos agradecerão por isso.

NgelSo — Autocura Tântrica III

Quarta luz da lua: relaxe NgelSo no espaço absoluto pleno de bem-aventurança

Quinto oráculo de sabedoria: a autocura baseia-se na compreensão do que é nosso verdadeiro amigo e do que é nosso verdadeiro inimigo.

Décima Terceira Luz

Treinamento Espacial
Como Curar os Mundos Externo e Interno Através do Relaxamento NgelSo no Espaço Absoluto da Vacuidade

Em cada um dos meus livros de Autocura, do número III ao VII, pretendo explorar um dos cinco elementos detalhadamente. Começaremos, então, pelo espaço e pelo treinamento espacial.

Diz-se no Sutra de Avatamsaka:

"Se você deseja entrar no reino kármico dos Buddhas Vitoriosos,
Deve treinar a mente para ser pura como o Espaço.
Abandonando os pensamentos, a discriminação e o apego à cognição,
Você entrará nos reinos de Buddha com uma mente como o Espaço."

Geralmente, quando falamos em espaço, pensamos no espaço externo, o espaço do mundo e do cosmos que nos cerca. Todos nós temos algum tipo de imagem do espaço externo como ilimitado e vazio, exceto pelo brilhar das estrelas, planetas e galáxias. Muito mais interessante que isso é o fato de que todos nós possuímos um espaço interno correspondente em nossos corpos grosseiro e sutil e em nossas mentes sutis e muito sutil. Na realidade, o espaço em nossa mente, em nosso mundo pessoal ou samsara pessoal, é maior que todo o espaço deste planeta. E, assim como o espaço do universo externo, ele parece ilimitado e vazio. Entretanto, nosso espaço interno pessoal tem mais qualidades que o espaço externo. O espaço externo tem a capacidade de sustentar os fenômenos, enquanto o espaço interno é a nossa ilimitada capacidade para desenvolver a mente e o potencial humano. O espaço interior é grande como o universo. Porém, a energia de nosso Mandala-Vajra do Espaço, nossa mente natural que é a essência da energia fenomênica, está bloqueada e poluída e, por isso, somos incapazes de reconhecer sua existência, relaxar (NgelSo) nela ou usá-la de forma positiva.

As bênçãos de cristal puro permeiam as dez direções

Sexto oráculo de sabedoria: as drogas recreativas parecem nossas amigas mas, na realidade, são nossas inimigas. Se as drogas trouxessem alguma experiência espiritual, o mundo estaria cheio de pessoas iluminadas. Ao contrário, as drogas nos fazem viver como ladrões, cheios de medo. Elas destroem nossa comunicação com os amigos, a família e a sociedade. As drogas nos fazem sofrer como os seres dos infernos nos tempos antigos.

O fato de esse espaço interior existir é maravilhoso e, se aceitarmos sua existência e relaxarmos a mente nele (NgelSo), os quatro elementos – o vento, o fogo, a terra e a água – começarão a dançar alegremente no Mandala-Vajra do Espaço puro. Todas as energias externas e internas fluirão espontaneamente, e nós perceberemos a contínua dança dos fenômenos tal como eles se manifestam e se absorvem a cada momento no espaço absoluto de Bem-aventurança e vacuidade. Essa é *Djetsün Dordje Lukar Trokar*: a dança e a canção do Arco-Íris Vajra. Ao perceber-mos os fenômenos como reflexos de Bem-aventurança e vacuidade no espelho cósmico, temos a experiência da paz interior e da paz no mundo.

O grande Mahasiddha Saraha disse:

"Todos os fenômenos são manifestações de nossa mente muito sutil. Eles surgem dessa mente como as ondas surgem do oceano".
e
"Não compreendemos claramente mas, se compreendêssemos, experimentaríamos tudo como manifestação da grande bem-aventurança".

Abrir a mente e desbloquear o Mandala-Vajra do Espaço é uma chave essencial de sabedoria que nos liga à realidade de nossa própria mente e à paz dos mundos externo e interno. Essa chave também nos liga à dança cósmica de *Djetsün Dordje Lukar*, que ressoa com as vibrações cósmicas ou canção mântrica da "harmonia das esferas".

Todos os fenômenos do mundo externo e interno são *flashes* sempre se manifestando e desaparecendo da existência na esfera de vacuidade e bem-aventurança. $E = mc^2$, e os fenômenos passam por vários estágios de transformação ou manifestação, desde pura energia até a matéria grosseira. Da esfera de vacuidade e bem-aventurança surge uma sílaba-semente "mântrica" sutil pura, ou vibração pura, que se transforma nos incontáveis fenômenos grosseiros do universo relativo.

Como está dito na Bíblia Sagrada, Evangelho de São João:

"No início era o verbo".

Sons mântricos puros ligam-nos à realidade do surgimento interdependente dos fenômenos, à vacuidade e ao reino de cristal puro da

PRECISAMOS DESENVOLVER O CORPO, A PALAVRA E A ENERGIA MENTAL COM OM AH HUM

Os mantras contêm poderosas chaves de sabedoria para desbloquear as energias elementais e a energia de vida do universo.

realidade. As 56 vogais e consoantes ALIKALI do alfabeto sânscrito são as chaves para o espectro de vibrações cósmicas puras que seus ancestrais ocidentais chamavam de "A Harmonia das Esferas".

No Oriente, na tradição tântrica hinduísta e budista, temos o arquétipo da Deusa da Sabedoria Sarasvati, que toca uma vina com 56 cordas. Cada uma dessas cordas representa uma das letras mântricas puras do alfabeto sânscrito ALIKALI. Nessa vina, Sarasvati toca uma melodia cósmica de incrível beleza. Quando recitamos um mantra, usamos essas chaves de sabedoria para nos sintonizarmos com o fluxo cósmico de energia absoluta de cristal puro, que é a realidade subjacente a todos os fenômenos de nosso mundo relativo cotidiano.

Alguns mantras, especialmente o mantra da interdependência dos fenômenos, contêm muitas chaves de sabedoria para abrir e relaxar nossa mente na experiência do espaço absoluto. Saber disso no nível intelectual não basta. Temos que realizar e integrar a experiência dos iogues antigos e modernos em nosso próprio coração. Precisamos dançar pessoalmente a dança-vajra e cantar canções-vajra. Não devemos nos contentar em repetir como papagaios informações de segunda mão e experiências internas de outras pessoas. Precisamos nos tornar nós mesmos iogues e ioguines, "cientistas internos" do século XXI, para podermos falar de nosso próprio coração: "todos os fenômenos surgem de minha mente muito sutil como ondas que surgem de um oceano".

No Tantra, dissolvemos no espaço absoluto os objetos de nossa consciência sensorial e nossas projeções da realidade que, normalmente, se encontram distorcidas. É como desligar nossa televisão pessoal da realidade. Nosso filme mental simplesmente desaparece.

Para recriarmos os fenômenos grosseiros da nossa consciência sensorial de forma positiva e útil, visualizamos um recipiente puro, como uma xícara de crânio ou uma tigela dourada, simbolizando o mundo e o meio ambiente, o recipiente dos inúmeros fenômenos materiais. Dentro desse recipiente puro visualizamos uma sílaba-semente mântrica pura, como OM ou HUM, e que dela surgem os objetos sensoriais puros na forma de sons-vajra, cheiros, sabores, toques e formas-vajra, como manifestações do vajra de indestrutível vacuidade e bem-aventurança, pleno de luz e energia, que existe em nosso espaço interior.

Com OM AH HUM, transformamos os objetos sensoriais do mundo relativo em recipientes da energia absoluta do mundo de cristal puro. OM AH HUM liga os mandalas relativo e absoluto e traz todas as energias de cristal puro dos mil Buddhas para o nosso mundo. Como resultado, nossas percepções mudam, e começamos a experimentar todos os fenômenos do mundo externo de uma forma pura, como manifestações do espaço absoluto de nossa mente, e tudo que vemos, cheiramos, ouvimos, degustamos ou tocamos nos traz inacreditável Bem-aventurança. Esse é o poder de cura do Tantra.

A impureza surge porque quanto mais distante da mente natural ou fonte de vida nossa energia ou vibração está, maior quantidade de padrões de interferência se estabelece, causando as manifestações ilusórias dos mundos celestes, mundos dos assuras, mundo humano, animal, dos espíritos e dos infernos. Dentro dos seis reinos, o paraíso tem a vibração mais elevada e é a criação das mentes mais puras, enquanto os infernos são os mais distantes da fonte da vida, as projeções das mentes mais perturbadas e distorcidas.

Quinta luz da lua: Os Exploradores do Espaço Interior seguem o Programa de Treinamento Espacial

Sétimo oráculo de sabedoria: o álcool parece nosso amigo mas é na realidade nosso inimigo. Quando os outros estão nervosos conosco, bebemos suas informações negativas com o álcool. Se não seguirmos as distrações e mantivermos nosso sorriso interior, quando os outros nos ofenderem, nosso lung, nervosismo e desejo de beber, diminuirão. Podemos relaxar Ngelso só com um pouquinho de álcool, ou até sem beber nada!

Décima Quarta Luz

Karma ou como Instalar os Programas de Nosso Computador da Realidade em Nosso Disco do Espaço Interior

Os cientistas modernos, embora não aceitem a existência das mentes sutis e muito sutil, estão pesquisando o espaço externo e o espaço interno ou subatômico no nível físico grosseiro. Já foram desenvolvidas muitas tecnologias para a utilização do espaço relativo externo e interno de uma forma benéfica como, por exemplo, a energia de fusão e a microeletrônica.

Não estudei pessoalmente a tecnologia moderna mas, em minha opinião, se um pequeno disco de computador é capaz de armazenar uma quantidade enorme de informações, isso se deve ao fato de ele estar utilizando a qualidade do espaço corretamente. Todos ficam muito impressionados com discos de computador de 64, 128 ou até 256 *megabites* mas, na verdade, em nosso disco do espaço-vajra interior temos milhões de vezes mais espaço do que isso. Nosso ilimitado disco de espaço interior se encontra em nossa mente muito sutil e no vento contínuo sutil de energia *sogdzin* no chakra do coração. Nesse disco, armazenamos todo o nosso conhecimento e nossas experiências, e fazemos o registro kármico de todas as ações autocurativas e autodestrutivas que realizamos ao longo do contínuo de nossas vidas anteriores até o momento presente.

Esse registro é como uma conta telefônica. Gostamos de usar o telefone, mas nunca nos damos conta de que, em algum lugar, está sendo feito um registro do quanto estamos falando. Então, um dia a conta chega e levamos um enorme susto. Agora temos que pagar!

Esse disco é a única bagagem que podemos levar conosco quando nossa mente passa de uma vida para outra. Ainda assim, insistimos em investir todo nosso tempo e energia cuidando do mundo externo. Cuidamos muito bem do nosso corpo, alimentando-o, passando creme quando ele está ressecado, tomando remédios quando não nos sentimos bem e embelezando-nos com maquiagem e roupas da moda. Estamos sempre pagando e pagando para manter a hospedaria – nosso corpo – feliz.

Sexta luz da lua: o disco do espaço interior é o espelho do karma negativo e positivo

Oitavo oráculo de sabedoria: o fumo parece nosso amigo mas é na verdade nosso inimigo. Os cigarros prejudicam o meio ambiente interno e externo e muitos mundos astrais sutis. Eles fazem mal ao nosso corpo e energia e ao mundo interno sutil de nossa mente. Justificamos o fumo como uma ajuda à concentração mas, se examinarmos com honestidade, fumar destrói nossa concentração, nossa memória e nosso sorriso interior.

Este corpo, apesar de nos trazer muito sofrimento mental e físico, parece nosso amigo. Entretanto, no último instante de nossa vida, ele se torna inegavelmente nosso inimigo. Nesse momento, quando realmente precisamos dele, nosso corpo nos diz "tchau, tchau" e morre em nós.

É apenas nossa mente muito sutil unida ao vento contínuo de energia *sogdzin* que passa, sozinha e nua, para a próxima vida. Todas as numerosas posses que acumulamos durante a vida são deixadas para trás no momento da morte. A única posse que podemos levar conosco é nosso disco do espaço-vajra interno, onde todas as nossas ações de luz e escuridão foram registradas. Cuidar do que gravamos em nosso disco do espaço é a maquiagem da mente. A maquiagem da mente é muito mais interessante do que maquiar apenas o rosto, pois ela nos torna bonitos para sempre.

A mente muito sutil unida ao vento contínuo de energia é muito pequena, mais ou menos do tamanho de uma semente de mostarda. Nem por isso devemos pensar que ela não pode conter todo o espaço do universo. Talvez você imagine que para conter todo esse espaço, essa mente tão pequena tenha que se expandir até explodir. Pequeno, porém, significa mais concentrado, mais poderoso. Os níveis mais sutis e fundamentais de nossa consciência são muito mais poderosos que os níveis grosseiros superficiais.

Na tradição tântrica tibetana, usamos um espelho circular para simbolizar o mandala do espaço-vajra, ou seja, nosso disco do espaço interior. Por quê? Mesmo um pequeno espelho de maquiagem pode refletir nosso rosto inteiro. Em um pequeno espelho, podemos ver refletida uma grande cidade como Madri, Katmandu, Milão, ou até todo o planeta. Isso é possível porque o espelho usa a qualidade do Espaço corretamente. Da mesma forma, nosso disco do espaço interno registra todas as nossas incontáveis ações positivas e negativas. Quando morremos, um novo programa de vida começa a rodar, e a nova realidade que projetamos para nós nesse momento depende do tipo de ações que programamos em nosso disco interno. Portanto, já que somos os arquitetos de nossa própria experiência de vida, precisamos tomar muito cuidado com o que estamos programando em nosso disco do espaço interior.

Décima Quinta Luz

Shindje Radja Externo:
O Detentor do Espelho Onde os Registros Kármicos de Todos os Seres Humanos Estão Armazenados

Está dito no Sutra Manjushri Vikridita:

"Se você não compreender a natureza de sua mente, será forçado a vagar pelos mundos superiores, medianos e inferiores e pelo círculo dos seis reinos de existência".

No Tibete, temos o arquétipo mítico do Senhor da Morte, Shindje Radja (ou Yama Ranza). Shindje significa "o que registra as ações brancas ou negras" e "o rei da morte", que nos espera para nos julgar no momento da morte. Podemos chamá-lo de "o remetente de nossa conta kármica". Seu julgamento determina que tipo de renascimento teremos. Shindje Radja não é bom nem mau e, por isso, não podemos suborná-lo para conseguir um renascimento melhor. Ele é uma manifestação do funcionamento automático de nosso karma, a reação de nossa própria mente e, às vezes, Shindje pode nos parecer um pouco assustador. Ele não nos julga; somos nós que nos julgamos quando olhamos para o espelho que ele segura em sua mão. Esse espelho é um supercomputador de sabedoria espiritual, ligado aos discos de espaço interior de todos os seres vivos. Como o computador da central telefônica, este também tem a ficha de cada um de nós.

Nesse espelho é possível enxergar todos os seis canais da existência samsárica e todas as ações passadas de todos os seres humanos. Quando o olhamos, um canal abre-se e, conforme muitos que estiveram perto da morte testemunharam, toda a sua vida aparece em *flashes*, tudo que você fez de bom e de mau e os resultados de suas ações.

O julgamento de Shindje é o que nossa própria mente seleciona, dependendo das informações que programamos em nosso disco. O Shindje interno é nossa discriminação entre as ações boas e más. Portanto, se você deseja ter um julgamento kármico favorável, deve investir agora em ações cotidianos positivas e benéficas motivadas pelo amor e pela compaixão.

Talvez você tenha dúvidas em relação à existência desse disco interno. Então, tente responder: quando uma lembrança ou experiência antiga de repente se faz presente em sua mente, de onde ela vem? Ela vem das informações gravadas em nosso disco de espaço interior. Isso, porém, não significa que o disco interno seja a mesma coisa que a memória. A memória às vezes é clara, mas outras vezes, quando ela falha, não nos lembramos de nada. Independentemente, todas as nossas experiências grosseiras, sutis e muito sutis estão individualmente registradas em nosso disco do espaço interior.

A memória é como o tempo, ela está sempre se esvaindo. Nos dias de hoje, a memória das pessoas é muito fraca e, ultimamente, tem piorado ainda mais devido à confiança nos livros, bancos de dados, computadores, calculadoras, etc. Quando eu era criança no Tibete, tínhamos que memorizar centenas de livros, palavra por palavra. Para uma criança, isso parecia um grande esforço, mas hoje percebo o valor de ter desenvolvido minha memória dessa forma: tenho uma completa biblioteca de sabedoria sempre comigo. Se eu começasse a rodar esses programas e recitar esses livros, eu levaria muitos dias, de manhã à noite, para terminar.

O quanto temos acesso ao nosso disco interno depende do quanto conseguimos purificar e desbloquear nossa energia do espaço interior. Alguns meditadores conseguem lembrar com clareza muitas de suas vidas passadas, e a mente de cristal puro de um Buddha é capaz de lembrar cada detalhe do contínuo sem início de suas incontáveis existências anteriores, antes de seu "despertar".

Se queremos nos libertar de nosso samsara pessoal, é muito importante compreendermos como nossas ações positivas e negativas são registradas no disco do espaço interno de nossa mente sutil. Como resultado desses registros, experiências de felicidade ou infelicidade são automaticamente impressas a partir de nosso computador mental.

Dharmakirti disse:

"Uma vez tendo criado a causa para que algo aconteça, quem poderá evitá-lo?"

Precisamos aprender, de uma forma muito suave, a cuidar dos registros que armazenamos em nosso disco interno. Precisamos de um Shindje pessoal para discriminar entre o que pode nos ajudar e o que pode nos prejudicar, entre nossos verdadeiros amigos e nossos verdadeiros inimigos. Se aceitarmos isso e usarmos o espaço interior de uma forma positiva, automaticamente compreenderemos a reencarnação, o karma e as idéias que se seguem:

1. Todas as nossas ações com certeza produzirão resultados.
2. Quanto mais tempo deixarmos um registro em nosso disco do espaço, mais forte será seu resultado quando ele finalmente imprimir uma experiência, ou uma realidade. É como esquecer de colocar o telefone no gancho enquanto a linha ainda está em conexão. Sem que percebamos, a conta continua a crescer.
Existem também diferentes preços de "ligações telefônicas kármicas" de luz ou de escuridão. Algumas ações custam muito mais caro que outras. Por exemplo, se machucarmos alguém por acidente, teremos que pagar uma certa dívida kármica. Mas se, deliberada ou sadicamente, infligirmos dor a outros, nossa conta será registrada segundo o preço mais alto de "ligação telefônica kármica". Conseqüentemente, o sofrimento pessoal será muito mais desagradável, intenso e duradouro.
3. Se não armazenarmos as causas (os registros de nossas ações) em nosso disco do espaço, será impossível para nosso computador mental imprimir o efeito, ou a experiência que seria o resultado dessa ação. Portanto, se desejamos ter uma realidade feliz impressa por nosso computador mental, devemos programar nosso disco com muitas ações positivas.
4. As ações nunca são desperdiçadas. O disco do espaço interior nunca joga fora uma informação, mesmo quando a realidade e os níveis grosseiros da consciência absorvem-se na mente muito sutil, no momento da morte. O disco do espaço interno não é como o disco rígido ou os disquetes de um computador grosseiro. Um disco comum sempre nos deixa a possibilidade de, intencionalmente ou por engano, apagarmos facilmente todas as informações contidas nele. Nosso disco do espaço interno, porém, nunca perde seus arquivos, mesmo quando nossa mente muito sutil separa-se do corpo. A mente muito sutil nunca perde suas informações, pois seus arquivos estão gravados no espaço interior, cuja capacidade de armazenamento é maior que o universo.

Devemos praticar a autocura desenvolvendo não apenas a paz de nosso corpo e mente grosseiros, mas também a paz de nosso corpo e mente sutil e muito sutil. Precisamos desenvolver as energias sutis contidas em nosso disco do espaço interno absoluto e no canal central. Podemos fazer isso usando o poder do Tantra e do mantra e as energias de cristal puro.

Todos nós sabemos que, quando apertamos a tecla errada de um computador, corremos o risco de criar muitos problemas e, inclusive, perder o trabalho de alguns dias. Da mesma forma, devemos nos assegurar de que estamos usando nosso precioso computador humano da realidade de uma forma criativa, curativa e positiva, e não de uma forma negativa ou destrutiva. Se cometermos um erro em nosso computador interno, não devemos desenvolver essa negatividade, nem armazená-la em nosso disco do espaço interior pois, no futuro, experimentaremos algum tipo de resposta ou reação negativa produzida por nosso computador da realidade.

Todas as nossas dificuldades atuais, pessoais, sociais e ambientais podem ser vistas segundo essa perspectiva. Se aceitarmos e usarmos as informações corretas para programar nosso computador, isso será um remédio verdadeiro para nós. Por outro lado, programar nosso computador interno com informações negativas é o mesmo que ingerir veneno. Praticar a autocura é estar constantemente desperto para isso em nosso dia-a-dia.

Décima Sexta Luz

Purificação: Como Apagar Vírus e Programas Desnecessários de Nosso Disco do Espaço Interior

Está dito no Sutra Lankavatava:

"Todas as coisas parecem perfeitamente reais à mente. Fora da mente, nada dessa realidade existe. Perceber uma realidade externa é vê-la da forma errada".

Existem duas formas de purificação: a purificação relativa, que usa o poder do mantra, mudra, da concentração e linhagem pura; e a purificação absoluta, que acontece quando nossa mente tem a experiência direta do espaço absoluto.

Essas duas purificações são formas de apagarmos os programas da realidade distorcida e os registros negativos de nosso disco do espaço interior. Também podemos tornar os programas positivos mais claros, limpos e com o poder da energia de cristal puro transformando nossa escuridão interna em luz interna. Essa é uma qualidade da transformação tântrica: podemos reprogramar nosso computador interno da realidade.

Se conseguirmos relaxar (NgelSo) na realidade do espaço absoluto, as dificuldades e os problemas da vida, pequenos ou grandes, deixarão de nos aborrecer. Para entrar em contato com o espaço absoluto, precisamos antes aprender a reconhecer e ter a experiência do espaço relativo. Podemos fazer isso "mudando o canal" de nossa percepção da realidade externa: em vez de perceber os inúmeros objetos manifestos do mundo, devemos ter a percepção do espaço que os sustenta e os contém. Depois disso, temos que nos aprofundar ainda mais e ter a experiência da realidade do espaço absoluto, seguindo "O Caminho do Meio Conseqüencialista", ou o sistema Madhyamika Prasangika do grande Mahasiddha Nagarjuna e seu discípulo Chandrakirti. Esses ensinamentos não são um árido sistema filosófico, mas uma forma de remover gradualmente as profundas camadas de ignorância que obscurecem nossa mente, fazendo-nos enxergar as conseqüências lógicas ridículas de nossas visões comuns enganadas acerca da realidade.

Unindo esses ensinamentos à Autocura Tântrica, podemos relaxar diretamente no espaço absoluto da vacuidade de todos os fenômenos concretos, permanentes e dualistas dos mundos externo e interno. Esse método cura todas as doenças e os sofrimentos físicos e mentais de forma permanente, possibilitando a paz interior e a paz no mundo. O Treinamento Espacial é o Nye Kar Men Tchik, o remédio que cura pelo menos uma centena de doenças, como a Gangchen Rigsum Sangk Rilbu e a Gangchen Rigsum Menga Rilbu (minhas pílulas vermelha e branca da água e do creme).

Se para você nesse momento, a explicação Madhyamika parece um pouco difícil, grave apenas em seu disco, por enquanto, que mais tarde você precisará estudar e ter a experiência direta desses ensinamentos, caso você deseje atingir a mais elevada realidade de cristal puro do estado de Buddha. Neste livro, falo bastante das experiências dos Mahasiddhas, pessoas que alcançaram a Iluminação em meio ao trabalho e à família. Mas se você desejar receber os ensinamentos Madhyamika Prajnaparamita, AbhiDharma Kosha e outros, terá que estudar em uma universidade como Ganden, Drepung, Sera, Tashi Lhumpo ou qualquer outro grande centro da ciência interna, no Oriente ou no Ocidente.

Sétima luz da lua: o espaço interior é maior que todo o universo

Nono oráculo de sabedoria: por favor, não façam sexo arriscado. Todos nós vamos morrer por um motivo qualquer mas, por favor, não morram por um erro. Uma hora de satisfação não vale dez anos de medo e sofrimento com HIV e AIDS. Nossa principal proteção é tomar conta de nossos atos. Por favor, tenham cuidado!

Décima Sétima Luz

O que é Reencarnação?

Todos nós somos reencarnações. Nosso corpo, mente e personalidade grosseiros morrem no momento de nossa morte. Algumas pessoas acreditam que uma alma imortal e imutável, ou Atman, migra de vida para vida, ou que a consciência individual é reabsorvida na consciência universal ou mente divina para depois, mais uma vez, renascer. A visão budista não é nenhuma dessas.

Segundo a experiência de Buddha Shakyamuni e de muitos grandes Lamas e iogues, o que sobrevive à morte é o fluxo contínuo, sempre em mutação, da energia de nosso corpo e mente muito sutis. Todos nós recebemos um nome quando nascemos e, por toda a nossa vida, respondemos a ele, embora nosso corpo e mente aos dez, vinte, trinta, quarenta, cinqüenta ou setenta anos, sejam bastante diferentes. Somos a mesma pessoa, mas não somos a mesma pessoa. A natureza interna mais essencial de nossa mente é vazia de uma existência por si mesma independente. Nossa natureza mais essencial é como um cristal puro, e nela são gravadas muitas marcas. Assim, momento após momento, vida após vida, estamos sempre nos manifestando de formas diferentes.

Se pudermos verificar o que sobrevive à morte, perceberemos que apenas nosso eu, ou sensação de identidade, e o contínuo muito sutil de nosso corpo e mente com sua bagagem, os registros de nossas ações de luz ou de escuridão no disco do espaço interior, passam por essa fronteira.

Nosso disco muito sutil do espaço grava todas as nossas ações boas e más, e o resultado impresso desses registros produz renascimentos em muitas formas diferentes, dependendo do programa de nosso disco pessoal. Com um computador normal, quando acontece uma falha na energia ou o disco se quebra, perdemos toda a informação armazenada. Da mesma forma, se nosso corpo e mente grosseiros adoecem ou morrem, perdemos muitas coisas. No entanto, nossa mente e corpo muito sutis (o vento de energia sogdzin muito sutil) formam um disco de computador mental interno indestrutível, que contém os registros e os programas que podem produzir os muitos níveis diferentes e possíveis de reencarnação.

Há muitos níveis diferentes de reencarnação. No nível mais grosseiro, podemos dizer que a transmissão da informação genética através das gerações é um tipo de reencarnação. Se examinarmos com mais profundidade, teremos que considerar o karma e a reencarnação da consciência, dos quais existem, também, muitos níveis.

Pessoas com energia impura não têm a liberdade de escolher as circunstâncias de sua vida futura. As pessoas que têm a energia pura podem escolher se, quando e onde querem reencarnar. Alguns tulkus são reconhecidos desde a infância e, por isso, podem ser treinados para se tornarem líderes espirituais das gerações futuras. Outros tulkus não são reconhecidos nunca, seja por seu próprio desejo ou devido às circunstâncias, e trabalham na sociedade contemporânea como médicos, cientistas, políticos, líderes e em muitos outros campos. Eles têm empregos normais, mas trabalham com energia e sentimentos especiais.

A reencarnação comum é o nascimento sob a forma humana, animal, preta, ser dos infernos, assura ou deus. Os que nascem como animais não têm nenhuma lembrança de suas vidas passadas. Mesmo em condições normais, nossa memória é muito fraca e se esvai com o tempo, perdendo-se na passagem de uma vida para outra. Não nos lembramos nem mesmo do que aconteceu ontem. Mesmo reencarnações reconhecidas de líderes espirituais (tulkus) com energia pura, não têm a lembrança total de suas vidas passadas. Às vezes eles têm *flashbacks*, sonhos e visões, mas a maior parte tem apenas a certeza interna de querer trabalhar em benefício dos outros. A perda de memória dos tulkus deve-se ao choque do processo de reencarnação e ao fato de ter que passar nove meses no ventre materno, antes de poder novamente ter acesso à consciência mental sutil e à lembrança de suas vidas passadas e do estado intermediário.

Durante as primeiras vinte e seis semanas no ventre, mesmo os seres especialmente puros estão em estado de profunda inconsciência. Perto do final da gravidez, a criança começa a ter algum tipo de lembrança de suas vidas passadas mas, depois do nascimento, essa memória vai-se perdendo gradualmente à medida que a criança passa a se interessar por sua nova vida e identidade.

Tanto no Oriente quanto no Ocidente, há muitos exemplos de crianças que têm lembranças claras de suas vidas passadas. Entretanto, em crianças normais, essas lembranças normalmente desaparecem por volta dos sete anos de idade. Como o disco de espaço de um tulku é claro e limpo, sua memória é mais perfeita e poderosa que a das pessoas comuns.

Estou usando essa analogia com computadores porque, mesmo não entendendo com precisão a tecnologia de um computador moderno, aprendi a usar da forma correta meu disco do espaço interno e meu computador mental muito sutil. Se você deseja libertar-se totalmente de seu samsara pessoal, por favor, tente fazer o mesmo. Para os que já estão livres do samsara pessoal, a morte não é mais um problema; é como trocar um corpo velho e cansado por um novo e mais energizado. Essa é a verdadeira liberdade e o passaporte final.

Décima Oitava Luz

Como os Tulkus Recuperam suas Lembranças do Dharma

Um tulku é uma criança aparentemente normal, mas que possui uma inacreditável riqueza interior, além da mente sutil e do contínuo de energia de um Lama elevado, no disco do espaço muito sutil, em seu coração. Esse disco novo e muito sutil é feito de duas coisas: a energia Yab/Yum de seus pais e os registros da mente muito sutil e do contínuo de energia de um Lama. Se essa extraordinária energia interior de sabedoria, compaixão e poder puder manifestar-se e for corretamente canalizada, essa criança poderá realizar no futuro o compromisso assumido em vidas passadas, expresso nas seguintes palavras de Shantideva:

"Enquanto existir o espaço e os seres em sofrimento, continuarei a renascer no samsara para ajudar todos o seres vivos".

Para esses grandes seres, uma vida apenas não é suficiente para completar todos os seus projetos. Por isso, possuindo um controle total de suas mortes e renascimentos, escolhem renascer de um pai e uma mãe com os quais tenham uma relação kármica especial, assumindo assim a forma mais benéfica para, no futuro, guiar seus amigos e discípulos. Entretanto, a possibilidade de um tulku continuar seu trabalho anterior, tornando-se mais uma vez um líder, depende da possibilidade de seus pais e a comunidade espiritual em questão criarem as causas e condições interdependentes corretas. Todas as pessoas envolvidas desejam o melhor para o futuro do jovem tulku, embora muitas vezes tenham idéias diferentes sobre a melhor forma de desbloquear seu potencial.

Um tulku, diferentemente de uma pessoa comum, tem potencial para usar com facilidade e de forma criativa sua mente muito sutil, o disco de espaço interior de seu computador mental. Nesse disco, os programas de suas vidas são gravados, e é isso o que determina suas experiências. Se as causas e condições interdependentes necessárias para o ambiente certo, o mestre certo, a companhia certa e a energia e linhagem secreta certas forem criadas, o tulku poderá livremente acessar e usar os programas previamente armazenados em seu disco do espaço interno e, assim, facilmente acessar o conhecimento de sua vida passada. Há muitos exemplos de jovens tulkus que conseguem memorizar longos textos de cinqüenta ou setenta páginas após uma única leitura. Isso é possível porque seu disco do espaço interno é puro e, por isso, eles têm fácil acesso aos programas gravados nele. Entretanto, até o mais brilhante jovem tulku precisa estudar e viver durante a infância em um ambiente especial, para poder recuperar suas antigas habilidades. Esse é o motivo por que os tulkus são tirados do ambiente familiar e levados para perto de professores rigorosos desde a mais tenra idade.

Para tornar-se um Lama, é preciso estudar durante alguns anos o conhecimento de um Lama. Se, além disso, a criança estiver cercada por pessoas concentradas na energia de sabedoria e conhecimento absoluto, como no ambiente de um monastério, então, esse lado absoluto se manifestará, e a criança poderá, no futuro, assumir seu papel como líder espiritual e curador de todos os seres com os quais tem uma relação kármica.

São características naturais das crianças gostar de brincar e não gostar que alguém as controle. Por isso, muitos jovens tulkus parecem reclamar quando são levados para a escola de energia absoluta de um monastério. Entretanto, não há necessidade de se preocupar com a possibilidade de eles estarem se sentindo solitários, pois há muitos jovens amigos tulkus com quem podem brincar e se divertir. Todas as crianças precisam brincar e se divertir um pouco, e isso também pode ser feito em um monastério. É melhor para um jovem tulku estar em um monastério junto com outros jovens tulkus.

Se os jovens tulkus permanecerem em uma escola e ambiente comuns, cercados por crianças comuns, receberão essa influência, e isso tornará mais difícil para eles a realização da tarefa que escolheram para suas vidas. Algumas pessoas, hoje, pensam, erradamente, que não é certo colocar os jovens tulkus no sistema educacional absoluto de um monastério, separados de seus pais e de sua família. Essas pessoas pensam assim porque não sabem como os tulkus conseguem recuperar suas antigas habilidades.

Os tulkus têm enorme energia interna e precisam aprender a usá-la positivamente. Se essa energia não for canalizada, em vez de se tornarem líderes espirituais, os tulkus poderão ter muitas dificuldades. Além disso, embora sua compaixão, sabedoria, poder, qualidades, ações e suas vidas anteriores já estejam gravados em seus corações, eles precisam de uma chave de sabedoria muito especial para poder rodar esses programas novamente nesta vida. Essa chave de sabedoria é a transmissão das linhagens secretas de suas vidas passadas pelo atual detentor dessas linhagens. Se eles receberem essa transmissão, seus computadores do espaço interno poderão ser totalmente ativados, e eles poderão realizar as ações de suas vidas anteriores de uma forma nova, adequada à nova geração.

Sem essas chaves de sabedoria, mesmo estudando intensivamente o Budismo, suas qualidades especiais não vão se manifestar. Portanto, todos os envolvidos na criação de jovens tulkus, especialmente no Ocidente, devem certificar-se de que as causas e condições interdependentes certas estão sendo criadas para que eles possam receber as chaves de sabedoria necessárias para reativar suas qualidades puras.

DÉCIMA NONA LUZ

EXISTE VIDA DEPOIS DO SAMSARA?

Algumas pessoas acreditam, enganadamente, que o Nirvana (ou a Iluminação) é o fim de uma vida e personalidade individuais. Na verdade, o que acaba são os registros negativos da mente e a energia negativa. A mente não acaba. Quando atingimos esse estado, a mente pura se encontra parcial ou totalmente desenvolvida (Iluminada). Quando deixamos o samsara, nossa mente pura pode ir para uma Terra Pura ou escolher renascer no samsara para curar outros e ajudá-los a desenvolver a paz interior e a paz no mundo.

Uma Terra Pura é como o nosso mundo. Lá existem os elementos, árvores, montanhas, etc. Todavia, tudo é feito de substâncias e energias completamente puras. Não há dúvidas, sons ruins ou energia negativa entre as pessoas. É como uma versão superpura de nosso mundo.

Muitos seres de cristal puro e Curadores Supremos vivem em Terras Puras e, de lá, não podem ajudar diretamente os seres que sofrem no samsara. Por isso, eles mandam muitas emanações para os seis reinos samsáricos. Suas emanações são como agentes secretos que "descem" para nosso mundo, nascendo de uma forma normal, de pais humanos. Eles tomam uma nova identidade e, assim, crescem e se desenvolvem. Parecem iguais a nós e, na superfície, se comportam de uma forma normal. Entretanto, se examinamos secretamente com olhos de sabedoria, percebemos que eles possuem uma inacreditável energia interna dedicada a liderar, ajudar e curar os outros. Cair da Terra Pura para o nosso mundo é literalmente uma abrupta "queda qualitativa" de energia e consciência, e o choque de descer a um corpo impuro e a um estado de consciência grosseiro apaga parcialmente suas lembranças da Terra Pura e da vida anterior.

Por isso, esses seres precisam reaprender, sob uma forma humana, a entrar em contato com a Terra Pura e o nível de realidade e energia de cristal puro, de uma maneira que se mostre benéfica às pessoas à sua volta. De qualquer forma, vocês provavelmente precisarão ter a experiência da realidade da Terra Pura e da "queda qualitativa" de um tulku para poder acreditar nisso.

No Budismo Tibetano, temos muitas práticas tântricas para controlar nossas reencarnações. Se praticarmos a Autocura Tântrica todos os dias, poderemos abrir os nós que obstruem nosso canal central, sobretudo os seis nós em volta do coração, e desenvolver a energia dos ventos muito sutis de nossos chakras do canal central e as gotas branca e vermelha da Bodhichitta. Quando isso acontecer, poderemos desenvolver nosso poder para escolher nossa próxima reencarnação.

Hoje, as pessoas seguem apenas os relógios, nunca reconhecendo a energia interior ou cuidando da energia sutil do canal central. Se você cuidar de seu canal central, ele ficará feliz e forte, e isso não apenas o ajudará a escolher seu próximo renascimento, mas também lhe restituirá as lembranças de suas vidas passadas. Se nunca cuidamos do canal central, nossa energia essencial de vida fica cansada, bloqueada, fraca e não deseja nos mostrar nada. Precisamos maquiar nossa mente e energia com a Autocura. Assim, nossa mente ficará feliz e comunicativa, e tudo virá até nós naturalmente.

Vigésima Luz

O que é o Tantra?

Tantra significa literalmente contínuo, isto é, o contínuo sem início, ou fio de energia contínua, que sustenta nosso disco do espaço interior, fluindo momento após momento, dia após dia, vida após vida.

As práticas tântricas são práticas de energia sutil secretas e especiais que transformam o contínuo de energia de nosso corpo e mente muito sutis. Algumas práticas tântricas tentam imitar e controlar o processo da morte, bardo e renascimento. Primeiro, apagamos do "disco interno" nossa limitada realidade atual e, então, relaxamos no espaço absoluto da vacuidade, vivenciando-o diretamente. Depois, fazemos rodar um programa puro em nosso disco, utilizando o poder dos mantras tântricos, concentração, mudras, bênçãos e a energia de paz dos seres sagrados. Em seguida, renascemos em uma realidade pessoal e um mundo puro de ilimitada alegria, conhecidos como o Orgulho Divino e a Aparência Clara, do estágio de geração.

As práticas tântricas tradicionais envolvem essa reprogramação de nosso disco do espaço interno, através do "ensaio" contínuo de nossa morte, bardo (estado intermediário) e renascimento. Como conseqüência, mesmo não tendo a intensa luz interior necessária para fazer rodar o programa da Terra Pura ainda nesta vida, no momento da morte, quando nossa mente e energias muito sutis forem libertadas da prisão de nosso corpo e mente grosseiros, teremos o passaporte e a passagem para renascer em uma Terra Pura. Depois da morte, vivenciaremos automaticamente o que tivermos programado em nosso disco do espaço interno: um nascimento miraculoso em uma Terra Pura ou um nascimento comum em um dos seis reinos do samsara.

Se queremos ir para uma Terra Pura depois da morte, apenas desejar e rezar para os Seres Sagrados não é suficiente. Para ter um renascimento em um reino puro, precisamos reprogramar nosso disco, praticando diariamente. É por isso que os monges e Lamas tibetanos recitam suas práticas seis vezes por dia. Eles estão praticando para o momento da morte, desenvolvendo a memória e reprogramando seus computadores da realidade para poder transformar em realidade seus sonhos de uma terra, uma experiência e um corpo puros, tornando assim possível o impossível.

Desejar seguir a vida monástica meditativa tradicional é maravilhoso. Se você, porém, sente que essa vida não serve para você, não há motivo para preocupação. Existem métodos que podemos usar em nosso atribulado dia-a-dia para conquistar a morte e o renascimento e transformar nosso corpo e mente, alcançando assim muitas realizações, como faziam os reis e rainhas tântricos.

Do ponto de vista histórico, o Tantra foi originalmente ensinado por Buddha Shakyamuni aos reis e rainhas que, apesar de terem muitos motivos que não lhes permitiam abrir mão da família e de suas vidas cheias de luxo e responsabilidades, ainda assim desejavam praticar o Dharma e transformar todas as suas negatividades, obscurecimentos internos e experiências de sofrimento em experiências de luz e alegria. Eles então pediram a Buddha métodos que lhes permitissem praticar o Dharma e, ao mesmo tempo, continuar a viver e a se comportar de uma forma normal. Buddha concordou e, assumindo formas especialmente sutis de mestres como Vajradhara ou Kalachakra, revelou-lhes os Tantras, os métodos para curar suas energias emocionais enganadas e causar a manifestação da natureza de cristal puro de suas mentes. Muitos reis com problemas pessoais diferentes pediram conselhos a Buddha e, por isso, hoje existem muitos Tantras e práticas tântricas diferentes.

Como nós, esses reis e rainhas tinham muitas negatividades. Ao mesmo tempo, eles tinham também muita sorte, pois seguiam uma prática e um método especial sem alimentar dúvidas. Temos mais ou menos os mesmos métodos e conhecimentos que eles, mas não temos a mesma fé ou sentimento de verdade sobre nosso nível interior mais profundo. Nós nos relacionamos com o Tantra com o intelecto; eles se relacionavam com o coração. Darikapa chegou até a abandonar seu reinado e a servir uma prostituta durante doze anos para atingir as realizações tântricas. Não estou sugerindo que vocês tenham que fazer o mesmo, mas simplesmente que precisam desenvolver, ao menos, uma fé e um amor mais profundos pelo Mestre-Vajra e pela prática de Autocura Tântrica.

Muitos dos meus amigos, quando começam a fazer as práticas da Autocura Tântrica, me perguntam: "Gostamos de você e da Autocura, mas por que temos que rezar para Buddhas vermelhos, verdes e azuis com tantas cabeças e braços flutuando para nos curarmos e controlarmos nossa morte e renascimento? Qual é a conexão entre essas coisas?"

Os yidans tântricos (divindades de meditação) não são deuses, espíritos ou demônios, como muitas pessoas acreditam. Eles são poderosos arquétipos energéticos do nível absoluto; arquétipos da energia de cristal puro que irrompem na consciência humana. Visualizando-os ou identificando-nos com eles, nossa mente toca a realidade, começamos a integrar os dois mandalas e aprendemos a identificar e a usar a energia de cristal puro em nosso dia-a-dia. As sadhanas tântricas foram criadas na Índia antiga, no contexto de uma cultura muito religiosa, e por isso tradicionalmente recitadas de uma forma religiosa ou devocional. Buddha reaproveitou de forma positiva os arquétipos emocionalmente mais poderosos de sua cultura. Trata-se, na verdade, de um processo muito científico e, mesmo não gostando de religião, se estivermos preparados para usar esses arquétipos, poderemos nos ligar no nível da energia absoluta.

Por favor, não devemos sentir que através das preces para os yidans estamos venerando algum deus estranho. Estamos venerando e abrindo nosso coração para a nossa própria natureza búdica, nosso próprio potencial humano. Por exemplo, um dos yidans tântricos é Dzambhala, a "Divindade da Prosperidade". Praticar a sadhana para obter a realização de Dzambhala não fará com que ele apareça na nossa porta com um saco de dinheiro. A finalidade da prática é aumentar nossa energia positiva e luz interior para começarmos assim a magnetizar muitos recursos externos e internos em nossa direção.

O Tantra é muito científico, muito psicológico e muito poderoso. Precisamos, entretanto, ter a experiência direta do despertar da energia de cristal puro de nosso próprio corpo e mente. Só então compreenderemos por que essas energias foram personificadas ou "divinizadas" no panteão dos seres pacíficos, irados, bonitos, feios ou ferozes desse dinâmico arco-íris transcendental.

Receber a iniciação de um yidam tântrico é como conseguir o número da conta bancária secreta do coração de nosso Lama na forma do yidam. Quando compreendemos que o yidam é uma projeção pura da consciência de nosso Lama, podemos nos ligar à sua incrível riqueza e à riqueza da linhagem de Lamas através dos séculos até Buddha Shakyamuni Vajradhara. O yidam é um cartão magnético do banco de energia de cristal puro e, com sua imagem e mantra, podemos sacar quanta energia de cristal puro desejarmos, em qualquer momento de nosso dia-a-dia. E esse cartão de crédito não tem limite de gastos! É claro que a quantidade de nossos saques depende da pureza do vínculo que temos com nosso Lama Curador. Falaremos mais sobre isso, porém, na parte deste livro que trata do Lam Rim.

Na série de meus livros de Autocura, vocês poderão encontrar tudo que alguém precisa para chegar à Iluminação vivendo na atribulada sociedade dos tempos de hoje. Meus livros de Autocura são o texto impresso de minha pequena sabedoria e conhecimento de Lama Curador (armazenados em meu disco interno). Estou imprimindo o conhecimento antigo da minha linhagem de paz de uma forma nova, que espero ser adequada à atribulada vida de meus amigos. O conteúdo de meus livros de Autocura foi mantido em segredo e praticado durante muitos séculos pelas minhas encarnações passadas. Tendo recebido de meu Guru, Yidam e Protetor, a mensagem de que a Autocura é o melhor método por meio do qual posso contribuir para o desenvolvimento da sociedade contemporânea, decidi imprimir agora meus discos e oferecê-los abertamente a todos os meus amigos.

Talvez eu seja louco, desculpem-me! Apenas sinto que nestes tempos difíceis será de benefício imprimir meus secretos programas tântricos. Meu desejo e esperança é que, utilizando os programas secretos contidos nos livros de Autocura e tendo recebido de mim pessoalmente a transmissão das bênçãos, vocês possam se ligar à minha antiga linhagem de paz de uma forma moderna, adequada ao mundo de hoje, para assim se curar e curar outros.

Vigésima Primeira Luz

Como Usar o Espaço em Nosso Dia-a-dia

Podemos imaginar quão vasto é o espaço do mundo externo e do cosmo. É mais difícil, porém, sentir diretamente em nosso coração que nossa mente grosseira tem um espaço maior que o espaço cósmico, que nossa mente sutil tem um espaço maior que o espaço cósmico, e que nossa mente muito sutil tem um espaço maior que o espaço cósmico. Precisamos desbloquear esse imenso espaço cósmico interior. Se não fizermos isso, permaneceremos presos a uma realidade samsárica muito complicada, estreita, entediante e limitada. Somos incapazes de usar nosso espaço interior ou mundo interno da forma correta apenas porque não reconhecemos ou aceitamos sua existência.

Sem espaço interior, seguimos apenas um sistema e um ponto de vista e, por isso, criamos tantos tipos de problemas. Não importa se acreditamos na existência desse espaço interno de uma forma religiosa ou científica. Se limparmos nosso vasto espaço interior, não teremos nenhum tipo de reação nervosa quando alguém nos causar um problema. É o que acontece quando brigamos com nossa família dentro de casa e saímos dizendo que "precisamos de um pouco de espaço". Fazemos uma caminhada tranqüila no parque e naturalmente absorvemos do ambiente à nossa volta um pouco da energia de paz do espaço. Se conseguirmos nos ligar ao nosso imenso espaço interior e usar sua energia, não haverá mais necessidade de ir ao parque para ter um pouco de espaço: ele estará em nosso próprio coração, dia e noite.

Muitas pessoas acham que os Lamas, gueshes e iogues não gostam de sair, já que eles estão sempre dentro de seus quartinhos. As pessoas perguntam por que e comentam: "Esses Lamas vivem no espaço, em outro mundo". É verdade! Os Lamas estão sempre relaxando alegremente no espaço interior de vacuidade e bem-aventurança.

As pessoas que conseguem relaxar ou dançar no espaço interior não ficam nervosas, pois a energia nervosa não tem poder no espaço. Se colocarmos todas as emoções negativas como a raiva, a inveja e o desejo no espaço absoluto da vacuidade, elas desaparecerão imediatamente. Essa é a qualidade curativa do espaço absoluto de shunyata.

Um daka ou uma dakini é um dançarino ou dançarina do espaço interno. Os iogues e ioguines usam suas energias sutis de cristal puro dos vinte e quatro ou trinta e dois principais centros de energia do corpo humano. Eles são chamados os vinte e quatro ou trinta e dois lugares sagrados internos, e estão mentalmente projetados em nosso meio ambiente sob a forma dos vinte e quatro lugares de Heruka e os trinta e dois "lugares especiais".

No Tantra, personificamos nossas energias internas na forma de divindades sutis (dakas e dakinis). Essas divindades internas estão muito ocupadas curando e trabalhando no nível energético, passando mensagens positivas de paz interna e externa. As divindades – os reflexos de nossa luz interior – estão muito ocupadas, mas ocupadas em paz.

Hoje, ninguém pratica a paciência. Todos estão muito acostumados a correr e apressar-se para bater o cartão e, por isso, acham a paciência entediante e sentem que não têm tempo para isso. Precisamos pedir às pessoas que sejam pacientes, ou então, que aprendam a usar corretamente o espaço. Devemos fazer esse pedido à nossa família, aos amigos e também a nós mesmos. Essa mensagem de autocura é extremamente útil. Por favor, se não queremos ter uma mente com um só canal, temos que aprender a

OITAVA LUZ DA LUA: A PACIÊNCIA É O RELAXAMENTO NGELSO NO ESPAÇO ABSOLUTO

Décimo oráculo de sabedoria: o café parece nosso amigo mas é na realidade nosso inimigo. Faz nosso sangue efervescer como coca-cola, nos deixando muito nervosos e cansados. Por favor, ocupe-se em paz.

usar o espaço interno e externo da forma correta. Precisamos nos jogar em nosso espaço interior pessoal e aprender a dançar nele.

Atualmente, muitos não aceitam a realidade de outros planos relativos de experiência, como o mundo dos deuses, assuras, espíritos e seres dos infernos, devido ao fato de não poderem ver esses outros mundos. Isso acontece porque nosso disco do espaço não está funcionando como deveria e, nesse momento, nos permite ter a percepção apenas do reino dos humanos e dos animais. Nossa "televisão da realidade" está muito limitada: tem apenas um ou dois canais! Nosso disco bloqueado também impede a percepção e o contato com muitos Seres Sagrados e suas terras, como os vinte e quatros lugares de Heruka, Shambala, Tushita, Sukavati, Potala, etc., além de muitos outros reinos astrais e astrológicos habitados por incontáveis seres divinos e poderosos.

A causa desse bloqueio é nossa incapacidade de perceber e usar o espaço interior da forma correta. Precisamos aprender a desfazer esse bloqueio para receber os diversos canais dos dois mandalas: os canais de cristal puro e os canais samsáricos. Pensando em nosso próprio benefício, precisamos desbloquear apenas os canais de cristal puro. Entretanto, se quisermos beneficiar e curar outros seres, teremos que desbloquear os canais dos seis reinos para poder ter contato com todos os seres em sofrimento. Para nossa sorte, temos à nossa disposição métodos poderosos para realizar isso: os métodos de cura e purificação do Tantra, Mantra, Mudra e Concentração.

Precisamos desbloquear e usar a energia do espaço de forma correta, para podermos então desfrutar do espaço interior e da visão pura, vida após vida. Apenas isso já nos mostra os benefícios da prática de Autocura. Mas, além disso, ainda nesta vida também podemos desfrutar desse incrível espaço e liberdade interior de visão.

Para muitos, hoje, a velhice significa muito sofrimento mental, pois a vida moderna não programou informações positivas e luz interna suficiente em seus computadores da realidade e, além disso, todas as mensagens que os idosos recebem da televisão, jornais, rádio, livros, amigos e parentes são entediantes, insatisfatórias e depressivas.

Vou lhes contar um grande segredo agora: para os idosos que praticam o Tantra, a vida não é entediante nem desagradável, pois mesmo que o corpo, a vista e a memória estejam fracos, eles podem rodar os programas de recitação e meditação armazenados no disco do espaço. Todos os dias, esses praticantes são visitados por maravilhosos Buddhas e seres celestiais cercados de auras de arco-íris e irradiando luzes curativas e néctares de paz. Apesar de o sexo não ser mais possível fisicamente, eles podem se alegrar o quanto desejarem com muitos dakas e dakinis sutis. Para eles, todos os dias são cheios de Bem-aventurança! Seus discos do espaço estão funcionando bem e, a qualquer momento, eles podem sintonizar um canal da realidade de cristal puro em suas televisões mentais e dizer adeus para a realidade normal, limitada e entediante. Os iogues idosos não estão de forma alguma entediados ou temerosamente esperando a "aniquilação" da morte. Os idosos de hoje, porém, passam por muitos sofrimentos físicos e mentais. Então, por favor, amigos, invistam agora no Treinamento Espacial, o melhor seguro para a velhice!

Vigésima Segunda Luz

Como Usar o Tempo Positivamente em Nosso Dia-a-dia

Em vez de usarmos os relógios e calendários no sentido negativo, sempre correndo, correndo, precisamos usar o tempo de forma positiva para desenvolvermos nossa luz interior. O anoitecer e o amanhecer são boas horas para a meditação, pois nossos ventos estão mais fortes e se unem naturalmente, e a mente se desocupa dos objetos externos.

Usando o tempo de forma positiva, podemos utilizar as energias especiais do dia e da noite:

- Podemos usar o dia, ou o tempo em que estamos totalmente despertos, para abrir o chakra da coroa e desenvolver a Bodhichitta branca nesse chakra.
- Podemos usar o adormecer para abrir os bloqueios do chakra do coração e desenvolver a gota indestrutível de Bodhichitta branca e vermelha.
- Durante o tempo em que sonhamos, podemos abrir o chakra da garganta.

- Durante o tempo em que estamos em sono muito profundo, sem sonhos, podemos abrir o chakra secreto. Precisamos desenvolver nossas energias durante esses momentos para não perdermos a chance de desenvolver nossas preciosas energias humanas. Precisamos cuidar do tempo e seguir seu ritmo não apenas no sentido samsárico relativo. Essa é a razão por que praticamos o Guru Ioga em Seis Sessões.
- Das 5h às 9h da manhã e das 5h da tarde às 9h da noite, nossa ignorância e energia da fleuma aumentam. Por isso, durante esses períodos, precisamos nos sintonizar com as vibrações do Curador Supremo Vairochana.
- Da 1h às 5h da manhã e da 1h às 5h da tarde, nosso apego e energia do vento aumentam. Por isso, durante esses períodos, precisamos da ajuda do Curador Supremo Amitabha.
- Das 9h da manhã à 1h da tarde e das 9h da noite à 1h da manhã, nossa raiva e energia da bile aumentam. Por isso, durante esses períodos, precisamos da ajuda do Curador Supremo Akshobya.

OM AH HUM

Nas fronteiras entre os seis períodos do dia e da noite e quando temos um orgasmo, espirramos, adormecemos, sonhamos e acordamos, estamos atravessando um bardo. A cada momento, nossos cinco elementos estão se reabsorvendo e reaparecendo, nos oferecendo assim a chance de usarmos a energia do bardo. A melhor hora para isso, porém, são os momentos de passagem entre os seis períodos ou quando espirramos, temos um orgasmo, etc.

Para curar as 72 mil ou 84 mil energias de nosso corpo e mente, transformando nossas 84 mil bactérias negativas em bactérias positivas e benéficas, precisamos de um total de três anos lunares, três meses e três dias. Podemos transformar dez ventos negativos por dia e precisamos começar e terminar a prática em um dia lunar astrologicamente adequado. Chega-se ao estado de Buddha sempre na primeira luz do amanhecer depois da luz cheia.

Usar o tempo positivamente é essencial para desenvolvermos a luz interior. Vocês encontrarão mais informações sobre a melhor forma de usar o tempo em meu livro *NgelSo Autocura Tântrica IV*.

Nona luz da lua: faça um passeio no espaço interno de sua mente e de seu coração

VIGÉSIMA TERCEIRA LUZ

AS TRÊS JÓIAS: BUDDHA, DHARMA E SANGHA

QUEM GOSTARIA DE SER LIVRE?
QUEM GOSTARIA DE SER UM CURADOR E UM LÍDER?
UM BUDDHA OU UM BODHISATTVA LAMA CURADOR?

**MEM PE TCHE TCHOK TSO UO TE
ZUG NGU DJINPA LANA ME
MEN NAM MA LÜ DJÖN PE SHING
NÖ DO TCHOK KYI DRA TCHE WA**

*Você é o Líder e o Curador Supremo,
Supremo removedor dos espinhos,
Árvore que realiza os desejos e contém todos os remédios.
Você combate os grandes inimigos: a poluição e as doenças.*

Manjushri Nama Samgita

O desejo e a intenção de Buddha era que todos os seres humanos atingissem a Iluminação. Isso quer dizer que ele desejava que todos os seres humanos se tornassem líderes e curadores.

Eu gostaria de tornar líderes, guias espirituais, Lamas Curadores e terapeutas planetários todos os meus amigos e seguidores, todos os membros da Fundação Lama Gangchen para a Paz no Mundo e todos os interessados nas práticas de Autocura Tântrica NgelSo.

Tanto o recipiente (a mãe natureza) quanto seu conteúdo (os seres humanos) estão nesse momento profundamente doentes de corpo e alma, oprimidos pela poluição externa, interna e secreta. Todos nós temos que aprender já a nos curar para podermos assumir a responsabilidade pela cura de nossos amigos, nossa sociedade e o ecossistema planetário. Precisamos praticar a generosidade e fazer uma grande doação ao mundo. A generosidade material é importante, mas não é suficiente. Além de praticá-la, temos também que praticar e ensinar o Treinamento Espacial, a cura dos ventos elementais, a purificação dos chakras, etc. O grupo de viajantes mensageiros de paz da Fundação Lama Gangchen para a Paz no Mundo e os centros dos grupos de Treinamento Espacial geram coletivamente uma energia positiva muito pura, que podemos usar para fazer uma grande doação para a cura do mundo.

O Treinamento Espacial tem muitos aspectos e benefícios, tanto para o momento que estamos vivendo quanto para nossas vidas futuras. Ele nos ensina a viver o dia-a-dia da forma correta, além de poder nos trazer a cura e a Iluminação. O Treinamento Espacial inclui:

- terapia das cinco cores;
- terapia da arte-vajra;
- terapia dos cinco elementos;
- terapia dos cinco mudras (movimentos corporais);
- terapia da dança-vajra;
- terapia do som mântrico;
- terapia mental por meio da geração de uma nova realidade pura;
- terapia dos símbolos;
- terapia das sílabas-semente;
- terapia do Curador Supremo;
- terapia astrológica;
- terapia de peregrinação às terras sagradas e terapia de migração (estabelecendo nossa conexão com as Terras Puras de Shambala e Tushita).

É possível praticar o Treinamento Espacial através de uma relação entre Guru e discípulo, terapeuta e paciente ou entre amigos, simplesmente ligando o computador de nosso coração ao computador de nosso amigo Lama para partilhar informações. Cada um pode decidir em qual desses níveis deseja praticar seu Treinamento Espacial: somos livres. Todavia, como a motivação, a conexão de coração e a confiança são diferentes em cada um dos níveis, o resultado que obteremos também será diferente. Do ponto de vista da realidade absoluta, todos os três níveis têm a mesma quantidade de energia e poder de cura, mas cada um de nós decide a quantidade dessa energia que deseja acessar.

Não devemos pensar que temos que atingir o estado de Buddha antes de podermos ser de benefício para os outros. Nossas realizações de paz autocurativa e do Treinamento Espacial se acumulam gradualmente, como gotas d'água que pouco a pouco chegam a formar um lago. Qualquer que seja o nível de NgelSo – a experiência do espaço interior – que atingirmos pessoalmente, essa será a quantidade de espaço, relaxamento e regeneração NgelSo que poderemos dar aos outros. Nossa pequena experiência atual de espaço e paz interior é o nosso verdadeiro refúgio, pois é a semente do poder das três jóias da Autocura que experimentaremos no futuro como Lamas Curadores e Bodhisattvas.

Estou trabalhando energeticamente para tornar todos os meus amigos, seguidores, pacientes e associados mais estáveis do ponto de vista energético e emocional, para que todos eles possam, se assim desejarem, representar a Fundação Lama Gangchen para a Paz no Mundo e ensinar a Autocura em vários países. Consideremos a seguinte questão: quem venderá os livros e os cursos da Autocura nos *shopping centers* espirituais da sociedade contemporânea?

Não é possível para mim, um único indivíduo, viajar e ensinar a Autocura em todos os lugares do planeta. Como Tchenrezig, a Fundação Lama Gangchen para a Paz no Mundo necessita de pelo menos mil braços para alcançar todas as pessoas doentes e todos seres que sofrem.

A Fundação Lama Gangchen para a Paz no Mundo é uma instituição totalmente apolítica, não sectária e sem qualquer intuito missionário. É uma Cruz Verde Vajra, uma fundação que almeja curar os doentes e o sofrimento do mundo, fornecendo o remédio da Autocura Tântrica NgelSo, da linhagem de paz de Lama Tsong Khapa, da medicina tibetana e da astrologia tântrica para quem os procura.

O mundo de hoje está cheio de informações conflitantes e confusas. Precisamos oferecer urgentemente a sabedoria espiritual antiga e clara das tradições tibetanas tântrica e médica para o mundo e seus seres. Toda a energia do mundo parece estar bloqueada, do ponto de vista econômico, social e político. Até a energia de vida do planeta parece estar fluindo por seus meridianos e chakras de uma forma perigosa, desequilibrada e tumultuada. Um sinal claro disso é o aumento de desastres naturais, erupções vulcânicas, terremotos, enchentes, etc. Outra indicação de que isso está acontecendo é a forma como os antigos locais misteriosos da Terra, como Stonehenge, estão sendo negligenciados.

Também não é mais possível nos dias de hoje esperar que as pessoas obedeçam as ordens de reis e rainhas, organizações religiosas e instituições governamentais. Por isso, a Fundação Lama Gangchen para a Paz no Mundo está oferecendo abertamente o exemplo da Autocura. Assim, cada um pode escolher se quer ou não curar-se com esse método.

Por favor, ocupe-se em paz

Décimo primeiro oráculo de sabedoria: no início Deus era Deus. Havia fé e crença em Deus, Buddha, Jesus e nos Lamas. Nos dias de hoje, o dinheiro tornou-se Deus. Por favor, não coloquem o "deus-dinheiro" no centro de seu mandala pessoal.

Décima luz da lua: Jesus, Buddha, Einstein
Pioneiros do Espaço Interior

Décimo segundo oráculo de sabedoria: temos que integrar todas as energias positivas da autocura em nosso dia-a-dia. Não precisamos mudar nosso trabalho, aparência ou estilo de vida; temos que mudar apenas nossa mente. Mesmo vivendo nesta sociedade, podemos ser secretos guerreiros espirituais!

Vigésima Quarta Luz

Autocura é Dharma: Um Remédio para Curar o Sofrimento dos Mundos Externo e Interno

**SABAPAPASSA AKARANAWA
KUSALASSA APASARAPADA
SATCHITTA PARIYODAPANAM
ETAM BUDDHANA SANANAM**

*Não fazer coisas prejudiciais,
Cultivar o bem,
Purificar a mente:
Esses são os ensinamentos de Buddha.*

    Autocura significa reduzir nossas ações, energias, pensamentos negativos e obscurecimento interior e desenvolver e aumentar as energias positivas e a luz interna de nosso corpo, palavra, mente, qualidades e ações. A autocura tem muitos níveis diferentes de método e sabedoria, nos níveis grosseiro, sutil e muito sutil. Tai Chi, vitaminas, minerais, ioga, acupuntura, homeopatia, massagem tibetana, ervas medicinais e terapias externas são métodos de autocura no nível grosseiro. Cada cigarro ou xícara de café a menos é autocura.

    A autocura sutil é a Autocura Tântrica. Danos sutis ao nosso corpo e mente precisam ser reparados por métodos sutis e energias de cura sutis. Usar a energia grosseira de alimentos e medicamentos muito puros não é suficiente para curar e desenvolver as energias sutis de nossas células, átomos, canais, ventos, gotas e de nossa mente grosseira, sutil e muito sutil.

    Todos nós precisamos praticar a Autocura Tântrica NgelSo nos níveis grosseiro, sutil e muito sutil, para reverter e curar nossa descida coletiva em direção à autodestruição suicida que hoje se manifesta de tantas formas diferentes. Algumas dessas formas são prazerosas, enquanto outras são muito lentas. De qualquer maneira, todas estão criando poluição interna e externa e, assim, vamos lentamente envenenando e matando nosso corpo, mente e meio ambiente.

Já desencadeamos em nosso planeta a maior onda de extinção dos últimos 75 milhões de anos. Calcula-se que dentro dos próximos cinqüenta anos (de 1995 a 2045), mais de um milhão e meio de espécies terão desaparecido do planeta. Essa informação é, de fato, muito assustadora. Por isso, precisamos perceber que se não reagirmos agora, chegará o momento em que nós mesmos, a arrogante raça humana, também desaparecerá da face do planeta. Temos que reaprender imediatamente a amar e cuidar de nós mesmos, de nossa sociedade e de nosso mundo, de uma forma muito gentil e boa. Essa é a razão por que precisamos praticar a Autocura.

Vigésima Quinta Luz

Um Exemplo de Sangha (Boa Companhia) é a Fundação Lama Gangchen para a Paz no Mundo

A única forma de mudar os outros é nos tornarmos, nós mesmos, um bom exemplo. Esse é o objetivo da Sangha da Fundação Lama Gangchen para a Paz no Mundo: sermos bons amigos e uma inspiração para todos que encontramos.

Autocura é voar como um garuda

Autocura é voar como um garuda em direção às Terras Puras ilimitadas. Com o poder da respiração, concentração, mantra e mudra, derrotamos todas as negatividades, doenças e faltas. Recebemos toda a preciosa energia de cristal puro de Guru Buddha e dos cinco elementos puros e a depositamos no banco central em nosso canal central e chakras.

Vigésima Sexta Luz

Como Voar como um Garuda com a Prática da Autocura

Talvez vocês estejam se perguntando como devem praticar os exercícios de Autocura contidos neste livro. Primeiro precisamos aprender os exercícios de uma forma geral, junto com um grupo. Fazendo todos os exercícios "tchag tsel" de purificação do corpo, palavra e mente em grupo, nós nos familiarizamos com a prática e, pouco a pouco, desenvolvemos o hábito de tornar a Autocura Tântrica parte de nossa vida.

Mais tarde, precisaremos aprofundar nossa prática nos níveis interno e secreto, prestando atenção ao que acontece em nosso corpo, mente e energias grosseiras, sutis e muito sutis, quando fazemos os exercícios. Devemos tentar fazê-los lentamente, interna ou externamente, concentrando-nos nos mantras e símbolos e em seus significados relativos e absolutos. Precisamos desenvolver a capacidade de sentir nossos "siddhis", ou realizações, crescendo e aumentando e de perceber a recuperação energética sutil de nossas células e átomos, canais, ventos e gotas. Simplesmente saber cantar os mantras e fazer os mudras não é suficiente. Temos que desenvolver uma profunda experiência interna dos mantras e mudras e de seus significados relativos e absolutos. Se praticarmos continuamente a Autocura, gradualmente aperfeiçoaremos as técnicas e a experiência de profundo relaxamento e regeneração interna autocurativa NgelSo da Ioga do Método e da Sabedoria.

Um dos gestos da Autocura Tântrica é o "mudra do vôo", que imita o vôo de um bebê garuda. Garuda é um pássaro mítico que já nasce totalmente desenvolvido. Assim que o filhote de garuda quebra a casca do ovo, ele sai voando alto no espaço e nunca mais aterriza. Como está dito no Manjushri Nama Sanghita, isso simboliza que o garuda é:

༄༅། །ནམ་མཁའི་མཐར་ལ་ལོངས་སྤྱོད་པ།
ཐམས་ཅད་མཁྱེན་པའི་ཡི་ཤེས་མཚོ།
མ་རིག་སྒོ་ངའི་སྲུབས་འབྱེད་པ།
སྲིད་པའི་དྲ་བོ་འཇོམས་པ་པོ།

**NAMKHE THA LA LONG DJE PA
THAM TCHE KHYEN PE YESHE TSO
MARIG NGO PUB DJE PA
SIPE DRA BAM DJOM PA PO**

*O acrobata que mergulha no espaço, deleitando-se no vazio,
Onisciente oceano da mais elevada sabedoria
Que quebrou a casca do ovo da ignorância,
Destruindo assim a teia da vida dualista.*

Com a prática da Autocura podemos fazer o mesmo! O garuda está pronto para voar assim que sai da casca do ovo. Da mesma forma, praticando a Autocura Tântrica, podemos alcançar o nível em que nossas qualidades estão prontas a todo momento. Quando alcançarmos esse nível, nossas energias internas estarão prontas para nos ajudar todas as vezes que tivermos dificuldades, inclusive no momento de nossa morte e, assim, poderemos voar como garudas no espaço interior, em direção ao estado de Vajradhara e às terras sagradas ilimitadas.

Quando fazemos os exercícios da Autocura, podemos nos gerar sob a forma de uma divindade, por exemplo, Yamantaka, ou usar uma versão translúcida de nosso corpo normal. De qualquer maneira, precisamos nos lembrar que temos cinco chakras e três canais principais: tsa uma, roma e kyema.

O movimento dos braços no mudra do vôo simboliza a destruição do poder de todas as doenças e obscurecimentos relativos aos nossos cinco chakras principais. Fechamos as portas dos reinos inferiores usando o poder do mudra, concentração, mantra, circulação de sangue puro e a energia de paz interior do Guru. Empurramos para baixo, para os confins do samsara, todo o poder da negatividade. O mudra do vôo empurra para baixo a verdade do sofrimento e a verdade das origens (as duas primeiras Nobres Verdades), os obscurecimentos à liberação (a poluição interior que nos impede de atingir a paz do Nirvana) e os obscurecimentos à onisciência (os registros de poluição interna que nos impedem de atingir a Iluminação completa). Além disso, esse mudra também dispersa todas as energias negativas de nosso canal central, chakras e elementos. Imaginamos essa negra energia poluída saindo pelo canal de energia sutil em nossos braços e dedos e deixando nosso corpo através da palma das mãos e pontas dos dedos. Toda essa poluição desaparece no espaço absoluto.

Os ventos de energias internas conduzem nossa circulação sangüínea e, por isso, no nível grosseiro, esse exercício também faz bem para a circulação e ajuda a purificar as toxinas acumuladas nos tecidos, reenergizando-os.

Em seguida, levantamos os braços e colocamos as mãos juntas sobre a cabeça com as palmas voltadas uma para a outra, simbolizando a união do método e da sabedoria e o contato com a energia de cristal puro de Guru Buddha. Devemos atrair todas as energias positivas de cristal puro para nosso canal central, para depositá-las em nosso banco do canal central e dos cinco chakras. Precisamos desenvolver a energia de nosso canal central, ventos e Bodhichittas branca e vermelha (a essência da energia de vida) e aprender a usá-la de forma positiva. Quando conseguirmos sentir e harmonizar essas energias internas, poderemos desenvolver o espectro completo de nossas energias iluminadas.

A união das duas mãos simboliza o equilíbrio de nossas energias internas dualistas masculina e feminina, o que não é o mesmo que equilibrar ying e yang, o bem e o mal, a luz e a escuridão, etc. O caminho tântrico transforma o negativo em positivo por meio do poder tântrico, usando as energias dualistas do samsara de forma positiva e criativa. Unir as duas mãos também representa a junção do macrocosmo e do microcosmo, o grande universo e o pequeno universo, e a aliança entre a realidade absoluta e a relativa, ou a união dos dois mandalas.

Quando movemos os braços, criamos um circuito de energia sutil eletromagnética. O mandala de nosso corpo contém o mesmo circuito de energia eletromagnética que o planeta. Portanto, o macrocosmo e o microcosmo são reflexos um do outro e, por isso, ao curarmos nosso corpo e mente, curamos também o planeta. Levantar os braços e unir as mãos simboliza a acumulação de mérito e sabedoria que resultará nos dois corpos de Buddha: o Corpo da Verdade e o Corpo da Forma. O mudra do garuda revela a essência do Dharma. Como esse mudra, cada mantra e cada visualização da Autocura Tântrica contém vários níveis de significado. Por isso, nunca devemos pensar que já sabemos tudo sobre a Autocura.

Para começarmos a vivenciar os níveis mais profundos da Autocura, nossa mente precisa começar a aceitar e usar o espaço interior da forma correta. Temos que compreender que há mais espaço em nossa mente muito sutil do que no mundo externo. Além disso, também precisamos entender que as situações perigosas que hoje vivenciamos são o resultado de causas e condições negativas criadas por nós no passado. É muito importante praticarmos a Autocura, pois se continuarmos a gravar negatividades em nosso espaço interior, embora nosso coração não possa explodir, uma terrível explosão global de negatividade pode acontecer, causando nosso Armagedão individual e planetário. Precisamos evitar isso com a Autocura. Sinto muito, é a minha mente de louca sabedoria se manifestando.

Graças à bondade de Buddha, que nos revelou os métodos da Autocura Tântrica, temos essa grande oportunidade de transformar e aceitar todas as energias negativas, tornando-nos bons nadadores do samsara. Esses métodos nos possibilitam transformar todos os venenos internos e externos em remédios que ajudarão nosso desenvolvimento em direção ao estado de Buddha. Devido ao enorme aumento de informações que circulam em nossa sociedade, à dissolução das estruturas religiosas e culturais tradicionais e à explosão do desejo no último século, temos hoje a melhor oportunidade para praticarmos a Autocura Tântrica e o Treinamento Espacial.

Ao mesmo tempo, esse é o momento em que precisamos praticar mais do que nunca, pois a enorme poluição química do planeta e de nosso próprio corpo ameaça destruir todas as energias positivas que construímos nos últimos séculos. Quanto pior for nossa situação individual e planetária, maior será o poder da Autocura Tântrica. Se vocês vão querer ou não comprar meus livros não importa. Mas, por favor, comprem a mensagem da Autocura e os métodos para promover a paz interna e externa e o desarmamento agora e sempre. Estou oferecendo gratuitamente essa mensagem no supermercado espiritual da sociedade atual. Por favor, comprem um pouco de paz hoje.

Todos os dias fazemos nossas compras no grande supermercado dos pensamentos negativos. Compramos inveja, nervosismo, exaustão e raiva. Como resultado, ficamos tensos e rígidos, mesmo quando estamos dormindo. Precisamos transformar esse supermercado em um maravilhoso supermercado interno onde não exista inveja, reações e competitividade. Precisamos comprar paz, bons pensamentos, boas sensações e amizade. Esse é o supermercado tântrico. Tantra significa transformar o negativo em positivo. Assim, tudo que vemos, ouvimos, pensamos e tocamos se torna maravilhoso e nos traz bem-aventurança e paz interior.

Se você aceitar o método do Treinamento Espacial e começar a trabalhar com meus livros de Autocura, conforme seu olhar de sabedoria for se abrindo, você começará a compreender muitas coisas especiais escondidas nestas páginas. Por isso, por favor, não as use como um jornal ou uma revista. O que você está lendo neste livro não é apenas uma fala doce.

As pessoas de hoje precisam atingir realizações rápidas usando um novo veículo de sabedoria que unifique ciência e religião e reoriente nossa perspectiva mental.

Na prática de Autocura dos Curadores Supremos, pedimos as realizações com este mantra:

OM AH GURU BUDDHA SIDDHI HUM

Tradicionalmente, quem deseja obter siddhis tem que fazer muitos esforços e preparativos difíceis e longos para obtê-los. Nós, porém, estamos pedindo siddhis diretamente a Guru Buddha e, pelo poder da verdade, isso com certeza se realizará. Nos séculos passados, inúmeros Lamas, inclusive encarnações anteriores minhas, realizaram muitas coisas incríveis por meio de poderes miraculosos. As pessoas que testemunhavam esses milagres ficavam profundamente impressionadas e felizes. Se você tem interesse por esse tipo de história, pode ler a biografia de muitos grandes Lamas ou a minha própria.

Nos dias de hoje, mesmo que você mostre poderes de magia branca, as pessoas não compreendem, não conseguem enxergá-los, reagem negativamente, ou então, não se satisfazem com o que viram. Por isso, em minha opinião, hoje é melhor entender os siddhis como um obscurecimento interno a menos e uma luz interna a mais. Isso vale mais que os milagres e a magia branca. Siddhi significa transformar a desarmonia em harmonia e paz interior pelo poder da verdade. Qualquer um, seja um cientista, um ateu ou um ser vindo de uma Terra Pura, pode aceitar a necessidade desse tipo de siddhi.

Vigésima Sétima Luz

Mahamudra: O Grande Relaxamento
ངལ་གསོ་
NgelSo de Corpo, Palavra e Mente

Muitas vezes falo sobre a necessidade de seguirmos sempre a primeira mente positiva. Nossa primeira mente deve ser limpa, segura e estável. Em minha opinião, a primeira mente é a melhor, mas cada um precisa ter essa experiência por si mesmo. Mesmo que uma primeira mente negativa apareça, se deixarmos que ela se dissolva no espaço e seguirmos uma mente positiva secundária, não será tão perigoso. Podemos dizer que isso é satisfatório para o nível relativo. Essa segunda mente é na verdade outra primeira mente.

Darei agora um exemplo de uma mente secundária negativa. Todos nós nascemos neste mundo como homens ou mulheres e, mais cedo ou mais tarde, com exceção dos monges e monjas, todos experimentam o prazer da união sexual. Na verdade, esse é um tipo de ação negativa. Não se trata de uma ação negativa do ponto de vista moral, mas porque nosso apego ardente é como mel no fio de uma navalha, intensificando ainda mais nossa escravidão à prisão do samsara.

União significa energia inseparável. O apego é uma energia emocional negativa que nasce de nossa ignorância do apego ao próprio eu. Ele é a causa de um sentimento de separação e alienação que faz com que, mesmo nos braços de nossos companheiros, continuemos a sentir um universo a nos separar um do outro. A experiência mental positiva da união e a energia negativa do apego são totalmente diferentes. Por isso, por favor, não continue a confundi-las ou misturá-las. Sempre achamos que realizar nossos desejos é o nosso maior prazer. Nosso prazer inicial, porém, como o mel no fio de uma navalha, é logo seguido de uma dor profunda e duradoura. Ter prazer nos traz alegria; o desejo nos traz infelicidade. Por favor, perceba essa diferença.

No nível relativo do samsara, não é errado que um homem e uma mulher gostem de ter prazer juntos praticando o sexo. Isso é maravilhoso. Entretanto, se um ou dois dias depois, ou até muitos meses ou anos depois, uma segunda mente de ciúme, dúvida, competitividade e possessividade aparecer, não se deve escutar essa segunda mente inútil. Ouvir essa mente custa caro demais. Em um segundo, o prazer original e o relacionamento são destruídos. Em vez de deixar que isso aconteça, por favor, mantenha-se sempre relaxado na primeira mente original.

Para atingir a Iluminação em uma vida precisamos experimentar a união Mahamudra da Bem-aventurança e Vacuidade e a união Mahamudra das Duas Verdades – o mandala relativo do samsara e o mandala absoluto de cristal puro.

Se pudermos unir e harmonizar os dois mandalas, chegaremos ao conseqüente estado do conquistador Vajradhara em união com Sua Consorte de Sabedoria. Eles desfrutam os Sete Beijos Puros e relaxam no Mahamudra da união do não mais aprender. Necessitamos da Bem-aventurança dessa união para atingir a Iluminação no curto período de uma vida. Não pense, porém, que Vajradhara (o Guru secreto) está usando a meditação da união por apego. Se fosse assim, Buddha Vajradhara seria um ser samsárico. Por favor, não fique confuso nem crie projeções negativas ao pensar que a prática tântrica é apenas mais um nome para o sexo. Não existe comparação entre a união tântrica e o sexo comum. Precisamos experimentar muitos níveis de união para chegar à Iluminação. Usamos a união sexual como um símbolo dos muitos níveis diferentes de integração física e psíquica que precisamos vivenciar para nos tornar inteiros.

Precisamos harmonizar nosso mandala do samsara pessoal com o mandala da Terra Pura. Precisamos harmonizar também nossas energias femininas e masculinas internas e externas, assim como nosso corpo e mente grosseiros, sutis e muito sutis. Para unir os dois universos, temos que cuidar de ambos os lados e prepará-los muito bem. Se não fizermos isso, mesmo que os dois lados estejam em harmonia, se a energia de um deles estiver fraca, continuaremos sempre fracos, desequilibrados e recebendo influências negativas de fora. Nosso problema fundamental é a falta de harmonia em todos os níveis. Precisamos ter equilíbrio e harmonia em todos os níveis: em cada um e em todos. Chamamos isso em tibetano de "a qualidade tonyon", ou equanimidade. A harmonia também cria o prazer: quando um homem e uma mulher estão em harmonia, eles podem ter prazer juntos.

Por favor, não me interpretem mal. Não quero dizer que devemos equilibrar luz e escuridão, bem e mal, etc. Essa é uma interpretação comum do ying e yang, muitas vezes confundida com a prática tântrica. No Tantra, trabalhamos para criar uma harmonia completa em dois níveis. Criamos harmonia pelo poder de shunyata, o espaço absoluto. Essa qualidade do espaço absoluto nos falta e, por isso, fazemos a sadhana todos os dias para harmonizar os dois mandalas e ter contato com a vacuidade, criando assim equilíbrio em nosso corpo, mente e dia-a-dia. Temos que ter a experiência da harmonia energética em todos os níveis, até em nossos átomos e células.

Finalmente, precisamos da condição externa de um mudra de ação para completar o caminho tântrico em uma só vida. Se, porém, não tivermos criado as condições interdependentes internas corretas e não estivermos em um nível suficientemente elevado de desenvolvimento energético pessoal, meditar com o mudra da ação (parceria sexual tântrica) torna-se, na melhor das hipóteses, uma perda de tempo prazerosa ou na pior, pode bloquear nosso desenvolvimento pessoal.

Para atingir o nível em que a meditação na união torna-se útil, temos que ter desenvolvido a concentração unidirecionada no espaço absoluto ilimitado em nossa mente muito sutil, no pequeno espaço central do chakra do coração. Concentrando-nos no espaço absoluto pleno de bem-aventurança, aprendemos de uma forma muito suave a cuidar do canal central e a usar sua energia positivamente. Visualizando-nos como um ser de cristal puro em um mundo de cristal puro, concentramo-nos no chakra do coração para soltar os seis nós que bloqueiam sua energia essencial.

No momento em que nosso coração mais interior se abre, começamos a ter a experiência da profunda transformação interior do estágio de realização, quando nossas energias de cristal puro estão profundamente desenvolvidas e harmonizadas. Para relaxarmos totalmente (NgelSo) os nós em volta do chakra do coração, precisamos de uma visão pura especial e da meditação Mahasukha com um mudra de ação. Então podemos atingir o grande relaxamento de Buddha Vajradhara Yab/Yum.

A integração prática do Lam Rim, Lodjong e Mahamudra em nosso dia-a-dia é o caminho mais rápido para a Iluminação. Por favor, não sintam que essas práticas tântricas elevadas estão muito distantes da realidade pessoal de vocês. O Tantra é conhecido como o veículo do resultado porque, com ele, imaginamos já possuir um corpo, palavra, mente, qualidades e ações de cristal puro. A essência da filosofia tântrica é tornar possível o impossível pelo poder da imaginação positiva. Portanto, se você acreditar que pode atingir a Iluminação, um dia isso acontecerá. Por favor, pense muitas vezes sobre a mensagem de louca sabedoria que estou partilhando com vocês como amigos, com nossos computadores do coração conectados e unidos. Conectando nossos computadores do coração, podemos aprender uns com os outros.

Por favor, lembrem-se: a linha está sempre conectada!

Se gravarmos esse método de Treinamento Espacial no disco de nosso espaço interior, em algum momento esse programa será ativado e uma resposta será então impressa por nosso computador mental. Quando isso acontecer, poderemos entender como é possível curar os mundos interno e externo relaxando a mente no espaço absoluto e harmonizando os dois mandalas. Sempre que meditarmos sobre o Lam Rim, o Lodjong e as práticas Mahamudra do programa de Treinamento Espacial, devemos gravar a paz interior que alcançarmos em nosso computador do coração e dedicar a energia para a paz no mundo. E então, alimentemos a esperança de que todos compreendam pessoalmente que a autocura individual e planetária não é um sonho impossível, mas algo que já está ao nosso alcance. Basta reconhecermos nossa própria capacidade e ousarmos aceitá-la.

Espero que este livro torne possível a muitas pessoas praticar o Treinamento Espacial e entrar em contato com a natureza de sua própria mente. Espero que vocês também possam sentir todos os fenômenos como manifestações da Grande Bem-aventurança unida ao Vazio. Rezo para que este livro possa ajudar muitos a se curar agora e no futuro e que permita a todos que procuram os Sete Beijos Puros atravessar a ponte de arco-íris de Djetsün Dordje Lukar Trokar e dançar para sempre no eterno agora do Espaço absoluto de Bem-aventurança e Vacuidade.

PAZ INTERIOR E PAZ NO MUNDO AGORA E PARA SEMPRE

Lama Gangchen Tulku Rimpoche
Kumpen Lama Gancen
Milão, Itália
7.7.1993

Ligando a Antiga Sabedoria dos Iogues e Mahasiddhas budistas às Últimas Teorias e Tecnologias dos Cientistas, Físicos e Cosmólogos, criando assim um novo Veículo de Sabedoria para curar nosso Corpo, nossa Mente e o Planeta

Décima primeira luz da lua: budismo, ciência e tecnologia um novo veículo de sabedoria

Décimo terceiro oráculo de sabedoria: precisamos integrar a sabedoria antiga dos iogues e mahasiddhas com a ciência moderna para podermos sentir a dança cósmica. Não precisamos rejeitar a vida moderna e a tecnologia para desenvolvermos nossa energia de cristal puro.

Vigésima Oitava Luz

Budismo, Ciência e Tecnologia, O Novo Veículo de Sabedoria

Todas os fenômenos dos mundos externo e interno, com exceção do espaço natural e da vacuidade, existem na impermanência. Das maiores cadeias de montanhas, estrelas e galáxias à corrente interna de energia de vida dos seres humanos com suas emoções e pensamentos sempre em mutação, tudo está continuamente se desintegrando momento a momento e se transformando em outra manifestação de vida e de energia elemental.

A dança cósmica da criação, transformação e destruição, nos níveis grosseiro, sutil e muito sutil, segue o ritmo cósmico fundamental e a melodia do karma, da vacuidade e do surgimento interdependente dos fenômenos.

Em minha opinião, os iogues tântricos antigos e modernos, os mahasiddhas, santos, filósofos tibetanos (gueshes) e outros Seres Sagrados que pesquisam o mundo interior e os físicos do século XX, que investigam o mundo externo, independentemente uns dos outros, descobriram a verdade da vacuidade e da interdependência dos fenômenos. É claro, que da perspectiva budista, tudo isso é criado pela mente. Acreditamos que a investigação científica interna da mente sutil e da energia, realizada por muitas gerações de iogues, santos e grandes meditadores, é muito mais profunda e poderosa que a investigação científica do nível grosseiro, realizada por nossa geração atual. Entretanto, ambos parecem estar tocando a mesma realidade a partir de ângulos diferentes e em diferentes níveis. Os cientistas estão tocando a vacuidade e o surgimento interdependente dos fenômenos do ponto de vista objetivo, no nível grosseiro, baseados nos objetos manifestos e no que pode ser registrado pelas máquinas e conceitualmente formulado pela matemática. Os mahasiddhas e grandes meditadores tocam a vacuidade diretamente, subjetivamente e sem conceitos, nos níveis sutil e muito sutil, baseados em sua experiência pessoal da dissolução de seus elementos, ventos e consciência, resultado de terem aprendido a cuidar de seus canais, ventos e gotas. Ambos estão tocando a vacuidade e o surgimento interdependente dos fenômenos utilizando as estruturas de suas próprias metodologias científicas.

Os iogues budistas afirmam o seguinte:

- Os fenômenos físicos e mentais são vazios de existência em si mesmos, pois todos os fenômenos são projeções de nossa mente nos níveis grosseiro, sutil e muito sutil, e o criador supremo do universo fenomênico é nossa mente muito sutil de clara luz.
- Todos os fenômenos se manifestam interdependentemente e funcionam devido ao karma (a lei de causa e efeito). Podemos examinar níveis diferentes de surgimento interdependente dos fenômenos, desde o mais grosseiro (as coisas dependem de suas partes, causas e condições) até a interdependência no nível muito sutil, quando percebemos que nosso "rotular" mental dos fenômenos é o verdadeiro ato de criação que os traz à realidade.
- O macrocosmo é um reflexo do microcosmo e vice-versa.

Conforme posso entender, as idéias defendidas pelos cientistas são as seguintes:

- Nenhum fenômeno do mundo material existe de forma "concreta" substancial ou independente como normalmente aparentam. Verificando o interior dos átomos, não encontramos nada além de espaço e energia em movimento.
- Todos os fenômenos materiais estão se desintegrando e se transformando momento a momento, no nível sutil, de acordo com uma precisa lei de conservação da energia, segundo a qual, a energia nunca pode ser perdida no universo e, assim, se transforma continuamente em novas formas.
- Todos os fenômenos do macrocosmo e do microcosmo são uma grande rede interdependente. O macrocosmo reflete-se no microcosmo tal como os campos eletromagnéticos de nossos corpos.
- Alguns pesquisadores da física quântica afirmam que o universo material não pode ser entendido sem uma referência à consciência humana e que, de alguma forma, a mente está ajudando a criar os fenômenos materiais.

Em minha opinião, a visão dos iogues budistas está muito próxima da visão dos físicos de hoje. Talvez suas explicações sejam exatamente as mesmas, ou talvez, muito pouco diferentes. Mesmo não podendo ter certeza sobre isso, não há como negar que os físicos de hoje podem virtualmente concordar com a visão budista da realidade. Por isso, muitos cientistas estão começando a se interessar por aspectos específicos do Budismo Tibetano, e também por outras tradições espirituais antigas, como o hinduísmo e o taoísmo.

Os cientistas estão iniciando um diálogo com os iogues budistas porque o Budismo pesquisou por completo a relação mente-matéria, os níveis sutil e muito sutil de consciência e os cinco elementos. Se os cientistas tivessem acesso a esse nível sutil subjetivo e objetivo da realidade, não precisariam comunicar-se com os Lamas. Isso não significa que os cientistas precisam tornar-se budistas. Os Lamas modernos como eu desejam apenas oferecer a essência da prática e da filosofia Prajnaparamita, Pramana, Abhidharmakosha, do Tantra e outros métodos aos cientistas, para que eles os utilizem como lhes parecer mais adequado.

Sua Santidade o Dalai Lama está pedindo à geração atual de Lamas que mostrem a qualidade da investigação budista ao mundo. Hoje, quase tudo já foi examinado e pesquisado. As únicas coisas interessantes que ainda não foram pesquisadas por completo são as mensagens das antigas culturas de sabedoria, como o Budismo Tibetano. Precisamos fazer uma ponte entre a maravilhosa pesquisa dos cientistas modernos e a maravilhosa investigação dos lamas, iogues e mahasiddhas. Eu gostaria de organizar uma série de conferências sobre isso e publicar os resultados para poder apresentar com clareza as boas novas dos cientistas e iogues ao mundo.

Não é necessário que os cientistas entendam tudo sobre o Budismo ou que os budistas entendam tudo sobre a ciência. Precisamos apenas explorar conjuntamente as áreas de interesse comum e fazer uma ponte, iniciar o diálogo e a comunicação. Essa troca é muito importante pois, no próximo século, todos nós estaremos ligados à ciência ou à tecnologia, mas ainda estaremos procurando respostas profundas para o "sentido da vida e da realidade".

Se você está interessado em pesquisar o solo comum entre o Budismo e a ciência, por favor, considere as seguintes citações de uma seleção dos mais influentes cientistas do mundo interno e externo dos últimos dois mil e quinhentos anos como ponto de partida para sua reflexão. Por favor, não se sinta desencorajado ou impaciente ao ler suas palavras. É natural que os cientistas, em seu trabalho de investigação da realidade, usem seus termos científicos próprios para explicar suas descobertas. Mesmo não conhecendo o significado de algumas destas palavras, é possível ter algum sentimento sobre as verdades que eles estão tentando revelar.

Precisamos sentir e entender que essas duas correntes de visão e resultados experimentais possuem ambas a capacidade de desvelar algo da natureza fundamental do universo. Embora os cientistas do mundo interno e externo se expressem de formas diferentes, sinto que existe certamente uma relação entre suas visões de mundo e, se fosse possível sintetizá-las, isso seria de grande benefício para a sociedade, tanto em termos do desenvolvimento da ciência e da tecnologia quanto para o desenvolvimento da paz interior e da paz no mundo.

Vigésima Nona Luz

A Vacuidade

Buddha Shakyamuni, o indiano fundador do Budismo (a ciência interna), disse no Sutra da Essência da Perfeição da Sabedoria, há dois mil e quinhentos anos:

"Forma é Vacuidade.
Vacuidade é Forma.
Vacuidade não é outra coisa que não forma.
Forma também não é outra coisa que não vacuidade.
Assim, os sentimentos, a discriminação e os fatores composicionais são vazios. Portanto... na vacuidade não há corpo existente por si mesmo, sentimento existente por si mesmo, consciência existente por si mesma. Não há forma existente por si mesma, som existente por si mesmo, cheiro existente por si mesmo, gosto existente por si mesmo, objetos táteis existentes por si mesmos, fenômenos mentais existentes por si mesmos".

Tchandrakirti, um famoso Mahasiddha indiano do século IV, filósofo e cientista interno, disse em seu comentário das quatrocentas estrofes de Aryadeva:

Descobertas da ciência moderna

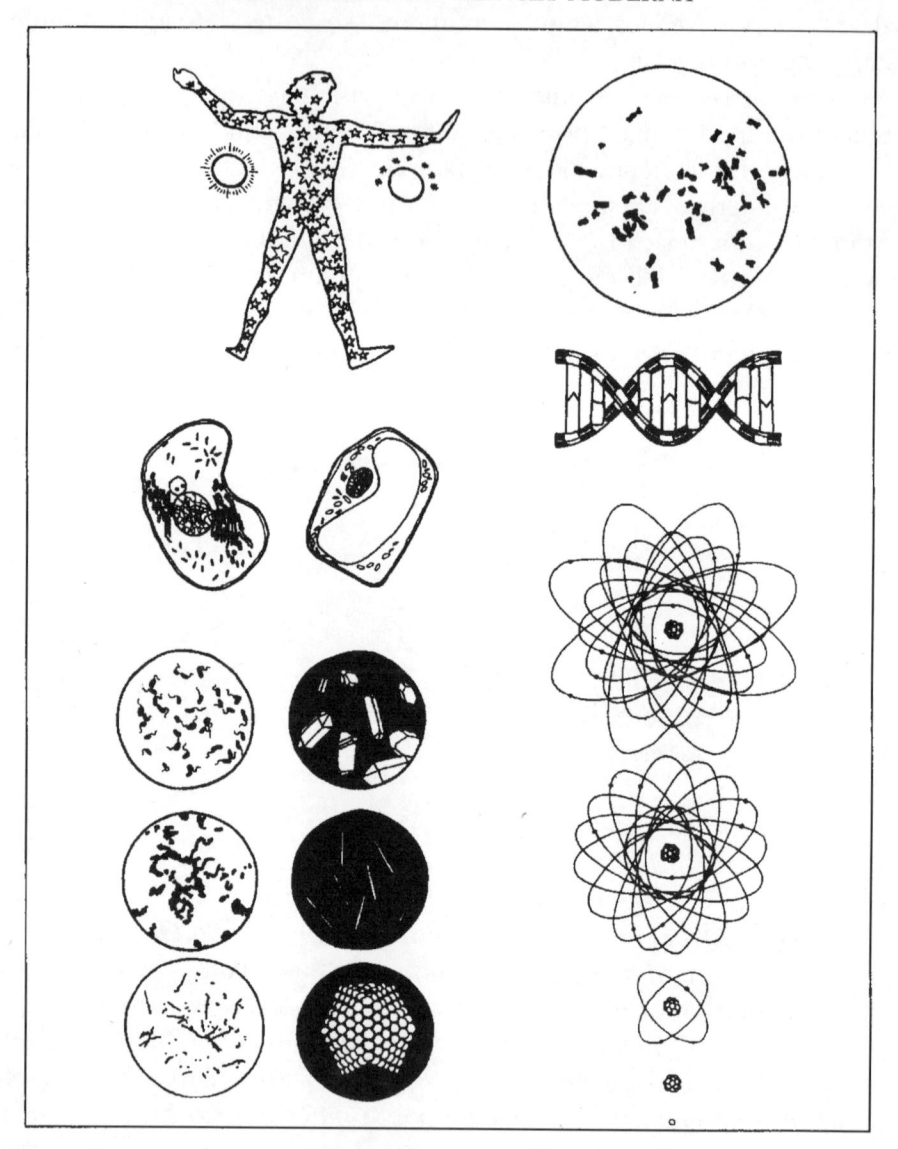

Quando pesquisamos o universo do corpo, encontramos uma galáxia interdependente de células animais e vegetais, bactérias, vírus, genes, DNA, átomos e partículas subatômicas. Todos os fenômenos são quase completamente feitos de espaço, e sua forma física é uma manifestação de energia em constante mutação.

"Que as coisas existam por si mesmas significa que as coisas não são dependentes de outros fatores para sua existência. Mas porque as coisas realmente dependem de outros fatores, não pode haver existência por si mesma".

Robert Oppenheimer, o físico que desenvolveu a bomba de hidrogênio para os americanos durante a Segunda Guerra Mundial, afirmou:

"Se perguntarmos, por exemplo, se a posição do elétron permanece a mesma, devemos responder que não; se perguntarmos se a posição do elétron muda com o tempo, devemos responder que não; se perguntarmos se ele está em movimento, devemos responder que não. Buddha deu as mesmas respostas quando interrogado sobre as condições do 'eu' do homem após a morte. Mas essas não são respostas familiares à tradição científica do século XVII ou XVIII".

Thomas Stapp disse em seu relatório para a comissão de energia atômica dos Estados Unidos:

"Com certeza não existe um mundo físico substancial".

Heisenberg comentou a descoberta da mecânica quântica com as seguintes palavras:

"Foi como se nos tirassem o chão. Não havia mais nenhuma fundação firme sobre a qual se pudesse construir algo".

Niels Bohr, o pai da mecânica quântica ganhador do Prêmio Nobel, afirmou:

"A mecânica quântica impõe a necessidade de uma renúncia definitiva às idéias clássicas de causalidade, assim como uma revisão radical de nossa atitude em relação ao problema da realidade física".

Trigésima Luz

A Interdependência

Na ciência interna budista, temos a imagem de uma rede feita de jóias cobrindo o telhado do palácio de Indra, na qual cada jóia reflete a rede e o palácio inteiros. Lama Tsong Khapa, um famoso budista tibetano, cientista interno e filósofo do século XIV, fundador da escola Guelupa, afirmou:

"A Rainha das Razões, a Interdependência dos Fenômenos, mostra que 'todas as coisas carecem de existência por si mesmas, pois são fenômenos dependentemente relacionados'."

E em seu texto *Os Três Principais Aspectos do Caminho*, ele diz:

"Quem enxergar a relação causa-efeito completamente não ilusória de todos os fenômenos do samsara e do Nirvana e destruir todas as percepções dualistas enganosas entrará no caminho que satisfaz os conquistadores".

Pantchen Tchoekyi Gyaltsen, um famoso budista tibetano do século XVI, cientista interno e detentor da linhagem de Lama Tsong Khapa, afirmou em seu texto *Lama Tchoepa*:

"Não há contradição, mas sim harmonia, entre a ausência de um único átomo existente por si mesmo no samsara e no Nirvana e a relação dependente não ilusória entre causa e efeito".

Niels Bohr, o físico dinamarquês do século XIX ganhador do Prêmio Nobel, afirmou:

"As partículas materiais isoladas são abstrações, sendo suas propriedades definíveis e observáveis apenas por meio da interação com outros sistemas".

Thomas Stapp, um famoso físico americano do século XX, afirmou em um relatório patrocinado pela Comissão Norte-americana de Energia Atômica:

"O mundo físico não é uma estrutura construída a partir de entidades não analisáveis existentes independentes umas das outras, mas uma rede de relações entre elementos cujos significados surgem totalmente a partir de suas relações com o todo".

e

"Uma partícula elementar não é uma entidade não analisável que existe independente de outras, mas um conjunto de relações que se estendem a outras coisas".

Trigésima Primeira Luz
A Relação entre o Macrocosmo e o Microcosmo

O Tantra de Kalachakra:

"Assim como é no mundo externo, também é no mundo interno".

Segundo Bohm, um famoso físico do século XX:

"As partes são vistas como estando em conexão imediata, na qual suas relações dinâmicas dependem irredutivelmente do estado do sistema como um todo e do todo do universo. Somos, portanto, levados à nova noção de uma totalidade sem quebras, que nega a idéia clássica da possibilidade de se analisar o mundo em partes separadas e existentes independentemente umas das outras".

Trigésima Segunda Luz
A Mente está criando a Realidade Material

Uma das conclusões da física quântica é a de que os fenômenos são trazidos à existência pelo nosso ato mental que os rotula ou os nomeia, por exemplo, "gato vivo" ou "gato morto". Segundo essa teoria, talvez os fenômenos não existam senão como qualificações mentais. Isso é o mesmo que os sábios budistas vêm dizendo há séculos. Estas são as palavras de Saraha, um mahasiddha indiano do século X:

"Apenas a mente é a semente de todas as realidades, de onde se originam nosso samsara e nosso Nirvana".

Segundo James Jeans, um grande físico americano do século XX:

"O curso do conhecimento está se movendo em direção a uma realidade não mecânica. O universo começa a se parecer mais como um grande pensamento do que com uma grande máquina".

Fritjof Capra, um físico americano do século XX, afirmou:

"A abordagem 'bootstrap' abre a possibilidade inédita de sermos forçados a incluir explicitamente o estudo da consciência humana nas futuras teorias da matéria".

E Evan Walker, um físico americano do século XX, disse:

"A consciência pode ser associada a todos os processos da mecânica quântica".

Wolfgang Pauli, um físico ganhador do Prêmio Nobel:

"A partir de um centro interno, a psique parece mover-se para fora no sentido de uma extroversão no interior do mundo físico".

Eugene Wigner, um físico americano do século XX:

"Não foi possível formular as leis da mecânica quântica de uma forma completamente consistente sem referir-se à consciência".

Trigésima Terceira Luz

Como Usar a Impermanência Criativamente

Tanto os antigos métodos de investigação da ciência interior no nível sutil subjetivo, a ioga e a religião, quanto a moderna investigação da ciência externa no nível grosseiro objetivo estão, em última análise, investigando a mesma coisa: a natureza fundamental da realidade.

A palavra grega *phusis* é a raiz das palavras do inglês moderno *physics* (física) e *physician* (médico) e deriva da mesma palavra-raiz indo-européia que a palavra *abrahman*, ou *ambiente*, do sânscrito. A antiga palavra indo-européia que deu origem a *abrahman* (em sânscrito) e *phusis* (em grego) significa crescimento.

Baseados nisso, podemos dizer que os santos, lamas, iogues, físicos e cosmólogos estão investigando o crescimento, a impermanência, a mudança e a decadência, embora usem técnicas e tecnologias de pesquisa diferentes. Os médicos do mundo inteiro estão procurando métodos para curar ou diminuir os efeitos da impermanência no corpo humano: o envelhecer, adoecer e morrer. O próprio Buddha começou a praticar sua autocura pelo mesmo motivo. Os iogues usam a tecnologia da energia e da mente sutil e muito sutil para investigar a impermanência. Embora os cientistas usem tecnologias mecânicas, elétricas e químicas, ambos estão procurando entender a natureza fundamental da realidade e aprender a lidar positivamente com a mudança e a impermanência, o crescimento e a decadência.

Os iogues budistas investigam a verdade sobre a realidade desenvolvendo o canal central, chakras, ventos e gotas e através do estudo da filosofia. Esse foi o método usado por Buddha Shakyamuni. Buddha testava os métodos de ioga tântrica de todos os grupos de ciência interior que encontrava até que, aos 35 anos de idade, deparou-se com o método perfeito e atingiu a Iluminação. Depois disso, Buddha passou o resto de sua longa vida demonstrando os resultados de sua investigação e ensinando, a outros, métodos por meio dos quais pudessem repetir os resultados de sua experiência. Sua investigação tem sido repetida e mantida por milhares de praticantes desde então, e isso é o que chamamos linhagem de paz, ou transmissão dos métodos e resultados válidos de um cientista do mundo interior para outro.

Se analisarmos honestamente, concluiremos que a maior parte de nosso assim chamado progresso e desenvolvimento é na verdade uma tentativa para deter, diminuir ou amortecer os efeitos das mudanças resultantes do crescer, envelhecer, decair e morrer e nossas conseqüentes experiências subjetivas de sofrimento, sofrimento da mudança e sofrimento que tudo permeia. Até agora, nenhum mahasiddha, iogue ou grande cientista encontrou um método para deter a dança cósmica da impermanência ou tornar permanente qualquer fenômeno do mundo externo ou interno.

A investigação científica já realizou muitas descobertas impressionantes. Sua conquista final, porém, seria descobrir ou criar um fenômeno permanente que não fosse o espaço natural, ou vacuidade. Seria maravilhoso, e talvez perigoso, se os cientistas pudessem realizar isso. Até os dias de hoje, porém, ninguém conseguiu ainda deter a impermanência. Portanto, nossa única opção é aprender a usá-la de forma positiva.

Relacionando-nos com a impermanência de forma negativa, acreditando e investindo toda nossa energia emocional e energia de vida nos fenômenos relativos, estamos, na verdade, enganando a nós mesmos. Tudo que isso nos traz é sofrimento, dor, dificuldades, cansaço, bloqueios e muito perigo. Relacionar-se com os fenômenos relativos de forma ignorante não tem nenhum sentido e nos traz apenas uma grande quantidade de dificuldades, diante das quais a sociedade moderna se volta para a tecnologia científica, em busca de soluções temporárias.

Precisamos aprender a nos relacionar com a mudança de forma criativa, relaxando no fluxo da impermanência e mantendo sempre nosso sorriso interior. Temos que aprender a dançar na impermanência com alegria.

Já que tudo é impermanente, podemos usar a impermanência de forma criativa para transformar as causas e condições negativas em causas e condições positivas. Podemos transformar nossa escuridão interna, sombras e energia negativas em força, luz interna e energia de vida de cristal puro. Quando deixamos de nos apegar às manifestações transitórias dos fenômenos, podemos relaxar (NgelSo) e transformar cada movimento de nosso corpo, palavra e mente na dança-vajra, encontrando assim momento após momento, a libertação, o relaxamento e a regeneração NgelSo no espaço ilimitado da verdade absoluta: a Bem-aventurança e vacuidade de todos os fenômenos.

Então, em lugar de nos trazer um profundo sofrimento, a impermanência nos leva de alegria em alegria, momento após momento, e nos faz harmonizar os dois mandalas, permitindo-nos ter a experiência da realidade absoluta do espelho cósmico em nosso dia-a-dia.

Trigésima Quarta Luz

Por que Precisamos Desenvolver o Mundo Interno Tanto Quanto o Mundo Externo

A sociedade moderna investiu a maior parte de sua energia no cuidado com o mundo externo e, como conseqüência, testemunhamos nos últimos trezentos anos uma explosão de desenvolvimento externo material. Esse desenvolvimento trouxe resultados benéficos, como a eletricidade, as viagens aéreas, a eletrônica, intervenções cirúrgicas capazes de salvar vidas, etc. Entretanto, não podemos negar que trouxe também muitos resultados negativos e altamente perigosos, como as armas nucleares e químicas e a energia nuclear.

Talvez eu esteja enganado, mas, em minha opinião, as últimas gerações superenfatizaram o desenvolvimento externo material e o conseqüente conforto e riqueza físicos, e negligenciaram o cuidado com o mundo interno a ponto de quase esquecerem-se de sua existência.

Não estou sugerindo que devemos parar o desenvolvimento material ou as pesquisas científicas e tecnológicas. Sem a tecnologia, para muitas pessoas seria impossível viver em nosso planeta hoje. Entretanto, talvez devêssemos dar maior ênfase ao desenvolvimento de tecnologias apropriadas e positivas. Um bom exemplo disso são as tecnologias de redução da poluição ambiental, como os conversores catalíticos, os métodos de reciclagem, etc. Se usarmos a tecnologia de uma forma positiva, teremos resultados maravilhosos, e não os resultados negativos que atualmente todos nós conhecemos. Também precisamos nos preocupar em começar a fazer um investimento semelhante em nossos recursos para desenvolver o mundo interior.

No Tibete, antes da invasão comunista em 1959, não dávamos muita importância ao cuidado com o mundo externo, pois estávamos sempre muito ocupados cuidando do mundo interior. Dançávamos com a impermanência de forma criativa e usávamos essa dança para relaxar (NgelSo) no espaço absoluto e unir nosso dia-a-dia ao mandala de cristal puro. Como conseqüência, desfrutávamos muito mais a regeneração e o relaxamento interior profundo NgelSo e a satisfação duradoura, a felicidade e a liberdade interior do que se pode conseguir seguindo e tomando

O mundo interno está chorando e com ciúmes; por favor, cuide dele com carinho

Décimo quarto oráculo de sabedoria: sempre calculamos nosso aluguel, telefone e conta do supermercado, mas também precisamos calcular como estamos gastando nossa energia interna. As emoções negativas como a raiva, a inveja e o nervosismo são muito caras. Precisamos fazer compras nos supermercado dos bons pensamentos!

refúgio apenas nos fenômenos relativos. Se pudéssemos todos aprender a tomar refúgio em ambos os níveis da realidade, o absoluto e o relativo, e a cuidar dos mundos externo e interno, nossa sociedade se tornaria mais pacífica, mais feliz, satisfeita e grandiosa que qualquer civilização antiga.

Nos últimos tempos, a sociedade contemporânea tem se esquecido totalmente do mundo interno, que está agora sofrendo profundamente, sempre chorando e com ciúmes do mundo externo. Com ciúmes e raiva, ele está reagindo violentamente e, já que seus gritos têm passado despercebidos, como um grupo terrorista, o mundo interno vem secretamente desenvolvendo e estocando bombas atômicas internas de emoções negativas. Essas bombas atômicas internas estocadas em nosso coração, canal central e chakras podem explodir a qualquer momento, ameaçando destruir nosso mundo interno, os outros seres, nossa sociedade e o planeta.

As bombas internas de emoções negativas não são apenas uma ameaça à nossa saúde mental e física e à nossa paz interior; elas podem também destruir os frutos positivos do desenvolvimento científico e tecnológico. Por exemplo, devido à ganância coletiva, à cobiça pelo poder, egoísmo, etc., usamos a tecnologia de forma errada, criando armas de destruição em massa, como as armas atômicas, químicas e *laser*; causamos uma imensa poluição interna e externa, o esgotamento dos recursos naturais, a destruição do meio ambiente e a extinção de muitas espécies.

Também nos níveis social e político, podemos ver nossa energia negativa explodindo e dando curso à devastação, resultando em mais e mais guerras, fome, pragas, desastres naturais, desigualdade e corrupção política e social, genocídio, uso de tortura, abuso dos direitos humanos, terrorismo, sindicatos internacionais do crime, abuso de drogas, alienação social, desintegração da família tradicional e das estruturas religiosas, políticas e educacionais, doenças físicas e sofrimentos mentais em constante crescimento.

As armas nucleares que hoje proliferam pelo mundo e que tanto nos aterrorizam são apenas um fraco reflexo externo dos instrumentos internos de destruição que trazemos no coração. Se fôssemos sábios, deveríamos nos aterrorizar com as bombas nucleares internas de ilusões estocadas em nós mesmos. Precisamos nos perguntar honestamente: o que motivou a sociedade moderna a criar armas nucleares capazes de destruir todos os seres vivos do planeta? Quem ou o que realmente tememos? Quem é nosso verdadeiro inimigo?

A: A VOGAL PRIMORDIAL É O SÍMBOLO DO ESPAÇO ABSOLUTO

Décimo quinto oráculo de sabedoria: cometemos muitas ações autodestrutivas e autocurativas que, sem percebermos, vão sendo gravadas no disco do espaço interior de nosso computador da realidade. O karma negativo é como usar o telefone: um dia a conta chega e levamos um enorme susto por ter que pagá-la.

Temos que descobrir como desarmar os instrumentos mortais suicidas da raiva, inveja, orgulho, ganância, instabilidade mental, desejo e ignorância em nosso coração. Primeiro, precisamos reconhecer que possuímos um precioso corpo humano, um veículo que nos permite fazer o que quisermos nesta vida. Possuir um corpo humano como o nosso é, nos níveis externo, interno e secreto, uma oportunidade fantástica, que não deve ser desperdiçada. Se soubermos usá-la de uma forma positiva, poderemos praticar a Autocura Tântrica NgelSo momento após momento, e chegar à autocura completa – o estado de Buddha – no curto período de uma vida.

No entanto, se usarmos este corpo de uma forma negativa, trilhando o caminho da escuridão interna, cada momento poderá contribuir para nosso suicídio pessoal e planetário. Podemos escolher *ngel* – ir da escuridão para a escuridão e da luz para a escuridão – ou *so* – da escuridão para a luz e ou da luz para a luz. A decisão é nossa.

Ao compreendermos a preciosidade de nosso veículo físico, deixamos espontaneamente de tratá-lo como uma máquina e desenvolvemos um genuíno interesse por cuidar dele e começar a aprender a usá-lo de uma forma positiva.

Como disse, no século X, o Mahasiddha budista indiano Saraha:

"Neste corpo estão os rios sagrados, o sol, a lua e os lugares de peregrinação. Nunca encontrei outro templo tão pleno de Bem-aventurança quanto meu próprio corpo".

Temos que parar de poluir nosso corpo com produtos químicos que causam reações negativas e, lentamente, envenenam e matam este precioso templo. Precisamos tratá-lo com comidas e remédios naturais para que, com um corpo saudável, possamos aprender a reconhecer e cuidar do mundo interior: nossa mente, canais, ventos e gotas. Essa é a razão por que incluí os exercícios "tchagtsel" e "trulkor" no livro *Autocura Tântrica NgelSo II* e a purificação dos ventos elementais no *Autocura Tântrica NgelSo III*. Precisamos praticar a purificação física de nosso mundo externo pessoal (o corpo) e do mundo externo geral (o planeta), como um passo preliminar para os níveis mais profundos de autocura.

Se queremos uma sociedade feliz e um mundo em paz, temos que reconhecer a importância fundamental do mundo interior: a mente. Precisamos moldar nossos mundos interno e externo até em seus níveis mais profundos. No período que vai do século XVII ao século XIX, a ciência enxergava o mundo como uma grande máquina funcionando independente da mente humana. No século XX, porém, os cientistas descobriram por meio de aparelhos e da matemática o que os cientistas internos os iogues, santos e meditadores, já diziam a partir de suas experiências internas: que em um nível muito profundo, a mente ESTÁ criando nossa realidade física e mental interna e externa e os mundos interno e externo. Por isso, devemos procurar também no mundo interno as soluções para os problemas globais de hoje e cuidar coletivamente de nossa mente e energia interna, para curarmos assim nosso corpo, mente, sociedade e meio ambiente.

Trigésima Quinta Luz

A Harmonia entre Ciência e Religião

Até a Idade Média, a maior parte das pessoas acreditava na religião e tinha uma postura totalmente hostil ao desenvolvimento da ciência e da tecnologia. Na era moderna, porém, o pêndulo moveu-se para o outro lado e, de uma perspectiva mais geral, podemos dizer que a sociedade passou a enxergar a religião de uma maneira negativa, tendo se esquecido de seus benefícios para o mundo interno.

Agora, no começo da Era de Aquário, o pêndulo move-se mais uma vez. Precisamos criar um equilíbrio entre ciência e religião e entre os mundos externo e interno, percebendo-os como facetas de um mesmo cristal, e não como forças opostas. A ciência não está errada; ela depende de como a utilizamos. A forma como usamos a ciência, porém, depende de nosso mundo interno. O mesmo ocorre com a religião; ela também não está errada, pois também depende de como a utilizamos. E isso, novamente, depende de nosso mundo interno.

Hoje, as pessoas concordam apenas com o que enxergam como útil ou benéfico. A nova geração está preparada para procurar informações positivas e boas notícias onde quer que apareçam. Há dois mil e quinhentos anos a atitude de Buddha era a mesma. Ele estava preparado para investigar os benefícios de qualquer filosofia ou mentalidade. Seu método, que testava as informações e idéias com o mesmo cuidado com

Décima segunda luz da lua: Djetsün Dordje Trokar
A dança cósmica

Décimo sexto oráculo de sabedoria: podemos relaxar e regenerar NgelSo a energia de cristal puro de nosso corpo, palavra, mente, sociedade e meio ambiente, cessando assim as causas e condições interdependentes de escuridão e criando muitas causas e condições interdependentes de luz.

que se testa o ouro antes de comprá-lo, é especialmente adequado à mentalidade dos dias de hoje.

Buddha dedicou sua investigação a todos os seres vivos. Por isso, não precisamos sentir conflitos ou problemas ao integrarmos os ensinamentos de Buddha em nossa própria cultura, religião ou dia-a-dia.

Nos séculos passados, o Ocidente e o Oriente seguiam cada um sua própria cultura e religião, mas nenhum dos dois conseguiu desenvolver os mundos interno e externo de uma forma harmoniosa. Hoje, com as viagens aéreas, televisão, rádio, satélite, telefone, fax e redes integradas de comunicação internacional, todos estão expostos a trocas de idéias e informações culturais como nunca antes.

No mundo todo está ocorrendo uma união entre a cultura, a religião e a ciência do Oriente e Ocidente. Talvez devêssemos usar todas essas correntes de energia para realizar nossa autocura usando um NOVO VEÍCULO DE SABEDORIA pois, nos dias de hoje, um método só não pode resolver todos os problemas do mundo externo e interno. Para resolver um problema, necessitamos de um método. Mas para superar uma crise global complexa com muitas facetas, precisamos de um arco-íris de métodos que possam curar nosso mundo nos níveis grosseiro, sutil e muito sutil.

Todos nós fazemos compras no supermercado de informações e, por isso, devemos ter cuidado para comprar apenas o que é positivo, benéfico e útil para nosso dia-a-dia e rejeitar todas as informações negativas, venham de onde vierem. As notícias ruins só nos fazem sofrer, ficar cansados e fracos; não precisamos delas. Seguindo as informações negativas, corremos o risco de um dia perder toda a esperança e direção na vida. Em minha opinião, é melhor fazer compras no supermercado do Tantra pois, da perspectiva do Tantra, não precisamos rejeitar nada, mas usar todas as nossas experiências e energia de vida de uma forma positiva.

No Tantra, mantemos a visão pura do meio ambiente como um mandala. Vemos todos os homens como dakas e as mulheres como dakinis, nossa palavra como um mantra e todos os nossos movimentos como mudras de uma dança tântrica. Olhamos para tudo de uma forma especial, enxergando todos os fenômenos cheios de beleza e cores e sentindo amor e respeito por tudo.

Isso não é estar em contato com a realidade?

Embora eu seja um refugiado tibetano do terceiro mundo, que até pouco tempo atrás vivia o modo de vida do século XVIII, acho que essa perspectiva diferente é a razão por que tenho sempre bons sentimentos e sensações em relação a todos que encontro pelo mundo.

Décima terceira luz da lua: Djetsün Dordje Lukar
A canção do arco-íris vajra

Décimo sétimo oráculo de sabedoria: precisamos usar e desenvolver a tecnologia de uma maneira positiva e amiga do meio ambiente. Temos que desenvolver a tecnologia interior da Autocura. Ligando a antiga sabedoria dos iogues e mahasiddhas budistas às últimas tecnologias dos cientistas e físicos, podemos criar um Novo Veículo de Sabedoria para curar nosso corpo, a mente e o planeta.

Desde que vim para a Europa, comecei também a respeitar Jesus, apesar de não ter, infelizmente, muito conhecimento sobre as outras religiões. Sou um Lama e sempre tive muitas visões de Buddhas e Bodhisattvas. Desde que estou na Europa, tenho tido muitas visões espontâneas de Jesus e Buddha juntos. Essas visões me preenchem de um sentimento especial que sempre trago comigo. Concordo com estas palavras de Sua Santidade o XIV Dalai Lama:

"A essência de todas as religiões é um bom coração, o perdão, o respeito pela vida de outros e um sentimento de fraternidade. Essas são as mensagens essenciais das diversas religiões. Podemos usar um mesmo material, o ouro por exemplo, e mesmo assim mudar sua forma de acordo com nossas necessidades práticas. Da mesma maneira, a religião tem uma mesma essência, mas nosso dia-a-dia pode necessitar de diferentes enfoques".

Não devemos fazer divisões ou conflitos entre as religiões. Eu, pessoalmente, tenho tido audiências com Sua Santidade o Papa João Paulo II e com vários Bispos gregos ortodoxos. Respeito as realizações de Jesus e a forma especial como esse grande ser trouxe benefício a milhões de pessoas no mundo. Nos primeiros dez anos em que viajei pela Europa e América do Sul, estive em muitas igrejas e santuários cristãos importantes, como a Catedral de São Pedro em Roma, a caverna de São Francisco em Assis, os santuários de Gubbio, Santa Clara e São Nicolau na Itália e outros lugares sagrados. Sempre recebo bons sinais e uma energia de cura especial nessas visitas pois, sem dúvida, são lugares sagrados onde podemos sentir uma energia diferente.

Quando chegamos para visitar a tumba de Santa Clara, em Assis, a porta estava fechada. Os monges católicos a abriram e, dentro, no lugar onde Santa Clara morreu, havia uma mulher sentada em meditação. Os monges ficaram surpresos e lhe perguntaram quem ela era. A mulher não respondeu, simplesmente continuou a meditar. Eu pedi aos monges que a deixassem e, quando nós saímos, ela se levantou e veio comigo e meus amigos até a porta, sem dizer uma palavra. Depois disso, desapareceu na multidão de peregrinos. Acredito que essa era de fato uma manifestação de Santa Clara, pois recebi muitas mensagens especiais de paz e cura em minha mente depois que isso aconteceu.

Em 1986, participei do encontro da Prece Interfé para a Paz Mundial em Assis, na Itália. Sua Santidade o Papa e Sua Santidade o Dalai Lama estavam lá, assim como muitos outros líderes religiosos importantes. Em minha opinião, esse tipo de encontro entre os Seres Sagrados é de fato muito benéfico.

A propósito, quando aprendi inglês, descobri que o significado da palavra *holy* (sagrado) é na verdade *whole* (inteiro), "saudável" ou "integrado". Essa é uma descrição muito verdadeira dos autênticos líderes espirituais de nossa sociedade, os seres que tentam ligar o nível absoluto da realidade de cristal puro ao nosso mundo contemporâneo. É maravilhoso que muitos Seres Sagrados estejam hoje trabalhando juntos em benefício da humanidade como nunca antes, procurando passar mensagens de paz e esperança nestes tempos difíceis. Cada sociedade e cada religião tem alguma contribuição única para dar ao mundo. Sinto que a contribuição da minha cultura tibetana e a minha própria é ajudar a nova geração a reencontrar a essência da vida e os sentimentos perdidos. Se conseguirmos integrar esses sentimentos na sociedade moderna com todo o seu desenvolvimento tecnológico e científico, a vida poderá ser muito bonita, talvez até mais bonita do que antes.

Esse é o motivo por que mais e mais cientistas têm demonstrado interesse em dialogar sobre a natureza da realidade com os Lamas Tibetanos. Talvez a sociedade atual devesse começar a valorizar as perspectivas desses dois tipos de iogues e seus líderes religiosos e científicos, buscando encontrar novas soluções para superar a crise da saúde e do meio ambiente.

Trigésima Sexta Luz

O Novo Veículo de Sabedoria

Minha mente de louca sabedoria pensa que no século XXI precisaremos de um novo veículo de sabedoria, uma nova realização de método e sabedoria para curarmos os mundos externo e interno. Imagino um novo veículo de sabedoria que ligue a essência das antigas idéias acerca da realidade, a filosofia, medicina, astrologia, o Sutra e a ioga tântrica de transformação do corpo e mente nos níveis grosseiro, sutil e muito sutil à essência das últimas pesquisas e desenvolvimentos científicos da física de alta energia, química, medicina, astronomia, eletrônica e de muitas outras áreas.

NgelSo — Autocura Tântrica III

Décima quarta luz da lua: A Cruz Verde Vajra
As Nações Unidas da Espiritualidade

Décimo oitavo oráculo de sabedoria: precisamos de representantes das tradições religiosas e espirituais do mundo na ONU. As antigas e modernas tradições de sabedoria e os governos nacionais e instituições internacionais trabalhando juntos encontrarão muitas soluções holísticas para a crise global.

Além disso, precisamos harmonizar os dois mandalas e ligar nossos mundos interno e externo cheios de sofrimento aos mundos interno e externo de paz de Shambala. Essa não é uma responsabilidade só dos lamas, padres, iogues, rabinos, etc. Toda a nova geração de detentores do conhecimento como os cientistas, médicos, curadores e pesquisadores, assim como as gerações futuras, devem assumir essa responsabilidade. Todos nós precisamos aprender a usar a impermanência e a interdependência dos fenômenos de uma forma criativa para podermos deixar algo de positivo aos nossos filhos e ao mundo.

Se aprendermos a cuidar, relaxar e regenerar (NgelSo) o mundo interior e somarmos essa experiência ao nosso desenvolvimento científico e material, poderemos tornar nossa sociedade muito mais avançada e grandiosa do que qualquer cultura ou civilização antiga. Por exemplo, aprendendo a usar a impermanência de forma positiva, podemos transformar as bombas atômicas internas de ilusões em paz atômica.

Primeiro precisamos reconhecer a semente da paz em nosso coração e canal central. Em seguida, devemos alimentar e desenvolver essa semente com todo cuidado, usando a investigação científica interna e o programa de desenvolvimento da ioga do método e da sabedoria. Como resultado, preencheremos nosso coração e canal central com a paz atômica do nível absoluto, e não mais com as bombas atômicas de sofrimento e ilusões do nível relativo. A paz atômica interior se refletirá gradualmente em nossa sociedade, por exemplo, através de comissões de desarmamento nuclear. Afinal, quem atacaremos quando não tivermos mais nenhum inimigo?

Além disso, precisamos construir um Banco Mundial Espiritual absoluto em nosso coração e canal central, investido com nossa riqueza interior e os diamantes puros da energia de cristal de nossa mente mais profunda. Isso se refletirá gradualmente em nossa sociedade sob a forma de uma utilização mais justa e positiva de nossos recursos e de uma melhor administração do planeta e do meio ambiente.

Usando uma síntese das idéias antigas e modernas, nosso NOVO VEÍCULO DE SABEDORIA, podemos nos recuperar e relaxar (NgelSo) os sofrimentos externos, internos e secretos de nosso corpo, mente e do planeta. Como resultado, nosso mundo interno não terá mais ciúmes e não se sentirá mais ressentido e negligenciado. Se seguirmos o Novo Veículo de Sabedoria, as lágrimas de nosso mundo interno desaparecerão definitivamente.

Todos os fenômenos estão sujeitos à impermanência e, por isso, desejo partilhar os métodos de Autocura Tântrica NgelSo com este mundo antes que eu morra. Não quero mudar a religião de vocês ou oferecer-lhes uma nova. Apenas espero que, partilhando o método de Autocura Tântrica NgelSo e lembrando-nos da compaixão e da sabedoria de Buddha, Jesus e muito outros Seres Sagrados, possamos desenvolver e manter sua paz em nossas mentes grosseiras, sutis e muito sutis.

Curando nosso mundo interior, é possível curarmos a sociedade e o planeta. Criando um fluxo de energia equilibrado e harmonioso entre nossos mundos externo e interno, podemos nos preparar agora, no mundo relativo, para a experiência de profundo relaxamento e regeneração Ngelso do mundo de paz de Shambala, um mundo absoluto de cristal puro absoluto.

Talvez eu esteja enganado; talvez eu seja apenas um Lama de sabedoria louca. Entretanto, parece que não sou o único preocupado com a necessidade de um NOVO VEÍCULO DE SABEDORIA. Cito aqui as palavras de alguns famosos pensadores:

Francis Storey, um ocidental estudioso do Budismo:

"As doutrinas do Buddha-Dharma permanecem hoje tão imunes à marcha do tempo e à expansão do conhecimento como quando foram expressas pela primeira vez. Não importa o quanto·o conhecimento científico venha a estender o horizonte mental do homem, na estrutura do Dharma sempre haverá espaço para aceitação e assimilação de descobertas futuras".

Professor Cheng, um grande físico chinês, cujo trabalho está na vanguarda da pesquisa sobre a realidade:

"Nossa luta atual (com a física teórica avançada) pode ser simplesmente uma amostra dessa forma completamente nova de esforço intelectual, que não será nem ao menos descrita como científica".

H. G. Wells, escritor e visionário inglês do século XIX:

"É possível que em contato com a ciência do Ocidente e inspirados pelo espírito da história, os ensinamentos de Gautama, revividos e purificados, venham a desempenhar um papel de grande importância na orientação do destino da humanidade".

Albert Einstein, o ganhador do Prêmio Nobel pela Teoria da Relatividade:

"A religião do futuro será uma religião cósmica. Deverá transcender um Deus personalizado e evitar os dogmas e a teologia. Abarcando ambos, o natural e o espiritual, deverá basear-se em um sentimento religioso nascido da experiência de todas as coisas naturais e espirituais como uma unidade significativa. O Budismo responde a essa descrição".

"Se existe alguma religião que pode ir de encontro às necessidades científicas modernas, essa religião é o Budismo".

Talvez Einstein, o Professor Cheng e H. G. Wells estejam certos. Talvez os ensinamentos de Buddha, unidos à ciência moderna sob a forma de um NOVO VEÍCULO DE SABEDORIA, venham a desempenhar um papel de grande importância no desenvolvimento positivo da sociedade humana.

Por favor, não pensem que é impossível transformar nosso planeta poluído e cheio de crises em um mundo de paz interna e externa. Nós já temos o exemplo do reino asiático de Shambala para nos mostrar o caminho. Como tudo existe de forma impermanente, até mesmo a situação mais difícil e negativa não pode durar para sempre. Seguindo o Novo Veículo de Sabedoria da ciência e tecnologia da autocura, especialmente a autocura vajrayana, e aprendendo a usar a impermanência e a interdependência dos fenômenos de uma forma positiva, podemos transformar a escuridão em luz. Não existe razão por que, praticando a Autocura Tântrica e unindo os dois mandalas, nosso mundo não possa se ligar agora ao mundo de paz de Shambala e, finalmente, também se transformar em um mundo de paz como Shambala. Se usarmos a ciência interna e externa de uma forma positiva, utilizando-as para cuidar de nosso mundo externo e interno, poderemos realmente transformar estes tempos degenerados de Kaliyuga na era de amor universal de Maitreya e de Shambala, de paz e relaxamento NgelSo dos mundos interno e externo.

Eu gostaria de fazer um pedido aos seguidores das diversas religiões como o hinduísmo, judaísmo, islamismo, cristianismo, budismo, janaísmo, druidas, xamanísmo e outras, assim como a todos os cientistas, médicos, terapeutas, aos meus amigos importantes e reconhecidos e aos desconhecidos mas secretamente especiais, a todos os que possuem uma mente simples, grande e preciosa ou que têm energia e capacidade para aliviar o sofrimento dos seres nestes tempos difíceis. Por que não aproveitamos esta oportunidade e criamos um Novo Veículo de Sabedoria para oferecer uma mensagem de paz ao nosso mundo e fazer algo positivo por nós, nossa sociedade, nossos filhos e as gerações futuras? Todos que tiverem interesse ou se entusiasmarem com a idéia do Novo Veículo de Sabedoria e desejarem participar de seu projeto estão convidados para entrar em contato com a Fundação Lama Gangchen para a Paz no Mundo (LGWPF).

A Fundação Lama Gangchen para a Paz no Mundo é uma fundação internacional legalmente registrada na Espanha, apolítica e não sectária, dedicada ao desenvolvimento do Novo Veículo de Sabedoria. Seu objetivo é divulgar a antiga sabedoria de autocura das tradições tibetanas tântrica e médica. Esses métodos de cura, originalmente, eram muito secretos; não eram nem mesmo escritos. Agora, porém, estou mostrando-os abertamente a todos: ocidentais, orientais, religiosos ou não-religiosos. O único compromisso e interesse é o de desenvolver a paz dos mundos interno e externo.

Por favor, não pensem que sou contra a religião tradicional ou contra o Budismo Tibetano tal como tem sido tradicionalmente praticado na Ásia. Sua prática teve resultados imensamente benéficos para a cura de milhões de pessoas por muitos séculos, o que me alegra profundamente.

Há muitos anos, completei minha educação universitária monástica e fiz todos os retiros necessários, completando todas as realizações. Hoje, dedico minha vida a passar meu conhecimento e energia interna à nova geração, de coração para coração. Algumas poucas pessoas que possuem um karma particular gostam de partilhar minha energia no contexto do relacionamento Guru-discípulo. De qualquer forma, de minha parte, estou distribuindo minha energia igualmente a todos os meus amigos, de coração para coração.

A sociedade contemporânea sente falta de um coração acolhedor e, por isso, espero poder ajudar todos os meu amigos a recuperar a energia do coração que acolhe. Estou ensinando de uma forma diferente para a sociedade de hoje, mas espero que meus amigos do Ocidente e do Oriente possam continuar a respeitar e apoiar as grandes universidades monásticas Guelupa de Sera, Ganden, Drepun, Tashi Lhumpo, as duas faculdades tântricas e os centros de retiro e universidades monásticas de todas as outras linhagens. Isso é muito importante.

Peço do fundo do coração aos Lamas e monges que mantenham suas tradições, linhagens e energia interna muito bem, pois eles estão guardando coisas muito poderosas e preciosas para este mundo. Eles estão, por exemplo, sustentando a energia dos Cinco Elementos Puros em nosso mundo através do poder tântrico. Além disso, conhecem muitas técnicas e linhagens especiais que precisamos manter vivas para a humanidade, como a meteorologia, a cura do meio ambiente e outras.

A maior parte das universidades monásticas, porém, encontra-se em países pobres e, por isso, sofre muitas dificuldades práticas e problemas econômicos. Peço a meus amigos e discípulos do Ocidente que cuidem desses monastérios, compreendendo os benefícios dessa atitude para si mesmos, a sociedade e o planeta.

Nesses monastérios, podemos encontrar muitas linhagens especiais, como as terapias artísticas com cores, dança e mandala, a linhagem da agricultura e os métodos para proteção do meio ambiente. O mandala do Budismo Tibetano contém todas as informações e energias benéficas do tempos antigos e, por isso, do fundo do coração, peço aos Lamas e tulkus nos monastérios que cuidem bem de nossas tradições.

Seria maravilhoso se a ONU, a Unesco e outras instituições reconhecessem que o Budismo Tibetano pode oferecer soluções novas

Décima Quinta Luz da Lua: Fundação Lama Gangchen para a Paz no Mundo

INTERNATIONAL FRIENDSHIP FOR THE SUPPORT OF TIBETAN MEDICINE, VAJRAYANA BUDDHIST PHILOSOPHY AND SELF-HEALING, FOR WORLD PEACE.

para trabalharmos com a tecnologia e a ação social adequadas à cura da saúde do mundo e da crise ambiental. Há inúmeros livros importantes no Budismo Tibetano explicando a essência de métodos de cura para beneficiar este mundo e nossa sociedade. Seria de fato maravilhoso se eles pudessem ser traduzidos para o inglês e outras línguas, permitindo assim que o banco de dados da sabedoria planetária da cultura e religião Tibetanas fosse partilhado com todas as pessoas e culturas, neste período difícil e obscuro da história da humanidade.

Além disso, é importante que os muitos Seres Sagrados continuem a cuidar e divulgar todas as linhagens puras de suas tradições religiosas. Alegra-me muito que tantos cristãos, budistas, muçulmanos, hindus, judeus, mestres bahais e taoístas façam seu importante trabalho de uma forma não sectária. A mensagem de paz interior dessas preciosas tradições, porém, devido a muitas mudanças na sociedade contemporânea, não alcança hoje um grande número de pessoas, especialmente as gerações mais jovens. Em muitas nações, menos de 10% da população ainda alimenta interesse pelas formas tradicionais de atividades religiosas, e essa porcentagem está em declínio.

O Novo Veículo de Sabedoria não tem o objetivo de atingir os que se sentem satisfeitos com as formas e soluções religiosas tradicionais. Seu objetivo é servir aos que não seguem nenhuma religião ou tradição e que, interessados na investigação e no desenvolvimento científico, já se deram conta da necessidade da cura individual e planetária. O Novo Veículo de Sabedoria dirige-se às novas gerações. Desculpem-me, talvez eu seja meio louco, mas sinto que a energia absoluta de cristal puro deve estar disponível a todos, independentemente de cultura, raça, casta, religião, crença política, *status*, classe social, etc. Sendo um Bodhisattva, considero meu compromisso pessoal tentar tornar a paz no mundo e a Autocura Tântrica NgelSo uma realidade para todos.

O Novo Veículo de Sabedoria significa uma nova síntese da ciência e tecnologia com os métodos de cura ocidentais e orientais antigos e modernos, tais como:

- autocura do Sutra Vinayayana;
- autocura do Sutra e do Tantra Mahayana;
- autocura Tântrica Vajrayana;
- os compassivos métodos de autocura dos Seres Sagrados das diversas religiões;

- autocura por meio da energia de cristal puro;
- autocura Mântrica do Tantra e do Sutra;
- autocura Astrológica do Tantra e do Sutra;
- autocura através do comportamento e da dieta;
- autocura através da medicina ocidental e oriental;
- autocura através da ciência antiga e moderna;
- autocura Tântrica NgelSo grosseira, como as iogas Hatha e Yantra, fisioterapia, Tai Chi, Chagtsel, Kum Nye, NgelSo, Aikido, Shiatsu, Trulkur e muitas outras terapias-físicas;
- regeneração e relaxamento NgelSo do corpo, palavra e mente;
- regeneração e relaxamento NgelSo dos mundos externo e interno e Autocura NgelSo Sutil.

A Fundação Lama Gangchen para a Paz no Mundo tem o objetivo de deixar uma mensagem permanente de paz para nosso mundo, transformando todas essas energias de cura em

DJETSÜN DORDJE LUKAR TROKAR

A Dança e a Canção do Arco-Íris Vajra

A energia dos mandalas de nosso corpo, palavra e mente move-se momento após momento. Precisamos usar esse movimento de uma forma positiva, transformando o mandala de nossa mente na mente de arco-íris vajra, forte e inabalável, irradiando as cinco sabedorias elevadas. Djetsün Dordje é a mente de daka ou dakini.

Temos que transformar nossa palavra negativa em Dordje Lukar, as canções-vajra e os mantras de cura. As vibrações curativas das canções-vajra e mantras de cura alcançam nossas próximas vidas, até a Iluminação. Elas alcançam o fim do samsara, curando e confortando todos os seres vivos. Dordje Lukar são as canções das dakinis, dakas e outros seres de cristal puro.

Precisamos transformar momento a momento nossos movimentos negativos de corpo em Dordje Trokar, a dança-vajra, a maravilhosa dança do arco-íris das cinco sabedorias elevadas manifestando-se no céu do Darmakaya. Dordje Trokar é a Dança do Céu das Dakinis.

Como está dito no antigo livro do Tantra Hevajra:

*"A música é o mantra e a dança simboliza a meditação.
Assim, cantando e dançando, os iogues e ioguines sempre agem com potência".*
*"... Se as canções são cantadas na alegria, que sejam as mais excelentes canções eternas.
Se alguém dança quando a alegria acontece, que isso se faça com a libertação como seu objetivo".*

Ligando as tecnologias científicas internas e externas, cantando e dançando as canções e danças-vajra, podemos com rapidez e alegria harmonizar e equilibrar os mandalas relativo e absoluto e dançar pelo caminho de arco-íris até os portões do mundo de paz de Shambala!

**DJETSÜN DORDJE LUKAR TROKAR!
CANTANDO E DANÇANDO O ARCO-ÍRIS VAJRA,
POR FAVOR, CUIDE DA PAZ
DOS MUNDOS INTERNO E EXTERNO**

TENDRELMA, O BUDDHA DA PAZ MUNDIAL

Décimo nono oráculo de sabedoria: o Lama Curador mostra-nos o caminho, mas nós mesmos temos que trilhá-lo. Temos que assumir a responsabilidade por nossa vida e por nossa autocura.

Trigésima Sétima Luz

Introdução ao Método de Autocura do Guru Buddha da Paz Mundial Shakyamuni-Vajradhara

No Tantra Hevajra está dito:

"A ignorância provoca o surgimento da realidade existente por si mesma. Remova a ignorância e o samsara se tornará o Nirvana".

Tudo no samsara e no Nirvana funciona devido ao poder do surgimento interdependente dos fenômenos. É muito importante saber exatamente como o surgimento interdependente de causas e condições negativas e positivas produz respectivamente resultados negativos e positivos.

NGEL são os resultados negativos surgidos interdependentemente a partir de nossas ações obscuras destrutivas. Eles nos acompanham como a sombra de nosso corpo e são, por exemplo, o sofrimento samsárico da mente e do corpo, nossas qualidades e ações impuras e a experiência de um meio ambiente poluído.

SO são as condições positivas surgidas interdependentemente que produzem todos os benefícios do samsara e do Nirvana, como a felicidade, a paz, a vitalidade, a longevidade, a libertação, a Iluminação, o corpo, a palavra, a mente, qualidades e ações puras, as experiências prazerosas e o ambiente de uma Terra Pura.

Tubwang Tendrelma é o aspecto curador de Guru Buddha Shakyamuni que, ao nos conceder sua sabedoria e energia, realiza nossa cura temporária, permanente e profunda, curando também nossa sociedade e o planeta. Ele nos revela a relação precisa de surgimento interdependente (Tendrel) entre nossas ações e seus efeitos nos níveis grosseiro, sutil e muito sutil, um remédio especial de Tubwang Tendrelma. Apenas os Buddhas podem nos revelar esse conhecimento, pois só eles possuem a habilidade de saber exatamente que causa produz um determinado efeito, por exemplo, o motivo por que um pavão tem penas tão bonitas. É isso o que queremos dizer quando falamos que um Buddha é um "kunkhyen", ou onisciente, o que tudo sabe. Até mesmo deuses muito poderosos como Brahma e Indra possuem apenas uma porcentagem de conhecimento sobre o karma, pois sua mente de cristal não está ainda completamente pura. Por isso eles não têm a totalidade do programa cósmico interno e externo no computador interno do coração.

O terceiro Pantchen Lama, Pantchen Tchoeki Gyaltsen, foi um grande líder da linhagem Guelupa Je Tsong Khapa ou, setor amarelo, do Budismo Tibetano. Ele era considerado uma emanação do Buddha Amitabha e foi o detentor do trono e abade do Monastério de Tashi Lhumpo, um dos maiores e mais poderosos centros de investigação espiritual do mundo. Em seu Puja Lama Choepa, a Oferenda para o Guia Espiritual, ele escreveu:

> *"Por favor, abençoe-me para que eu compreenda o significado da intenção de Nagarjurna no ensinamento da realidade do Caminho do Meio: que não há contradição, mas apenas harmonia entre a ausência de um único átomo existente por si mesmo no samsara e no Nirvana e a não ilusória relação de dependência entre causa e efeito".*

Precisamos integrar esse antigo saber em nossa vida. Não se trata apenas de um ensinamento esotérico, mas também de um conselho prático para o dia-a-dia. O ensinamento de Nagarjuna significa, no sentido prático que se usarmos a tecnologia negativamente destruiremos nós mesmos e o meio ambiente, e se a usarmos positivamente, poderemos obter resultados maravilhosos. Por exemplo, poderíamos desenvolver aspectos medicinais da tecnologia *laser* em vez de suas utilizações militares.

Se compreendermos o surgir interdependente dos fenômenos (Tendrel), poderemos relaxar e regenerar nossas energias (NgelSo), curando nosso corpo e mente nos níveis grosseiro, sutil e muito sutil. Em nosso atual estado contaminado de existência temos no mínimo 84 mil doenças físicas do corpo, 84 mil doenças mentais ou ilusões, 84 mil interferências *gueg* à nossa paz e felicidade no dia-a-dia, 84 mil interferências *gueg* ao nosso desenvolvimento espiritual e 84 mil sofrimentos. Para curar esse exército interno e externo de interferências e doenças, Guru Buddha Shakyamuni revelou 84 mil Dharmas, ou métodos medicinais, para curar todas as 84 mil doenças e obstáculos de nossa mente e corpo.

Se colocarmos em prática os ensinamentos de Guru Buddha Shakyamuni e tomarmos seu remédio especial, na dosagem e combinação particular necessárias para curar nosso sofrimento pessoal, com certeza nos curaremos de todos os problemas, sofrimentos, doenças e interferências *gueg*.

De todos os remédios preparados por Guru Buddha Shakymuni, o remédio da compreensão do surgir interdependente dos fenômenos é o mais poderoso. Ele é conhecido como *Ne Kyar Mentchik,* o remédio que cura uma miríade de doenças. A compreensão do surgir interdependente dos fenômenos cura todos os nossos 84 mil sofrimentos e, ao mesmo tempo, permite que nossas energias de vida se regenerem.

Da mesma forma que precisamos da farmácia do Dharma com seus 84 mil ensinamentos de autocura, precisamos também de muitos Curadores Supremos, até mesmo de mil Curadores Supremos, já que temos pelo menos mil dificuldades. Precisamos de cem Curadores Supremos para os nossos cem maiores problemas, cinco Curadores Supremos para os nossos cinco problemas mais sérios e três Curadores Supremos para os nossos três venenos-raiz: o apego, a raiva e a ignorância.

Como temos apenas um corpo e uma mente, é difícil para nós compreendermos e acreditarmos em todas essas manifestações sutis. Por isso, Tubwang Tendrelma, O Buddha da Paz no Mundo, é muito bondoso em se manifestar não só no nível sutil de cristal puro, mas também sob a forma de nosso próprio Lama Curador humano, e também como as três, cinco, cem ou mil emanações reconhecidas e não-reconhecidas aqui no plano material.

Trigésima Oitava Luz

Explicação do Significado do Buddha da Paz no Mundo, Tubwang Tendrelma, "O Totalmente Capaz de Curar pelo Poder da Interdependência dos Fenômenos"

Por favor Lama Tubwang Tendrelma Khyen,
por favor Guru Buddha Shakyamuni,
"O Totalmente Capaz de Curar pelo Poder da Interdependência dos Fenômenos",
O que tudo sabe,

No samsara tudo está coberto pela poluição externa e interna, especialmente pela ignorância. Para combater isso, a mente de sabedoria de Buddha manifesta incontáveis emanações cobrindo cada átomo dos fenômenos e todo o espaço do universo, a fim de produzir uma solução positiva e curar o mundo. Apenas algumas poucas pessoas com realizações podem sentir essas manifestações. Então, devido à sua bondade, cem Buddhas (os Senhores das Cem Famílias de Buddhas), manifestam-se momento a momento para curar os nossos cem problemas, doenças e venenos principais. Quando recitamos o mantra das cem sílabas de Vajrasattva, estamos nos sintonizando com as energias de cristal puro das cem famílias de Buddha. Entretanto, já que ainda é difícil para nós nos relacionarmos com cem Buddhas, por compaixão, Cinco Buddhas se manifestam para curar nossas cinco ilusões, venenos ou problemas principais: Vairochana, Amitabha, Akshobya, Ratnasambhava e Amoghasiddhi.

- Vairochana é o especialista em curar a ignorância.
- Amitabha é o especialista em curar o apego.
- Akshobya é o especialista em curar a raiva.
- Ratnasambhava é o especialista em curar o orgulho e a avareza.
- Amoghasiddhi é o especialista em curar o medo e a inveja.

Ainda assim, é difícil para nós nos relacionarmos com cinco Buddhas. Por isso, por compaixão, toda a compaixão, sabedoria e poder de Buddha, manifestam-se como Tchenrezig, Manjushri e Vajrapani, os Três Buddhas Curadores especialistas em curar nossos três principais venenos-raiz: o apego, a raiva e a ignorância.

- Tchenrezig é o especialista em curar o apego.
- Manjushri é o especialista em curar a ignorância.
- Vajrapani é o especialista em curar a raiva.

Tchenrezig, Manjushri e Vajrapani podem curar todas as nossas doenças de corpo, palavra e mente.

Por fim, por compaixão, manifesta-se um Buddha para curar nossa *marigpa,* ou ignorância do apego a si mesmo, a raiz de todos os nossos problemas e sofrimentos samsáricos. Esse é o Buddha da Paz no Mundo, Tubwang Tendrelma, no Sutra ou "nível externo", e Guru Vajradhara no Tantra ou "nível secreto". Shakyamuni e Vajradhara não são dois, mas um único ser manifestando-se de duas formas para adequarem-se a duas situações diferentes. Por exemplo, usamos roupas diferentes quando vamos encontrar o gerente do banco ou quando vamos dormir. Para chegar a todos os níveis de realização da Autocura Tântrica NgelSo, relaxamento e regeneração do corpo e mente, desde o nível grosseiro até o muito sutil, precisamos confiar em nosso Lama Curador, que é inseparável de Buddha Shakyamuni Vajradhara.

Temos uma mente natural. Por isso, precisamos despertar nosso Guru de Sabedoria Interior, nosso *rigpa* interno, e tomar o Rei dos Remédios: a percepção do surgir interdependente dos fenômenos. Devemos tentar sentir a bondade das energias de cristal puro de nosso Lama Curador manifestas sob uma forma humana com a qual podemos nos relacionar, como um espelho que nos ajuda a reconhecer e contatar nosso próprio Guru interno, para assim nos tornarmos líderes e curadores de nós mesmos e de outros.

TRIGÉSIMA NONA LUZ

NGEL དངལ་
A INTERDEPENDÊNCIA NEGATIVA
O CAMINHO DA SOMBRA

No Bodhicittavivarana, está dito:

"Se você ignora a vacuidade, não pode atingir a libertação, e sua mente confusa vagará pela prisão dos seis reinos".

NGEL – Vivemos no mandala poluído e impuro da verdade convencional ou relativa. Estamos fortemente amarrados, encarcerados e acorrentados à escuridão de nossa prisão samsárica pessoal, atormentados por todo tipo de sofrimentos e doenças terríveis de corpo e mente. Tudo isso se deve às muitas causas e condições interdependentes negativas, especialmente à nossa forma defeituosa de ver a realidade. A verdade está obscurecida em nossa mente

NGELSO

Vigésimo oráculo de sabedoria: se queremos ser saudáveis, felizes e livres, precisamos praticar a automoralidade, baseados na compreensão do surgir interdependente de resultados a partir de nossas ações. Então, poderemos escolher se queremos ir da escuridão para a escuridão, da luz para a escuridão, da escuridão para a luz ou da luz para a luz. Nenhuma outra pessoa pode nos dizer o que devemos fazer. Por isso, precisamos praticar nossa própria autocura.

pela ignorância do apego a si mesmo, pela influência negativa de nossos amigos samsáricos e pelas muitas compras que fazemos no supermercado de informações negativas.

Presos neste escuro calabouço, aceitamos a alucinação da existência concreta e independente dos fenômenos como a forma correta de ver o mundo. Como resultado desse terrível engano, surgem todos os sofrimentos e defeitos do corpo, palavra e mente, qualidades e ações. O apego a si mesmo parece ser nosso melhor amigo. Ele e sua companheira, a mente egocêntrica, parecem ser nossos benfeitores, cuidando de nossa vida e de nossa felicidade. O apego a si mesmo e o egoísmo nos enganam fazendo-nos pensar que são 100% benéficos, quando, na realidade, são nossos piores inimigos, a causa de todos os nossos sofrimentos, doenças e problemas.

Quadragésima Luz

So གསོ

A Interdependência Positiva
O Caminho da Luz de Cristal

SO – O senhor, Lama Curador Buddha da Paz no Mundo, Tubwang Tendrelma, mora no mandala puro e pleno de Bem-aventurança da verdade absoluta, da sagrada verdade objetiva, na esfera da Bem-aventurança unida ao espaço absoluto da vacuidade. O mandala absoluto surge da união de sua mente de Bodhichitta subjetivamente plena de Bem-aventurança com sua percepção ióguica direta do objeto, a verdade sagrada da vacuidade. Então, como resultado, o senhor relaxou, curou e purificou todas as faltas de seu corpo, palavra, mente, qualidades e ações, nos níveis grosseiro, sutil e muito sutil. O senhor regenerou e desenvolveu completamente todos os diferentes poderes de cristal puro e luzes internas de seu corpo, palavra, mente, qualidades e ações.

Quadragésima Primeira Luz

A Chave para a Liberdade e a Paz é Perceber o Espaço Absoluto e Harmonizar os Dois Mandalas

Está dito no Tantra Samputra:

"O samsara e o Nirvana não são duas realidades diferentes. Compreendendo a natureza verdadeira do samsara, compreendemos o Nirvana".

Nosso universo interno e externo sustenta os níveis relativo e absoluto da verdade.

NGEL – o mandala relativo do samsara surge devido às causas e condições interdependentes negativas do apego a si mesmo, do egocentrismo e de seguirmos o nível relativo da verdade.

SO – o mandala absoluto da Terra Pura surge das causas e condições interdependentes positivas da mente que relaxa no espaço absoluto da vacuidade plena de Bem-aventurança e segue o nível absoluto da verdade.

NGELSO – com os métodos de relaxamento e regeneração do Sutra e do Tantra, podemos aproximar esses dois mandalas e fazer um mercado comum do samsara e do Nirvana. Assim, mesmo vivendo no samsara, podemos não ser mais parte dele. Podemos ter um corpo, mente, palavra, qualidades e ações puros e a liberdade e o controle sobre onde, quando e como vamos morrer e renascer. Quando isso acontecer, teremos nos tornado tulkus, ou bons nadadores do oceano do samsara, os salva-vidas que nadam no samsara apenas para cuidar dos outros e ensiná-los a nadar.

Se pudermos realmente compreender o surgir interdependente dos fenômenos, o Rei dos Remédios, não haverá necessidade de cortar os cabelos, mudar as roupas e seguir o modo de vida e os estudos tradicionais de um monastério ou qualquer outro aspecto tradicional externo do Budismo oriental. Se compreendermos o surgir interdependente dos fenômenos, poderemos viver uma vida normal, ocupados com a família e a carreira e, ao mesmo tempo, relaxar na percepção de nossa própria mente de cristal puro. Poderemos desvelar nossa natureza búdica e regenerar nossa energia essencial de vida.

Despertando nossa própria mente, podemos encontrar a libertação de nossa prisão samsárica pessoal. Hoje, as pessoas não têm mais tempo para fazer retiros de três anos. Por isso, é melhor praticarmos dessa forma. Para sair do samsara, não precisamos ter uma reação emocional violenta como um terremoto; não precisamos morar em uma caverna. É necessário apenas que nossa mente se liberte do sofrimento. Podemos dizer adeus ao samsara de uma forma suave e encontrar a Iluminação vivendo em família ou sozinhos. Assim, mesmo parecendo que estamos completamente presos no pântano do samsara, secretamente estaremos praticando a Sabedoria e os Métodos Sagrados de ioga para relaxar e regenerar nossas energias (NgelSo) com Bem-aventurança e Vacuidade. Nossa luz interior crescerá dia a dia como um lótus puro nascendo do pântano sujo de nossas energias e emoções poluídas e confusas.

Essa é a essência dos ensinamentos de Guru Buddha Shakyamuni, dos métodos Guelupa do Sutra e do Tantra e, especialmente, de Ganden Kargyu Tchaguia Tchempo, o Método Científico de Paz Interior de Ganden, com o qual praticamos os mais elevados, profundos e poderosos ensinamentos de relaxamento e regeneração Autocura Tântrica NgelSo em nosso dia-a-dia.

Essa linhagem especial de paz nos ensina particularmente a unir o mandala relativo samsárico ao mandala absoluto da Terra Pura de uma forma rápida e imediata, transformando nossos mundos interno e externo sujos e poluídos na mente clara de cristal e no mandala da Terra Pura. Não precisamos esperar muitos anos para ter o resultado da mente iluminada de lua cheia. Neste momento, já temos uma porcentagem de realidade da Terra Pura e uma porcentagem de corpo, mente, palavra, qualidades e ações puros. Estamos na lua nova da Iluminação. Em vez de nos preocuparmos com nosso saldo bancário o tempo inteiro, devemos também cuidar de nossa porcentagem de Iluminação, do que nossa mente da lua cheia está realizando e do que podemos fazer para aumentar nosso investimento na Iluminação.

Ngel – no início nos sentimos muito tensos, supernervosos e energeticamente bloqueados

A Terra Pura está distante no céu, fora do alcance de nossas vistas...
O Samsara parece prazeroso; mesmo assim ele nos engana, pois nos causa sofrimento como uma refeição apetitosa misturada ao veneno.
Estamos completamente trancados na armadilha de nosso samsara pessoal, a prisão dos seis reinos de sofrimento; estamos muito cansados e infelizes.
Sentimos: "Para mim não há chance de encontrar a Terra Pura".
Temos uma auto-imagem pobre e sentimos: "Sou tão ruim, negativo e poluído".

So – começamos a nos sentir um pouco mais relaxados (nossa mente e chakras começam a se abrir)

Com as bênçãos de Guru Buddha e a prática de Autocura Tântrica, podemos gradualmente aumentar a porcentagem de Iluminação em nossa conta bancária interna do coração. Como resultado, despertamos nossa mente e energias de cristal puro,
o impossível torna-se possível, a Terra Pura se aproxima um pouco mais.

NgelSo – finalmente atingimos o completo relaxamento e regeneração NgelSo de nossa Energia Essencial de Vida

A mente de lua cheia iluminada amanhece,
compreendemos que a Terra Pura está e sempre esteve em nosso próprio coração,
mas que devido ao véu do apego a si mesmo e da ignorância,
visões comuns e pensamentos comuns,
ou simplesmente não conseguíamos vê-la,
ou estávamos procurando-a no lugar errado!

A AUTOCURA TÂNTRICA NGELSO DESPERTA, RELAXA E REGENERA NOSSA ENERGIA DE VIDA DE UMA FORMA RÁPIDA E FÁCIL!!!

Lama Gangchen Tulku Rimpoche

Lalitavistara
"O Sutra da Revelação"

A primeira parte da história da vida de Buddha Shakyamuni segundo as ilustrações da Stupa Mandala de Borobudur construída no século VIII, na Indonésia

A stupa mandala de Borobudur na Indonésia

1. Buddha desce do céu de Tushita. Buddha Maitreya torna-se o regente.

2. A rainha Maya Devi sonha que um elefante de seis presas entra em seu ventre. Ela concebe uma criança.

3. A rainha Maya Devi viaja para o bosque de Lumbini para dar à luz.

4. Depois de nascer, Siddhartha dá sete passos, e flores de lótus miraculosamente surgem sob Seus pés. Astrólogos predizem que Ele se tornará um grande imperador ou um grande líder espiritual.

5. O Príncipe Siddharta atinge a excelência nos esportes e nas artes. Conhece apenas a vida dentro do palácio.

6. Seu pai lhe oferece três palácios cheios de belas consortes.

7. Todos os prazeres para mantê-Lo interessado na vida mundana.

8. Siddhartha casa-se e tem um filho.

9. Com vinte e nove anos, o príncipe sai do palácio pela primeira vez e vê a realidade da vida: os quatro rios do sofrimento do nascer,

10. Envelhecer, adoecer,

11. E morrer.

12. Siddharta vê um iogue vedanta e decide tornar-se um pesquisador da ciência interior para superar o sofrimento do nascer, envelhecer, adoecer e morrer.

13. Ele foge do palácio durante a noite.

14. Vai para a floresta e troca de roupas com um mendigo. Corta os cabelos para simbolizar sua renúncia ao sofrimento samsárico.

15. Na floresta, ele encontra um grupo de iogues vedanta e começa a praticar o ascetismo com eles.

16. Depois de seis anos, Siddharta abandona o ascetismo e começa a cuidar de Seu corpo. Aceita a comida que Lhe é oferecida por Gopi Sujata.

17. Caminha até Bodhgaya, o lugar de Iluminação de todos os Buddhas que giram a Roda em nosso mundo.

18. Ele se senta no Trono Vajra jurando não se levantar até chegar à Iluminação.

19. Os devas dos céus da forma e da ausência de forma olham para a Terra.

20. Ishvara, o rei do mais elevado céu, envia seu exército contra Siddharta para destruir sua concentração e impedir sua Iluminação. Pelo poder do amor, Siddharta transforma suas armas em uma chuva de flores.

21. Depois Ishvara manda suas filhas e consortes para seduzirem Siddharta. Meditando sobre o contentamento e a impermanência, ele supera o apego.

22. Siddharta invoca Bhumi, o Espírito do Planeta Terra, para testemunhar Sua Iluminação.

23. Todos os Buddhas das dez direções lhe concedem os Poderes. Ele completa sua autocura com a prática dos quatro Tantras.

24. Siddharta atinge a Iluminação total sob a árvore Bodhi e entra em meditação por sete dias.

25. Os devas Brahma e Vishnu pedem a Buddha que revele o Dharma, guie e cure os seres vivos.

26. Buddha concorda e caminha até Varanasi, onde tem um encontro kármico com os cinco ascetas que se tornarão Seus primeiros discípulos.

27. No Parque dos Veados em Sarnath, Buddha ensina as Quatro Nobres Verdades e gira pela primeira vez a Roda do Dharma. Começa a partilhar Sua própria experiência da ciência interna com o mundo.

Quadragésima Segunda Luz

Os Primeiros Ensinamentos de Buddha Shakyamuni

Ao amanhecer, a primeira luz de sua mente totalmente iluminada manifestou-se. Após o aparecimento do planeta Vênus, ao final do dia da lua cheia, Buddha atingiu a Iluminação sob a árvore Bodhi, em Bodhgaya. Buddha levantou-se da meditação e disse as seguintes palavras:

SA TCHE DROTEL ÖSEL DÜ MA TCHE
DÜTSI TABUR TCHÖ SHIG KORWE GUI
SOLA SHE KYANG KORWA MIN NYUR PE
MIGMA NAKYO SA NE PA TCHAR

"Relaxei no néctar profundo do espaço claro permanente, mas ninguém compreende quando falo sobre isso. Então, como não há ninguém à minha volta, desejo deixar a floresta da Iluminação e continuar sozinho".

E ele entrou em meditação por uma semana. Os Reis Deuses Brahma e Vishnu assistiam Buddha de seus palácios celestiais e desceram ao mundo humano para oferecer a Shakyamuni uma simbólica Roda do Dharma dourada. Eles pediram a Buddha que girasse a Roda do Dharma, iniciando outro ciclo de ensinamentos de autocura neste mundo. Suas palavras foram:

"Senhor, não se distancie ainda mais dos seres vivos deste mundo. Há alguns com apenas um pouco de poeira nos olhos, que poderão rapidamente compreender suas palavras".

Devido a essas causas e condições interdependentes positivas, Shakyamuni concordou com seu pedido e caminhou até Varanasi, onde tinha um "encontro kármico" com os cinco ascetas que se tornariam Seus cinco primeiros discípulos. Antes de Sua Iluminação, Shakyamuni praticara a ioga Vedanta na companhia dos cinco ascetas que moravam na floresta. Depois, ele abandonou essa prática por ser muito lenta e onerosa para os resultados que proporcionava.

Os cinco ascetas tinham karma para ser os primeiros discípulos de Buddha porque muitas vidas antes, aquele que viria a ser o Buddha renascera como o jovem Príncipe Mahasattva que, devido a sua compaixão, oferecera a si mesmo como refeição a uma tigresa e quatro tigrinhos que estavam morrendo de fome e sede. Isso aconteceu em um lugar que hoje se chama Namo Buddha, no Nepal. Assim que a tigresa começou a devorar sua carne, o jovem Bodhisattva rezou:

"Como resultado da minha compaixão, quando eu me tornar um Buddha em épocas futuras, que estes cinco tigres possam tornar-se meus cinco primeiros discípulos".

O poder de cura da compaixão e da verdade é tão grande que a prece do Bodhisattva tornou-se realidade.

A caminho de Varanasi para encontrar Seus cinco discípulos, Shakyamuni encontrou um grupo de negociantes birmaneses que o reconheceram como um Ser Sagrado e lhe pediram que rezasse pelo sucesso de seus negócios. Shakyamuni concordou e cantou:

"Se você vai para o leste fazer negócios, confie em Yulkhor Sung, o Protetor Pacífico Branco do Leste, o Rei dos Músicos Celestiais de Driza, que toca o alaúde. Confie também nas sete divindades positivas da constelação oriental para proteger e desenvolver seus negócios.

Se você vai para o sul fazer negócios, confie em Pagkyepo, o Protetor Irado Negro do Sul, o Rei dos Vampiros do Drulbum, que segura uma espada. Confie também nas sete divindades positivas da constelação meridional para proteger e desenvolver seus negócios.

Se você vai para o oeste fazer negócios, confie em Tchenmizang, o Poderoso Protetor Vermelho do Oeste, o Espírito da Serpente Klu, que segura em suas mãos uma stupa e uma cobra. Confie também nas sete divindades positivas da constelação ocidental para proteger e desenvolver seus negócios.

Se você vai para o norte fazer negócios, confie em Namthose, o Protetor Amarelo do Norte que traz o desenvolvimento, o Rei Guerreiro dos

Yakshas portadores do mal, que segura em suas mãos a Faixa da Vitória e um mangusto. Confie também nas sete divindades positivas da constelação setentrional para proteger e desenvolver seus negócios".

Os negociantes Lhe agradeceram e Shakyamuni continuou até Varanasi, onde ensinou as Quatro Nobres Verdades aos cinco ascetas (a primeira volta da Roda do Dharma). Shakyamuni, como Curador Supremo, ensinou e curou exatamente de acordo com as necessidades e desejos dos seres vivos que encontrou. Suas primeiras palavras como Buddha foram:

SA TCHE DROTEL ÖSEL DÜ MA TCHE
DÜTSI TABUR TCHÖ SHIG KORWE GUI
SOLA SHE KYANG KORWA MIN NYUR PE
MIGMA NAKYO SA NE PA TCHAR

"Relaxei no néctar profundo do espaço claro permanente, mas ninguém compreende quando falo sobre isso. Como não há ninguém à minha volta, desejo deixar a floresta da Iluminação e continuar sozinho".

Essas palavras revelam Seu método especial de cura, o contato com o espaço absoluto. Sua segunda fala foi sobre negócios e astrologia e a terceira foi sobre as Quatro Nobres Verdades:

NGEL – precisamos abandonar nosso mundo relativo, a verdade do sofrimento e a verdade das origens (nossas aflições emocionais); e
SO – abraçar a verdade da cessação e a verdade do caminho (o mundo absoluto).

A sabedoria de Shakyamuni criou métodos curativos específicos, energéticos, kármicos e mentais, para todas as situações difíceis, desde um problema em nosso dia-a-dia até nosso desejo de chegar à experiência de paz e alegria eternas nos mundos externo e interno. Os métodos de cura de Shakyamuni trabalham na mente, no nível sutil e no nível absoluto de energia. Se pudermos integrá-los com os métodos de cura modernos da ciência, tecnologia e medicina, criando assim um Novo Veículo de Sabedoria, aprenderemos a cuidar dos níveis relativo e absoluto e desenvolveremos a habilidade de nos curar, curar os outros, nossa sociedade e o planeta com muito mais facilidade do que em qualquer outra época.

Yulkhor Sung, Protetor do Leste,
O Protetor da Porta da Morte

Lama Gangchen Tulku Rimpoche

Pagkyepo, Protetor do Sul,
o protetor da porta das ilusões

Tchenmizang, Protetor do Oeste,
O PROTETOR DA PORTA DO CORPO E MENTE POLUÍDOS

Namthose, Protetor do Norte,
o protetor da porta de Mara, o rei dos demônios

QUADRAGÉSIMA TERCEIRA LUZ

COMO USAR O MANTRA DE GURU BUDDHA SHAKYAMUNI PARA AUTOCURA, RELAXAMENTO E COMPANHIA ESPIRITUAL

A vibração do mantra de Guru Buddha Shakyamuni estabiliza nossa energia interna, ajuda-nos a cultivar o sorriso interior e a sempre tomar a decisão certa, sem dúvida ou hesitação. Ele nos ajuda especialmente a aprender a amar e confiar em nós mesmos e nos outros, transformando nossos sofridos relacionamentos em alegre companhia espiritual.

Não é necessário ser budista ou religioso para receber os benefícios desse mantra, pois ele contém muitas chaves de sabedoria poderosas e realiza a cura no nível energético sutil. Um Buddha não é um deus. Um Buddha é uma pessoa que desenvolveu completamente a energia de cristal puro de seu corpo, palavra, mente, qualidades e ações e que tem a habilidade de transmitir essa energia aos outros. Precisamos compreender que o Buddha que visualizamos no céu à nossa frente é um símbolo de nosso próprio potencial humano, que despertamos através do poder transformador da energia de cristal puro de Guru Buddha, através do Treinamento Espacial, mantra, mudra e concentração.

O mantra de Guru Buddha Shakyamuni é:

**OM MUNI MUNI MAHA MUNI
SHAKYAMUNIYE SOHA**

ༀ་མུ་ནི་མུ་ནི་མཧཱ་མུ་ནི་བྱཱ་མུ་ནི་ཡེ་སྭཱ་ཧཱ

Quadragésima Quarta Luz

Os Benefícios do Mantra de Cura de Guru Buddha Shakyamuni são Ilimitados

- Com esse mantra, podemos curar mais de 404 doenças que se manifestam devido a desequilíbrios do vento, bile e fleuma, individualmente e em combinação, e os quatro grandes demônios que obstruem nossa vida e desenvolvimento pessoal. Os três primeiros demônios são a morte, as ilusões (nossos venenos mentais) e o demônio de nossos agregados, que são nosso corpo e mente poluídos e os cristais internos de essência vital, que atualmente refletem uma experiência de realidade obscura, distorcida, alienada e cheia de sofrimento, momento após momento do dia e da noite. O quarto demônio é "Ishvara", o poderoso e mau rei-deus do samsara que possui muitos ajudantes. Ele tenta nos impedir de deixar o samsara que, segundo ele, está sob sua legislação. Ishvara é uma personificação de todas as energias exteriores e forças negativas externas que obstruem nossa evolução pessoal.

- Os 360 "guegs" são espíritos criadores de obstáculos que acompanham nossa consciência desde o nascimento. Eles são personificações de nossas manchas mentais sutis. Cada um dos três venenos-raiz, a ignorância, o apego e a raiva, dá origem a 120 deles. Temos que controlar e transformar os 360 "guegs" sutis e os 108 criadores de obstáculos mais grosseiros, que são perturbações energéticas totalmente manifestas de nossos três humores sutis: o vento, a bile e a fleuma.

- Buddha Shakyamuni revelou um poderoso antídoto particular (Dharma) para cada uma das energias negativas e venenos internos e externos. O mantra de Shakyamuni contém a essência energética de todos esses métodos de cura externos, internos e secretos, que podem curar as doenças de nosso corpo e mente nos níveis mais profundos externos e internos.

Quadragésima Quinta Luz

O Significado do Mantra de Guru Buddha Shakyamuni

OM   MUNI   MUNI   MAHA MUNI   SHAKYAMUNIYE SOHA
 1   2   3   4   5

Primeira Luz
OM representa a conexão com o nível absoluto, trazendo até nós a vida e a energia de cristal puro do corpo, palavra e mente de Buddha.

Segunda Luz
MUNI é a renúncia, o desejo de abandonar os sofrimentos do samsara e encontrar a paz permanente, limpando e purificando nossos cinco cristais internos.

Terceira Luz
MUNI é o grande coração que desperta, desejando completar sua autocura para tornar-se um Curador Supremo de todos os seres vivos. Em sânscrito, essa energia é chamada de Bodhichitta.

Quarta Luz
MAHA MUNI é a mente tocando a realidade. Primeiro por meio da imaginação positiva e, depois, diretamente. A realidade é que todos os fenômenos são manifestações do espaço absoluto surgidas interdependentemente. Espaço absoluto significa a ausência de existência independente em todo o universo.

Quinta Luz
SHAKYAMUNIYE é a Bodhichitta tântrica, ou o foguete Bodhichitta: o grande coração que desperta, desejando completar sua evolução pessoal em velocidade e poder máximos pelo caminho Vajrayana, para ser totalmente capaz de curar todos os seres vivos o mais rapidamente possível.

Vajrayana significa meditar sobre a realidade (a vacuidade do espaço absoluto) com o grande coração de Bodhichitta, usando a clara luz mais

LAMA GANGCHEN TULKU RIMPOCHE

OM MUNI MUNI MAHA MUNI SHAKYAMUNIE SOHA

profunda e plena de Bem-aventurança de nossa mente. Vajra em sânscrito significa "diamante", o cristal puro mais precioso e estável. Vajra significa unir o espaço absoluto e a Bem-aventurança à mente de clara luz, a meditação mais importante do Programa de Treinamento Espacial.

SOHA significa dedicar nossa energia para completar a Autocura e o Treinamento Espacial o mais rapidamente possível.

Não é necessário ser budista ou religioso para recitar e receber os benefícios desse mantra. Se você estiver, por exemplo, com dificuldades para tomar uma decisão, pode recitá-lo um pouco e ver o que acontece depois. Talvez você descubra uma certa clareza interior, certeza e sabedoria em vez do medo e indecisão habituais.

Quadragésima Sexta Luz

Sete Meditações Curativas para Fazermos Enquanto Recitamos o Mantra de Guru Buddha Shakyamuni

Por que devemos cantar um mantra? Segundo a terapia de som mântrico, as chaves da vibração energética sutil do mantra curam nosso corpo, mente e energia. Cantar também abre nosso coração, torna-nos mais alegres e positivos e permite-nos partilhar a energia de cura com os outros de uma forma mais fácil e direta.

Primeira Luz do Sol

Meditação respiratória para tornar nosso corpo, palavra e mente puros e limpos

Normalmente usamos a respiração de uma forma negativa. Atualmente, o mundo todo está sofrendo de um grande problema respiratório. Nosso ar interno e externo se encontra extremamente poluído. Estamos destruindo os nossos pulmões e os pulmões do planeta – as

Por favor, cuide da paz do mundo interno, externo e secreto e faça-a crescer

Vigésimo primeiro oráculo de sabedoria: a Autocura é a maquiagem da mente. Com a Autocura, podemos recuperar nossa beleza original, nossa energia pura de paz e nossa natureza humana. Por favor, maquie todas as manhãs sua mente e energia assim como faz com seu rosto.

florestas tropicais – através do cigarro e da poluição química. Por isso, essa meditação autocurativa é muito necessária para curar nossos mundos externo e interno.

Lidando com o lado obscuro

NGEL: visualize todos os resultados gerais e particulares surgidos interdependentemente de nossas ações negativas, poluição, escuridão interna, doenças, infelicidade mental, emoções negativas, interferências, distúrbios elementais e energias sutis exauridas e degeneradas deixando nosso corpo e mente quando os exalamos sob o aspecto de uma fumaça preta e de uma luz negra e suja. Toda essa poluição se dissolve no espaço da vacuidade.

Desenvolvendo o lado positivo

SO: visualize a energia curativa e transformadora de todos os Buddhas e Bodhisattvas, os resultados interdependentemente surgidos de nosso karma positivo e acumulação de méritos, muitos néctares medicinais e a essência pura dos cinco elementos penetrando nosso corpo e mente quando os inalamos sob o aspecto de luzes curativas e néctares brancos que, como o ar puro cristalino das montanhas, está cheio de íons positivos e "chi" curativos. Nosso corpo e mente se sentem relaxados reenergizados. Nossa energia de vida é revitalizada e regenerada nos níveis grosseiro, sutil e muito sutil.

Segunda Luz do Sol

Introdução à aura e à meditação que cura a aura

Muitas pessoas pensam que a aura é uma fantasia da Nova Era e que só os excêntricos acreditam nessas coisas. A verdade, porém, é que os Kirlians, um casal de cientistas russos, têm fotografado auras ou "corpos de luz" de humanos, animais e plantas durante os últimos trinta anos. Seus estudos fotográficos largamente difundidos parecem confirmar a antiga interpretação budista, hinduísta e taoísta sobre a aura. Por exemplo, a aura foi fotografada expandindo-se e intensificando sua cor quando uma pessoa está com boa saúde, energia e emoções positivas e vice-versa.

Muitas doenças e estados emocionais perturbados manifestam-se no corpo áurico de luz antes que a perturbação energética se manifeste no corpo e mente grosseiros. Alguns curadores tibetanos podem ver a aura e assim diagnosticar as doenças em seus primeiros estágios. Segundo a ciência médica tibetana, o corpo áurico de luz é o resultado natural da transformação da essência do alimento através dos sete constituintes corporais: a essência do alimento, sangue, músculos, tecidos, gordura, ossos, medula óssea e fluído regenerativo. Como resultado desse processo, a essência mais pura e refinada de nosso alimento e tecidos corpóreos transforma-se em nosso corpo áurico de luz.

A aura é considerada também a essência purificada do sêmen e do óvulo. A parte impura das energias essencialmente masculina e feminina é o sêmen e o sangue menstrual que nós conhecemos. A morada principal de nossa luz corpórea, no chakra do coração, é a chamada "gota indestrutível". Nela se encontra o nível mais profundo de nossa consciência. A luz que se irradia a partir dela para além dos limites do corpo físico recebe o nome de aura.

Quanto mais poderosa e energética for uma pessoa, mais longe sua aura se irradiará. A luz corpórea ajuda a sustentar nossa vida e envolve a mente sutil em nosso coração. Ela forma um poderoso escudo de proteção em volta do corpo, um sistema imunológico energético que nos protege de muitas energias negativas e doenças.

Na tradição da Autocura Tântrica, a aura é claramente reconhecida como um espelho da energia interna física, mental e emocional de uma pessoa. Muitas mudanças psicofísicas e sinais de cura e doenças podem ser observados nela. Por exemplo, nas "Seis Iogas de Naropa" são descritas as mudanças áuricas que ocorrem à medida que curamos e purificamos nossos chakras.

Entrando no canal central no chakra do umbigo a partir do chakra secreto, a força vital sobe através do canal central, desfazendo todos os nós.

Cinco sinais áuricos aparecem então: a chama, a lua, o sol, o raio e Saturno.

- A chama aparece como uma luz áurica amarela.
- A lua aparece como uma luz áurica branca.
- O sol aparece como uma luz áurica vermelha.
- O raio aparece como uma luz áurica cor-de-rosa.
- Saturno aparece como uma luz áurica azul.

Seu corpo estará envolto em cada uma destas luzes a cada vez.

Muitos ocidentais têm curiosidade para ver e sentir a aura. Quem realmente deseja vê-la, precisa criar muitas causas e condições. A mais importante é ter uma mente aberta e relaxada. Ter uma projeção muito forte contra alguém bloqueia a percepção de sua aura. Além disso, fixar a mente em algum aspecto do corpo ou mente de alguém, impede que você veja sua aura ou faz com que ela desapareça. As auras são como as dakinis: se você tentar agarrar-se à sua aparição e concretizá-la, ela desaparecerá. Quem praticar a Autocura Tântrica poderá desenvolver a habilidade de ver auras. Conforme o chakra das sobrancelhas se purifica e se desenvolve, esse tipo de visão sutil torna-se mais fácil.

Algumas pessoas dizem que é fácil ver auras à luz de velas ou ao entardecer, mas isso ocorre provavelmente porque, nesses momentos, a mente está mais relaxada. É perfeitamente possível ver auras à luz do dia, independentemente da cor da roupa da pessoa. No começo, vemos apenas as cores complementares da roupa. Depois, a aura começa a aparecer com mais clareza. A utilidade de ver auras é poder ler os estados emocionais, a saúde e a energia de vida das pessoas diretamente, mesmo que elas usem uma máscara emocional. Quando enxergamos a aura, começamos a ver as pessoas literalmente sob uma nova luz.

Ao cantarmos o mantra curativo de Guru Buddha Shakyamuni, visualizamos nossa luz corpórea samsárica fraca, suja e doente, carregada dos registros de nossas muitas ações obscuras, pensamentos e emoções negativos como a ansiedade, o nervosismo, a depressão e a infelicidade, sendo completamente purificada e energizada pela vibração mântrica. Nossa aura transforma-se em luz de cristal puro e em energia de essência de vida.

Ao cantar o mantra do Curador Supremo, podemos também estender os braços a partir do coração. Esse mudra ajuda a abrir, expandir e fortalecer a aura. É bom também usar algum objeto de ouro, especialmente sobre o coração, e beber leite e caldo de carne regularmente. O caldo deve ser de carne limpa, como gado ou veado, e não de carne poluída como porco ou galinha, que tende a energizar nossa ignorância e apego. Muitos grandes praticantes tântricos têm enfatizado uma dieta de carne pura, iogurte e mel, para fortalecer a aura e o corpo ilusório muito sutil, além de transformar os ventos internos de energia sogdzin do coração em uma forma astral de cristal puro.

Para limpar a aura recomenda-se também tomar uma ducha ou banho regularmente, visualizando que todas as energias negativas e poluições áuricas estão sendo limpas. Tomar uma ducha fria (mas não gelada) ajuda a fortalecer a aura durante todas as estações do ano, além de reduzir o cansaço NGEL e a aumentar a vitalidade, a energia sexual e a circulação sangüínea SO. O melhor é tomar banho em uma piscina de cachoeira, se você tiver acesso a uma (e se não for muito gelada). Pessoas dominadas pela fleuma devem evitar esses banhos, pois eles aumentam seu desequilíbrio psicofísico.

Terceira Luz do Sol

Meditação de Proteção Áurica

Visualizamos nossa aura como uma parede-vajra impenetrável à nossa volta, protegendo-nos das energias negativas, influências obscuras e de ataques à psique. Vajra significa ser como um diamante, forte, indestrutível e impenetrável a energias negativas. Apenas energias positivas de seres como nosso Lama podem passar através da parede-vajra. A parede-vajra pode ser alterada para adequar-se às nossas necessidades. Por exemplo, podemos precisar de um "escudo-vajra" para lidar com uma pessoa, ou de uma "cabana-vajra" para morar, dormir e realizar nossas atividades diárias pacificamente, sem medo de energias negativas. Dentro de nossa cabana-vajra, vivenciamos uma realidade de Bem-aventurança enquanto nossa mente relaxa na experiência do espaço relativo e absoluto.

Podemos visualizar nossa cabana-vajra pequenininha e individual. Se temos, porém, uma mente grande, é melhor visualizarmos a cabana muito grande, como uma casa de família onde colocamos todos os nossos amigos, parentes, etc. Se você sente que uma pessoa está sendo negativa e perigosa, é melhor, por enquanto, deixá-la fora da cabana.

Podemos também visualizar uma armadura corpórea interna áurica como uma membrana dourada de luz de cristal puro entre a carne e a pele. Essa membrana garante que nem um pouquinho de nossa energia vaze para fora e que nenhuma energia escura e prejudicial entre e machuque nosso corpo de luz de cristal. Usando a armadura de cristal puro, podemos contatar nosso guerreiro interno de Shambala e nosso poder de cura. Algumas vezes, a armadura é mais conveniente que o escudo ou a cabana-vajra, por exemplo, se estamos no supermercado, nossa cabana pode ficar presa na prateleira. Usando a armadura de luz de cristal, podemos relaxar sabendo que estamos protegidos em qualquer situação.

A proteção da aura é importante porque, devido a espíritos e ataques de magia negra, ou pela absorção de energia emocional ou sexual negativa de outros, nossa aura pode ser seriamente danificada, ou até ser destruída ou roubada. Nesses casos, podemos adoecer ou até morrer. Essa meditação autocurativa impede totalmente esses ataques à psique, tornando nosso corpo e compleição muito brilhantes e saudáveis e prolongando nossa vida.

Devemos também evitar comer carne de animais nos quais foram injetados hormônios para aumentar o peso. O dejeto de nossa aura são nossos hormônios sexuais. Por isso, tomar hormônios artificiais, por exemplo através de pílulas anticoncepcionais, pode danificar muito o escudo protetor da aura. Já foi cientificamente demonstrado que mulheres que tomam pílulas anticoncepcionais são mais suscetíveis à AIDS do que mulheres – com estilo de vida semelhante – que não tomam.

Se sentirmos que algum conhecido nosso está sendo fisicamente atacado, podemos fazer essa meditação para essa pessoa, envolvendo-a com a cabana curativa de Guru Buddha Shakyamuni e a armadura corpórea do amor incondicional.

Quarta Luz do Sol

Visualização para aumentar o poder dos remédios

Podemos recitar o mantra de Guru Buddha Shakyamuni quando usamos a água e as pílulas do Lama, como as Gangchen Rigsum Rilbu, ou quando tomamos qualquer tipo de remédio natural ou químico, vitaminas e complementos alimentícios. Além disso, devemos recitá-lo também sempre que estivermos amedrontados, deprimidos, infelizes ou desconfortáveis.

Cantamos ou recitamos o mantra imaginando que a poderosa essência de vida, a energia curativa de Guru Buddha Shakyamuni e a essência dos cinco elementos puros (espaço, vento, fogo, terra e água) penetram o remédio, aumentando o poder de sua essência. Tomamos o remédio então, sentindo que toda essa energia elemental curativa pura é absorvida em nosso corpo e mente, superando todas as doenças e deficiências internas.

EH LAM YAM BAM RAM
SHUDDE SHUDDE SOHA

EH – A energia azul do espaço entra no remédio, tornando-o especialmente poderoso para curar nosso elemento espaço: a mente, as cavidades do corpo, órgãos ocos, coração, intestinos, veias, cavidades e canais, os ouvidos e o sentido da audição.

**OM MUNI MUNI MAHA MUNI
SHAKYAMUNIYE EH**

LAM – A energia amarela da terra entra no remédio, tornando-o especialmente poderoso para curar nosso elemento terra: o baço, estômago, carne, ossos, o nariz e o sentido do olfato.

**OM MUNI MUNI MAHA MUNI
SHAKYAMUNIYE LAM**

YAM – A energia verde do vento entra no remédio, tornando-o especialmente poderoso para curar nosso elemento vento: os pulmões, cólon, nariz, respiração, a pele e o tato.

**OM MUNI MUNI MAHA MUNI
SHAKYAMUNIYE YAM**

BAM – A energia branca da água entra no remédio, tornando-o especialmente poderoso para curar nosso elemento água: os rins, bexiga, pele, sangue, fluidos corpóreos, a língua e o paladar.

**OM MUNI MUNI MAHA MUNI
SHAKYAMUNIYE BAM**

RAM – A energia vermelha do fogo entra no remédio, tornando-o especialmente poderoso para curar o elemento fogo: o calor do corpo, o fígado, a vesícula, os olhos e o sentido da visão.

**OM MUNI MUNI MAHA MUNI
SHAKYAMUNIYE RAM**

Quinta Luz do Sol

Meditação para os doentes

Podemos usar o mantra de Guru Buddha Shakyamuni para beneficiar as pessoas ou os animais doentes. Enquanto o recitamos, visualizamos luzes douradas de sabedoria e néctares de cura dos cinco elementos entrando pelo chakra da coroa, preenchendo completamente o corpo da pessoa ou animal que está com algum sofrimento ou doença física ou mental. Sua doença dissolve-se no espaço absoluto e ele recebe a energia dos cinco cristais puros.

Sexta Luz do Sol

Meditação para os que estão perto da morte

Para os estão sofrendo de medo e dor no momento da morte, visualize que a vibração mântrica pura, o poder de cura e a energia de paz do mantra de Shakyamuni, preenche-os de profunda paz interior, aliviando o medo e estabilizando os elementos à medida que eles se dissolvem durante o processo da morte.

É extremamente importante estar com a mente em paz no momento da morte para garantir um renascimento feliz e a continuidade do estado de paz nas vidas futuras. Devemos visualizar a pessoa que está perto da morte envolvida por um casulo dourado de energia de cristal puro de Guru Buddha Shakyamuni. Quando sua consciência se separar de seu corpo (o que poderá ocorrer a qualquer momento no intervalo de alguns dias depois que sua respiração cessar), ela será guiada pela energia áurica dourada e a vibração de paz do mantra de Shakyamuni a qualquer lugar que essa pessoa deseje ir: uma vida melhor, o céu, uma Terra Pura, o Nirvana, qualquer lugar onde essa pessoa possa sentir-se feliz. Quem tiver feito essa meditação também deve se sentir bem por ter feito algo benéfico por alguém em um momento de tanta incerteza, terror e vulnerabilidade.

Sétima Luz do Sol

Meditação para os mortos e renascidos

Para beneficiar alguém que morreu recentemente, ou mesmo há muitos anos, devemos nos lembrar dessa pessoa de forma positiva e pacífica e sentir que a vibração pura do mantra de Shakyamuni a está curando. Qualquer que seja sua nova vida, ela receberá os benefícios dessa dedicação e dessa energia curativa. O poder do amor torna possível o impossível.

AS AÇÕES KÁRMICAS DE LUZ E DE ESCURIDÃO SÃO REGISTRADAS EM NOSSO DISCO DO ESPAÇO INTERNO E NOS SEGUEM COMO NOSSA AURA E NOSSA SOMBRA

Vigésimo segundo oráculo de sabedoria: podemos nos tornar Curadores Supremos integrando o Vinayayana, Mahayana e Vajrayana, o Treinamento Espacial e o Treinamento do Guerreiro Espiritual em nosso dia-a-dia. Esse é o caminho da Iluminação.

QUADRAGÉSIMA SÉTIMA LUZ

COMO REALIZAR O CAMINHO COMPLETO DE RELAXAMENTO E REGENERAÇÃO AUTOCURA TÂNTRICA NGELSO POR MEIO DA COMPREENSÃO DE TENDREL — A INTERDEPENDÊNCIA DOS FENÔMENOS

QUADRAGÉSIMA OITAVA LUZ

PEDIDO A TUBWANG TENDRELMA PARA QUE NOS CONCEDA A PERCEPÇÃO DO SURGIR INTERDEPENDENTE DOS FENÔMENOS, DA QUAL AUTOMATICAMENTE SE MANIFESTAM MUITOS NÍVEIS DE REGENERAÇÃO E RELAXAMENTO AUTOCURATIVOS NGELSO VINAYAYANA, MAHAYANA E VAJRAYANA

Por favor, lembre-se que Buddha é um ser totalmente desperto e autodesenvolvido, e não um deus. Quando pedimos as bênçãos de Guru Buddha, estamos abrindo nosso coração e mente para o nível absoluto da realidade e a energia de cristal puro que está personificada nos vários corpos de fruição, ou aspectos Sambhogakaya, dos Buddhas. Como uma lente de aumento focalizando a luz do sol, quando visualizamos e pedimos as bênçãos dos Buddhas "externos", fazemos com que o fogo da Iluminação se acenda em nosso próprio coração, desenvolvendo assim nosso Buddha interior e de nossa luz própria.

Lama Tubwang Tendrelma Khyen

Por favor, Lama Totalmente Capaz de Curar pelo Poder da Interdependência dos Fenômenos, O que tudo sabe:

Precisamos de ajuda para completar nossa Autocura Tântrica NgelSo, relaxamento e regeneração de nosso corpo, mente, sociedade, meio ambiente e planeta, em todos os níveis. Por favor, abençoe-nos para compreendermos o significado do ensinamento de Nagarjuna de que não existe contradição, mas apenas harmonia entre a vacuidade, a total ausência de existência independente em todos os fenômenos nos mundos interno e externo, até a mais minúscula partícula subatômica do samsara e do Nirvana, e a não ilusória relação de dependência entre as ações causais e seus efeitos resultantes.

Autocura Tântrica NgelSo e a Interdependência dos Fenômenos no Nível Grosseiro

Quadragésima Nona Luz

Introdução

Precisamos criar e cuidar da harmonia entre todos os níveis. Se queremos ser saudáveis, felizes e ter uma vida longa, precisamos criar harmonia para regenerar nossas energias essenciais de vida e luz interior, até chegar à Iluminação total. Precisamos de um corpo e uma mente saudáveis para praticar o Tantra. No nível grosseiro, devemos ser capazes de manter nossa própria saúde, compreendendo a natureza de nossos humores e que dieta e comportamento devemos seguir nos diferentes horários do dia, estações do ano e períodos da vida. Se não cuidarmos de nossas energias emocionais e físicas, ficaremos doentes nos níveis físico e mental e teremos que ir a um médico ou curador para termos remédios e terapia externa. Devemos ver essa possibilidade como um último recurso, e não como o primeiro, percebendo que temos nossa saúde em nossas mãos.

Quinquagésima Luz

Como Cuidar de Nossas Emoções

Hoje, as pessoas sofrem muito por suas emoções. A palavra "emoção" significa literalmente "energia em movimento". É muito importante saber como pacificar, equilibrar e curar as emoções, pois elas podem nos causar reações físicas e mentais quentes e frias. As emoções podem ser positivas ou negativas. Uma emoção positiva é como o sentimento que temos quando estamos com nosso Lama. Ficamos tão felizes, nosso coração bate mais rápido, esquecemos o que íamos dizer ou começamos a chorar. Uma emoção negativa é, por exemplo, uma mágoa ou a sensação de privação. Esses sentimentos nos causam tanta tristeza que ficamos cansados e fracos, nossa energia fica bloqueada e não conseguimos fazer mais nada.

A COMBINAÇÃO DESTRUTIVA E A COMBINAÇÃO HARMONIOSA DOS CINCO ELEMENTOS

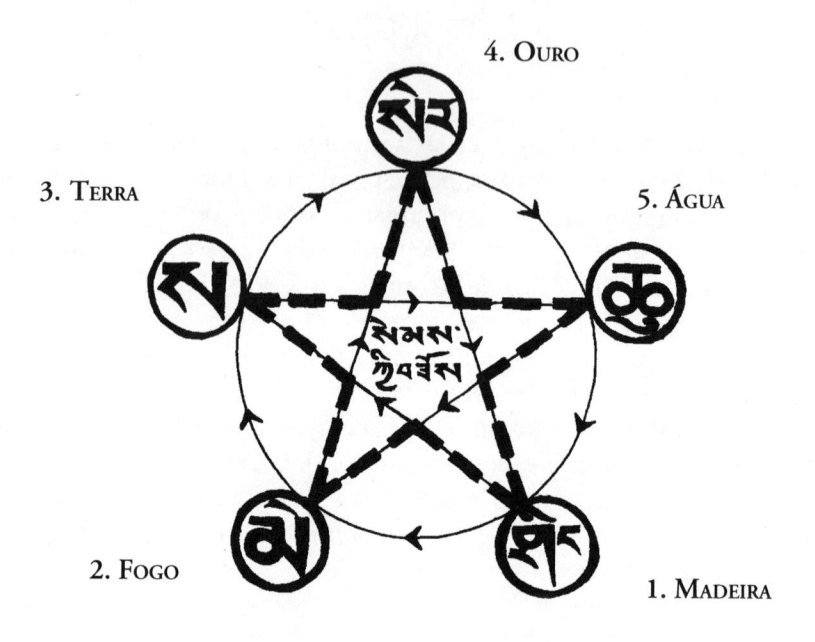

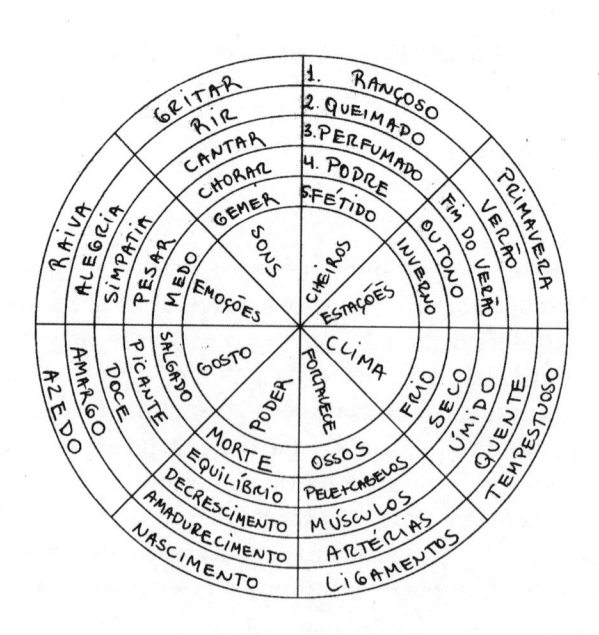

4. Ouro
3. Terra
5. Água
2. Fogo
1. Madeira

As emoções surgem como reações imediatas ao que vemos, ouvimos, sentimos, etc. A mente das pessoas comuns é muito limitada e sensível e, geralmente, reage ao que é sentido na consciência, permitindo que emoções negativas como a raiva, a inveja, o orgulho, o apego e outras se manifestem. Há muitas sugestões para lidarmos com a energia negativa em movimento. Na medicina chinesa, por exemplo, a mágoa está ligada ao elemento metal e a raiva ao fogo. Podemos usar o fogo para derreter o metal, transformando assim a mágoa em raiva. Isso funciona em um nível muito grosseiro, mas é como combater veneno com veneno. Apenas aumentamos nossa toxicidade interna. É melhor usar os antídotos mentais positivos do Lam Rim, ou transformar o veneno em remédio através do Tantra. No espaço absoluto, vemos as coisas "boas" causarem o surgimento do apego e coisas "ruins" causarem o surgimento do ódio, num mesmo nível. E então? Onde fica a emoção?

Se não conseguimos relaxar no espaço absoluto, devemos ao menos tentar seguir a sugestão de Shantideva de nos tornarmos como um pedaço de madeira, ou seja, sem reações. Por exemplo, se alguém no trabalho começa a nos criticar, podemos simplesmente desligar a mente do conteúdo de sua fala e escutar apenas o som de sua voz.

Sorrir e desfocar os olhos também ajuda a criar espaço interior, onde as agressões simplesmente desapareçam. O melhor método é purificar os ventos internos com a meditação Mahamudra, pois as emoções negativas são como ar interior poluído. Quando dissolvemos nosso vento interno dentro do canal central com essa meditação, temos a experiência de ilimitado espaço interior, onde toda a poluição energética é pacificada. Precisamos aprender a respirar dentro de nosso canal central com

OM AH HUM

e todas as emoções negativas desaparecerão para sempre.

Quinquagésima Primeira Luz

Como Cuidar de Nossos Três Humores

No samsara existem três venenos-raiz: a ignorância, o apego e a raiva. Esses venenos produzem três tipos de personalidades psicofísicas diferentes, dominadas pelos três humores do vento, bile e fleuma. Nossa personalidade depende de qual dos três venenos-raiz é mais forte em nós, além de nossa dieta, fatores genéticos e comportamento de nossos pais durante nossa concepção e gestação. Se formos, por exemplo, uma personalidade tipo bile, também teremos uma porcentagem de vento e apego, uma porcentagem de fleuma e ignorância, sendo dominados, porém, pela natureza da bile, ou raiva. Aprender a cuidar e a harmonizar os três humores é uma técnica preventiva de saúde muito importante e uma base para níveis mais profundos de autocura.

Vento

Quinquagésima Segunda Luz

Uma Pessoa Dominada pelo Humor Vento

- É mentalmente dominada pelo apego.
- É muito nervosa e suscetível ao estresse.
- É intelectual.
- É magra, pálida, com movimentos rápidos de corpo.
- Fala muito.
- Tem vida curta e é pobre.
- Ri muito, gosta de cantar e de sexo.
- Sofre de insônia.

- É sensível ao frio.
- É mentalmente instável e muito emotiva.
- Sente medo muito facilmente.
- Gosta de doce, azedo, amargo e comidas e bebidas quentes.

Quinquagésima Terceira Luz

Como Saber se Temos um Distúrbio do Humor Vento

NGEL – Sintomas:

Mentais – A mente fica perturbada por muitos pensamentos e emoções conflitantes, como a mágoa, o desejo de chorar, a raiva, depressão, nervosismo, sensação de fraqueza física, desejo de estar só, crescente sensação de pressão e tensão mental, desejo de fugir das situações e de sempre mudar de emprego, parceiros, relacionamentos, etc.

Físicos – Tremor no corpo, tremor nos membros, dores musculares, cãibras, muita dor no pescoço e na parte posterior das costas, desconforto muscular geral e inflexibilidade, dor nos ossos e nas juntas, constipação ou diarréia, sensação de frio, desejo de vomitar, tontura, sensação de náusea e dor nos ouvidos quando a comida entra no cólon e ao anoitecer e amanhecer, gosto amargo na boca ao acordar, a urina fica sem cor, os órgãos dos sentidos ficam embotados, os olhos fixos e parados, a mente falha e começa a perder contato com o mundo externo.

As pessoas dominadas pelo Humor Vento manifestam uma tendência especial para doenças do sistema nervoso e problemas mentais, como insanidade, epilepsia, tensão e nervosismo. Além disso, têm tendência a ter doenças nos ossos, pele, ouvidos, coração, ciática, problemas nas juntas e bloqueio do cólon.

Quinquagésima Quarta Luz

A Dieta Autodestrutiva e a Dieta Autocurativa para as Pessoas Dominadas pelo Humor Vento

Excluir de uma forma harmoniosa e equilibrada os alimentos dominados pelas seis qualidades do vento (aspereza, leveza, frieza, mudança e movimento no crescimento), substituindo-os por alimentos que contenham as seis qualidades antídotos (suavidade, peso, calor, oleosidade e estabilidade sutil) ajuda muito a reduzir o aparecimento de doenças mentais e físicas causadas pela acumulação de excessiva energia de vento.

NGEL – Dieta autodestrutiva
Quem tiver distúrbios do Humor Vento deve evitar os itens abaixo:

- drogas de diversão;
- café e chá fortes;
- porco;
- painço;
- manteiga muito fresca;
- carne de cabra;
- frutas e vegetais verdes (não maduros);
- açúcar;
- bebidas e comidas frias;
- tomates;
- comidas com gosto amargo, ásperas ou leves;
- muita água;
- todas as comidas *junk*.

Deve-se evitar também ficar com muita fome ou pular refeições.

SO – Dieta autocurativa para distúrbios do Humor Vento
Deve-se tentar incluir na dieta tanto quanto possível os itens abaixo:

- óleos vegetais – o melhor é óleo de oliva ou de milho (não use muita mostarda, óleo de gergelim ou óleo de oliva com pimenta, pois eles podem causar febre);

- manteiga *ghee* è manteiga derretida;
- arroz, trigo, cevada;
- boi, coelho, cordeiro;
- cavalo;
- peixe;
- frango, pato;
- ovos;
- gordura animal;
- costela;
- carne seca;
- alho, cebola;
- rabanete fresco ou pimenta picante;
- folhas de mostarda;
- sal e pimenta;
- gengibre;
- melaço;
- leite;
- bebidas alcoólicas (uísque, conhaque, vinho e cerveja);
- queijo;
- sabores doces e salgados;

Ao contrário do que se acredita, feijões e legumes não aumentam excessivamente o Humor Vento no corpo. Se temos tendência para doenças do Humor Vento, precisamos seguir essa dieta especialmente durante o final da primavera, quando a energia de vento acumula-se excessivamente, e no verão, quando as doenças de vento costumam aparecer.

QUINQUAGÉSIMA QUINTA LUZ

O COMPORTAMENTO AUTODESTRUTIVO E O COMPORTAMENTO AUTOCURATIVO PARA AS PESSOAS DOMINADAS PELO HUMOR VENTO

NGEL – Comportamento autodestrutivo
As pessoas dominadas pelo Humor Vento devem evitar:

- reações emocionais negativas extremas;
- muito sexo e apego;
- muito jejum;
- dormir pouco;
- pensar muito;
- muito estresse;
- muito trabalho físico sem comer;
- ficar obsessivamente envolvido com problemas emocionais;
- suprimir as necessidades naturais como a fome, sede, vomitar, espirrar, dormir, bocejar, flatulência, defecação e urinar;
- falar muito sobre coisas fúteis;
- dieta de comida "*junk*";
- perder muito sangue (por acidente, hemorragia, sangramento nasal, menstruação, vômito excessivo, diarréia ou doação);
- ficar muito exposto ao frio.

SO – Comportamento autocurativo

As pessoas dominadas pelo Humor Vento devem dedicar-se a:
- atividades física para se aterrar;
- relaxamento Ngelso;
- massagem, ioga, *trulkur*;
- seguir a energia do corpo, não suprimir as funções físicas;
- seguir uma dieta saudável, quente e nutritiva;
- usar roupas quentes, comer comida quente;
- meditar sobre RAM (o fogo interno);
- ficar em locais quentes e escuros;
- aprender e praticar a Autocura;
- ocupar-se em paz;
- ligar-se à vibração de cura do Curador Supremo Amitabha para transformar o apego em contentamento.

Precisamos cuidar de nossos ventos internos praticando a purificação do elemento vento

EH LAM YAM BAM RAM

e as meditações dos Curadores Supremos, como Amoghasiddhi, para controlar o vento descendente responsável pela menstruação, diarréia; ou Amitabha, que controla o vento ascendente, responsável pelo sangramento nasal, vômitos, etc.

BILE

QUINQUAGÉSIMA SEXTA LUZ

UMA PESSOA DOMINADA PELO HUMOR BILE

- É mentalmente dominada pela agressividade e pela raiva.
- Tem muita vitalidade mental e física e fortes explosões emocionais.
- Está sempre com sede e fome e pode comer e beber bastante sem engordar.
- Não gosta de calor devido ao seu intenso fogo interno.
- Está sempre suando.
- Tem tendência a doenças do coração, fígado, bexiga, sistema circulatório e febres.
- Tem um tipo físico atlético.
- Gosta de comidas doces, amargas e adstringentes.

QUINQUAGÉSIMA SÉTIMA LUZ

COMO SABER SE TEMOS UM DISTÚRBIO DO HUMOR BILE

NGEL – Sintomas:
- dor de cabeça;
- febre;
- mal cheiro no corpo, suor excessivo;
- dores musculares, especialmente no tronco;
- boca amarga e acidez estomacal;
- sangue nas fezes;
- dor quando a comida atinge o intestino;
- olhos vermelhos;

- as doenças ficam piores das 9h da manhã à 1h da tarde, especialmente durante a hora do almoço, e das 9h da noite à 1h da manhã, especialmente à meia-noite;
- os sintomas de distúrbios do Humor Bile manifestam-se no fígado, bexiga, circulação sangüínea, coração, intestinos e nos olhos, e causam inflamações, infecções, doenças cardíacas, icterícia, hepatite, etc.;
- a urina apresenta coloração escura e mal cheiro.

Quinquagésima Oitava Luz

A Dieta Autodestrutiva e a Dieta Autocurativa para as Pessoas Dominadas pelo Humor Bile

NGEL – Dieta autodestrutiva:

As pessoas dominadas pelo Humor Bile devem tentar evitar ao máximo comidas de natureza quente, tais como:

- temperos fortes;
- carne vermelha;
- álcool;
- trigo sarraceno;
- açúcar mascavo, melaço escuro;
- ovos;
- manteiga de castanhas, principalmente de amendoim;
- cebolas;
- comidas apimentadas e salgadas.

SO – Dieta autocurativa:

Incluir certas comidas e excluir outras de forma equilibrada e harmoniosa reduz bastante a energia excessiva do humor bile no corpo. Como resultado, as doenças físicas e mentais causadas pelo acúmulo excessivo dessa energia também diminuirão.

As pessoas dominadas pelo Humor Bile devem tentar incluir em sua dieta tanto quanto possível comidas de natureza fria, tais como:

- arroz, painço, trigo, cevada;
- porco;
- manteiga fresca;
- leite de cabra;
- rabanetes frescos;
- lentilhas;
- saladas e verduras (são especialmente boas para curar distúrbios do Humor Bile);
- todos os tipos de frutas doces como morangos, pêssegos, etc.;
- sabores doces, amargos e adstringentes;
- água fervida, após ter esfriado um pouco;
- águas geladas de fontes subterrâneas;
- chá preto fraco.

Para as pessoas que têm forte distúrbio mental ou físico do Humor Bile, é melhor jejuar totalmente por um ou dois dias antes de começar essa dieta. Os que têm tendência a manifestar doenças da bile devem seguir essa dieta especialmente durante os meses do final do verão e do outono, pois esse é o principal período do ano em que a energia excessiva desse humor tende a acumular-se e a aumentar.

Se não cuidarmos de nossa dieta, comportamento físico, tendência mental negativa para a raiva e o ódio, certamente sofreremos de doenças da bile.

Quinquagésima Nona Luz

O Comportamento Autodestrutivo e o Comportamento Autocurativo para as Pessoas Dominadas pela Bile

NGEL – Comportamento autodestrutivo
As pessoas dominadas pela bile devem evitar:

- excesso de raiva e agressividade, causas de instabilidade mental;
- exaustão por estresse físico muito intenso, causando dores musculares, exaustão e danos físicos. Por exemplo, trabalho pesado, acidentes em esportes, levantar muito peso, entrar em brigas, etc.;
- tomar muito sol.

SO – Comportamento autocurativo
As pessoas dominadas pela bile devem tentar:

- relaxar NgelSo;
- praticar a paciência;
- exercitar o Treinamento Espacial absoluto e relativo;
- desenvolver a energia de cura do Curador Supremo Akshobhya;
- usar roupas leves;
- manter-se refrescado;
- tirar férias nas montanhas e não na praia;
- meditar sobre BAM, a energia interna refrescante da água;
- mudar o estilo de vida e trabalhar as atitudes mentais do orgulho, competitividade e agressividade;
- usar cânfora e óleos de sândalo (que têm um efeito refrescante).

Fleuma

Sexagésima Luz

As Pessoas Dominadas pelo Humor Fleuma

- São mentalmente dominadas pela ignorância e pela constrição mental.
- São gordas e pálidas.
- São preguiçosas e gostam de dormir muito.
- Têm a mente pacífica e estável.
- Não têm muitas explosões emocionais.
- Têm digestão lenta.
- São física e mentalmente lentos.
- São ricos e têm uma longa vida.
- Gostam de comidas azedas, amargas, quentes, adstringentes e grosseiras.

Sexagésima Primeira Luz

Como Saber se Temos um Distúrbio da Fleuma

NGEL – Sintomas:

- falta de apetite;
- dificuldades na digestão;
- vômitos;
- falta de paladar;
- flatulência;
- muito cansaço físico e mental;
- muito frio;
- piora dos sintomas imediatamente depois de comer;
- inchaço físico, ganho de peso, acúmulo de retenção de água;

- muco escorrendo pelo nariz;
- problemas de pele;
- muco nas fezes.

Os sintomas das doença da Fleuma manifestam-se no peito, garganta, pulmões, cabeça, fezes, sêmen, menstruação e no sistema endócrino-linfático, produzindo doenças crônicas sem inflamações ou infecções.

Doenças combinadas da Fleuma e da Bile produzem doenças orgânicas.

SEXAGÉSIMA SEGUNDA LUZ

A DIETA AUTODESTRUTIVA E A DIETA AUTOCURATIVA PARA AS PESSOAS DOMINADAS PELA FLEUMA

NGEL – Dieta autodestrutiva
As pessoas dominadas pela Fleuma devem tentar evitar ao máximo:

- comidas que formam muco;
- laticínios;
- comidas geladas, sorvetes, etc.;
- carne de cabra;
- chá preto forte;
- gordura animal;
- óleos de grãos, como o óleo de gergelim e de semente de mostarda;
- óleos de castanha, como óleo de amendoim e girassol;
- grãos frescos;
- verduras cruas frescas;
- saladas;
- alho e cebola;
- frutas verdes (não maduras);
- comida muito fria, pesada, gordurosa e doce;
- comer demais.

SO – Dieta autocurativa

Excluir de forma equilibrada e balanceada os alimentos com características fortes da Fleuma (frieza, oleosidade e peso) e incluir comidas que contenham as qualidades antídotos (calor e leveza) ajuda muito a curar as doenças mentais e físicas causadas pelo excesso de energia da Fleuma.

Deve-se tentar incluir tanto quanto possível comidas quentes, cruas e leves, tais como:

- arroz (bom para os três humores);
- painço, cevada, trigo e milho;
- carneiro, coelho;
- frutos do mar;
- frango, peru, pato;
- cebola;
- rabanete fresco;
- óleo de mostarda;
- pimenta vermelha;
- açafrão;
- sal e pimenta;
- gengibre;
- óleo de gergelim;
- a maior parte dos feijões e legumes;
- castanhas;
- água quente fervida;
- vinho velho (por exemplo, vinho do porto);
- mel;
- soja e molho de soja;
- vinhos fortes;
- sabores fortes, azedos e adstringentes.

As pessoas com tendência a ter distúrbios da Fleuma devem seguir essa dieta especialmente durante os meses do final do inverno, quando o excesso de energia da Fleuma tende a acumular-se, e na primavera, quando as doenças da fleuma manifestam-se.

Sexagésima Terceira Luz

O Comportamento Autodestrutivo e o Comportamento Autocurativo para as Pessoas Dominadas pela Fleuma

NGEL – Comportamento autodestrutivo
   As pessoas dominadas pela Fleuma devem evitar:

- uma vida sedentária;
- dormir demais;
- deixar o corpo molhado e sentir frio;
- nadar muito.

SO – Comportamento autocurativo
   As pessoas dominadas pela Fleuma devem:

- evitar comer laticínios;
- fazer exercícios (para aumentar a freqüência metabólica);
- usar mais roupas, ligar o aquecedor central;
- tomar sol;
- ficar em lugares quentes;
- seguir a dieta e o comportamento antídoto da Fleuma;
- praticar a Autocura Tântrica concentrando-se no Curador Supremo Vairochana, no chakra da coroa;

Sexagésima Quarta Luz

Como Abençoar a Comida

Nos dias de hoje, a comida e a bebida contêm muitos aditivos químicos, pesticidas, hormônios, fertilizantes e metais prejudiciais à saúde humana. Além disso, os alimentos estão perdendo sua energia de vida devido à poluição, refrigeração, irradiação, esterilização, etc. Algumas comidas também são especialmente dominadas por um dos cinco elementos ou um dos três humores, podendo por isso produzir desequilíbrios energéticos e doenças, quando ingeridas em excesso.

Na tradição tântrica tibetana purificamos, transformamos e reenergizamos os alimentos com o poder do mantra e da concentração, recitando:

**EH LAM YAM BAM RAM
SHUDDHE SHUDDHE SOHA**

Ao mesmo tempo, visualizamos que, no espaço absoluto, manifestam-se um a um os cinco mandalas dos elementos-vajra em nossa comida, purificando-a e reenergizando seus elementos.

No nível grosseiro, HUM equilibra e cura o canal central, a mente, o humor vento, a energia neutra, o apego, os órgãos sexuais e o sistema nervoso. AH equilibra e cura o canal direito, a energia da palavra, a bile, a raiva, a energia solar feminina, o coração e o sistema circulatório. OM equilibra e cura o canal esquerdo, o corpo, a fleuma, a energia lunar masculina, o cérebro e o sistema endócrino-linfático.

HUM AH OM (3x)

No nível sutil, HUM purifica todas os defeitos de cor, cheiro e potencial energético. AH transforma em néctar e OM multiplica e aumenta.

OM AH HUM (3x)

Mantra para abençoar a comida:

**EH LAM YAM BAM RAM
SHUDDHE SHUDDHE SOHA (1x)
OM AH HUM (3x)**

Depois de recitarmos o mantra, podemos apreciar a comida com alegria e sem hesitações, tendo certeza de que se trata de um alimento puro e limpo, pois todos os venenos foram transformados em néctar.

Buddha Shakyamuni ama este mundo e por isso revelou a interdependência dos fenômenos

Vigésimo terceiro oráculo de sabedoria: Buddha disse que todos nós precisamos chegar à Iluminação, nos tornar Curadores Supremos e líderes. Devemos nos tornar, no mínimo, nossos próprios curadores e guias. Precisamos da experiência interior do Dharma, autodesenvolvimento, autolibertação, autoproteção e automoralidade. Precisamos desenvolver nosso sorriso interior e nos tornar Sangha, como nossos amigos do Dharma e todos os nossos amigos bons e puros. Os amigos e membros da Fundação Lama Gangchen para a Paz no Mundo são uma Sangha.

Nível Sutil da Interdependência dos Fenômenos e da Autocura Tântrica NgelSo Lam Rim e Lodjong

SEXAGÉSIMA QUINTA LUZ

PROGRAMA DE AUTOCURA LAM RIM PARA DESENVOLVER LUZ INTERNA, PAZ INTERNA E PAZ MUNDIAL

Por que devemos seguir o Lam Rim, o caminho suave para a Iluminação?

Precisamos integrar o Lam Rim em nosso dia-a-dia porque precisamos de liberdade interior, luz interior (Iluminação) e conhecer nosso Guru interior. Se examinarmos nossa vida hoje, perceberemos que estamos cansados, sofrendo profundamente e com a mente cheia de obscurecimentos. Esse é o motivo por que não conseguimos aproveitar a vida.

No nível grosseiro, do ponto de vista do dia, da noite e das estações do ano, temos um problema com a escuridão. A mente de muitas pessoas "afunda" quando o sol se põe e a escuridão aparece. Quando a noite chega, nossa mente se fecha e sentimos necessidade de ir para casa dormir. No escuro, sentimos ainda mais medo, depressão e bloqueios internos. Quando o sol nasce, ficamos mais felizes, alegres e energizados e nossa mente desperta. Da mesma forma, a destrutividade da escuridão de nossas ilusões e emoções negativas faz a energia de nossa mente "afundar", enquanto a luz curativa da nossa mente e ações positivas desperta e energiza o corpo e a mente. Por essa razão, precisamos dispersar a escuridão interna e desenvolver nossa luz.

A principal causa de nossa escuridão interna é o fato de que, mesmo desejando ser feliz e eliminar a confusão, fazemos exatamente o oposto do que pode nos trazer a felicidade. Isso mostra a profundidade de nossa ignorância.

Precisamos seguir a Autocura, a essência dos ensinamentos de Guru Buddha Shakyamuni e de Lama Tsong Khapa, para descobrir nossa luz interior. Temos que nos curar, compreendendo que causas e condições interdependentes produzem felicidade e luz interna e quais produzem sofrimento e escuridão. Só então poderemos escolher seguir o caminho da luz em lugar do caminho da sombra.

É óbvio que a relação kármica causa-efeito e o surgir interdependente dos fenômenos não estão claros para nós nesse momento, pois estamos

TODAS AS COISAS SÃO VAZIAS DE EXISTÊNCIA INERENTE.
TODOS OS FENÔMENOS SURGEM INTERDEPENDENTEMENTE E SE
TRANSFORMAM DEVIDO AO KARMA.

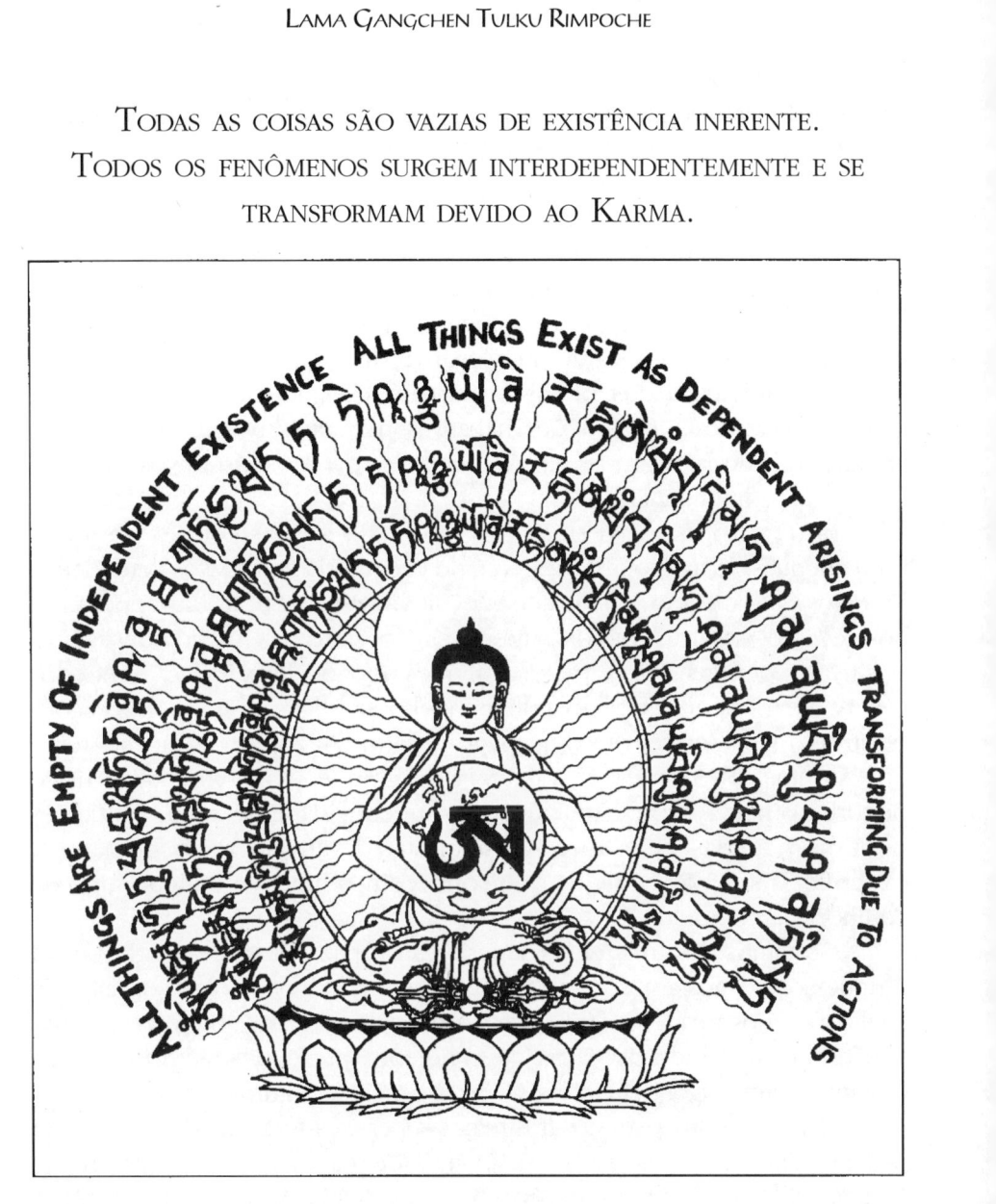

Vigésimo quarto oráculo de sabedoria: ler o Guia para o Supermercado dos Bons Pensamentos *é maravilhoso, mas não é suficiente para alcançarmos a lua cheia da Iluminação. Precisamos meditar diariamente e transformar as ações de nossa vida quotidiana em autocura, praticando do Volume II dessa série, "As Oito Luzes Claras, o Caminho para a Iluminação".*

procurando a felicidade fazendo tudo o que nos traz sofrimento, doenças e dificuldades. Seguindo o caminho samsárico relativo de acreditar nos fenômenos relativos, criando assim causas e condições para a escuridão, rapidamente chegaremos aos reinos inferiores (as experiências subjetivas de intensa dor, medo, hostilidade, fome e falta de inteligência). As emoções negativas e as ilusões distorcem nossa mente e, por isso, projetamos uma realidade ou filme mental de sofrimento na tela do espaço absoluto.

Ações negativas grandes nos levam a Narak; ações negativas médias nos levam ao reino dos pretas (a experiência subjetiva de fome, sede, ganância e avareza) e as ações negativas pequenas nos levam ao reino animal, onde ficamos presos na armadilha dos padrões instintivos habituais e da falta de inteligência.

Enquanto mantivermos no coração as distorções mentais fundamentais do apego a si mesmo e do egocentrismo (nossos verdadeiros inimigos), até mesmo nossas ações positivas estarão poluídas e, por isso, nos levarão aos três reinos superiores do samsara. As grandes ações positivas poluídas pelo apego a si mesmo nos levarão ao reino dos Devas, a experiência subjetiva de incrível prazer físico e mental. As ações positivas medianas feitas com apego a si mesmo nos levarão ao reino dos Assuras, a experiência subjetiva de grande prazer mental e físico perturbada pela insatisfação, ciúme e competitividade. As pequenas ações positivas poluídas pelo apego a si mesmo levam ao reino humano, a experiência subjetiva da vida que conhecemos hoje, com algum tipo de equilíbrio emocional.

Gostamos dos três reinos superiores, de paz, felicidade, saúde, beleza e riqueza. Não gostamos de sofrimento, dor, medo, paranóia e da falta de inteligência dos três reinos inferiores. Por isso, precisamos ao menos garantir que estamos criando as causas e condições para conseguirmos o que gostamos, tanto agora quanto nos renascimentos futuros.

Mais ainda que viver nos três reinos superiores, todos nós queremos ser perfeitos em todos os aspectos. O fato de não aceitarmos facilmente nossos defeitos mostra que desejamos ser perfeitos. Não queremos apenas a felicidade dos três reinos superiores; queremos uma mente ilimitada, liberdade ilimitada, felicidade ilimitada e energia ilimitada. Por isso, estamos preparados para praticar a Autocura Vinayayana, o veículo para a autolibertação, abstendo-nos de prejudicar os outros e dedicando-nos a criar as causas e condições para conseguir a felicidade relativa dos três reinos superiores ou a paz absoluta do Nirvana. O Nirvana acontece quando aprendemos a parar a descontrolada e contínua projeção de nossos filmes mentais, projetando em seu lugar a paz absoluta e a Bem-aventurança eternas.

Mais que a libertação de todos os nossos sofrimentos e a paz ilimitada, desejamos uma mente ilimitada, amor ilimitado, alegria, harmonia, compaixão e Iluminação. Por essa razão, concordamos em limitar nossas emoções e energias autodestrutivas. Normalmente, temos muita dificuldade para aceitar que precisamos limitar nosso apego, orgulho, etc. Entretanto, para conseguir o que queremos, concordamos em tentar transformar nossos venenos interiores em remédios e seguir o caminho da luz.

Se queremos sair de nosso samsara pessoal (nosso filme de terror pessoal) e atingir a libertação e a Iluminação, precisamos criar muitas causas e condições interdependentes positivas. Buddha Shakyamuni e muitos grandes Mahasiddhas e meditadores que viveram depois dele criaram um programa fácil de treinamento para a autocura chamado Lam Rim, ou o Caminho Suave para a Iluminação. Seguindo esse programa de autocura, podemos facilmente criar todas as causas e condições interdependentes positivas necessárias para nos tirar dessa confusão em que nos colocamos e viver a paz interior e a paz no mundo agora e sempre.

Os estágios do caminho são uma série de realizações mentais através das quais a mente precisa evoluir para atingir o estado de cura e relaxamento pessoal. Integrando o Lam Rim em nosso dia-a-dia, poderemos também guiar e curar outros seres, além de desenvolver a paz interior e a paz no mundo agora e sempre.

Sexagésima Sexta Luz

O Caminho da Sombra e o Caminho da Luz — Para cada Obscurecimento há uma Luz (A Interdependência Negativa e a Interdependência Positiva)

Precisamos sair da escuridão para a luz por meio da transformação de nossas atitudes internas.

Nível Básico

Primeira Sombra
Não estar interessado em encontrar o significado da vida e da morte; correndo, correndo a vida inteira atrás de nenhuma finalidade última.

Primeira Luz
Reconhecer que temos uma vida humana preciosa e desejar aproveitar ao máximo essa oportunidade maravilhosa.

Segunda Sombra
Ficar deprimido e aterrorizado com a perspectiva de envelhecer, adoecer e morrer.

Segunda Luz
Usar a morte e a impermanência positivamente.

Terceira Sombra
Prejudicar a nós mesmos e aos outros na busca de nossa própria felicidade.

Terceira Luz
Compreender como funciona a relação kármica causa-efeito para saber criar as causas e condições interdependentes positivas de ações autocurativas, assim como evitar as causas e condições interdependentes negativas, que pouco a pouco vão nos destruindo.

Quarta Sombra
Tomar refúgio no dinheiro, fama, prazeres sensitivos, relacionamentos, posses, etc.
Quarta Luz
Compreender aonde as causas e condições interdependentes obscuras nos levarão (ao sofrimento dos reinos inferiores).

Quinta Sombra
Não acreditar no karma e, por isso, sentir-se legitimado a fazer qualquer coisa para chegar à felicidade.
Quinta Luz
Tomar refúgio em Buddha, Dharma e Sangha (companhia espiritual), para nos assegurarmos de que obteremos a felicidade que desejamos, agora e nas vidas futuras.

Nível Intermediário
O Caminho da Autolibertação e o Nirvana

Sexta Sombra
Pensar: se pelo menos eu tivesse uma casa maior, um(a) amante mais bonito(a), um milhão de dólares e mais divertimento, aí então eu seria feliz.
Sexta Luz
Meditar sobre o sofrimento dos seres humanos e dos deuses para desenvolver a compreensão de que todas as possibilidades da vida samsárica relativa que nos parecem atraentes têm a natureza do sofrimento.

Sétima Sombra
Sentir que nossas emoções negativas e distorções mentais como o orgulho, a raiva, a inveja e outras são parte de nós, acreditando que elas são o tempero da vida e que é bonito expressá-las e deixar que se manifestem.
Sétima Luz
Perceber que precisamos procurar a felicidade dentro de nós e não fora. Compreender que nossas emoções negativas, ilusões mentais e ações extremamente negativas nos mantêm presos em nosso samsara pessoal.

Oitava Sombra
Não ter interesse por mudar de situação e fazer da vida algo especial, tirando sempre o melhor de todas as situações ruins. Manter-se retirado dentro de nosso próprio casulo de condescendência.

Oitava Luz
Renúncia – Perceber que existe a alternativa de uma vida e um mundo de cristal puro além do samsara e desejar alcançá-lo.

Nível Avançado

Como Tornar-se um Curador Supremo

Nona Sombra
Não compreender os benefícios da autolibertação (sentir-se satisfeito com o mundo relativo, temendo que nada exista além dele).

Nona Luz
O caminho para a libertação compreendendo as Quatro Nobres Verdades e os Doze Elos Interdependentes por meio dos três Treinamentos Superiores: moralidade, concentração e sabedoria.

Décima Sombra
Ter um coração pequeno e uma mente preconceituosa e sem equilíbrio que arbitrariamente classifica as pessoas como amigos e inimigos.

Décima Luz
Primeiro estágio do desenvolvimento do grande coração: equanimidade ilimitada.

Décima Primeira Sombra
Não desejar a felicidade dos outros mas apenas a sua própria. Dar vazão à raiva e ao ódio.

Décima Primeira Luz
Amor ilimitado.

Décima Segunda Sombra
Ter um coração endurecido que não se preocupa com o sofrimento dos outros.

Décima Segunda Luz
Compaixão ilimitada.

Décima Terceira Sombra
Cuidar de MIM, o número um.
Décima Terceira Luz
Igualar e trocar a mim mesmo pelos outros, abandonar o egocentrismo através da prática do Lodjong.

Décima Quarta Sombra
Orgulho, Arrogância e Ignorância.
Décima Quarta Luz
Devoção ao Guru (desenvolver nosso líder e Guru interno por meio da relação com o Guru externo).

Décima Quinta Sombra
Não desejar guiar ou curar os outros.
Décima Quinta Luz
Refúgio Mahayana: desejar ser um líder e curador de todos os seres vivos.

Décima Sexta Sombra
Sentir que o potencial humano é limitado.
Décima Sexta Luz
Desenvolver o grande coração de Bodhichitta para tornar-se um Buddha, alcançando assim o máximo de nossa capacidade de liderança, qualidades curativas e potencial humano.

Décima Sétima Sombra
Seguir nossa avareza, mal comportamento, raiva, preguiça, distração e ignorância. Não desejar ajudar os outros a desenvolver a mente e a energia de cristal puro.
Décima Sétima Luz
Viver como um líder, desenvolvendo nossas qualidades pessoais das seis perfeições e as quatro qualidades de um líder.

Décima Oitava Sombra
Ter uma mente instável e sem inteligência, que se distrai, se excita, sucumbe e dorme facilmente.
Décima Oitava Luz
Shi-ne (samatha), a paz do poder da concentração.

Décima Nona Sombra
Seguir a ignorância do apego a si mesmo, ego ou atman.
Décima Nona Luz
A percepção do espaço absoluto – a não existência por si mesmo – em nós, nos outros e em todos os fenômenos.

Vigésima Sombra
Não gostar do Tantra, achar que essa técnica é estranha, "mágica", degenerada, uma invenção dos hinduístas e Lamas tibetanos.
Vigésima Luz
Gostar do Tantra e desejar praticá-lo.

Vigésima Primeira Sombra
Preferir permanecer em uma realidade limitada, fascinado pelos nossos filmes mentais negativos.
Vigésima Primeira Luz
Estágio de Geração: criar uma nova realidade e um novo filme mental por meio da imaginação positiva.

Vigésima Segunda Sombra
Sentir hostilidade em relação às mulheres e à energia feminina.
Vigésima Segunda Luz
Estágio de Completamento: desenvolver nossas energias femininas principais, a Consciência de Sabedoria e a Clara Luz.

Vigésima Terceira Sombra
Sentir hostilidade em relação aos homens e à energia masculina.
Vigésima Terceira Luz
Desenvolver nossas energias masculinas principais, o vento de energia sutil e o Corpo Ilusório.

Vigésima Quarta Sombra
Desintegração psíquica, doenças e sofrimentos profundos na mente e no corpo, total escuridão.
Vigésima Quarta Luz
Harmonizar os mandalas absoluto e relativo.
Unir nosso corpo e mente e nossas energias masculinas e femininas.
A Completa Iluminação.

Sexagésima Sétima Luz

A História de Gueshe Ben Kunguial

Devemos tentar verificar todos os dias as contas de luz e escuridão em nosso coração: os registros kármicos que estamos gravando no disco do espaço interior. Mais cedo ou mais tarde, esses programas serão ativados, e o computador interno de nosso coração imprimirá uma resposta de sofrimento ou de felicidade. Temos que cuidar de nosso saldo bancário kármico como fez Gueshe Ben Kunguial. Quando jovem, ele foi um criminoso violento, mas percebeu depois que seu modo de vida lhe custava caro demais, trazendo-lhe muito sofrimento e nenhuma felicidade.

Gueshe Ben Kunguial ficou então muito interessado por sua conta bancária kármica e, por isso, mudou seu modo de vida. Todos os dias, ele somava quantas ações kármicas de luz e de escuridão tinha feito e registrava esse número em pilhas de pedras brancas e pretas. Quando contava mais pedras brancas, agradecia a si mesmo. Quando contava mais pedras pretas, impunha-se um castigo. As pessoas se perguntavam que tipo de autocura ele estava praticando, pois não o ouviam recitar nem tocar seu tambor ou seu sino.

A prática de autocura de Gueshe Ben Kunguial era estar constantemente desperto para o movimento de sua mente. Assim, quando qualquer tipo de veneno mental ou emoção negativa surgia, ele imediatamente os aniquilava com a arma de seu antídoto. Essa é uma verdadeira autocura. Gueshe Ben Kunguial era um monge budista tibetano do século XI. Entretanto, mesmo vivendo nos dias de hoje, se conseguirmos ter controle sobre o fluxo de nossa energia mental em meio à atribulada vida profissional e familiar, nossa prática de autocura será igual à sua.

Não precisamos necessariamente nos tornar monges ou ir para uma caverna nas montanhas para controlarmos o saldo de nossa conta kármica. Temos apenas que transformar nossa mente e energia interna. E se estamos interessados em fazer o melhor com a grande oportunidade que temos nesta vida, precisamos saber:

O QUE NÃO FAZER (NGEL – O CAMINHO DA SOMBRA)
E
O QUE FAZER (SO – O CAMINHO DA LUZ)
para sermos realmente felizes, saudáveis, bem-sucedidos, ricos, livres e iluminados.

Sexagésima Oitava Luz

Lendo e Refletindo sobre os Estágios do Caminho

Lam Rim

Precisamos ler ou ouvir as várias seções do Lam Rim e chegar a algum tipo de experiência profunda meditando sobre o Lam Rim Gomde (a primeira prática da Clara Luz Osel do volume 2 do Autocura Tântrica III – NgelSo*). Quando tivermos transformado as 24 sombras em 24 luzes, teremos integrado o Lam Rim em nosso dia-a-dia e, a partir de então, estaremos sempre felizes, saudáveis, livres e iluminados.*

Nível Básico de Autocura Ngelso Vinayayana Lam Rim

Sexagésima Nona Luz

Desenvolvendo os Seis Reconhecimentos

1. **Ngel:** sentir que estamos bem e perfeitamente normais.
   So: reconhecer que estamos doentes do corpo e da mente.

2. **Ngel:** não aceitar que a Autocura é o remédio para a nossa mente e energia.
   So: reconhecer que a Autocura pode ajudar nossa cura nos níveis grosseiro, sutil e muito sutil.

3. **Ngel:** não aceitar que o Lama Curador tem habilidades para nos ajudar.
   So: reconhecer que o Lama Curador é um curador poderoso do corpo, da mente, energia, emoções, karma e espíritos.

4. **Ngel:** não desejar praticar a Autocura Tântrica NgelSo.
   So: reconhecer que a prática regular da Autocura pode curar gradualmente nossas doenças físicas e mentais nos níveis grosseiro, sutil e muito sutil

5. **Ngel:** ter a mente fechada ou amedrontada, recusando-se a comprar qualquer coisa positiva do supermercado espiritual.
   So: comprar a Autocura Tântrica do Lama Curador. Não é necessário ter fé, mas apenas a atitude da ciência interior. Assim conseguiremos ver que o Lama Curador possui qualidades e energias especiais que nós mesmos gostaríamos de ter.

6. **Ngel:** não se importar que as outras pessoas não saibam praticar a Autocura.
   So: assumir a responsabilidade por partilhar a Autocura com os outros, curando assim esta e muitas gerações futuras.

Septuagésima Luz

Compreendendo a Preciosidade da Vida Humana

NGEL – Se estivéssemos em um dos outros reinos samsáricos, não teríamos a chance de nos curar, pois nossa mente estaria perturbada demais pelas emoções muito intensas de prazer, dor, medo, ignorância, inveja e raiva. Talvez você não entenda por que o prazer intenso é um "estado de servidão" já que, normalmente, achamos o prazer intenso uma sensação maravilhosa. Não percebemos, porém, que nossa mente se fixa tanto nessa sensação que não nos deixa espaço mental, tempo ou energia para praticar a Autocura. Por isso, o prazer intenso é também uma armadilha.

Precisamos pensar um pouco sobre a vida da maioria dos habitantes de nosso planeta. Grande parte dos lugares deste mundo está consumida pela guerra, fome, carência e outras dificuldades. Se nós morássemos nesses lugares, estaríamos muito ocupados fugindo das balas e brigando por sobras, e não teríamos tempo livre e espaço mental para praticar a Autocura.

A maior parte das pessoas vive em sociedades totalmente materialistas e voltadas apenas para o mundo externo, onde não se aceita a necessidade dos métodos autocurativos de Buddha. Mesmo morando em um lugar onde o método de autocura existe, se tivéssemos uma deficiência mental, não teríamos a chance de praticá-lo.

A pior deficiência mental, porém, é ter uma mente muito endurecida, limitada e preconceituosa, cheia de perspectivas erradas. Uma perspectiva enganada, por exemplo, é achar que a Autocura Tântrica é uma completa perda de tempo e que a única coisa importante nesta vida é obter o máximo de prazer e satisfação material.

Neste momento, não estamos vivendo nenhuma dessas situações desafortunadas. Devemos nos alegrar por nossa boa situação atual e aprender a dar valor a ela. Temos o corpo adequado, equipado com todos os elementos necessários (canais, ventos, gotas, carne, sangue e ossos) para praticar o Tantra, vivemos em um lugar onde a Autocura está à venda no supermercado espiritual e, além disso, não fizemos nada extremamente negativo, como por exemplo, matar nossos pais.

Precisamos compreender a preciosidade de nossa vida

Vigésimo quinto oráculo de sabedoria: para completar nosso desenvolvimento pessoal e nos tornarmos Curadores Supremos, precisamos desenvolver as qualidades curativas das seis perfeições e dos dez bhumis. A base para as seis perfeições e os dez bhumis é o coração que desperta unido à experiência do espaço absoluto (a união das Bodhichittas relativa e absoluta). Sobre essa base, devemos oferecer livremente nosso amor, proteção autocurativa e recursos materiais. Não reter é a base da generosidade perfeita para o século XXI.

Para os que cometem ações destrutivas muito obscuras, a Autocura torna-se muito mais difícil. É como tentar escalar uma montanha com uma mochila cheia de pedras nas costas. Uma ou outra pessoa muito forte pode conseguir, mas para a maior parte de nós, a força da gravidade kármica nos faria afundar nos reinos inferiores.

Além dessas, temos ainda outras vantagens para nossa prática. Por exemplo, o fato de acreditarmos em nosso potencial humano e compreendermos os benefícios da Autocura. Temos também pessoas boas à nossa volta dispostas a ajudar nossa prática, oferecendo-nos comida, roupa e dinheiro. Temos a Shangha, ou comunidade de autocura, à qual podemos recorrer para conselhos, exemplos e apoio emocional.

Como podemos ver, vivemos neste momento uma situação extremamente afortunada, mais difícil de se conseguir do que ganhar na loteria. Agora precisamos compreender o que podemos obter se a aproveitarmos para praticar a Autocura. Se desejamos acabar com nosso sofrimento, podemos usar esta vida para realizar isso; se queremos uma próxima vida feliz, a libertação, um renascimento em Shambala ou a Iluminação, podemos usar esta vida também para alcançar exatamente isso.

A vida humana é a melhor oportunidade para realizarmos os níveis absolutos de Autocura Tântrica, pois nos oferece a base física perfeita: um corpo com cinco elementos, carne, sangue e ossos, canais, ventos e gotas. Os Bodhisattvas do décimo estágio em Sukhavati rezam pedindo um renascimento humano, um corpo humano com os elementos como nós os temos, com o qual é possível, usando o Tantra, chegar ao estado de Vajradhara, ou à Budeidade Tântrica, em uma só vida.

Mesmo em um curto período de tempo como trinta minutos, temos o potencial de gerar uma inacreditável energia e luz interna. Seríamos realmente bobos se deixássemos nossa vida consumir-se em prazeres hedonísticos sem gerarmos nenhuma energia positiva, possibilitando-nos assim uma morte com um saldo vazio no banco kármico e uma mente cheia de confusão e sofrimento no estado intermediário.

Se examinarmos com honestidade nosso comportamento atual, a maior parte de nós perceberá que tem apenas uma pequena chance de conseguir outra vida como esta. A causa kármica para uma vida como a nossa é um comportamento positivo e de luz. A maior parte de nós, porém, entrega-se a um comportamento negativo e cheio de obscurecimentos. Portanto, não devemos nos enganar sobre nossas chances na próxima vida, a não ser que decidamos mudar radicalmente.

Não é certo ficar sentindo que o Guru vem nos salvar. Buddha Shakyamuni não pôde evitar que Seu próprio primo Devadatta fosse para o inferno. Temos que assumir a responsabilidade por nossa própria vida. Talvez alguns de nós sintam que a vida hoje é ruim demais e que este não pode ser, portanto, o verdadeiro renascimento humano precioso. Não podemos nos esquecer, porém, que os Buddhas estão se manifestando com energia, bondade e poder especiais durante estes tempos degenerados de Kaliyuga. Não devemos sentir que nossa situação não é adequada, nem ser fracos ou ter dúvidas. Além disso, quanto mais a situação global torna-se difícil, mais intensa é a energia de transformação. Seguindo a Autocura Tântrica e a energia de Shambala agora, temos mais chances de unir os dois mandalas do que em épocas passadas.

Se olharmos para o tempo que já vivemos, talvez cheguemos à conclusão de que já consumimos metade de nossa vida. Do tempo que nos resta, passaremos um terço dormindo, dois ou três anos comendo, dois anos no banheiro e um ano lavando a louça. Na verdade, pode ser que nos reste apenas uns cinco anos de tempo livre! Devemos tentar não desperdiçar mais nossa vida e tornar útil o tempo que nos resta, começando hoje mesmo a tornar a Autocura parte de nosso dia-a-dia.

Como disse Lama Tsong Khapa:

> *"Se você soubesse o quanto foi difícil conseguir,*
> *Viver a vida comum não seria mais possível.*
> *Se você visse os grandes resultados que pode obter,*
> *Ficaria realmente arrependido por ter desperdiçado sua vida.*
> *Se você pensasse sobre a morte,*
> *Se prepararia agora para suas vidas futuras.*
> *Se você refletisse sobre as causas e efeitos kármicos,*
> *Tentaria parar de destruir a si mesmo."*

A melhor forma de investirmos nosso tempo e energia essencial de vida é seguir as causas e condições interdependentes positivas de reconhecer e cuidar da essência desta vida humana. Sempre reconhecemos e aceitamos as coisas pequenas e esquecemos as grandes. Precisamos agora usar nosso precioso corpo humano e energia mental para realizarmos a paz a curto prazo (saúde e paz nesta e na próxima vida), a paz a médio prazo (o Nirvana) ou a paz a longo prazo, quando nos tornarmos Buddhas para fazer da paz uma realidade para todos.

Precisamos usar a morte e a impermanência de forma criativa

Vigésimo sexto oráculo de sabedoria: bombardear os sentidos, o corpo, a mente e as emoções com energias extremas não é prazer verdadeiro, mas sofrimento. A automoralidade de controlar os cinco chakras e transformar a ignorância, o apego, a avareza, a raiva e a inveja é a base da automoralidade perfeita para o século XXI.

Para chegar a qualquer um desses três níveis de realização precisamos seguir com suavidade a dieta adequada, o comportamento adequado para cada estação do ano, os votos de pratimoksha, os oito preceitos Mahayana, os votos de Bodhichitta e os votos Vajrayana.

Septuagésima Primeira Luz

Usando a Morte e a Impermanência de Forma Criativa

A razão por que não usamos bem a oportunidade fantástica que esta vida oferece para nossa autocura é o fato de guardarmos secretamente no coração a esperança de vivermos para sempre. Sem contato algum com a realidade, desperdiçamos todo nosso tempo nas atividades desta vida. É claro que precisamos trabalhar, relaxar, dormir, nos divertir, fazer compras e consertar a casa; mas precisamos também ter uma perspectiva para a nossa situação atual.

Sabemos que apenas um louco perderia tempo decorando seu quarto de hotel, mas nos comportamos assim durante toda a nossa vida. Quando a realidade nos pega de surpresa no momento da morte, levamos um grande choque ao vermos nossas fantasias interrompidas pela desintegração do corpo. É melhor então enfrentarmos a verdade agora e temer a morte enquanto somos jovens e podemos fazer algo para melhorar suas condições e a situação de nossa próxima vida através da Autocura. Se lembrarmos da morte todos os dias, rapidamente perderemos a fascinação neurótica por esta vida, e nossas atividades do dia-a-dia se tornarão assim ações autocurativas. Caso contrário, é melhor morrermos jovens, pois teremos menos tempo e oportunidades para colocar programas autodestrutivos em nosso computador da realidade.

Lembrando da morte e da impermanência, produzimos uma quantidade enorme de energia para nossa prática de autocura. Esse é o motivo por que os iogues tântricos usam malas feitas de osso, potes de crânio e outros objetos afins, e não porque são mórbidos ou gostam dessa moda. No começo da prática, pensar sobre a morte desvia a mente das trivialidades. Já que não conseguimos abandonar nossos apegos,

Por favor, mantenha a paz do mundo interno e externo

Vigésimo sétimo oráculo de sabedoria: hoje estamos tão acostumados à pressa e à correria que achamos a paciência entediante e temos pouco tempo para ela. Precisamos aprender a usar o espaço, pois a pressa e o nervosismo não têm nenhum poder no espaço. Essa é a base perfeita para o século XXI.

devemos ao menos encontrar uma forma de usá-los positivamente. À medida que a prática avança, pensar na morte passa a nos encher de energia e intensidade e, por fim, abraçando a morte nós a conquistamos com a prática do estágio de completamento. Se estivermos muito assustados para enfrentar nossa própria morte, não poderemos realizar com sucesso o estágio de completamento pois, no momento em que nossa energia se concentrar e a respiração cessar, ficaremos desesperados e nossa prática será bloqueada pelo medo.

Se pensarmos na morte agora, no momento em que ela acontecer de verdade poderemos morrer em paz e sem arrependimentos. Meditar sobre a morte é um processo de cura, pois nos faz enfrentar nossa recusa, raiva e depressão, até finalmente chegarmos a um estágio de aceitação e paz interior. É melhor fazermos isso agora, antes que uma doença terminal apareça pois, caso isso aconteça, corremos o risco de não ter tempo suficiente para aceitar psicologicamente nossa morte, morrendo então com a mente cheia de medo e raiva, justamente o que desejamos evitar. A última mente grosseira do momento da morte (quando a respiração cessa) ativa o karma que nos projeta para a próxima vida. Morrendo com uma mente feliz e em paz, teremos uma próxima vida feliz e em paz. Por isso, temos que enfrentar a morte agora.

Além disso, é apenas aceitando a morte que podemos viver de verdade. Como disse Kelsang Gyatso, o Sétimo Dalai Lama:

"Depois do nascimento não se tem descanso nem liberdade na corrida ao encontro com Shindje Radja, o Senhor da Morte. O que chamamos de vida é apenas uma jornada na estrada para a morte".

Intelectualmente, todos sabemos que vamos morrer. Precisamos, porém, integrar esse conhecimento em nosso coração, no lugar da crença secreta "eu não vou morrer agora". Devemos meditar sobre o fato de que nem mesmo os cientistas podem evitar a morte. Algumas pessoas acreditam que guardando o corpo congelado em nitrogênio líquido poderão ficar em estado de "suspensão", até que os cientistas descubram uma forma de revivê-las. Mas ninguém jamais encontrará um método para unir novamente o corpo e a mente uma vez que eles tenham se separado no momento da morte. A morte é programada em nosso corpo no momento em que ele é concebido, e ninguém jamais poderá deter sua inevitável decomposição. Segundo após segundo, nossa respiração está sendo consumida, e nos aproximamos mais e mais do abraço da morte. Shindje Radja, o Senhor da Morte, está devorando todos nós. E como não sabemos exatamente quando nosso momento chegará, é melhor praticarmos a Autocura hoje, e não amanhã, por via das dúvidas...

Devemos usar o tempo que passamos lendo jornais ou assistindo noticiários na televisão como uma forma de autocura, por exemplo, meditando sobre a morte. Ao vermos as formas horríveis como algumas pessoas morreram no dia anterior, devemos sentir: "Isso poderia acontecer comigo". Precisamos nos identificar com as pessoas das histórias que assistimos para perceber assim nossa própria impermanência. Que outro motivo nos levaria a assistir tais coisas? O desejo de se deprimir e de ter algum tipo de divertimento sádico?

Nada evitará nossa morte; nenhum programa de exercícios, vitaminas, injeção de placenta, macrobiótica, ioga, viver em um ambiente limpo, nada. A única coisa que separa esta vida da próxima é nossa respiração, que pode cessar a qualquer momento. E quando esse momento chegar, quem nos ajudará? Quem será nosso verdadeiro amigo e nosso verdadeiro inimigo? Nossa riqueza nos causará apenas sofrimento, especialmente se soubermos que outra pessoa ficará com ela. Nossos amigos não poderão nos ajudar, e até nosso corpo vai nos trair: quando mais precisarmos dele, ele começará a morrer em nós. A única coisa que nos ajudará será o nosso Lama Curador, a Autocura, a companhia espiritual e o conteúdo do disco do espaço interior. Por isso, o melhor investimento é começarmos a praticar a Autocura e a programar apenas informações positivas em nosso disco interior a partir de hoje.

Devemos tentar imaginar como será nossa morte. A finalidade dessa meditação não é nos deprimir ou assustar, mas nos convencer de que, se desejamos ter uma experiência positiva da morte, precisamos começar a integrar a Autocura em nossa vida já, e não depois da carreira, dos negócios, da família, etc. A qualidade de nossa morte está em nossas próprias mãos. Se aceitarmos nossa morte e impermanência, não ficaremos deprimidos como poderíamos pensar num primeiro momento. Ao contrário, teremos mais liberdade e felicidade interior, pois muitas das trivialidades da vida deixarão de ter influência sobre nós. As oito emoções desequilibradas perdem o poder sobre nossa mente e, então, naturalmente passamos a ter muito mais paz interna em meio às circunstâncias mutantes da vida. Apenas essa razão já é suficiente para fazermos as pazes com a morte. Precisamos nos preparar agora para a longa jornada de nossas vidas futuras, arrumando cuidadosamente nossa única bagagem: o conteúdo de nosso disco do espaço interior.

Esse é o objetivo da meditação sobre a preciosa vida humana, a morte e a impermanência. É um remédio forte, mas nós precisamos dele para nos tirar da condescendência de nossas atitudes mundanas que, despercebidas, pouco a pouco vão desperdiçando nossa vida e energia.

Septuagésima Segunda Luz

O Karma Positivo e Negativo nos Segue como Nossa Aura e Nossa Sombra

Se queremos ser felizes nesta e nas vidas futuras, precisamos tomar conta de nosso comportamento e da forma como usamos nossa preciosa energia de vida. Seguir as causas e condições interdependentes negativas de nos sentirmos livres para fazer tudo que nossas emoções nos mandam fazer é caro demais. Não podemos esquecer que todas as nossas ações estão sendo gravadas no disco muito sutil do espaço interno no chakra do coração. Essa é a nossa conta telefônica kármica e, um dia, levaremos um susto quando ela chegar e tivermos que pagá-la.

Precisamos compreender a lei do karma para podermos determinar conscientemente nosso próprio destino. Olhando para o espelho do karma, compreendemos o que devemos e o que não devemos fazer para ter felicidade relativa e absoluta, cura e paz, para nós e os outros. O karma é uma lei fundamental do universo. Muitas pessoas não entendem essa lei da forma correta e, por isso, ficam bravas quando, diante de alguém que está sofrendo intensamente por doenças, guerra ou fome, ouvem outra pessoa comentar: "É o karma". Karma não é fatalidade; ao contrário, essa lei nos ensina que as experiências de nossa vida estão em nossas mãos.

Às vezes, por engano ou ignorância *(marigpa)*, colocamos o programa errado em nosso computador da realidade e, depois, temos que passar por intensos sofrimentos. A cada momento, porém, estamos criando novas ações (karma), o que nos permite sempre mudar nossa realidade. Se vemos alguém sofrendo profundamente, não devemos abandonar essa pessoa à própria sorte. Ao contrário, devemos ter compaixão e fazer tudo que estiver ao nosso alcance para ajudá-la. Podemos ao menos lhe dedicar as energias de cura geradas em nossa prática de Autocura Tântrica, para que alguma coisa mude em sua vida.

Há quatro pontos principais que precisamos compreender sobre o karma:

1. O resultado de nossas ações é fixo.
   Se gravarmos uma ação positiva no disco do espaço interior, apenas resultados positivos serão impressos a partir dela. Da mesma forma, se fizermos uma ação negativa, apenas resultados negativos poderão se originar dela.

2. O resultado de nossas ações aumenta.
   Sementes minúsculas podem dar origem a árvores imensas. Por isso, é importante cuidar das sementes. Da mesma forma, nossas pequenas ações positivas ou negativas podem gerar resultados imensos.

3. Ninguém se confronta com uma situação para a qual não tenha criado o karma.

Já ouvimos muitas histórias sobre desastres nos quais uma ou duas pessoas sobreviveram sem um arranhão. Por que algumas pessoas sobrevivem a um acidente de avião ou a um ataque de míssil sem nenhum ferimento, enquanto todas as outras morrem? O motivo é que, embora elas estivessem nessa situação, não haviam criado as causas interdependentes para morrer dessa forma. Entretanto, como não sabemos que ações estão gravadas em nosso disco do espaço interno, é melhor sermos cautelosos e fazermos purificações, procurando gerar apenas energia positiva e luz. Senão, qualquer dia podemos nos surpreender ao nos vermos embaixo de um caminhão ou em alguma outra situação desagradável para a qual não encontramos uma explicação racional e, então, começaremos a culpar a vida, Deus, o destino ou qualquer outra coisa.

4. Uma vez tendo criado uma ação, seu registro não se apagará por si mesmo.

Depois que uma ação negativa ou positiva tiver sido gravada em nosso disco interno, ela permanecerá lá até que as condições certas

Para cada sombra há uma luz

Vigésimo oitavo oráculo de sabedoria: precisamos reagir positivamente a todos os sinais de degeneração de nossa sociedade e meio ambiente e decidir fazer algo por nosso mundo, praticando a Autocura para desenvolvermos o corpo, palavra, mente, qualidades e ações de cristal puro, e curando outros e o meio ambiente como nos for possível. Não ficar deprimido com os noticiários é a base da energia perfeita para o século XXI.

causem seu amadurecimento e a transformem em uma experiência, o que pode ocorrer até centenas de vidas depois.

Não podemos destruir nosso disco do espaço interno, nem jogá-lo fora. A única forma de nos livrarmos dos registros negativos de nosso disco é através de práticas de purificação, como a meditação no espaço absoluto. Devemos ter cuidado para não destruir nossas ações positivas fazendo coisas autodestrutivas e, especialmente, para não ter raiva de nosso Lama Curador. A raiva tem o poder de destruir nosso disco do espaço interior, pois as duas energias estão localizadas no chakra do coração.

Precisamos compreender os efeitos prejudiciais das dez ações autodestrutivas e o poder de cura das dez ações autocurativas, para sabermos que ações nos trarão felicidade ou sofrimento. Então, poderemos escolher se queremos ser felizes ou não. Essa é a verdadeira liberdade individual, a verdadeira autocura. Nossas ações de luz e de sombra estão sendo gravadas, tenhamos conhecimento disso ou não. Sempre que a escuridão tomar conta de nossa mente, devemos nos lembrar com intensidade do lado positivo para gerar luz interior, o antídoto da sombra. Entretanto, se não soubermos avaliar o que é luz ou sombra, não poderemos nem saber qual é nosso problema e, assim, como vamos nos curar?

SEPTUAGÉSIMA TERCEIRA LUZ

O QUE TORNA AS AÇÕES MAIS PODEROSAS

Precisamos compreender o que torna algumas ações mais poderosas que outras.

1 Todas as ações de luz ou de sombra relativas às pessoas que realmente nos ajudaram, como nosso Lama Curador, os Buddhas, Bodhisattvas, nossos professores, pais, parentes e médicos, são mais poderosas do que as ações normais pois, do ponto de vista kármico, já temos um débito com essas pessoas. Além disso, nossos chakras estão ligados aos deles no nível sutil, o que nos permite ajudá-los ou prejudicá-los com muito mais facilidade.

2   Os votos de refúgio, pratimoksha, Bodhisattva e os votos tântricos tornam nossas ações positivas e negativas mais poderosas, pois ligam nosso disco do espaço interior, em um grau maior ou menor, no nível de cristal puro da realidade. Por isso, nosso disco do espaço está mais limpo e funcionando melhor do que o normal, o que causa em nossa mente reações muito mais intensas em relação a tudo que registramos nela.

3   O poder de uma ação também depende do tipo da ação. Por exemplo, alguns tipos de generosidade são melhores que outros. É bom convidar os amigos para jantar, mas nossa generosidade é mais poderosa se lhes ensinarmos a Autocura. A comida proporciona-lhes prazer apenas por alguns minutos, enquanto a Autocura pode pacificar suas doenças físicas e mentais para sempre.

4   O poder das ações depende também da motivação. Se temos um coração amoroso e compassivo que deseja curar e cuidar dos outros, nossas ações tornam-se muito poderosas. A melhor motivação que podemos ter é o grande coração desperto de Bodhichitta.

Septuagésima Quarta Luz

Karma Fixo, Karma Móvel e Karma de Projeção

Karma de Projeção – são as ações que nos farão renascer em um dos seis reinos do samsara. Enquanto a ignorância estiver em nosso coração, todas as ações que gravarmos no disco do espaço interno nos farão depois projetar um dos seis filmes mentais samsáricos na tela do espaço.

Karma Fixo – é um investimento garantido. Se desenvolvermos a permanência serena, nossas ações positivas projetarão nossa consciência para o estado de consciência transcendente dos reinos da forma e da ausência de forma, como o espaço ilimitado, a consciência ilimitada, o nada e o "pico do samsara" – o estado de consciência mais puro e pleno de bem-aventurança dentro dos seis reinos.

Nos reinos da forma e da ausência de forma, o programa de sofrimento não está mais rodando no computador interno de nosso coração. Entretanto, ainda temos registros negativos no disco do espaço interno que, quando forem ativados, nos farão descer para um nível de consciência mais grosseiro em um dos outros reinos do samsara.

Karma Móvel – é como uma aposta no mercado de ações. Se não tivermos alcançado o estado de "permanência serena", não poderemos garantir um efeito fixo para nossas ações. Por exemplo, podemos morrer e entrar no bardo de um dos três reinos inferiores mas, pelo poder da bênção de Lama Vajradhara, morremos nesse bardo e entramos no bardo de um reino do desejo, no reino dos deuses, assuras ou humanos. O oposto também pode acontecer.

Septuagésima Quinta Luz

Os Dez Principais Caminhos Energéticos de Nosso Corpo, Palavra e Mente — Para Cada Sombra Há uma Luz

Momento após momento, surgem em nós o apego ao próprio eu, a raiva e a ignorância, fazendo-nos vivenciar simultaneamente medo e inveja. Segundo após segundo, nosso exército de 84 mil negatividades está reunindo forças e nos fazendo vivenciar um fluxo de muitas energias e emoções negativas. Precisamos transformar essas energias negativas praticando a Autocura e criando causas e condições interdependentes positivas.

Primeira Luz da Estrela
*Os Resultados Kármicos Sombrios do Ato de Matar e a
Luz de Cristal da Preservação e do Cuidado com a Vida*

NGEL – O resultado das causas e condições interdependentes autodestrutivas do ato de matar é caro demais. Nossa mente fica obscura, deprimida, pesada, paranóica e dolorosamente agressiva o tempo todo. Nestes tempos de Kaliyuga, sofremos no reino humano como os seres dos infernos dos tempos antigos. Temos a tendência emocional negativa e destrutiva de matar e machucar os outros mais e mais. Nossa energia vital está danificada e, por isso, nossa vida é curta e cheia de doenças dolorosas. Vivenciamos subjetivamente nosso meio ambiente como muito pobre, e temos dificuldades para conseguir comida e as outras coisas necessárias ao nosso sustento. Nosso desenvolvimento espiritual e qualquer evolução pessoal está totalmente bloqueada. Vagamos incessantemente pela escuridão do sofrimento. Certamente não desejamos exaurir nossa energia de vida dessa forma inútil.

Precisamos de autocura e não de autocondescendência.

SO – Precisamos transformar essa energia negativa nas causas e condições interdependentes autocurativas de não mais matar ou machucar fisicamente nenhum ser vivo. Como resultado, nossa mente evoluirá e se elevará, será pura, confortável e plena de Bem-aventurança. Desejaremos sempre cuidar e proteger os outros e teremos uma vida longa, boa saúde, felicidade e força vital. Vivenciaremos os mundos externo e interno como muito abundantes e acharemos fácil evoluir e desenvolver nossa energia curativa de cristal.

Segunda Luz da Estrela
*Os Resultados Kármicos Sombrios do Ato de Roubar
e a Luz de Cristal da Generosidade*

NGEL – O resultado das causas e condições interdependentes autodestrutivas do ato de roubar é caro demais. Nossa mente cai, fica obscura, pesada e sofremos como os seres dos infernos, animais ou pretas. Somos presos, ficamos pobres, perdemos todas as coisas de que gostamos, as pessoas nos roubam ou pegam emprestado sem desenvolver, e vivenciamos subjetivamente nosso ambiente como muito árido e sem que coisas bonitas possam crescer nele.

Precisamos de autocura e não de autocondescendência.

SO – Temos que cortar essa negatividade e direcionar nossa energia de vida para outro lado, praticando as causas e condições interdependentes autocurativas da generosidade, que tornarão nossa mente alegre e cheia de luz como a dos humanos ou devas. Como resultado, teremos riqueza, liberdade física e mental, relaxamento Ngelso e tudo de que gostamos. As pessoas nos darão muitos presentes, poderemos viajar pelo mundo, e as coisas sempre estarão bem para nós devido à nossa boa sorte. Relaxaremos em um mundo cheio de flores, árvores e coisas bonitas.

Terceira Luz da Estrela
Os Resultados Kármicos Sombrios da Má Conduta Sexual e a Luz de Cristal da Boa Conduta Sexual

NGEL – O resultado das causas e condições interdependentes autodestrutivas da má conduta sexual é caro demais. Fazer sexo com parceiros de outras pessoas, monges, monjas, nossos pais, crianças, animais, mulheres grávidas, envolver-se em prostituição, sadomasoquismo, degradar, estuprar e outras práticas semelhantes fazem nossa mente cair e se obscurecer. Sofremos como os seres dos infernos, pretas ou animais. Quando, intencionalmente ou não, machucamos o corpo e a mente de outros devido ao nosso comportamento sexual, perdemos a energia vital de cristal puro de nosso corpo e mente. As pessoas nos olham de cima e nos sentimos sujos. Devido à nossa insatisfação e ao nosso comportamento, não conseguimos manter nenhum relacionamento estável com o nosso parceiro(a), amigos ou família. Nossos parceiros sempre nos abandonam por outra pessoa. Até nossos negócios vão mal devido ao nosso mau relacionamento no trabalho, e vivenciamos muito sofrimento, devido a separações e à solidão. Pensamos continuamente em sexo e não conseguimos nos concentrar em outra coisa. Contraímos doenças sexualmente transmissíveis como a sífilis, gonorréia, herpes e AIDS. Vivenciamos subjetivamente nosso meio ambiente como muito sujo, poluído e cheio de bactérias perigosas, vermes e vírus.

Precisamos de autocura e não de autocondescendência.

SO – Precisamos seguir as causas e condições interdependentes autocurativas de usar nossa energia sexual de forma positiva, sendo ou não celibatários. Agir com consideração com nossos parceiros, satisfazendo-os, é a melhor maneira de transformar a poderosa energia sexual de nosso desejo através das práticas tântricas internas e externas de transformação de energia. Como resultado, nosso desenvolvimento pessoal se intensificará e poderemos relaxar e rapidamente adquirir as qualidades mentais e físicas necessárias para ajudar e curar os outros. Muitas pessoas gostarão de nós, de trabalhar para nós e de nos ajudar, viveremos em um lugar muito limpo e saudável, com muita saúde, felicidade, paz interior e muitos amigos verdadeiros.

Quarta Luz da Estrela
*Os Resultados Kármicos Sombrios da Mentira
e a Luz de Cristal da Honestidade*

NGEL – Usar nosso corpo, palavra e mente para gerar as causas e condições interdependentes autodestrutivas da mentira é caro demais para nós e os outros. Ninguém mais confia em nós ou acredita no que dizemos, e todos passam a nos achar pessoas estranhas. A mentira nos faz prejudicar e machucar os outros e, como resultado, nossa mente fica obscura e cheia de sofrimento, encontramos muitos mentirosos, não conseguimos compreender a verdade sobre a realidade, e somos sempre enganados e ludibriados pelos outros.

Precisamos de autocura e não de autocondescendência.

SO – Precisamos seguir as causas e condições interdependentes autocurativas de deixar de mentir e de falar sempre a verdade no nível relativo. Como resultado, os outros confiarão e acreditarão em nós, e poderemos ajudar a curar muitas pessoas. No nível absoluto, seremos capazes de perceber todos os fenômenos convencionais como ilusões, penetrando assim o coração da Verdade Absoluta.

Quinta Luz da Estrela
*Os Resultados Kármicos Sombrios da Fala Que Separa
e a Luz de Cristal da Fala que Harmoniza*

NGEL – O resultado das causas e condições interdependentes autodestrutivas da palavra que separa é caro demais. Ao separar amigos, Gurus e discípulos, professores e alunos, pais e filhos, sociedades, sócios e países com nossas informações negativas, causamos muito sofrimento aos outros. Nossa mente fica obscura e pesada, nossos relacionamentos pessoais ficam difíceis e sem harmonia e o fax e o telefone começam a quebrar sempre. Vivenciamos subjetivamente os mundos externo e interno cheios de montanhas e sem estradas. Ficamos muito cansados, lutando para nos comunicar e receber idéias e informações.

Precisamos de autocura e não de autocondescendência.

SO – Temos que seguir as causas e condições interdependentes autocurativas da palavra que traz harmonia, paz e alegria a todos os que encontramos, oferecendo-lhes sempre informações positivas. Como resultado, nossa mente fica leve e alegre, e a comunicação com os outros passa a ser muito fácil. Vivenciamos subjetivamente os mundos interno e externo como uniformes, suaves e com boa comunicação.

Sexta Luz da Estrela
*Os Resultados Kármicos Sombrios da Fala que Machuca
e a Luz de Cristal da Fala Doce e Suave*

NGEL – Usar nossa energia para criar as causas e condições interdependentes autodestrutivas de machucar os sentimentos dos outros é caro demais e muito estranho. Ao criticar os outros com sarcasmo, dizendo ou escrevendo coisas verdadeiras mas dolorosas, ou insultando-lhes o corpo, a palavra, a mente, qualidades e ações, criamos as causas para que eles façam o mesmo conosco. Como resultado, não conseguimos ter bons relacionamentos com as pessoas das quais precisamos e vivenciamos subjetivamente os mundos externo e interno como cheios de espinhos, emoções e palavras ásperas e desagradáveis.

Precisamos de autocura e não de autocondescendência.

SO – Temos que seguir as causas e condições interdependentes autocurativas de deixar de falar coisas que machucam e, em lugar disso, sempre usar palavras boas, gentis, doces e suaves, que agradam e confortam as pessoas. Como resultado, sempre teremos bons relacionamentos, paz e conforto interno e externo.

Sétima Luz da Estrela
*Os Resultados Kármicos Sombrios da Fofoca
e a Luz de Cristal de Passar apenas Informações Positivas*

NGEL – O resultado das causas e condições interdependentes autodestrutivas geradas pela fofoca é caro demais. Quando espalhamos rumores e informações negativas sobre nossos amigos, estranhos ou inimigos, as pessoas passam a nos considerar desagradáveis e não confiáveis. Pensam que somos bobos e não escutam ou levam a sério nossos pontos de vista. Além disso, nunca desejam partilhar conosco seus segredos mais íntimos. Vivenciamos subjetivamente o mundo externo e interno como um lugar onde as plantas adoecem ou são sempre prejudicadas por desequilíbrios dos elementos, não podendo, por isso, desenvolver-se totalmente.

Precisamos de autocura e não de autocondescendência.

SO – Temos que seguir as causas e condições interdependentes autocurativas de passar sempre informações benéficas, como os ensinamentos de autocura do senhor Buddha. Por favor, senhor Buddha, abençoe-nos para não enxergarmos defeitos nas ações dos outros mas, em vez disso, nos concentrarmos sobre nossos próprios defeitos. Como resultado, os outros gostarão de nós, nos respeitarão e enxergarão nossas qualidades. Todos nos levarão a sério e nos tomarão como seus amigos e confidentes. Nossos projetos se realizarão com tranqüilidade, no tempo certo e sem interferências.

Oitava Luz da Estrela
*Os Resultados Kármicos Sombrios dos Pensamentos
Maliciosos e a Luz de Cristal do Amor e da Compaixão*

NGEL – As causa e condições interdependentes autodestrutivas da malícia são caras demais. O desejo contínuo de infligir o mal, sofrimento e infortúnio aos outros torna nossa mente muito obscura, pesada e deprimida. Sofremos muito medo e pânico quando projetamos nossas intenções prejudiciais para os outros. Nossos mundos interno e externo estão cheios de brigas, armas, guerra, conflitos, doenças graves e espíritos maléficos. Até assistimos boxe na televisão, sentindo prazer em ver um homem apanhar até ficar inconsciente.

Precisamos de autocura e não de autocondescendência.

SO – Temos que seguir as causas e condições interdependentes autocurativas do amor e da compaixão. Quando desenvolvemos gradualmente nosso amor e calor internos, nossos inimigos transformam-se em amigos. Podemos então partilhar o calor de nosso sol interior de energia de vida e de cura com incontáveis seres vivos. Como resultado, nossa mente desperta espontaneamente e amadurece em direção à Iluminação.

Nona Luz da Estrela
*Os Resultados Kármicos Sombrios da Cobiça
e a Luz de Cristal do Regozijo*

NGEL – As causas e condições interdependentes autodestrutivas da cobiça são caras demais. Maquinar de forma invejosa como pegar para si as posses, a riqueza, a carreira e o sucesso dos outros causa apenas nosso fracasso. Além disso, o azar passa a ser nosso companheiro, nunca nos permitindo conseguir o que desejamos e nos deixando sempre descontentes e desconfortáveis com nossa situação de vida. Nossa mente se obscurece e desenvolvemos muitas doenças mentais. As pessoas passam a não gostar de nossa energia e começam a nos evitar. Nós nos forçamos a fazer de tudo para conseguir o que queremos, até ficarmos exaustos e totalmente esgotados. Nossa vitalidade física, energia de vida, saúde e beleza rapidamente se degeneram, e até nossos bens materiais como o carro, a casa, as roupas, jóias e outros rapidamente se estragam ou acabam.

Precisamos de autocura e não de autocondescendência.

SO – Temos que investir nossa energia com sabedoria, seguindo as causas e condições interdependentes autocurativas de abandonar a cobiça e começar a nos sentir satisfeitos com nossa situação pessoal, ao mesmo tempo em que nos regozijamos com a boa situação dos outros. Como resultado, acumularemos uma grande reserva de energia essencial de vida. Conseguiremos o que queremos na vida, nos sentiremos muito confortáveis e energizados e poderemos desfrutar de muitas coisas bonitas em nosso mundo interno e externo.

Décima Luz da Estrela
Os Resultados Kármicos Sombrios de Apegar-se a Pontos de Vista Equivocados e a Luz de Cristal de Estar Aberto para as Visões Corretas

NGEL – As causas e condições interdependentes autodestrutivas de apegar-se a pontos de vista equivocados são caras e entediantes demais. Visões equivocadas são, por exemplo, não gostar, não acreditar e desejar refutar a relação de interdependência entre as ações e seus efeitos. Outras visões equivocadas são desgostar da religião sem nenhum motivo, não acreditar na vida após a morte, fatalismo, hedonismo, não acreditar na existência dos Buddhas e outros seres integrados e despertos, não aceitar a visão do caminho do meio sobre a realidade ou qualquer um dos métodos de autocura, como o Lam Rim e o Tantra, que nos fazem evoluir e nos tornam saudáveis e inteiros nos níveis externo, interno e secreto. Isso é realmente caro demais. Nossa ignorância e confusão crescem continuamente e encontramos dificuldades para aprender qualquer coisa mais significativa nos níveis relativo e absoluto. Nossa saúde mental, física e espiritual e nosso desenvolvimento ficam bloqueados além de um nível grosseiro superficial. Solidificamos ainda mais as correntes de nossa prisão samsárica e nos condenamos a intermináveis sofrimentos, doenças e desconfortos. Vivenciamos nosso mundo como um árido deserto, sem nada de bonito ou precioso, sem amor, arte ou cultura, sem espiritualidade, religião ou métodos de autocura. Nunca encontramos ou criamos um vínculo profundo com um Lama Curador. Tudo que nos resta é nossa feiúra interna e externa.

Precisamos de autocura e não de autocondescendência.

SO – Temos que seguir as causas e condições interdependentes positivas de ter a mente aberta e a capacidade de discriminar entre os amigos e inimigos. Se, além disso, tivermos também a amizade de nosso Lama Curador, poderemos logo encontrar nosso caminho de autocura em muitos níveis grosseiros e sutis, por exemplo, o caminho do Bodhisattva e o caminho tântrico. Como resultado, desenvolveremos rapidamente a visão correta da realidade e completaremos nossa autocura. Integraremos os dois mandalas e realizaremos nossa energia e mente de cristal mais profunda, tornando-nos de máxima ajuda para muitos seres. Poderemos, então, ajudar e guiar todos os seres em sofrimento aos quais estamos profundamente ligados desde nossas vidas passadas. Como resultado, nós e todos os seres vivos logo poderemos desfrutar da paz interna e externa em Terras Puras repletas de coisas preciosas.

Septuagésima Sexta Luz

Como Conseguir a Melhor Chance para Desenvolver Nossa Luz Interna

Se queremos nos oferecer o melhor nesta vida, precisamos criar as causas para as oito situações especiais, que são:

1 Salvar a vida de outros seres e cuidar de pessoas doentes nos traz uma vida longa e com muito tempo para praticar a Autocura. Podemos libertar animais, pássaros e peixes que de outra forma seriam mortos para servir de comida, como lagostas e lagostins em restaurantes de frutos do mar, etc.

2 Desenvolver a qualidade da paciência e oferecer muita luz às Três Jóias, assim como roupas e jóias para representações de Buddha e outros seres sagrados, torna a maquiagem de nossa mente extremamente bonita e faz nossa luz interior refletir-se em nosso rosto. Podemos então influenciar e atrair as pessoas apenas com nossa aparência. Oferecer luzes a Buddha não é

cultuar um Deus externo, mas uma forma de reconhecer a preciosidade de nossa divindade interna, a natureza Búdica que temos no coração. A parte central de uma *thanka* recebe o nome de "espelho" justamente porque a imagem de Buddha é um reflexo de nosso potencial humano mais elevado.

3   Comportar-se de forma humilde e respeitosa em relação a todos perto de nós, especialmente nossos Gurus, pais e professores, é a causa para nos tornarmos líderes, pois todos confiam em nós quando percebem que não estamos buscando poder.

4   Ser generoso é a causa da riqueza. Se formos ricos, muitas pessoas desejarão ser nossos amigos, o que nos dará a oportunidade de influenciá-las de uma forma positiva. Há muitas formas de riqueza; devemos sempre nos lembrar que a riqueza interna é tão importante quanto a riqueza externa.

5   Falar sempre com honestidade é a causa para obtermos o poder da palavra. Com esse poder, todos acreditarão em nós quando falarmos e, assim, poderemos ser bons professores da Autocura e do Treinamento Espacial.

6   Fazer oferendas e desenvolver um bom relacionamento com nosso Lama Curador, nossos pais, médicos e com os mais velhos e mais sábios é a causa para sermos muito poderosos e famosos, pois eles gradualmente começarão a gostar e a confiar em nós e a nos dar seu apoio, conhecimento, contatos, energia e conselhos.

7   Ajudar a resolver os problemas dos outros, especialmente protegendo-os de perigos, é a causa para nunca sentirmos medo e para não encontrarmos muitos obstáculos à nossa prática de Autocura.

8   Oferecer comida, bebida e remédios aos outros e lhes ensinar a Autocura é a causa para desenvolvermos um corpo e uma mente fortes. Como conseqüência, teremos poucas doenças e poderemos desenvolver rapidamente experiências profundas de regeneração, relaxamento e Autocura Tântrica NgelSo.

Os seis reinos samsáricos estão dentro de nós

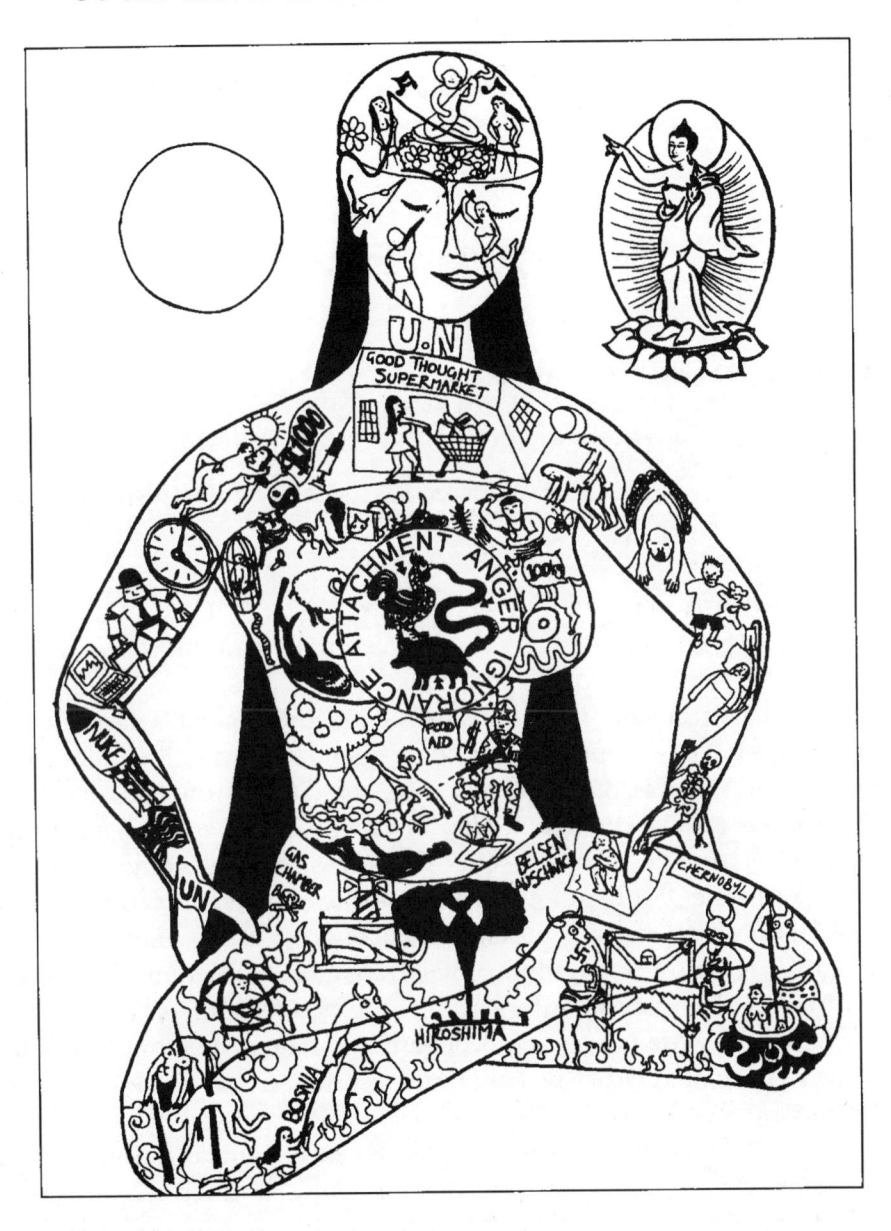

Esforce-se para abandonar o sofrimento samsárico integrando a Autocura em seu dia-a-dia. Assim você poderá destruir Shindje Radja, O Senhor da Morte, como um elefante esmaga um tufo de grama.

É claro que podemos praticar a Autocura sem essas oito situações excelentes. Sua presença, porém, muda as chances a nosso favor, garantindo que nos tornaremos Lamas Curadores e guias no caminho para sair do samsara. Compreendendo seus benefícios, devemos investir parte de nossa energia para realizar essas oito situações o mais cedo possível.

Septuagésima Sétima Luz

Compreendendo os Resultados de Nossas Ações Interdependentes Negativas (O sofrimento dos Reinos Inferiores)

A próxima etapa da Autocura Tântrica NgelSo é o estudo do que acontece depois da morte. Muitos vêem hoje a morte como um computador que quebra e, como conseqüência, toda sua informação é apagada, não restando nada. Felizmente ou infelizmente, não é isso o que acontece. Nosso contínuo mental de energia muito sutil é indestrutível e permanece depois da morte. Por isso, acreditemos ou não, queiramos ou não, nossa vida continuará depois da morte. Da mesma forma que estamos sempre calculando nossas despesas externas, como o aluguel, os impostos, a conta telefônica e outras, precisamos também ter consciência de quanto nos custará gastar nossa preciosa energia humana em raiva, ignorância, orgulho, inveja, apego, etc. Meditando sobre o sofrimento dos reinos inferiores, podemos conhecer o resultado interdependente de nossas ações negativas, ou de nossa conta telefônica kármica. Essa meditação nos motivará a parar nosso suicídio, seja ele violento ou prazeroso.

Precisamos compreender que as experiências subjetivas do sofrimento do reino dos infernos, dos tormentos do reino dos fantasmas e da brutalidade animal realmente existem. Como não podemos ler o conteúdo de nosso disco kármico, não podemos saber se passaremos logo por essas experiências, caso uma bomba atômica negativa seja detonada em nossa mente.

A forma como vemos o mundo depende de nosso karma. Todos os dias, podemos ver na televisão pessoas sendo torturadas ou submetidas a terríveis operações, pessoas queimadas em incêndios, esmagadas em terremotos, mortas em bombardeios, etc. Como podemos ter certeza de que o que elas estão vivendo não é o inferno, o mais alto grau de sofrimento que um ser pode experimentar? Nos dias de hoje, muitas pessoas morrem de fome ou são espancadas por guardas armados quando tentam se aproximar dos mercados, armazéns, etc. Como podemos afirmar que elas não estão vivenciando o estado de consciência dos fantasmas famintos? Na sociedade moderna, a lei é "cada um por si". Milhões de pessoas são rudemente exploradas e forçadas a fazer trabalhos degradantes. Se não podemos pensar em mais nada senão construir nosso próprio ninho, fazer sexo, comer, criar nossos filhos e lutar contra os inimigos, somos realmente muito melhores que os animais?

Todos os reinos inferiores podem hoje ser vivenciados subjetivamente no mundo humano. Durante estes tempos degenerados de Kaliyuga, temos que suportar os sofrimentos do reino dos infernos, que em eras passadas ficava no mundo externo. Por muitos anos, criamos as causas e condições negativas e agora estamos sofrendo como os seres dos infernos, de frio e calor, e tendo que passar por operações terríveis.

Durante estes tempos degenerados de Kalyuga, temos que suportar os sofrimentos do reino dos pretas, que em eras passadas ficava no mundo externo. Por muitos anos, criamos as causas e condições interdependentes negativas e agora estamos sofrendo como os pretas, de fome e sede terríveis, gota, muito medo e paranóia.

Durante estes tempos degenerados de Kaliyuga, temos que suportar os sofrimentos do reino animal, que em eras passadas ficava no mundo externo. Por muitos anos, criamos as causas e condições interdependentes negativas e agora estamos sofrendo como animais que, não possuindo quase inteligência, são explorados e sacrificados para que outros realizem suas próprias finalidades.

Essas experiências que conhecemos se parecem com os reinos dos infernos, fantasmas e animais e, a partir delas, podemos concluir que esses reinos realmente existem para os seres que têm a mente muito negativa e obscura. Como o nosso próprio mundo, esses outros reinos também são realidades projetadas, ou filmes mentais. Se sonhamos que estamos no inferno e não conseguimos acordar, estamos realmente no inferno, do ponto de vista de nossa realidade particular.

Quando meditamos sobre os reinos inferiores, devemos sempre nos lembrar que somos projetados para nosso inferno pessoal, mundo dos espíritos ou mundo animal pelas reações negativas de nossa própria mente; não há nenhum juiz externo decidindo nossa situação. Além disso, como todos os fenômenos, os reinos inferiores também são estados impermanentes, ou seja, podemos sair deles quando pagamos nossa dívida kármica.

A finalidade desse tipo de meditação não é nos assustar ou alienar, mas nos possibilitar uma escolha consciente em relação às ações que desejamos praticar ou abandonar. Só assim podemos ser livres para sair da escuridão para a escuridão, da luz para a escuridão, da escuridão para a luz ou da luz para a luz. Essa é a verdadeira liberdade pessoal.

Septuagésima Oitava Luz

Refúgio – A Melhor Apólice de Seguro de Vida

Todos estamos procurando algum tipo de proteção e refúgio dos sofrimentos da vida. Há muitas coisas nas quais nos refugiamos nesse momento: comida, sexo, nosso marido, esposa ou amante, espaço individual, nossos bens, carreira, dinheiro, etc. Mas infelizmente, como já sabemos por experiência, esses refúgios não são muito confiáveis. Nossa namorada(o) pode voltar-se contra nós, ir embora com outra pessoa ou morrer; nosso apartamento pode ser assaltado, nossos negócios podem fracassar, podemos perder o emprego e, por fim, acabamos sempre gastando todo nosso dinheiro.

Tanto os cientistas externos pesquisando o nível grosseiro dos fenômenos quanto os cientistas internos pesquisando seus corpos, mentes e energia nos níveis sutil e muito sutil, descobriram que os objetos manifestos não possuem essência. Refugiar-se por ignorância nessas coisas não confiáveis sempre nos causa sofrimento e extingue nossa força vital. Até este momento, só buscamos refúgio na ignorância. Está na hora de percebermos que o melhor investimento é buscar refúgio interior e exterior em Buddha (a mente iluminada), Dharma (os métodos de autocura e a palavra pura) e Sangha (a boa companhia e a energia pura de corpo).

Precisamos contar com um refúgio

Vigésimo nono oráculo de sabedoria: nossa memória está enfraquecendo com o passar do tempo. Precisamos recuperá-la usando os métodos de cura especiais Vajrayana, como a visualização, sílabas-semente dos chakras, vibrações mântricas, terapia dos mudras e terapia de mandalas de forma, de areia, de corpo e de concentração. Com o poder da concentração, podemos manter toda a luz e energia de cristal puro em nosso corpo e mente. A Autocura Tântrica é a base da concentração perfeita para século XXI.

Externamente, as Três Jóias são o Lama Curador (Buddha), a Autocura Tântrica NgelSo (Dharma) e a comunidade de Autocura. Internamente, devemos buscar refúgio em nosso potencial humano mais elevado (a Budeidade) e na experiência de autocura. Além disso, precisamos nos tornar uma Sangha, oferecendo aos outros um bom exemplo de comportamento e qualidades. Há muitos níveis diferentes de Sangha, nos quais podemos encontrar qualidades diferentes. Por exemplo, a Sangha Monástica, a Sangha dos Bodhisattvas e a Sangha Tântrica. Devemos desejar pertencer a pelo menos uma delas.

Existem diferentes níveis de refúgio das tempestades da vida. O nível básico é o desejo de ter felicidade nesta e na próxima vida. O nível intermediário é o desejo de encontrar proteção contra qualquer forma descontrolada de renascimento, e de atingir o Nirvana (a paz absoluta). O nível de refúgio mais profundo é o desejo de tornar-se um líder e curador, capaz de trazer paz e cura a todos os seres vivos. Esse é o refúgio Mahayana.

Tomar refúgio nos proporciona um profundo sentimento de certeza e direção para a vida. Quando tomamos refúgio, ligamos nosso computador do coração à nossa luz interior e às energias de cristal puro do nível absoluto da realidade. Entrar no mandala budista é como unir-se a uma imensa rede de computadores positiva e, com a cerimônia de refúgio, obtemos nossa senha para entrarmos nessa rede e receber os benefícios das práticas autocurativas do Sutra e do Tantra. Com essa senha, podemos acionar as energias de cristal puro disponíveis para nós, integrando os votos Pratimoksha, Mahayana e Vinayayana em nosso dia-a-dia. Assim, ligando-nos a energias de cura cada vez mais poderosas, podemos facilmente refinar nosso comportamento, purificar nossa escuridão interna e ações negativas e gerar muita paz e luz interior.

Desenvolver amor, gentileza, energia positiva e o sorriso interior impede que nossos inimigos ou seres malignos nos causem mal, pois precisariam apoiar-se em alguma negatividade nossa para isso. Compreendendo a lei do karma e a interdependência dos fenômenos, podemos nos tornar nossos próprios protetores. Ao tomarmos refúgio, automaticamente nos ligamos a poderosos protetores sutis que criam espaço em nossa vida para a autocura. Além disso, quando morrermos, poderemos nos sintonizar com a energia de nosso Lama Curador e ativar o programa da Autocura em nosso disco interno. Como resultado, morreremos com a mente alegre, bonita e em paz, e a morte será para nós uma experiência de cura.

Tomando refúgio na possibilidade da paz absoluta (Nirvana), podemos desenvolver nossa luz interna e, passo a passo, conseguir todas as coisas positivas que desejamos no nível relativo e absoluto. Compreendendo a relação causa-efeito e fazendo as práticas de purificação, impedimos que as emoções negativas dominem nosso bom senso e nos façam realizar ações autodestrutivas, que mais tarde nos causarão diferentes formas de intenso sofrimento.

Se desejamos que os Buddhas e Seres Sagrados da rede do refúgio nos ajudem sempre que precisarmos, devemos tomar refúgio nas horas boas também, e não só nas ruins. Pedindo ajuda apenas quando estamos com problemas, deprimidos ou doentes, estamos nos relacionando com os Buddhas como um serviço de emergência e, assim, perdemos muita energia de cura e deixamos de passar muitas mensagens de paz na tela de nosso computador mental. Para obter o benefício total, temos que estar "ligados" todo o tempo. Os Buddhas, Bodhisattvas e Seres Sagrados estão sempre a espera de nossos chamados mas, se quisermos uma resposta, temos que manter o coração e a mente sempre abertos!

Septuagésima Nona Luz

As Qualidades das Três Jóias

As qualidades das três jóias (Buddha, Dharma e Shangha) são as qualidades que nós mesmos vamos desenvolver praticando a Autocura. Algumas vezes, poderemos reconhecer essas qualidades em outras pessoas.

As qualidades de Buddha

Os Buddhas desenvolveram completamente a energia de cristal puro de seus cinco chakras e, por isso, manifestam:

- Extraordinária Sabedoria (chakra da coroa).
- Extraordinária Compaixão (chakra da garganta).
- Extraordinário Poder (chakra do coração).

- Qualidades e generosidade especiais (chakra do umbigo).
- Ação espontaneamente iluminada (chakra secreto).

Seguindo o Treinamento Espacial, eles chegaram à verdadeira cessação: apagar todas as gravações negativas do disco do espaço interior. Os Buddhas "deletaram" todas as ilusões do disco do espaço interior, transformando-os em discos de cristal puro. Por isso, eles podem vivenciar o Nirvana, a Iluminação (a Budeidade) e a Onisciência (*kunkyen*). Em outras palavras, eles completaram sua autocura para se tornarem Curadores Supremos dos outros seres vivos.

As qualidades do Dharma (a Autocura)

Dharma significa literalmente "o que impede o sofrimento". O verdadeiro Dharma é, portanto, nossa experiência interior de Autocura Tântrica NgelSo. Apenas falar sobre o Dharma ou ter muitos livros, imagens arquetípicas e um mala não é autocura. Autocura é a transformação gradual de nossa mente, energia e chakras, nos níveis grosseiro, sutil e muito sutil. Dharma significa relaxar e regenerar nossas energias essenciais de vida, abandonando Ngel (a verdade do sofrimento e das causas do sofrimento) para chegar à experiência de So (a verdade do caminho e a verdade da cessação), praticando o Treinamento Espacial. A verdadeira cessação é o desaparecimento irreversível de nossas emoções negativas e ilusões no espaço da vacuidade, apagando assim todos os seus registros de nosso disco do espaço interno. A única forma de compreender o que isso significa é viver pessoalmente essa experiência, pois se trata de um estado além de nossa mente comum e limitada, além das palavras e dos pensamentos.

A verdade do caminho são as causas e condições interdependentes que nos levam à autolibertação e à Iluminação. Um caminho verdadeiro é uma mente autocurativa pura e clara que cure diretamente nossas negatividades internas, obscurecimentos, ilusões e autodestrutividade. Quando nossa mente toca diretamente o espaço absoluto, as ilusões e seus registros são apagados de nosso disco do espaço interno. Como resultado, nossa raiva, inveja, nervosismo e todos os outros programas negativos são cancelados de nosso computador da realidade.

Livros, vídeos, fitas ou cursos que contêm informações que nos possibilitam apagar de nossa mente e corpo as emoções e energias negativas são livros de Dharma, fitas de Dharma, vídeos de Dharma, etc. O Dharma verdadeiro, porém, é a experiência interior especial que esses livros, fitas, vídeos ou cursos nos propiciam. Essa experiência interior especial é o motivo porque consideramos esses livros, fitas e cursos tão preciosos e especiais, e porque passamos então a tratá-los com tanto cuidado.

As qualidades da Sangha (a Boa Companhia)

Como podemos saber se alguém é Sangha? A pessoa que faz parte de uma Sangha está cultivando seu sorriso interior e, por isso, tem menos reações, mais paz interna, mais espaço interno e mais liberdade. Pessoas nervosas, invejosas ou raivosas não são sangha, pois não são bons exemplos de amigos que nos ajudam a trilhar juntos o caminho.

As Jóias da Sangha Vinayayana são os Arhats, ou pessoas autoliberadas, que realizaram as duas verdades (a convencional e a absoluta), tendo removido todas as ilusões de seu disco interno. Os Arhats já chegaram à liberdade e à paz do Nirvana.

As Jóias da Sangha Mahayana são os Bodhisattvas, os seres que possuem o grande coração de Bodhichitta e que, seguindo o Treinamento Espacial, conseguiram remover todas as ilusões e seus registros do disco do espaço interno. Eles têm mais liberdade, paz interior e poder de cura do que os Arhats.

A Sangha Vajrayana são os Bodhisattvas que praticam o Tantra e que integraram os dois mandalas (o mundo relativo e o mundo de cristal puro, o corpo e a mente e as energias masculina e feminina). Como resultado, eles poderão chegar à Iluminação completa e transformar-se em Curadores Supremos.

Já que não podemos entrar na mente dos outros e que, geralmente, enxergamos as pessoas de uma forma muito limitada, não podemos realmente saber quem é sangha ou não. Por isso, sempre partimos do pressuposto de que todos os grupos de monges, monjas ou pessoas leigas que mantenham os votos de Pratimosksa são sanghas Vinayayana, todos os grupo de pessoas com votos de Bodhisattva são Sanghas de Bodhisattvas e todos os grupos de praticantes de Autocura Tântrica que tenham recebido as iniciações mais elevadas do Tantra Ioga são Sanghas Tântricas.

De qualquer forma, em vez de criticarmos o comportamento dos outros, devemos desenvolver nossa própria paz interna, sorriso interno e qualidades de cura. Devemos nos tornar uma Sangha e inspirar nossos amigos, parentes, vizinhos e conhecidos a desenvolverem sua luz interior e praticarem sua autocura.

Octogésima Luz

Doze Sugestões para Aprofundar Nosso Refúgio

Para aprofundar nossa conexão com a energia de cristal das Três Jóias, devemos seguir algumas sugestões. Há três coisas que não devemos fazer e nove coisas que devemos fazer para assegurar que a conexão esteja sempre ativada.

A finalidade desses pequenos conselhos é nos ajudar a desenvolver uma certeza interna inabalável, luz interna, confiança, paz e autocura, e não nos criar dificuldades e complicações.

Primeira Escuridão

Não devemos seguir professores negativos ou comprar informações negativas no supermercado dos pensamentos.

Primeira Luz

Devemos tentar respeitar todas as imagens de Buddha como arquétipos de nossa futura Iluminação e símbolos do potencial humano totalmente desenvolvido, e não nos apegarmos ao preço ou à qualidade dos materiais de que são feitas. Caso contrário, podemos perder completamente seu significado e energia e acabar lidando com elas como negociantes ou comerciantes de arte.

Segunda Escuridão

Se tomamos refúgio nos métodos da Autocura Tântrica NgelSo, devemos tentar evitar machucar física ou mentalmente qualquer ser vivo, inclusive nós mesmos. Qualquer ação que machuque nós mesmos ou outros é o oposto da autocura.

Segunda Luz

Devemos tentar ter respeito e sentimentos sinceros pelos livros, fitas e vídeos sobre os métodos budistas de autocura. A verdadeira autocura acontece no corpo, mente, chakras e canais dos seres vivos. No entanto, como não podemos ver esse processo, consideramos os livros e fitas de autocura como símbolos dessa transformação interior. Os livros de autocura contêm muitos métodos de cura para nossas doenças físicas e mentais. Entretanto, se não tivermos respeito pelas instruções, não poderemos ter interesse suficiente para colocá-las em prática. Os soldados comunistas usaram os livros de Dharma que encontraram como papel higiênico. Com certeza, essa atitude mental lhes criaria dificuldades para praticar a autocura. Praticando a Autocura, podemos chegar às qualidades verdadeiras do Dharma.

Terceira Escuridão

Se tomamos refúgio na Sangha da Autocura, ou boa companhia, não devemos deixar as informações ou pontos de vista negativos de outras pessoas influenciarem nossa mente. Devido à falta de informação, a maior parte das pessoas não acredita no karma (a lei de causa e efeito) e na reencarnação. Entretanto, o fato de existirem muitas pessoas que pensam dessa forma não significa que elas estão certas. Milhões de pessoas na Rússia e na Europa Oriental acreditavam no comunismo, até o momento em que ele fracassou.

Terceira Luz

Devemos tentar respeitar todos os monges e monjas, pois mesmo que tenham muitos defeitos, são pessoas que estão tentando desenvolver a luz interior, determinados a abrir mão de sexo, relacionamentos, álcool, drogas, carreira e muitos dos assim chamados prazeres da vida. Isso já é motivo suficiente para que mereçam nosso respeito. Devemos também respeitar os leigos praticantes da Autocura, pois estão tentando curar e ajudar a si mesmos e aos outros, nestes tempos em que a maior parte das mensagens de nossa sociedade contém apenas idéias destrutivas e negativas. Qualquer um que pratique sua autocura nos dias de hoje é, no mínimo, corajoso o suficiente para nadar contra a corrente da degeneração. Devemos desejar atingir nós mesmos o nível da verdadeira Sangha Vinayayana, Mahayana ou Vajrayana.

Quarta Luz

Devemos tentar nos lembrar constantemente das boas qualidades das Três Jóias e de como elas nos beneficiam. Nos dias de hoje, precisamos nos encorajar o tempo todo a fazer a coisa certa, especialmente se nosso caminho não vai na mesma direção da grande maioria das pessoas. A única mensagem que recebemos dos outros é: "Não me incomode". Por isso, precisamos ter um forte refúgio interior, impenetrável às influências alheias. Se praticarmos a Autocura, à medida que formos abandonando nossos hábitos negativos como o cigarro e as drogas, passaremos a ter o respeito de nossa família e de toda a sociedade.

Quinta Luz

Devemos tentar jantar com Buddha todos as noites, oferecendo o primeiro bocado de nossa comida e o primeiro gole de nossa bebida às Três Jóias, como uma forma de acumular méritos. Essa oferenda tornará também nossa comida mais interessante. Já que estamos sempre comendo e bebendo, nossa conta de méritos vai aumentar diariamente. Podemos abençoar nossa comida com o mantra

**EH LAM YAM BAM RAM
SHUDDHE SHUDDHE SOHA**

OM AH HUM (3x)

e depois fazer esta prece:

**SANGUIE YÖNTEN SEM NYI KYAB
TCHÖ KYI YÖNTEN SEM NYI KYAB
GUENDÜN YONTEN SEM NYI KYAB
SEM NYI KYAB LA KYE TCHE PE
NAMPAR NEPAR SEM NYI KYAB
NAMTAR SHING LATCHÖ PA BÜL**

*As qualidades de Buddha são incomensuráveis;
As qualidades do Dharma são incomensuráveis;
As qualidades da Sangha são incomensuráveis;
Confio e acredito em seus resultados inconcebíveis,
Pois assim surgem os Seres Sagrados e as Terras Puras.
Para obter o mesmo resultado, faço essa oferenda.*

Sexta Luz

Devemos tentar despertar o interesse dos outros pela Autocura Tântrica NgelSo, o que não significa tentar convertê-los ao Budismo. Converter os outros não é necessário nem possível. Devemos respeitar todas as religiões e pontos de vista individuais. Por isso, o melhor é vender livremente as informações sobre a Autocura no supermercado espiritual, concorrendo assim com o supermercado de informações negativas de nossa sociedade, além de tentarmos ser nós mesmos sempre bons exemplos. Se os outros se interessarem, virão até nós. O único interesse dos praticantes da Autocura é desenvolver a paz interior e a paz no mundo.

Sétima Luz
Devemos tentar nos lembrar das Três Jóias e dos oito benefícios do refúgio tanto quanto possível. Precisamos nos apaixonar por Buddha!

Oitava Luz
Devemos tentar integrar a Autocura Tântrica NgelSo em nosso dia-a-dia, procurando realizar todas as nossas atividades como práticas autocurativas.

Nona Luz
Não devemos abandonar a prática da Autocura quando estivermos doentes, deprimidos ou em situações extremas, como, por exemplo, na hora de nossa morte. É justamente nesses momentos que só a Autocura, e nada mais, poderá de fato nos ajudar. As doenças e a depressão diminuem nossa energia, impedindo-nos de realizar muitas de nossas atividades. Nesses momentos, devemos checar quem é realmente nosso amigo e quem é nosso inimigo. Nunca devemos abandonar nossas qualidades interiores, a natureza búdica e a energia espiritual. A coisa mais importante do mundo é nunca abandonar nosso coração acolhedor, mesmo diante de uma ameaça de morte, pois esse é o nosso verdadeiro e eterno amigo. Nas situações difíceis, apenas a Autocura nunca nos desapontará.

Octogésima Primeira Luz

Como Purificar Nossas Ações Negativas com os Quatro Poderes Oponentes
Como Apagar Programas Negativos de Nosso Disco do Espaço

Quem faz a bagunça é quem deve arrumá-la.

Primeira Luz

Quando temos consciência de ter feito algo prejudicial ou autodestrutivo, devemos sentir arrependimento, não culpa. Nosso arrependimento deve ser como a sensação de ter engolido uma comida envenenada por engano. Desejamos nos livrar desse veneno o mais rápido possível, antes que ele nos faça mal.

Segunda Luz

Há apenas dois tipos de seres contra os quais podemos fazer ações prejudiciais: os seres vivos comuns e os seres de cristal puro, Gurus, Buddhas e Bodhisattvas. Os antídotos para essas ações são tomar refúgio e gerar a Bodhichitta. Da mesma forma que precisamos do chão como apoio para nos levantar quando caímos, precisamos tomar refúgio para curar os problemas de relacionamento com o Lama e os seres de cristal puro, e gerar o grande coração de Bodhichitta para curar os problemas e vibrações negativas contra os seres vivos comuns.

Terceira Luz

Um antídoto realmente potente contra os programas negativos de nosso disco do espaço é a meditação no espaço absoluto. Além disso, qualquer trabalho para o Lama Curador, um centro de Dharma, um centro de paz ou para pessoas doentes atua como uma purificação relativa, se os realizamos com um bom coração.

Quarta Luz

Depois de purificar a energia negativa gerada por uma ação, devemos tentar quebrar nosso hábito de gerar essa negatividade. Precisamos tomar a decisão de não repetir essa ação autodestrutiva por, pelo menos, uma hora ou um dia. Temos que tentar quebrar de uma forma suave nossa compulsão habitual a fazer coisas ruins. Sem isso, simplesmente "limpar" a ação sem tentar interromper o ciclo de negatividade é como tomar um banho para depois se jogar no lodo de novo.

Se realizarmos as ações autocurativas, os programas negativos em nosso disco interno serão desativados, e poderemos relaxar (NgelSo) sem medo de que uma bomba automática kármica detone repentinamente. Nossa mente natural é como ouro mas, neste momento, está cheia de sujeira e areia. Teremos que trabalhar um pouco para tirar todas as manchas de nossa preciosa mente natural e redescobrir sua pureza original. Por outro lado, se não purificarmos nossas ações negativas, perderemos nossa energia de vida e acabaremos tendo uma vida mecânica, não uma vida humana.

Essas quatro meditações (do precioso renascimento humano até aprender a viver segundo as leis do karma) são chamadas "autocura para pessoas com horizontes curtos", pois garantem nossa felicidade apenas nesta e na próxima vida. O que elas garantem, em última análise, é a mesma situação em que nos encontramos hoje. Quem tem horizontes mais largos e um pouco mais de sabedoria, porém, deseja livrar-se de qualquer tipo de experiência samsárica, da morte e dos renascimentos descontrolados. Para essas pessoas, aconselhamos as meditações do nível intermediário da Autocura.

Nível Intermediário da Autocura Tântrica NgelSo

Octogésima Segunda Luz

O Sofrimento dos Reinos Superiores (Ou "E Você Pensava que Era Feliz!")

Talvez alguns de nós pensem que mantendo a cabeça acima d'água na superfície do oceano do samsara, vivendo sem nenhum grande problema ou desastre, a vida pode ser boa. Mas precisamos nos perguntar com sinceridade: nossa vida é realmente tão boa? Estamos continuamente atormentados pelo sofrimento da impermanência, do nascer, envelhecer, adoecer e morrer, sem um momento sequer de descanso.

Alguns imaginam que seria bom poder voltar ao ventre materno. Entretanto, se todos nós tivéssemos continuidade de consciência e pudéssemos nos lembrar da vida no ventre materno, saberíamos que foi uma experiência muito difícil, como viver em uma prisão escura e mal cheirosa, uma situação que não desejaríamos ao nosso pior inimigo. Talvez o fato de termos apagado da mente a experiência do nascimento e do ventre materno tenha algum significado.

Desde o momento em que acordamos até a hora em que voltamos a dormir, estamos continuamente buscando prazer. Não encontramos, porém, nada além de mel misturado ao veneno samsárico e tipos diferentes de poluição ambiental. Mesmo assim, o hábito nos faz continuar a ingerir tudo que nos traz doenças e sofrimentos mentais e físicos.

Se analisarmos bem nossa vida, perceberemos que ela é feita de incertezas. Fazemos tantos planos sem nem ao menos saber se estaremos vivos amanhã. Nunca estamos realmente satisfeitos com o que conseguimos: se temos mil dólares, precisamos de dez mil; se conseguimos um amor, logo em seguida precisamos de outro. Qualquer que seja nosso método para encontrar a felicidade duradoura, ele sempre falha, e serve apenas para nos deixar entediados e insatisfeitos. Se o dinheiro pudesse comprar a satisfação, os milionários seriam as pessoas mais felizes do mundo. Mas se olharmos de perto, veremos que os milionários são quase sempre mais insatisfeitos que o resto de nós. Além disso, mesmo que nossa vida seja boa, estamos fadados a morrer e renascer de novo e de novo e, assim, estamos sempre perdendo tudo que temos. A vida samsárica promete tanto e nos dá tão pouco. É como construir castelos de areia com nossas esperanças, apenas para vê-los destruídos pelas marés noturnas da impermanência.

Não importa o quanto somos famosos e bem-sucedidos hoje. A cada nova vida, teremos que começar do nada e lutar para percorrer o mesmo velho caminho: aprender a andar, falar, ler e escrever, tudo outra vez. Mesmo tendo milhares de amigos e admiradores ou amantes, quando realmente precisamos, estamos sempre sós: nascemos sozinhos e morreremos sozinhos; ninguém mais pode viver nosso sofrimento ou nosso prazer por nós.

Alguns podem pensar que, se a vida humana não é tão boa, em compensação, a vida de um assura ou de um deva parece bem melhor e, talvez, devêssemos desejar alcançá-las. Se nos transportássemos para o reino dos devas, poderíamos assistir a uma novela celestial. Os assuras, porém, estão sempre atormentados pela inveja e passam a maior parte do tempo lutando contra os devas e perdendo as batalhas. A mente de um assura é como a mente dos orientais que vêem a Europa e a América como o céu, enquanto os ocidentais consideram a Ásia um paraíso.

Podemos viver o estado mental de um assura nesta vida humana, pois durante estes tempos degenerados de Kaliyuga, temos que suportar o sofrimento do reino dos assuras, que em eras passadas ficava no mundo externo. Por muitos anos, criamos as causas e condições e agora estamos sofrendo como os assuras, com lutas e guerras constantes.

Os devas vivem prazeres hedonísticos tão intensos que não têm tempo para pensar em mais nada. O corpo dos devas é tão maravilhoso que, para eles, o corpo humano parece mal cheiroso e feio como o de um sapo. Os devas podem ter orgasmos simplesmente olhando um para o outro e, além disso, nunca se cansam de fazer sexo. Eles passam o tempo todo dançando, cantando e fazendo amor. Uma vida como essa parece maravilhosa, não? Entretanto, é como sair de férias para um lugar muito lindo e muito caro onde será fácil gastar todas as nossas energias internas em uma única festa. Quando nosso crédito kármico termina, passamos pelo intenso sofrimento mental de saber que vamos morrer e renascer em um estado pior de existência, como um porco em um chiqueiro lamacento ou uma pessoa comum do mundo humano.

Muitas vezes vivemos a realidade dos devas nesta vida humana, pois durante estes tempos degenerados de Kaliyuga, temos que suportar o sofrimento do reino dos devas, que em épocas passadas ficava no mundo externo. Por muito tempo, criamos as causas e condições e agora estamos sofrendo como os devas, sempre insatisfeitos por nunca termos prazer suficiente apesar de termos tudo. Tememos a velhice, a morte e a rejeição por parte de nossos belos amigos que, um dia, passarão a nos considerar velhos e indesejáveis.

O samsara é como um cinema de seis salas onde não podemos escolher o filme que queremos assistir, nem encontrar sozinhos a saída de emergência. Tudo no samsara tem a natureza do sofrimento que, apesar de variar de acordo com os reinos, permeia todos os lugares aonde vamos. Normalmente, consideramos sofrimento apenas a dor, sem perceber que o que chamamos prazer também é sofrimento. Quanto mais poluído for esse prazer, mais rapidamente a sensação inicial de prazer se transformará em dor.

Quando começamos a comer algo, a sensação é sempre muito boa. Entretanto, se continuamos a comer sem parar, acabamos tendo uma indigestão e até vomitamos. Todos os prazeres samsáricos são como "mel no fio de uma navalha". Talvez precisemos investigar pessoalmente se isso é realmente verdade.

Em última instância, nosso samsara pessoal é nosso corpo e mente, que nos causam o sofrimento-que-tudo-permeia em qualquer filme samsárico onde nascemos. Ter uma mente e um corpo poluídos nos expõe a muitas formas de sofrimento. A única qualidade do samsara é o fato de, sendo tão ruim, poder nos fazer desejar a renúncia. A renúncia é o desejo de acabar com nossos problemas, sofrimentos e doenças para sempre, procurando a saída de emergência do cinema samsárico. Essa é nossa única chance de paz e felicidade permanentes.

Octogésima Terceira Luz

Renúncia: O Desejo de Escapar ao Sofrimento do Samsara

Compreendendo as causas de nosso samsara pessoal, podemos desenvolver a renúncia profunda e transformar todas as nossas ações positivas em causas do surgir interdependente de nossa autolibertação. A renúncia é nossa única chance de encontrarmos paz e felicidade permanentes e, por isso, devemos abraçá-la com todo o nosso coração.

Os três venenos-raiz: a ignorância, o apego e a raiva

Trigésimo oráculo de sabedoria: o espaço em nossa cabeça e coração é maior que o espaço do universo. Não acreditar ou não seguir os fenômenos relativos, não comprar no supermercado dos pensamentos negativos ou seguir amigos samsáricos é a base da sabedoria perfeita para o século XXI.

O samsara, como todos os outros fenômenos, surge a partir de causas e condições. As causas e condições que originam o samsara são nossas ilusões mentais, emoções negativas e karma negativo. Como resultado de seguirmos essas ilusões e emoções, manifestamos um corpo e uma mente poluídos (nosso samsara interno), presos em um dos filmes mentais dos seis reinos de nosso samsara externo.

As ilusões e as emoções negativas tornam nossa mente turbulenta e descontrolada. Precisamos verificar pessoalmente se isso é realmente verdade. Temos seis venenos-raiz (a ignorância, a raiva, o orgulho, o apego, os pontos de vista equivocados e a dúvida) e vinte ilusões secundárias que se desenvolvem na mente como conseqüência dos registros negativos em nosso disco do espaço interno. Esses venenos e ilusões dão origem ao exército de oitenta e quatro mil bactérias mentais negativas, ou energias psicofísicas negativas.

Quando nossos sentidos encontram um objeto, o programa das ilusões começa a rodar. Coisas bonitas dão origem ao apego, coisas feias fazem surgir a aversão e coisas neutras dão origem à ignorância. Além disso, misturar-se a más companhias e absorver informações negativas de livros, televisão, filmes, rádio e jornais também dá origem a emoções negativas. Por exemplo, assistir filmes violentos faz nossa raiva e agressividade aumentarem, e filmes eróticos aumentam nosso desejo e apego.

Estamos profundamente habituados a essas respostas emocionais negativas que, por esse motivo, surgem já quase espontaneamente a partir de causas muito pequenas. Desperdiçamos tempo demais nos preocupando obsessivamente com nossos problemas emocionais. Motivados por nossas ilusões mentais, cometemos várias ações positivas e negativas, que mais tarde servirão apenas como causas de mais sofrimento samsárico e escuridão interna.

A ilusão-raiz, nosso inimigo principal, é a ignorância do apego a si mesmo. A partir dessa distorção mental fundamental surge uma sensação alienada que divide as percepções entre "si mesmo" e "outros". Essa *marigpa* (ignorância) é tradicionalmente simbolizada por um porco. Como resultado, passamos a buscar tudo que acreditamos que nos trará prazer, fazendo assim surgir o apego, simbolizado por uma galinha. E, ao mesmo tempo, rejeitamos tudo que acreditamos que nos fará mal, dando assim origem à raiva, simbolizada por uma cobra. Do apego e da raiva, surgem as outras ilusões-raiz secundárias.

Precisamos desenvolver um profundo desejo de abandonar as ilusões – nossos verdadeiros inimigos – e de curar as ações contaminadas

Todos os seres vivos precisam de paz

Trigésimo primeiro oráculo de sabedoria: os bhumis dos Bodhisattvas são os dez estágios de nossa ascensão gradual em direção à autolibertação e à Iluminação. O primeiro bhumi começa quando unimos nosso grande coração que desperta à experiência direta do espaço absoluto, no caminho da percepção. Os dez bhumis são principalmente práticas do método que nos possibilitam atingir a forma de Buddha, ou o corpo de cristal puro. Os cinco caminhos (da acumulação, preparação, percepção, meditação e do não mais aprender) são principalmente práticas da sabedoria que nos possibilitam atingir o Corpo da Verdade de Buddha, ou a mente de cristal puro. Os dez bhumis são a base das qualidades especiais de cura dos Bodhisattvas ou Arya Superiores, como os poderes especiais de concentração e meditação, ser capaz de encontrar muitos Buddhas e receber suas energias transformadoras de cura, a habilidade de ver e visitar muitas terras puras e mundos astrais e astrológicos sutis, ser capaz de guiar e curar muitos seres e compartilhar a Autocura de acordo com os pontos de vista, preferência e cultura das pessoas; tornar-se um Senhor do Tempo e ter a habilidade de produzir muitos corpos reconhecidos e não reconhecidos (Tulkus) na sociedade humana e em outros reinos. Precisamos atingir a insuperável generosidade perfeita do primeiro bhumi, "A Alegria", assim chamado porque, ao percebermos que logo nos tornaremos Curadores Supremos, preenchemo-nos de pura felicidade.

que são a causa de nosso samsara pessoal. Precisamos estar determinados a praticar o caminho da Autocura em direção à libertação.

A maior parte das pessoas não compreende o significado real da renúncia. Muitos pensam que renunciar significa desistir de todas as coisas boas da vida e ficar triste e deprimido. Ao contrário, a renúncia nos traz felicidade e liberdade. O samsara é como mel misturado ao veneno. O gosto nos agrada e, por isso, comemos. Depois, porém, o veneno nos faz adoecer e morrer. Precisamos tomar cuidado!

O que queremos é manter o mel e nos livrar do veneno. Precisamos desintoxicar o mel do samsara, aprendendo a usar todas as energias e os fenômenos do mundo interno e externo de forma positiva. Essa é a verdadeira renúncia e, se a praticarmos, o mel da vida será realmente prazeroso e poderemos apreciá-lo sem medo.

Octogésima Quarta Luz

Como Seguir o Caminho da Autocura para a Libertação e o Nirvana – As Quatro Nobres Verdades

Levando nossa vida comum, estamos na verdade nos suicidando, de uma forma mais lenta ou mais rápida, mais agradável ou mais desagradável. Ou bem fizemos um pacto de suicídio individual ou coletivo e estamos realizando isso em nosso dia-a-dia, ou então não sabemos o que estamos fazendo a nós mesmos. De qualquer forma, estamos nos matando. Não queremos um curador ou guia externo porque não gostamos que outras pessoas nos digam o que devemos fazer, tanto em nossa vida pessoal quanto em nossa vida social, legal, política ou espiritual. Assim, a única solução que nos resta é praticarmos nossa própria autocura.

Devemos tomar cuidado, porém, para não adiar nossa autocura até o momento em que já for tarde demais, como as pessoas que decidem parar de fumar ou beber só quando chegam ao hospital já muito doentes. Precisamos praticar a Autocura antes que nosso corpo e mente fiquem muito danificados, pois então, ou será tarde demais e a Autocura não terá mais resultado, ou teremos que gastar toda a nossa energia consertando os estragos que causamos a nós mesmos.

Se realmente queremos praticar a Autocura e chegar ao Nirvana (a paz absoluta), precisamos compreender as duas primeiras Nobres Verdades: a verdade do sofrimento (nosso corpo e mente presentes contaminados) e a verdade de como eles surgem a partir de suas origens (nossas ilusões e o karma negativo). Depois, precisamos compreender como podemos desenvolver nossa luz interna praticando a terceira e a quarta Nobre Verdade: como atingir a verdadeira cessação praticando os caminhos verdadeiros. A cessação verdadeira é o desaparecimento irreversível de nossos defeitos e ilusões mentais no espaço absoluto.

Essas não são apenas idéias filosóficas, mas métodos bastante pragmáticos. Meditando sobre as Quatro Nobres Verdades ou sobre os doze elos do surgir interdependente, desenvolvemos o profundo sentimento de renúncia que nos permite praticar os Três Treinamentos Superiores, o Caminho para a Libertação. Precisamos da Ética Superior (a moralidade motivada pela renúncia) para proteger nossa mente das 84 mil bactérias negativas. A moralidade é como uma cerca que mantém os animais selvagens das ilusões longe de nosso jardim mental interno, onde estamos tentando cultivar nossas realizações de Autocura. Precisamos de um tranqüilo jardim de Buddha para cultivarmos nossa natureza búdica.

O segundo treinamento é a Concentração Superior (*shine* – a concentração motivada pela renúncia). Precisamos de uma mente "de luz" estável e em paz para nos dedicarmos ao terceiro treinamento: a Sabedoria Superior (a meditação no espaço da vacuidade motivada pela renúncia). Nossa disciplina moral é como um jardim protegido; a concentração são as plantas medicinais cultivadas nesse jardim, e a sabedoria é o remédio milagroso que colhemos nele, capaz de curar todas as doenças da mente e do corpo.

Meditando sobre as Quatro Nobres Verdades e os doze elos interdependentes, podemos chegar à libertação de nosso samsara pessoal e atingir o Nirvana, a paz pessoal absoluta. Depois disso, nunca mais teremos a experiência da morte, do bardo e dos renascimentos samsáricos descontrolados. No entanto, atingir a liberdade e a paz pessoal não basta. Precisamos ter uma mente vasta, que deseje também cuidar dos outros. Temos que nos relacionar com um Lama Curador Mahayana e usar o Mahayana e o Vajrayana para atingir a Iluminação e nos tornar Curadores Supremos. Por favor, não se contentem apenas com a paz do Nirvana só para vocês.

A RODA DA VIDA SAMSÁRICA

Esforce-se para abandonar o sofrimento samsárico integrando a Autocura em sua vida. Então, você poderá destruir Shindje Radja, O Senhor da Morte, como um elefante esmaga um tufo de grama.

Octogésima Quinta Luz

Como Atingir a Libertação de Todas as Doenças e Sofrimentos do Corpo e da Mente nos Níveis Grosseiro e Sutil Meditando sobre o Caminho Obscuro dos Doze Elos Interdependentes da Corrente do Samsara e Cortando esses Doze Elos

Precisamos de sabedoria para compreender de onde surge nosso interminável sofrimento, como a ignorância nos acorrenta à nossa prisão kármica, e como criamos nossos próprios problemas passando ansiosamente de uma vida à outra.

Nesse momento, estamos totalmente presos a causas e condições interdependentes negativas de seguir os fenômenos relativos, as projeções da mente de apego a si mesmo. Criamos assim os doze elos da corrente que nos mantém na prisão samsárica, momento após momento, dia após dia, semana após semana, mês após mês, vida após vida, século após século, aeon após aeon.

A única chave para abrirmos a porta de nossa prisão pessoal é compreender a vacuidade da realidade energeticamente congelada que projetamos à nossa volta. Para isso, precisamos meditar sobre os doze elos interdependentes, o processo psicofísico que cria essa falsa versão da realidade e nos mantém presos em seu interior. A compreensão desse processo nos permite atingir a liberdade pessoal e controlar nossa vida e nossas projeções mentais.

Quebrando os Doze Elos Interdependentes

1. A ignorância surgida interdependentemente

NGEL: Primeira Sombra Mulnak: Marigpa
Ignorância do apego a si mesmo

As causas e condições de surgir interdependente neutro, da ignorância inata do apego a si mesmo surgido interdependentemente, são caras demais. Como a catarata de uma senhora cega, a ignorância nos impede de enxergar a realidade com clareza e nos faz cair cegamente no abismo dos reinos inferiores, onde passamos por terríveis sofrimentos. A ignorância faz com que as sombras do nosso egocentrismo, apego e raiva se desenvolvam e cresçam: a autodestruição – o oposto da autocura.

SO: Primeira Luz Kyerang: Marigpa
Cortando a ignorância surgida interdependentemente

Abençoe-nos para seguirmos a causa e condição de surgir interdependente positivo de relaxarmos a mente no espaço absoluto da vacuidade, cortando assim o primeiro elo da ignorância com a espada da sabedoria. Como resultado, nossa ignorância e parte das sombras de nosso apego e raiva egoístas desaparecem.

2. O Karma de projeção surgido interdependentemente

NGEL: Segunda Sombra Mulnak: Duche
Ações que criam renascimentos

> O resultado da causa e condição de surgir interdependente negativo de nossa ignorância são nossos atos produtores de renascimentos, que mais cedo ou mais tarde nos projetarão para um outro renascimento samsárico, superior ou inferior, feliz ou infeliz. Realizamos essas ações que causam renascimentos como um ceramista faz seus vasos. A beleza do vaso depende exclusivamente das ações do ceramista. Da mesma forma, uma vida bonita ou feia depende das ações de luz ou de sombra que criamos momento após momento do dia e da noite. Nossas ações de surgir interdependente que nos projetam fazem com que as sombras de nosso apego e raiva egoístas se desenvolvam e cresçam: a autodestruição – o oposto da autocura.

SO: Segunda Luz Kyerang: Duche
Cortando o karma de projeção surgido interdependentemente

> Como resultado de relaxarmos a mente no espaço absoluto da vacuidade, cortamos o segundo elo e vivenciamos a cessação autocurativa do karma projetor surgido interdependentemente. Uma parte das sombras de nosso apego e raiva egoístas desaparece.

3. A CONSCIÊNCIA SURGIDA INTERDEPENDENTEMENTE

**NGEL: Terceira Sombra Mulnak: Namche
Consciência**

O resultado da causa e condição de surgir interdependente negativo das ações projetoras é nossa consciência-macaco surgida interdependentemente, que se move ininterruptamente para cima e para baixo da árvore do samsara, sem conseguir ficar quieta nem por um momento. Nosso fluxo de consciência e de energia de vida está sempre instável, sempre movendo-se em meio à escuridão e à luz dos reinos inferiores e superiores. Nossa consciência surgida interdependentemente faz com que as sombras de nosso apego e raiva egoístas se desenvolvam e cresçam: a autodestruição – o oposto da autocura.

**SO: Terceira Luz Kyerang: Namche
Cortando a consciência surgida interdependentemente**

Como resultado da causa e condição de surgir interdependente positivo de relaxarmos (NgelSo) no espaço absoluto da vacuidade, cortamos o terceiro elo e vivenciamos a cessação de nossa consciência-macaco surgida interdependentemente. Mais uma parte das sombras de nosso apego e raiva egoístas desaparece.

4. O nome e a forma surgidos interdependentemente

NGEL: Quarta Sombra Mulnak: Min Shug
O nome e a forma

O resultado da causa e condição de surgir interdependente negativo das incontáveis consciências que contêm os registros de nossas ações projetoras de luz e de sombra são nosso nome e forma comuns surgidos interdependentemente. O corpo e a mente impuros e cheios de sofrimento que recebemos a cada nova vida são o barco do qual precisamos para sustentar nossa existência no tempestuoso oceano do samsara.

SO: Quarta Luz Kyerang: Min Zhug
Cortando o nome e a forma surgidos interdependentemente

Como resultado da causa e condição de surgir interdependente positivo de relaxarmos (NgelSo) no espaço absoluto da vacuidade, cortamos o quarto elo e vivenciamos a cessação autocurativa dos nossos agregados impuros do corpo e da mente surgidos interpendentemente. Mais uma parte das sombras de nosso apego e raiva egoístas desaparece.

5. O PODER DOS SENTIDOS SURGIDOS INTERDEPENDENTEMENTE

NGEL: Quinta Sombra Mulnak: Showa Truk
O poder dos seis sentidos

O resultado da causa e condição de surgir interdependente negativo de nosso renascimento com uma mente e corpo impuros (nosso samsara interno) é o desenvolvimento em nossos órgãos embrionários dos seis ventos de energia poluídos ligados aos seis sentidos. No útero de nossa mãe, nosso corpo e mente são como uma casa recém-construída com seis entradas: olhos, ouvidos, nariz, língua, ventos do sentido do tato e vento de energia Sogdzin de sustentação da mente (sem os sentidos grosseiros nem consciência mental). Nossos ventos de energia dos seis sentidos surgidos interdependentemente fazem com que as sombras de nosso apego e raiva egoístas se desenvolvam e cresçam: a autodestruição – o oposto da autocura.

SO: Quinta Luz Kyerang: Showa Druk
Cortando o poder dos seis sentidos surgidos
  interdependentemente

Como resultado da causa e condição de surgir interdependente positivo de relaxarmos (NgelSo) no espaço absoluto da vacuidade, cortamos o quinto elo e vivenciamos a cessação das habilidades dos seis sentidos surgidos interdependentemente. Mais uma parte das sombras de nosso apego e raiva egoístas desaparece.

6. O contato surgido interdependentemente

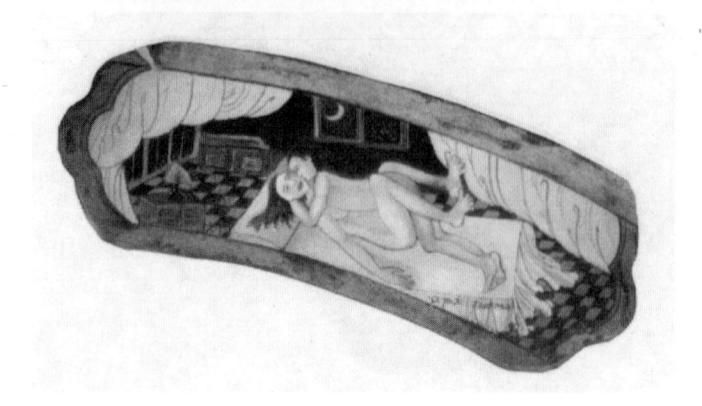

**NGEL: Sexta Sombra Mulnak: Rekpa
Contato**

O resultado da causa e condição de surgir interdependente negativo do vento de energia impura de nossos seis sentidos é o contato surgido interdependentemente, que acontece quando os ventos de energia de nossos seis sentidos encontram e abraçam seu objeto no mundo externo, como um homem e uma mulher em união sexual. Isso resulta no nascimento das consciências dos seis sentidos, a consciência dos olhos, ouvidos, nariz, língua e a consciência mental grosseira, com a qual discriminamos os fenômenos bons, neutros ou ruins. Essa discriminação surge devido à programação positiva ou negativa ativada no computador interno de nosso coração e é completamente arbitrária e subjetiva. O contato surgido interdependentemente faz com que nosso apego e raiva egoístas se desenvolvam e cresçam: a autodestruição – o oposto da autocura.

**SO: Sexta Luz Kyerang: Rekpa
Cortando o contato surgido interdependentemente**

Como resultado da causa e condição de surgir interdependente positivo de relaxarmos (NgelSo) no espaço absoluto da vacuidade, cortamos o sexto elo e vivenciamos a cessação autocurativa do contato surgido interdependentemente. Mais uma parte das sombras de nosso apego e raiva egoístas desaparece.

7. O SENTIMENTO SURGIDO INTERDEPENDENTEMENTE

NGEL: Sétima Sombra Mulnak: Shorwa
Sentimento

O resultado da causa e condição de surgir interdependente negativo do fator mental chamado contato, que subjetivamente entende os objetos do mundo externo como desejáveis, neutros ou repulsivos, é o nosso sentimento samsárico poluído surgido interdependentemente, que vivencia subjetivamente os objetos impuros do mundo externo como desejáveis, neutros ou repulsivos. Nossos sentimentos esfaqueiam e perfuram nossos sentidos e nossa mente momento após momento do dia e da noite, como flechas furando nossos olhos. Nosso sentimento surgido interdependentemente faz com que as sombras de nosso apego e a raiva egoístas se desenvolvam e cresçam: a autodestruição – o oposto da autocura.

SO: Sétima Luz Kyerang: Shorwa
Cortando o sentimento surgido interdependentemente

Como resultado da causa e condição de surgimento interdependente positivas de relaxarmos (NgelSo) no espaço absoluto da vacuidade, cortamos o sétimo elo e vivenciamos a cessação de nosso sentimento impuro surgido interdependentemente, e mais uma parte das sombras de nosso apego e raiva egoístas desaparece.

8. A AVIDEZ SURGIDA INTERDEPENDENTEMENTE

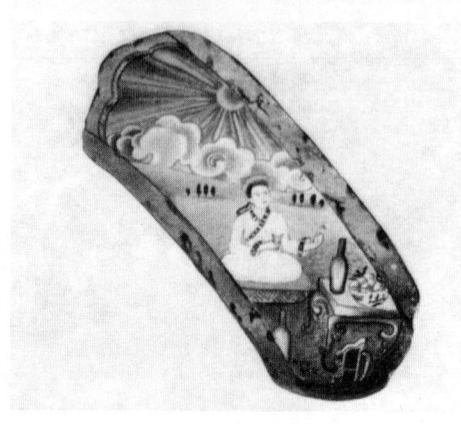

NGEL: Oitava Sombra Mulnak: Nyurche
Avidez

O resultado da causa e condição de surgir interdependente negativo do aspecto de nossa mente denominado sentimento é um tipo de apego ao qual damos o nome de avidez surgida interdependentemente, e que se manifesta quando começamos a morrer. No momento da morte, somos como bêbados na hora em que o bar fecha, avidamente desejando que os bons tempos e sentimentos felizes desta festa da vida continuem. Desejamos avidamente não abandonar esta vida e tememos sair pela porta da morte, para um lugar onde imaginamos que encontraremos só momentos ruins e sofrimento. Essa sede de viver faz com que as sombras de nosso apego e raiva egoístas desenvolvam-se e cresçam: a autodestruição – o oposto da Autocura.

SO: Oitava Luz Kyerang: Nyurche
Cortando a avidez surgida interdependentemente

Como resultado da causa e condição de surgir interdependente positivo de relaxarmos (NgelSo) no espaço absoluto da vacuidade, cortamos o oitavo elo e vivenciamos a cessação autocurativa de nossa avidez impura. Mais uma parte das sombras de nosso apego e raiva egoístas desaparece.

9. A NECESSIDADE SURGIDA INTERDEPENDENTEMENTE

NGEL: Nona Sombra Mulnak: Segpa
A Necessidade

O resultado da causa e condição de surgir interdependente negativo de nossa avidez é a forma intensa de apego à qual damos o nome de necessidade, e que se manifesta quando o processo da morte começa. À medida que os elementos começam a se dissolver, nossa mente aterrorizada e cheia de desejo, como um macaco selvagem, agarra-se desesperadamente aos restos desta vida que estão desaparecendo. Essa necessidade de se agarrar à vida é a chave causal que abre diretamente a porta para a nossa próxima vida de sofrimento, projetando-nos dentro dela. As causas distantes (nossa ignorância, ações de projeção e consciência surgidas interdependentemente) não abrirão necessariamente a porta para nosso próximo renascimento. Elas podem ficar gravadas em nosso disco do espaço interior por centenas de vidas, até que se manifestem as condições necessárias para ativar esse programa específico em nosso computador da realidade. Por sua vez, as causas mais próximas (o sentimento, a avidez e a necessidade de se agarrar à vida que se manifesta quando morremos) seguramente abrirão a porta de nossa vida futura, lançando-nos dentro dela. A porta de renascimento que abrimos depende de qual programa positivo ou negativo selecionamos em nosso disco do espaço interior.

SO: Nona Luz Kyerang: Segpa
Cortando a necessidade surgida interdependentemente

Como resultado da causa e condição de surgir interdependente positivo de relaxarmos (NgelSo) no espaço absoluto da vacuidade, cortamos o nono elo e vivenciamos a cessação de nossa necessidade impura surgida interdependentemente. Mais uma parte das sombras de nosso apego e raiva egoístas desaparece.

10. A EXISTÊNCIA SURGIDA INTERDEPENDENTEMENTE

Ngel: Décima Sombra Mulnak: Sipa
Existência

O resultado da causa e condição de surgir interdependente negativo de nossa necessidade de se agarrar a esta vida é a nossa existência surgida interdependentemente, o forte impulso mental que se manifesta durante o processo da morte, quando o hóspede que é nossa mente finalmente deixa sua velha hospedaria. Nosso estado mental no momento em que a consciência grosseira dissolve-se e a respiração cessa determina o programa que selecionaremos em nosso disco do espaço interno. Por isso, é especialmente importante estar com a mente feliz e em paz durante a morte. Ligando-nos à energia de cristal puro do Lama Curador e da companhia espiritual nesse momento, poderemos selecionar um bom programa em nosso disco do espaço. Morrendo com uma mente feliz, positiva e em paz, garantimos um renascimento feliz dentro do samsara, mesmo tendo feito muitas coisas ruins durante a vida. No momento da morte, a única companhia útil será a energia pura de nossa mente cristalina natural, nosso Guru e os Seres Sagrados. Portanto, de hoje em diante, precisamos imediatamente cultivar a companhia espiritual, começando a nos apoiar nos amigos especiais que permanecerão conosco no momento em que nossos amigos comuns não poderão mais nos ajudar.

SO: Décima Luz Kyerang: Sipa
Cortando a existência surgida interdependentemente

Como resultado da causa e condição de surgir interdependente positivo de relaxarmos (NgelSo) no espaço absoluto da vacuidade, cortamos o décimo elo e vivenciamos a cessação de nossa existência samsárica surgida interdependentemente. Mais uma parte das sombras de nossa mente egocêntrica desaparece.

11. O RENASCIMENTO SURGIDO INTERDEPENDENTEMENTE

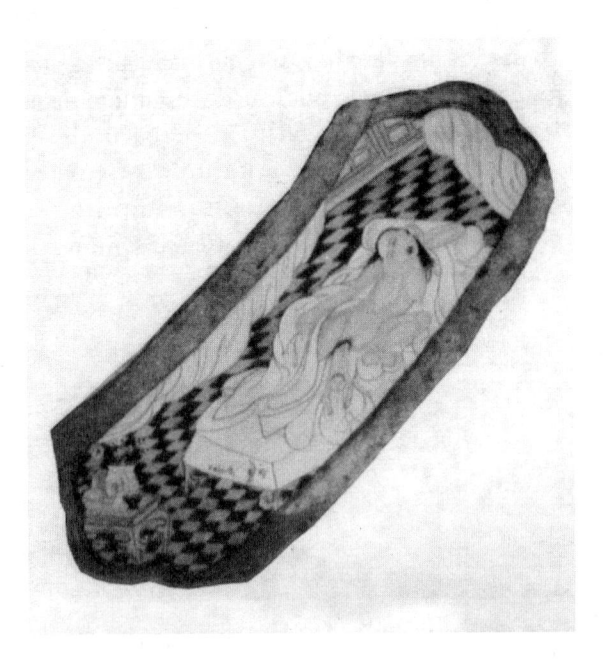

**NGEL: Décima Primeira Sombra Mulnak: Kyewa
Renascimento**

O resultado da causa e condição de surgir interdependente negativo da existência surgida interdependentemente é o renascimento surgido interdependentemente. Depois de vagar por um tempo no bardo, vemos nossos futuros pais em união sexual. Sentindo intenso apego por um de nossos pais, tentamos nos aproximar mas, possuindo uma forma muito sutil, obviamente não conseguimos. Cheios de frustração, raiva e ciúme em relação ao seu parceiro, sofremos uma pequena morte. Nesse momento, nossa consciência é engolida por nosso pai e ejaculada dentro do útero de nossa mãe, onde então, cavalgando sobre o esperma de nosso pai, une-se ao óvulo. Exatamente nesse instante deixamos a clara luz da morte. Nossa mente e energia começam a ficar mais grosseiras, o programa da nova vida é acionado, nossa mente projeta uma outra realidade samsárica e a nova vida de sofrimento tem início.

SO: Décima Primeira Luz Kyerang: Kyewa
Cortando o renascimento samsárico surgido interdependentemente

Como resultado da causa e condição de surgir interdependente positivo de relaxarmos (NgelSo) no espaço absoluto da vacuidade, cortamos o décimo primeiro elo e vivenciamos a cessação de nosso renascimento impuro surgido interdependentemente. Mais uma parte das sombras de nosso apego e raiva egoístas desaparece.

12. A morte surgida interdependentemente

**NGEL: Décima Segunda Sombra Mulnak: Tchiwa
Envelhecer, adoecer e morrer**

O resultado da causa e condição de surgir interdependente negativo do renascimento em um corpo e mente impuros (nosso samsara interno) em um mundo impuro (nosso samsara externo) é nosso envelhecer, adoecer e morrer, além de todos os inumeráveis sofrimentos, desconfortos, dificuldades e problemas surgidos interdependentemente. Precisamos analisar as condições de nossa vida e enxergar seus prazeres transitórios, sua falta de sentido e o nosso profundo sofrimento. Estamos cometendo suicídio de várias formas: alguns mais rápido, outros mais lentamente; alguns de formas mais dolorosas, outros de formas mais agradáveis. Precisamos desenvolver a renúncia, a causa e a condição do surgimento interdependente positivo da profunda repugnância e insatisfação em relação ao samsara. Como resultado, desenvolveremos um desejo intenso e incontrolável de imigrar para o Nirvana, um lugar sagrado e cheio de paz, ou para uma Terra Pura, uma terra absoluta verdadeira. Na Terra Pura, teremos um corpo e uma mente puros, vivenciaremos continuamente felicidade, paz interior e todas as alegrias absolutas, além de podermos completar rapidamente nossa evolução pessoal. Para realizar isso, precisamos reprogramar nosso disco do espaço interno e tirar um passaporte de um dos cinco Curadores Supremos.

**SO: Décima-Segunda Luz Kyerang: Tchiwa
Cortando o envelhecer, adoecer e morrer samsáricos surgidos interdependentemente**

Como resultado da causa e condição de surgir interdependente positivo de relaxarmos (NgelSo) no espaço absoluto da vacuidade, cortamos o décimo segundo elo e vivenciamos a cessação autocurativa de nosso envelhecer, adoecer e morrer samsáricos surgidos interdependentemente, libertando-nos de nosso samsara pessoal. A última parte das sombras de nossa mente egocêntrica, apego e raiva egoístas desaparece completamente: encontramos a eterna paz interior do Nirvana.

Octogésima Sexta Luz

Os Três Treinamentos Superiores

Para chegarmos à Paz Absoluta do Nirvana, precisamos de métodos especiais que quebrem os doze elos interdependentes. Esses métodos são os três treinamentos superiores:

1. controlar a energia (moralidade);

2. concentrar nossa energia como um raio *laser* (concentração);

3. usar nosso raio *laser* de sabedoria para penetrar a realidade, relaxando a mente no espaço absoluto da vacuidade e apagando de nosso disco do espaço interno os vírus e programas negativos. A sabedoria pode fundir a corrente de ferro de nossa prisão samsárica até quebrá-la e nos libertar.

Em vez de buscar a liberdade, a alegria e a bela terra do Nirvana só para nós mesmos, precisamos ter o grande coração de Bodhichitta que deseja partilhar a paz do Nirvana com todos os seres vivos. A única forma de tornar esse sonho realidade é nos tornarmos nós mesmos Curadores Supremos e praticarmos a meditação tântrica mahamudra da união do espaço absoluto da vacuidade com a mais poderosa e profunda energia de Bem-aventurança de nossa mente muito sutil de clara luz.

Como resultado, poderemos reprogramar completamente nosso disco do espaço interno em apenas uma vida, ou até em poucos anos. Seremos então reis e rainhas tântricos de uma Terra Pura, onde poderemos emitir passaportes e convidar todos os seres vivos para desfrutar de alegria eterna.

Octogésima Sétima Luz

O Resultado do Vinayayana é o Nirvana

Transforme seu pequeno coração egocêntrico e sua mente pequena de apego a si mesmo no grande coração e na grande mente do guerreiro desperto

Trigésimo segundo oráculo de sabedoria – segundo bhumi: precisamos controlar e desenvolver a energia de nossos chakras para chegarmos à automoralidade perfeita do segundo bhumi, a "Imaculada", quando nossa mente e corpo grosseiros não possuem mais nenhuma mancha.

Nível Avançado de Autocura Mahayana Lam Rim NgelSo

Octogésima Oitava Luz

Refúgio Mahayana

Se desejamos nos tornar líderes e Curadores Supremos e assumir a responsabilidade pelo desenvolvimento de outros, precisamos aprender a exercer a liderança por meio de nosso relacionamento com o Lama Curador. Qualquer que seja nosso desejo na vida, ser médico, dentista ou mecânico, precisamos aprender como a teoria funciona na prática.

Octogésima Nona Luz

Os Dez Benefícios da Bodhichitta

Primeira Sombra: Ngel
Com um pequeno coração egoísta nunca desenvolveremos as realizações tântricas.
Primeira Luz do Sol: So
Com o grande coração de Bodhichitta entramos nos mandalas mahayana e vajrayana.

Segunda Sombra: Ngel
Na escuridão do egoísmo, a natureza búdica de cristal no mais profundo de nosso coração está dormindo, e não podemos ascender ao trono da budeidade.
Segunda Luz do Sol: So
Nosso coração cristalino de Bodhichitta desperta e nos tornamos portadores da Linhagem de Iluminação de nosso Lama.

Terceira Sombra: Ngel
Com a sombra do egoísmo, o máximo que conseguimos atingir é a paz do nirvana.

Terceira Luz do Sol: So
Com o grande coração de Bodhichitta, nossa luz interior desenvolve-se ilimitadamente e podemos atingir a Iluminação completa.

Quarta Sombra: Ngel
Se temos uma pequena mente egocêntrica, ninguém gosta de nosso comportamento e vibração.

Quarta Luz do Sol: So
Com o grande coração de Bodhichitta, todos vão nos amar e respeitar e serão atraídos por nossa suave vibração de amor.

Quinta Sombra: Ngel
Boas ações poluídas pelo orgulho causam apenas um renascimento em uma situação feliz dentro do samsara, e seus benefícios manifestam-se uma só vez.

Quinta Luz do Sol: So
Com o grande coração desperto, geramos uma enorme quantidade de energia positiva em todos os momentos, mesmo enquanto dormimos, comemos ou brincamos. Tudo que fazemos ajuda o crescimento de nossa luz interior de autolibertação e autoiluminação, e os benefícios nunca se esgotam.

Sexta Sombra: Ngel
Com uma pequena mente egocêntrica, mesmo encontrando a autolibertação e a paz interna do nirvana, não apagamos de nosso disco interno as gravações de todas as ilusões, mas apenas das ilusões e obscurecimentos à libertação.

Sexta Luz do Sol: So
O grande coração de Bodhichitta é o fogo mais poderoso que queima todas as ações negativas e apaga seus registros (os obscurecimentos à onisciência) do computador de nosso coração.

Sétima Sombra: Ngel
Devido ao egoísmo, estamos sempre fazendo compras no supermercado dos pensamentos negativos. Nada nunca dá certo, pois as pessoas não gostam de nossas atitudes e de nossa vibração.

Sétima Luz do Sol: So
Com a Bodhichitta, todos os nossos desejos são positivos. Por isso, conseguimos tudo que desejamos.

Oitava Sombra: Ngel
Devido ao egoísmo, somos constantemente prejudicados por espíritos e interferências que andam de mãos dadas com nossa negatividade interna, humores e elementos perturbados.

Oitava Luz do Sol: So
Se temos um coração grande, os espíritos e não-humanos não nos prejudicam, pois sentem nossa vibração de amor puro e começam a nos amar. A energia de amor puro também pacifica nosso humor perturbado da bile e, por isso, não recebemos mais o reflexo da agressão do mundo externo.

Nona Sombra: Ngel
Sem a Bodhichitta não poderemos nos tornar Buddhas, pois não conseguiremos superar os obstáculos ao conhecimento, mas apenas os obstáculos à autolibertação.

Nona Luz do Sol: So
As Bodhichittas relativa e absoluta acumulam mérito e sabedoria na conta bancária interna de nosso coração, permitindo-nos alcançar rapidamente todas as realizações dos níveis e caminhos mahayana e vajrayana e realizar o corpo da verdade e o corpo de forma de um Curador Supremo.

Décima Sombra: Ngel
Sem a Bodhichitta, podemos no máximo chegar ao nirvana, realizando nossa própria paz interior e bem-aventurança.

Décima Luz do Sol: So
Com a Bodhichitta, podemos nos tornar Curadores Supremos, para trazer a paz interna e externa a todos os seres.

Tubwang Tendrelma, "O Totalmente Capaz de Curar pelo Poder da Interdependência dos Fenômenos sustentando a paz do mundo interno e externo"

Trigésimo terceiro oráculo de sabedoria – terceiro bhumi: temos que criar o hábito de relaxar NgelSo no espaço relativo e absoluto para pacificar a raiva e o nervosismo e chegar à paciência insuperável do terceiro bhumi, "A que Ilumina", que aumenta nossa luz interior de poder de autocura.

Nonagésima Luz

Desenvolvendo um Vínculo Puro com um Lama Curador

Precisamos de um exemplo vivo de uma pessoa mentalmente saudável e auto-iluminada, um líder e um curador do mundo. Sem esse exemplo, podemos pensar que não é realmente possível tornar-se uma pessoa perfeita, autoliberada e iluminada nestes tempos poluídos e degenerados. O Lama Curador, além de partilhar conosco os métodos de autocura e a energia tântrica, é uma chama de esperança e inspiração, a prova viva de que existe vida fora do samsara e um exemplo do que nós mesmos, com um pouco de esforço, podemos nos tornar.

Nós nos ligamos a um Lama Curador porque gostamos de sua vibração de amor, sua energia de cura e seu sorriso interior. Além disso, desejamos ser como ele e, para isso, precisamos que ele nos mostre o caminho. As imensas possibilidades do desenvolvimento humano revelam-se para nós, e até o que parece impossível, por exemplo, a iluminação tântrica em uma só vida, torna-se possível. Precisamos sempre nos lembrar, porém, que o Lama Curador não vai nos transformar em Buddhas. Cada um tem que despertar seu próprio Buddha interior, seguindo as instruções e praticando sua própria autocura. O Lama Curador pode nos mostrar o caminho, mas nós mesmos temos que trilhá-lo. Para realizar o Grande Relaxamento Mahamudra, necessitamos de uma enorme quantidade de luz interna, e a melhor forma de gerar essa energia é abrir o coração e contentar nosso Lama Curador.

O Lama Curador é como um agente secreto do mundo de cristal puro que se manifesta em nosso mundo, em nossa cidade, de acordo com nossa visão kármica. Os Lamas Curadores parecem igualzinhos a nós! Podemos vê-los e tocá-los, e eles podem nos comunicar a autocura. Secretamente, porém, sua mente e corpo estão preenchidos de energias curadoras iluminadas e, por isso, quando nos ligamos a eles, podemos entrar em contato com essas energias em nós mesmos.

O mais importante é não nos deixarmos enganar pelas aparências. Se temos uma visão e um sentimento especiais pelo Lama Curador, logo poderemos desenvolver em nós mesmos a energia de cristal puro e a energia de cura. Nossas realizações de Autocura Tântrica NgelSo crescerão rapidamente, e muitos de nossos sofrimentos e interferências demoníacas simplesmente desaparecerão. O Lama Curador é como uma lente de aumento focalizando o sol da budeidade em nosso coração, queimando nossas emoções negativas e os programas autodestrutivos do computador de nosso coração.

Devemos enxergar todas as diferentes imagens de Buddha como projeções psíquicas da mente de nosso Lama Curador, representando a verdadeira energia de nosso Lama em uma realidade de nível mais sutil. Sem essa compreensão, podemos acabar fazendo como Marpa, que se prostrou para o mandala de Hevajra que seu Guru Naropa manifestou no céu em vez de se prostrar para o próprio Guru. Como ele tinha a oportunidade de estar sempre com seu Guru, achou que era muito mais especial ver um mandala de Hevajra no céu. A familiaridade pode gerar o desrespeito, o que não traz, certamente, nenhum benefício.

Por outro lado, se mantivermos uma visão especial e enxergarmos nosso lama curador como um ser de cristal puro, poderemos ter uma profunda experiência de Autocura Tântrica NgelSo mesmo sem nos dedicar muito à meditação. Por exemplo, Drontompa, o atendente de Atisha, nunca podia sentar para meditar porque estava sempre muito ocupado com o trabalho. Contudo, a visão pura que ele mantinha de Atisha trouxe-lhe tantas bênçãos que ele pôde atingir realizações de autocura mais profundas do que muitos dos discípulos que meditavam o tempo inteiro.

Talvez você tenha dúvidas em relação a essa idéia e pense que não há motivo para enxergarmos uma pessoa comum como um Buddha. Entretanto, não podemos nos esquecer que, devido à qualidade da energia sutil e da mente sutil, somos nós mesmos que criamos a realidade e fazemos com que tudo em que acreditamos torne-se realidade. Precisamos usar essa tendência natural da mente de uma forma positiva, trazendo Buddha para o nosso dia-a-dia através de nosso Lama Curador. Quando estamos com muita fome, qualquer comida nos parece deliciosa. Da mesma forma, as qualidades ou defeitos de nosso Lama Curador dependem de nossas projeções, e não dele. Para os brahmins, momos (pastéis de carne tibetanos) são horríveis, e oferecer momos a um brahmim pode até ofendê-lo. Os tibetanos, ao contrário, acham os momos uma comida maravilhosa. Ora, onde estão as qualidades e defeitos senão em nossas próprias projeções mentais?

Se tivermos um bom relacionamento com nosso Lama Curador agora, em nossas vidas futuras também teremos uma boa chance de praticar a Autocura Tântrica NgelSo. Não importa se estamos nos iludindo, enxergando uma pessoa comum como um Curador Supremo pois, de qualquer forma, estamos instalando um programa positivo em nosso computador da realidade. Como o registro kármico nunca desaparece ou se autodestrói espontaneamente, mais tarde teremos um Buddha de verdade como nosso Lama.

Ligando-nos à energia de cristal puro do Lama Curador, podemos limpar todo nosso karma negativo que, de outra forma, nos traria muito sofrimento, causando-nos as experiências de nosso inferno pessoal, mundo animal ou mundo dos espíritos. Esse processo de limpeza dos registros de nosso disco do espaço interno faz com que o karma negativo amadureça agora, nesta vida, sob a forma de uma pequena dificuldade ou crise de cura kármica. Não devemos nos deprimir se coisas aparentemente negativas nos acontecerem quando estivermos perto de nosso Lama Curador. Ao contrário, devemos compreender o que está acontecendo de fato e nos alegrar com isso. Muitas vezes, interpretamos de forma errada as ações de nosso Lama Curador para purificar nosso Karma. Se ele nos diz alguma coisa dura sobre nós, sentimos que ele não nos ama mais e começamos a culpá-lo. Na verdade, a repreensão é um mantra irado ou um remédio forte para remover nossas emoções negativas, doenças mentais e escuridão interior. Devido à nossa profunda ignorância, obviamente não estamos conscientes de nossa afortunada situação kármica.

Estamos dentro do mandala de nosso Lama. Se tivéssemos um pouco mais de sabedoria, compreenderíamos que a felicidade, a riqueza e o conforto que podemos ter nessa vida, assim como nossa autolibertação e iluminação no futuro vêm de nosso vínculo com o Lama Curador.

Talvez alguns de vocês se perguntem quão grande pode ser esse mandala curador. Os Buddhas estão guiando e curando todos os seres vivos sempre que têm essa oportunidade. Todos os seres já tiveram contato com a energia curadora de Buddha em algum momento. Dizem até que já fomos namorados ou namoradas de Buddha muitas vezes, sem que pudéssemos compreender ou reconhecer sua energia. Apesar de nossos impulsos autodestrutivos, o Lama Curador e suas emanações estão nos guiando para uma direção mais positiva. Se aceitarmos e cooperarmos, seu trabalho de cura certamente se tornará muito mais fácil.

Não devemos nos comprometer em uma relação Guru-discípulo e depois mudar de idéia. Colocar o Guru no topo de nossa cabeça e depois, gradualmente, fazê-lo escorregar em nossa estima até chegar aos nossos pés certamente não nos trará nenhum benefício. É melhor fazer o contrário, ou seja, aproximar pouco a pouco o Lama do topo de nossa cabeça à medida que purificamos nossa mente. Se acreditamos que um dia poderemos romper o vínculo, é melhor manter apenas uma relação de amizade. Romper o vínculo-vajra Guru-discípulo causa um profundo choque em nosso corpo, mente e chakras. É como matar nosso próprio Guru interno, perdendo assim uma chance inacreditável. Por isso, devemos ter pelo menos 90% de certeza se desejamos nos tornar discípulos de alguém. Podemos fazer compras de Gurus no supermercado espiritual, mas depois que compramos um, não podemos mudar de idéia. Do ponto de vista kármico, não podemos pedir nosso dinheiro de volta. O Guru está grudado em nós e nós estamos grudados Nele, para o melhor ou para o pior. É mais que um casamento; por isso, devemos levar esse vínculo à sério.

Algumas pessoas se preocupam querendo saber quantos Gurus podem ter. Eu, pessoalmente, vejo meu Guru-raiz Tridjang Rimpoche como Buddha Vajradhara que, como a lua no céu, cobre a terra inteira com seus reflexos. Vejo todos os meus professores e Lamas como reflexos de Vajradhara, desde o professor que me ensinou o alfabeto no Monastério Gangchen até todos os meus mestres no Tashi Lhumpu e em Sera, na Índia e na Mongólia. Vejo sempre muitas qualidades positivas em todos eles, mesmo nos monges mais simples. Essa visão torna minha mente muito aberta, confortável e relaxada.

Em suma, o Lama Curador tem muitas qualidades e, se ele aparentemente tem falhas mentais ou físicas ou comportamentos estranhos, devemos enxergá-las como projeções de nossas próprias falhas e emoções negativas. Nosso Lama Curador dedica sua energia para curar as doenças físicas e mentais dos seres vivos nos níveis grosseiro, sutil e muito sutil há muitas vidas. Quando nos ligamos a ele, essa energia automaticamente passa a trabalhar para nós. Conectando nosso coração ao coração de nosso Lama, podemos nos tornar nossos próprios líderes e curadores.

Para saber se temos a realização da devoção ao Guru, devemos examinar o amor que sentimos por nosso Lama. Um amor que nunca se abala, mesmo que Ele nos traga dificuldades, demonstra que temos essa realização. Por outro lado, gostar do Lama um dia e no outro ficar com raiva, dúvidas ou projeções negativas sobre Ele mostra que o canal não está totalmente aberto e que ainda temos algum trabalho a fazer.

O vínculo Guru-discípulo beneficia tanto o Lama Curador quanto seus alunos. Os alunos recebem uma grande quantidade de energia saudável, autocura, relaxamento e felicidade. O Lama Curador, em troca, recebe principalmente um monte de negatividade, reclamações, problemas e trabalho por horas a fio. Qualquer pessoa comum com certeza consideraria ser um Lama Curador um trabalho muito pesado. Felizmente, os Lamas Curadores têm um amor imenso no coração e não pensam assim. Seu desejo é ajudar todos a obter condições melhores.

Assim, compreendendo que temos tudo a ganhar e nada a perder (exceto coisas que não desejamos, como o nosso sofrimento), devemos agarrar essa oportunidade maravilhosa de estar com nosso Lama-amigo agora enquanto a temos, sem nenhuma dúvida ou suspeita.

Quando eu era um jovem estudante em Varanasi, eu dava muitos problemas ao meu Lama Tridjang Dordjetchang. Eu tinha dúvidas sobre minha encarnação e muitas vezes ia conversar com meu Lama sobre essas dúvidas. Entreguei a ele todos os meus problemas, dificuldades e sofrimentos, e ele me ofereceu sua linhagem de paz em troca! Os Lamas são médicos da mente e, portanto, precisam nos ouvir para solucionar nossos problemas. Entramos nessa terapia porque gostamos da vibração da linhagem de paz de nosso Lama. Desejamos ter paz interna agora e sempre e, por isso, precisamos de um Lama com uma linhagem de paz que nos ajude a realizar nossos desejos e desenvolver nosso potencial humano.

Nonagésima Primeira Luz

O Método das Seis Causas e um Efeito para Desenvolver a Bodhichitta

Talvez alguns de vocês achem o Lam Rim entediante e desejem ir logo ao que interessa: aquelas práticas tântricas legais. Sem a Bodhichitta, porém, tudo isso é perda de tempo. Quem deseja tornar-se um Lama Curador para curar as pessoas de suas doenças físicas e mentais, curar o meio ambiente e fazer com que arco-íris manifeste-se durante um puja precisa desenvolver um coração aberto e a Bodhichitta. Até hoje nunca houve um Lama Curador sem Bodhichitta e provavelmente nunca existirá um no futuro. Hoje, quando perguntamos aos praticantes que tipo de meditação eles fazem, muitos respondem que fazem práticas de

Nunca existiu um Lama Curador sem Bodhichitta

Trigésimo quarto oráculo de sabedoria – quarto bhumi: precisamos investir energia em nossa autocura com alegria (compreendendo os benefícios práticos para nós mesmos, nossa sociedade e meio ambiente). Só assim, atingiremos o esforço insuperável do quarto bhumi, "O Radiante", quando brilhamos com o fogo da luz interior que consome os obscurecimentos à libertação e à Iluminação.

yidans exóticos, como Kalachakra ou Vajrayoguini, ou que praticam Dzogchen ou Mahamudra. Se essas pessoas, porém, não desenvolverem a Bodhichitta, não poderão sequer entrar no caminho Mahayana nem, muito menos, chegar ao estado de Buddha.

Por outro lado, para os que têm Bodhichitta, até alimentar patos em um parque atua como uma causa para chegar à budeidade. Esse é o motivo por que o mahayana-vajrayana é o caminho mais rápido para a Iluminação.

Atisha foi um grande mahasiddha tântrico que escreveu o primeiro livro do Lam Rim em tibetano. Ele disse: "Abandone as ações mundanas e medite sobre o amor, a compaixão e a Bodhichitta", e não "Abandone as ações mundanas e faça meditações Dzogchen, Mahamudra, Kalachakra, etc". Devemos pensar sobre isso.

Nonagésima Segunda Luz

As Seis Luzes Causais

Primeira Luz Causal
Desenvolvendo a Equanimidade

Devido a uma série de razões irrealistas, em relação a algumas pessoas, sentimos que não conseguimos tirar o suficiente delas, outras nós odiamos e a maior parte da humanidade ignoramos completamente, considerando que não valem nossa preocupação. Se examinarmos por que pensamos assim, veremos que algumas pessoas nos parecem maravilhosas apenas devido ao nosso apego ou porque sentimos que elas nos ajudam. Outras nós odiamos porque sentimos que nos prejudicam. E as que nunca nos fizeram nada, nós ignoramos.

Essa percepção da realidade, porém, baseia-se em uma perspectiva muito limitada e a curto prazo sobre nossa situação. A vida é tão incerta; não sabemos se nosso melhor amigo se tornará nosso pior inimigo na próxima semana. Da mesma forma, nosso pior inimigo pode também se tornar nosso melhor amigo. Pessoas que quando se conhecem não se suportam podem acabar se casando. Se pudéssemos nos lembrar de nossas existências passadas, muitas vezes veríamos nossos amigos nos fazendo coisas horríveis e nossos inimigos cuidando de nós. Isso mostra o quanto é irrealista nossa divisão da humanidade entre amigos, estranhos e inimigos.

Devemos tentar ter um coração acolhedor e sentir todos como irmãos queridos. A equanimidade não é a indiferença fria que sentimos normalmente em relação aos estranhos. Uma mente equânime é uma mente de ouro, acolhedora e positiva. Desenvolver a equanimidade é muito melhor que gastar nosso tempo criticando todo mundo, abertamente ou em segredo.

Para manter a energia da equanimidade ilimitada no coração, precisamos tornar a afirmação da equanimidade parte de nosso dia-a-dia.

SEMTCHEN TAMTCHEN NYERING
TCHAK DANG NYIDANG DRELWA TANGNYOM
LA NE PAR GYUR TCHIK

"Possam todos os seres viver em equanimidade, livres dos extremos da atração por uns e da aversão por outros."

Segunda Luz Causal
Compreendendo a brincadeira cósmica de que todos já foram nossas mães em outras vidas

É porque nosso coração está fechado que nos sentimos distantes dos outros e que o mundo está sempre contra nós. As únicas pessoas com quem nos importamos além de nós mesmos são os nossos parentes, cujos interesses colocamos à frente dos interesses dos outros. Se examinarmos com olhos de sabedoria, perceberemos que todos os seres vivos são membros de nossa família. É apenas realizando os desejos de nossa família global que nossos próprios desejos se realizam de verdade. Adotar essa perspectiva é a única forma de solucionarmos a crise ecológica global.

Talvez alguns discordem dessa idéia e pensem: "Como tantas pessoas podem ser meus parentes se eu nem as conheço?" Se procurarmos enxergar as coisas de uma perspectiva mais ampla, porém, perceberemos que esta não é a nossa única vida. Nosso contínuo mental não tem começo e, em nossas vidas passadas, certamente já tivemos muitos pais e parentes. O fato de termos morrido e renascido com uma nova identidade não quer dizer que não temos mais vínculo com esses seres.

Se nosso Lama nos apresentasse alguém dizendo que essa pessoa foi nossa mãe, filho ou amante em nossa vida passada, imediatamente abandonaríamos nossa indiferença e desenvolveríamos um sentimento especial em relação a ela. Devemos tentar sentir essa proximidade e ternura especial por todos os seres vivos. Precisamos pedir ao nosso Lama que abençoe nossa mente para podermos desenvolver esse coração acolhedor e a perspectiva especial que nos faz sentir atração por todos os seres. Essa é a chave para realizarmos nossos próprios desejos e os desejos dos outros.

Terceira Luz Causal
Desejando retribuir a bondade que todos os seres vivos já nos demonstraram

Nossa vida depende dos outros em seu nível mais fundamental. Nossos pais nos deram nosso corpo, enquanto outras pessoas plantaram e colheram a comida que comemos e construíram as estradas, escolas, hospitais, sistemas de esgoto, cidades, casas e locais de trabalho que utilizamos. Alguns de nós talvez pensem que todos hoje são tão materialistas que ninguém mais manifesta bondade verdadeira. Mas se examinamos melhor, essa não é a realidade. A maior parte dos ocidentais, durante os primeiros vinte anos de suas vidas, não fez nada além de viver às custas de seus pais e do sistema social de seu país. Se não concordamos que isso também é bondade, devemos tirar umas férias em um país de terceiro mundo onde não exista sistema de previdência, saúde ou educação estatal, para vermos com nossos próprios olhos o sofrimento que muitas pessoas passam nesses lugares.

Depois dos vinte anos, quando a maior parte de nós já tem um trabalho e paga seus impostos, passamos a achar que não devemos nada à sociedade já que o governo fica com um terço ou a metade de nossa renda. Entretanto, se examinarmos melhor, descobriremos que os outros ainda assim são muito bons conosco, pois nos proporcionam um emprego, são nossos clientes e, além disso, fabricam todas as coisas que apreciamos, como as roupas da moda, casas, carros, bens de consumo, etc. Quando ficamos velhos ou estamos doentes, o governo nos paga uma pensão e cuida de nossa saúde. Apesar de todas as nossas reclamações, desde o berço até a morte, somos cuidados por outras pessoas em um nível de conforto que o terceiro mundo pode ter apenas em sonho.

O objetivo desse tipo de reflexão é reverter nosso sentimento comum de que não precisamos dos outros e de que não devemos nada a ninguém. Precisamos aprofundar nossa identificação com os outros seres vivos a ponto de, em vez de cuidarmos apenas de nós mesmos, desejarmos espontaneamente fazer algo pelos outros membros da nossa família global. Então, quando nos pedirem alguma coisa, em vez de pensar: "Que vantagem eu levo nisso?", vamos até nos sentir desconfortáveis se não estivermos fazendo algo pelos outros. Há muitas formas de ajudar os outros. Temos que encontrar as que combinam com nosso estilo e perspectiva de vida.

Quarta Luz Causal
Desenvolvendo o amor que nasce de vermos os outros como atraentes

A maior parte de nosso desconforto e doenças mentais vem de não amarmos a nós mesmos e aos outros. Primeiro, precisamos aprender a nos amar e a dizer a nós mesmos: "Eu sou bonito", "Eu sou uma boa pessoa", "Eu tenho valor", etc. Depois, devemos tentar desenvolver em nosso coração o mesmo sentimento especial de amor por todos os seres, o mesmo sentimento que temos por nossos filhos e parentes próximos. Amor não é o mesmo que apego. Dizer "Eu te amo" é o mesmo que dizer "Eu quero que você seja feliz". Se o que realmente queremos dizer é "Quero usar você para me fazer feliz", essa é uma fala de apego, não de amor. Se examinarmos por que desejamos passar nosso tempo com Lamas elevados e Bodhisattvas, perceberemos que é porque sentimos sua vibração de amor curativo em relação a nós. Meditar sobre o amor é uma verdadeira autocura; podemos sentir imediatamente os benefícios inacreditáveis da vibração do amor.

O amor puro é o desejo incondicional de que os outro sejam felizes. Todas as pessoas hoje sentem falta de amor. Estamos no reino de amor dos pretas e, por isso, precisamos oferecer muito amor a todos. Como resultado, todos vão nos amar e cuidar de nós, o que nos deixará felizes, relaxados e confortáveis. Não teremos mais inimigos que queiram nos prejudicar, e tudo que desejarmos nos acontecerá, pois todos terão interesse em nos ajudar. Nosso computador mental projetará sempre uma realidade feliz, mesmo quando estivermos em uma situação difícil.

Talvez alguns pensem: "Amar as pessoas em geral é bom, mas como posso amar as pessoas das quais não gosto? Preciso amá-las também?" Pode ser que o fato de não gostarmos de alguém seja um engano nosso. Se essa pessoa fosse realmente tão horrível, todos a veriam dessa mesma forma. No entanto, para sua mãe ou seu namorado, provavelmente ela deve ser uma pessoa maravilhosa. Quem tem razão? Sua mãe ou nós?

Devemos tentar focalizar as boas qualidades das pessoas e ignorar os aspectos que podem nos irritar. Além disso, mesmo que realmente não gostemos de alguém, é nosso próprio interesse aprender a nos sentir próximos dessa pessoa, pois isso cura nossa própria doença mental, mesmo que ela continue a nos machucar e a não gostar de nós. Se nossa mãe ficasse louca e começasse a correr atrás de nós com uma arma, nós não a odiaríamos por isso; ao contrário, com o coração preenchido de amor, tentaríamos desarmá-la e curar sua loucura. Devemos tentar sentir dessa forma quando nossos inimigos nos atacam. Precisamos preencher nosso dia-a-dia de amor recitando o mantra de Maitreya,

**OM MAITREYA MAITREYA MAHA MAITREYA
ARYA MAITREYA SOHA**

e a afirmação do amor,

**SEMTCHEN TAMTCHE DEWA DANG
DEWE GUIU DANG DENPAR GUIUR TCHIK**

Possam todos os seres ter a felicidade e suas causas.

Quinta Luz Causal
Desenvolvendo a Grande Compaixão

A Grande Compaixão é mais que simplesmente sentir dor quando vemos o sofrimento dos outros seres vivos. Normalmente, quando assistimos ao noticiário, levantamos uma série de defesas emocionais para evitar que as terríveis imagens cotidianas do sofrimento humano toquem nosso coração. Temos que ser corajosos e derrubar essas defesas, permitindo que a dor do mundo toque nosso coração de verdade.

Talvez alguns pensem: "Que bem isso pode me trazer? Já não existe sofrimento suficiente no mundo sem que eu me envolva? De qualquer forma, eu já tenho meus próprios problemas, por que eu deveria desejar mais dor?" A idéia não é sofrer simplesmente por sofrer. Precisamos perceber que sentir a dor do mundo como nossa própria dor é o que nos possibilitará deixarmos de ser pessoas comuns obcecadas consigo mesmas, transformando-nos em Bodhisattvas e curadores do mundo. Se os Bodhisattvas estão tão interessados em curar todos de sua dor e sofrimento é porque, entre outras razões, eles sentem as dores dos outros em si mesmos e, por isso, espontaneamente desejam fazer algo para ajudá-los. Precisamos desenvolver a energia da compaixão ilimitada recitando e meditando sobre a afirmação da grande compaixão:

**SEMTCHEN TAMTCHE DUNGEL DANG DUNGEL
GUI GUIU DANG DRELWAR GUIUR TCHIK**

*Possam todos os seres ser livres do sofrimento
e de suas causas.*

Sexta Luz Causal
Desenvolvendo o Altruísmo

Como disse Shantideva,

"Quando temos um espinho no pé, espontaneamente a mão o retira. Da mesma forma, devemos tentar curar os outros, já que somos todos membros da árvore da vida".

O altruísmo é o desejo de se responsabilizar pessoalmente por ajudar e curar os outros. O altruísmo é o oposto da nossa mente normal que pensa: "Não há nada que eu possa fazer". Mesmo que não possamos fazer muito agora do ponto de vista prático, o pouco que podemos nós realmente devemos fazer. O altruísmo nos torna fortes frente ao sofrimento que enxergamos por toda parte. É o oposto da depressão e do sentimento de desamparo, o antídoto da sensação de não termos nada para dar aos outros, procurando sempre apenas nossa própria felicidade individual. Altruísmo é sentir felicidade quando podemos ajudar a curar os outros, e tristeza quando não podemos fazer isso. É o verdadeiro juramento de Hipócrates, que nos motiva a cuidar de forma especial de todos os seres doentes e em sofrimento. O altruísmo é a essência do refúgio mahayana, o desejo de tornar-se guia e curador de todos os seres.

Para reforçar nosso desejo de nos responsabilizarmos pela felicidade e bem-estar de todos, recitamos e meditamos sobre a afirmação da alegria ilimitada,

**SEMTCHEN TAMTCHE DUNGEL MEPE
DEWA DANG MIN DRELWAR GUIUR TCHIG**

*Possam todos os seres jamais se separar da felicidade
que está além de todo o sofrimento.*

e a afirmação da paz ilimitada,

**SEMTCHEN TAMTCHE TAN DZAMBULING
DI KYIENDO TATAG TCHI NAMKYI SHIDE
DANG TÜKÜN DENPAR GUIUR TCHIG**

*Possam todos os seres desfrutar de paz interna
e paz no mundo agora e sempre.*

Todos os nossos irmãos e irmãs precisam chegar ao Nirvana ou à Terra Pura. Percebendo que neste momento eles são incapazes de percorrer por si mesmos o caminho correto, recitamos os cinco pensamentos ilimitados, sentindo-os de verdade. Nosso grande coração de refúgio mahayana desenvolve-se e a energia grosseira e sutil de nosso coração expande-se e alcança o fim do samsara. Nossa mente torna-se grande o suficiente para alcançar e tocar todos os seres vivos do universo, e nossa capacidade de liderança deixa de ser uma idéia e transforma-se em realidade.

Nonagésima Terceira Luz

Sétima Luz Resultante
Desenvolvendo a Bodhichitta

Quando o altruísmo existir em nosso coração, a pergunta "O que posso fazer de verdade para curar meus irmãos e o mundo?" se fará escutar em nossa consciência muitas e muitas vezes. Se examinarmos as pessoas que realmente ajudam as outras e procurarmos saber o que elas têm que nos falta, concluiremos que seu cristal interior de natureza búdica está mais limpo e que, por isso, elas têm mais sabedoria, compaixão e poder do que as pessoas comuns.

Podemos perceber que isso é verdade quando pensamos em líderes espirituais muito desenvolvidos, como Sua Santidade o Dalai Lama, Sua Santidade Sakya Trinzin, Sua Santidade Karmapa e os grandes Seres Sagrados de outras tradições. Assim como esses indivíduos, nós também podemos realizar todo nosso potencial humano para podermos ajudar todos os seres vivos. Há ainda muito trabalho a ser feito pelos aspirantes a líderes e Curadores Supremos. Precisamos nos tornar Curadores Supremos se desejamos curar o mundo.

Não devemos alimentar dúvidas pensando: *"Se já existem tantos mestres realizados, por que há ainda tanto sofrimento no mundo?"* Embora os seres realizados dediquem sua energia para curar todos os seres vivos, do ponto de vista prático da duração de cada uma de suas vidas, eles podem ajudar apenas aqueles com quem possuem uma relação kármica direta. Além disso, eles não criaram todo esse sofrimento; nós mesmos o criamos. Eles estão em nosso mundo apenas para nos ajudar a sair da confusão em que nos colocamos.

Todos nós temos no coração o cristal bruto da natureza de Buddha. Se conseguirmos limpá-lo, o esplendor de nosso cristal puro iluminado se revelará.

Essa generosidade que nos faz desejar realizar todo nosso potencial humano para chegarmos a ser Curadores Supremos de todos os seres vivos é o oposto do egocentrismo. É verdade que ela nos tornará pessoas maravilhosas, com imenso poder, compaixão, sabedoria e beleza interior; mas essas qualidades serão usadas para curar os outros, e não para nos glorificar.

Se estamos realmente empenhados em curar os outros, precisamos realizar nosso potencial o mais rápido possível. Os seres humanos estão sofrendo tanto que não podem esperar muitos anos ou muitas vidas enquanto "nós nos preparamos". Precisamos praticar o Tantra, pois o Caminho Vajra é muito rápido e poderoso. Como resultado, poderemos nos tornar Curadores do Mundo, ou Lamas Curadores, em apenas poucos anos.

As pessoas hoje querem que tudo aconteça imediatamente. Esse é o motivo por que o Tantra é tão adequado para os tempos atuais. Devemos começar já o nosso curso de treinamento para Lama Curador, para o mais rápido possível podermos começar a aliviar um pouco do sofrimento do mundo. Não devemos praticar o Tantra por egoísmo, porque está na moda ou porque é bacana, exótico e prazeroso. O Tantra funciona apenas com a Bodhichitta. Se não tivermos um grande coração, praticar o Tantra será uma perda de tempo. Para os que estão apenas procurando diversão, é melhor ficar em frente à televisão, ir à discoteca ou ficar na cama com seu namorado. Mas, se for esse o seu caso, seja honesto e admita que o que você está fazendo é diversão; não chame essa diversão Tantra.

Se temos um bom coração e o desejo de desenvolver nossas qualidades para nos tornarmos guias e curadores melhores, podemos dizer que estamos no mandala mahayana e que temos as qualidades certas para sermos líderes ou Bodhisattvas. Por outro lado, se precisamos fingir que estamos interessados em acabar com o sofrimento dos seres vivos, estamos também fingindo que somos Bodhisattvas. Se é esse o nosso caso, nossa prática tântrica também é uma mentira. Devemos ser honestos e ter consciência dessa diferença. Hoje, há muitas "Vajrayoguinis" e "Herukas" andando por aí, que parecem ter se esquecido da Bodhichitta, agindo sem nunca se importar com os outros. Por favor, não sigam esse exemplo.

Qualquer que seja o nível de nossa prática, desenvolver a Bodhichitta deve ser nosso empenho mais profundo. A porcentagem de Bodhichitta que temos no coração é nossa porcentagem de Iluminação, o investimento ao qual mais devemos nos dedicar.

Nonagésima Quarta Luz

O Estilo de Vida de um Líder

As seis perfeições e as quatro qualidade de um líder

Para manter a energia do estilo de vida de um líder, devemos manter os votos de Bodhisattva.

(Para maiores detalhes, ver o próximo livro de Autocura Tântrica NgelSo)

Primeira Luz da Jóia
A perfeição do oferecer

NGEL – O Caminho das Sombras

Neste momento, temos a causa e condição do surgimento interdependente negativo de estar com o coração e a mente cheios de avareza. Nossas próprias necessidades parecem mais importantes que tudo e, por isso, não podemos dar nem mesmo uma pequena quantia de dinheiro para caridade ou cinco minutos para cuidar de outra pessoa. Esse tipo de atitude custa caro demais, a nós e aos outros. Além de nos causar um profundo sofrimento, é um desperdício dos recursos físicos e emocionais de nosso mundo interno e externo.

SO – O Caminho da Luz

Precisamos de Autocura Tântrica Ngelso, e não da mente pequena da avareza. Temos que investir nossa energia com sabedoria. Desenvolvendo o grande coração de Bodhichitta e relaxando (NgelSo) no espaço absoluto da vacuidade, integramos as quatro generosidades curativas em nosso dia-a-dia:

- Partilhar a Autocura Tântrica NgelSo e as informações positivas no supermercado espiritual da forma adequada à mente e à cultura das pessoas, sem esperar pagamento ou recompensa.

- Oferecer coisas materiais, como nosso corpo e nossos recursos.
- Oferecer proteção, consolo e coragem. Podemos proteger os outros de perigos de outros humanos, de não-humanos e dos elementos.
- Oferecer amor (oferecer incondicionalmente aos outros nosso tempo, apoio emocional, energia positiva e boas vibrações).

A generosidade é o nosso melhor investimento contra a pobreza emocional e material futura. Apegar-se às coisas por avareza, egoísmo e medo é a melhor forma de ficar infeliz, pobre e cheio de sofrimento. Precisamos investir na perfeição absoluta da generosidade, percebendo sempre nossa generosidade e os que a recebem como manifestações surgidas interdependentemente do espaço absoluto da vacuidade, como sonhos ou arco-íris. Integrando essa percepção em nosso dia-a-dia, completaremos rapidamente o caminho da autocura.

Segunda Luz da Jóia
A perfeição do controle da energia dos chakras

NGEL – O Caminho das Sombras

Neste momento, temos a causa e condição de surgir interdependente negativo de deixar a energia de nosso corpo, palavra e mente fluir indiscriminadamente por toda a parte, como um rio que transborda desmoronando suas margens. Agimos sem nenhum cuidado ou consideração pelos outros. Somos completamente controlados por nossa ignorância e pelas emoções negativas das ilusões do apego, agressão, nervosismo, inveja, etc. Agindo dessa forma autodestrutiva e infantil, prejudicamos os outros e causamos profundo sofrimento, escuridão interna e depressão a nós mesmos.

SO – O Caminho da Luz

Precisamos de autocura, e não da mente pequena que busca incessantemente satisfação emocional e sensitiva. Praticando a autocura, adquirimos o poder da automoralidade. Pelo poder da verdade do método da Autocura, qualquer pessoa pode desenvolver sua energia positiva e luz interior. Por exemplo, atualmente é proibido fumar em quase todos os lugares públicos dos Estados Unidos. Isso se deve a uma mudança positiva da opinião pública ou, em outras palavras, ao poder de automoralidade de muitos indivíduos.

Precisamos compreender que bombardear nossos sentidos, corpo, mente e emoções com energias extremas não é diversão verdadeira, e sim sofrimento. Precisamos aprender a usar nossas energias com sabedoria em todos os momento do dia e da noite. Unindo nossa energia da Bodhichitta relativa à experiência do espaço interior (a Bodhichitta absoluta), temos que nos treinar para conter essa energia dentro das fronteiras das três moralidades do Bodhisattva:

- primeira luz: não prejudicar nenhum outro ser vivo;
- segunda luz: acumular todas as energias de cura e luzes internas, integrando o Vinayayana e a autocura mahayana em nosso dia-a-dia;
- terceira luz: canalizar nossa energia para o benefício, ajuda e cura de outros seres vivos, usando quaisquer meios adequados à sua cultura e perspectiva pessoal.

Precisamos compreender que controlar nossa energia mantendo os votos do veículo externo pratimoksha, do veículo interno Bodhisattva, e do veículo secreto tântrico é o caminho verdadeiro para a Bem-aventurança e o prazer. Dessa forma, aprendemos a manter nossa preciosa energia de cristal dentro do canal central e do mandala de nosso corpo. Pelo poder da verdade do método da Autocura, poderemos completar sem demora esse método autocurativo absoluto de automoralidade.

Terceira Luz da Jóia
A perfeição da paciência

NGEL – O Caminho das Sombras

Neste momento, temos a causa e condição de surgir interdependente negativo de sermos incapazes de suportar até o mais leve sofrimento ou contrariedade. Reagimos negativamente, impacientemente, agressivamente, com aversão, raiva e nervosismo quando não conseguimos o que queremos, ou sempre que temos que experimentar a menor contrariedade. Como resultado, nossa paz interior é continuamente perturbada, nossa mente fica obscurecida e nossa luz interior e energia essencial de vida são queimadas rapidamente pelas chamas negativas de nossa raiva.

SO – O Caminho da Luz

Precisamos de autocura, e não do suicídio lento através da raiva. Precisamos acalmar o fogo de nossa raiva. Temos que integrar a causa e a condição de surgir interdependente positivo de praticarmos a paciência com o poder da Bodhichitta relativa e absoluta, momento após momento do dia e da noite. Como resultado, mesmo durante estes tempos degenerados de Kaliyuga, quando o sofrimento e os problemas caem sobre nós como chuva, conseguiremos manter sempre o sorriso interno e sustentar nossa energia de luz de cristal. Conseqüentemente, não responderemos quando os outros nos insultarem e suportaremos com alegria as dificuldades que encontrarmos no caminho autocurativo do desenvolvimento da luz interior. Veremos sempre todos os fenômenos como ilusões ou sonhos. Enfrentaremos todas as dificuldades grandes e pequenas com facilidade, e poderemos sempre manter nosso sorriso interno quando estivermos trabalhando com os métodos avançados de autocura, como o treinamento da superconcentração da permanência serena e o treinamento de perceber diretamente a verdadeira natureza dos fenômenos. Precisamos aperfeiçoar rapidamente esse método autocurativo da paciência relativa e absoluta.

Quarta Luz da Jóia
A perfeição de gerar e sustentar a energia

NGEL – O Caminho das Sombras

Primeira Sombra: neste momento, temos a causa e condição de surgir interdependente negativo de seguirmos nossa preguiça, muito sono, insatisfação e depressão. Como resultado, estamos sempre fracos, ignorantes e insatisfeitos com as ondas das projeções de nossa energia e mente grosseiras. Devido à preguiça, não mergulhamos nas profundezas do grande oceano de nossa consciência, permanecendo sempre no nível grosseiro da superfície, totalmente enganados pelas alucinações da aparência dualista e atormentados pelos monstros marinhos do sofrimento e das doenças de nosso corpo e mente.

Segunda Sombra: estamos obstruídos pela preguiça que nos impede de nos dedicarmos à nossa evolução pessoal, sempre sentindo com otimismo que poderemos fazê-lo em algum momento do futuro.

Terceira Sombra: a preguiça de nossa fixação e fascinação pelas atividades e prazeres samsáricos sem sentido nos impede de integrar a energia de cristal puro do mundo absoluto em nosso dia-a-dia, além de consumir lentamente nossa energia de uma forma muito grosseira e básica.

Quarta Sombra: neste momento, temos a preguiça surgida independentemente que nos faz reagir negativamente quando vemos todo o sofrimento, negatividade, poluição, guerra, destruição e degeneração que estão sacudindo nosso mundo. Como resultado, mergulhamos na depressão e na inércia.

SO – O Caminho da Luz

Primeira Luz: precisamos de autocura, e não do lento suicídio através da preguiça e do desencorajamento. Temos que praticar as perfeições relativa e absoluta do esforço, criando assim a causa e a condição de surgir interdependente positivo de usarmos os sinais atuais de degeneração para nos encorajar a colocar mais energia em nosso caminho de autocura. Por toda parte, os seres estão sofrendo muito.
Necessitam urgentemente de nossa orientação, ajuda e cura agora mesmo. Precisamos de corações poderosos, cheios de coragem para curar a nós e aos outros nestes tempos difíceis.

Segunda Luz: precisamos seguir a causa e a condição de surgir interdependente positivo de nos esforçarmos com alegria para curar a nós mesmos, nossa sociedade e o planeta, compreendendo que nossa situação presente é impermanente. Todas as coisas são impermanentes, mesmo a situação mais destrutiva. Podemos portanto, do ponto de vista individual e coletivo, transformar a escuridão em luz, criando causas e condições de surgir interdependente positivo. Devemos pensar positivamente e usar esta oportunidade da melhor forma enquanto a temos.

Terceira Luz: precisamos integrar em nosso dia-a-dia a causa e a condição de surgir interdependente autocurativo de praticarmos com alegria o esforço do tipo armadura. Desenvolvendo nosso sorriso interno, luz interna e auras, não mais reagiremos negativamente ou seremos perturbados pelas energias destrutivas, emoções e informações ruins.

Nossa luz interna nos faz ver o lado positivo de todas as situações e cultivar bons sentimentos em relação a todos.

Quarta Luz: precisamos integrar em nosso dia-a-dia o esforço de acumular ações brancas e energias de cristal puro, fazendo uma coisa positiva a mais e uma coisa negativa a menos ao compreendermos o que é nosso verdadeiro amigo e nosso verdadeiro inimigo.

Quinta Luz: precisamos integrar em nosso dia-a-dia a causa e a condição de surgir interdependente positivo do esforço de trabalharmos para o benefício dos outros, não importando quão difícil, profundas ou sem esperança possam parecer nossa doença interna ou as dificuldades dos outros, continuando sempre a superá-las com alegria usando os muitos antídotos da autocura. Alegra-nos poder investir nossa energia do corpo, palavra e mente para nos curar e beneficiar os outros.

Precisamos aperfeiçoar rapidamente esses métodos autocurativos do esforço absoluto e relativo.

Quinta Luz da Jóia
A perfeição da concentração

NGEL – O Caminho das Sombras

Neste momento, temos a causa e condição autodestrutivas de sermos incapazes de nos concentrar nem por um momento. Nossa mente está sempre em movimento, dispersando-se em direção aos objetos que desejamos ou simplesmente deixando-se afundar. Mesmo quando conseguimos segurar um pensamento ou imagem na mente, logo perdemos a energia, como quando diminuímos o brilho da imagem na televisão. Nossa memória vai enfraquecendo com o passar do tempo e, por isso, não conseguimos manter uma energia positiva pura, ou manter nossa consciência desperta. As únicas coisas para as quais temos uma concentração fantástica são nossas energias e emoções negativas habituais. Como resultado, nossa mente fica enfraquecida, nossa energia de vida se dispersa e não conseguimos dar conta nem de nossas obrigações cotidianas, muito menos do trabalho profundo da autocura.

SO – O Caminho da Luz

Precisamos de autocura, e não da contínua degeneração de nossa concentração e memória com o passar do tempo. Precisamos seguir a causa e condição de surgir interdependente positivo de usarmos o gancho da consciência desperta e o anel da vigilância, fortalecidos pelo grande coração de Bodhichitta relativa e absoluta. Poderemos então estabilizar nossa energia mental por meio da meditação repetida em um pensamento ou imagem mental positiva. Quando o oceano da consciência encontra-se assim quieto e pacificado, podemos usar nossa sabedoria para mergulhar nas profundezas de nossa consciência e investigar a realidade, como um submarino de exploração ou uma sonda espacial. Superando os muitos obstáculos externos e internos à concentração, desenvolvemos a superconcentração inabalável e a paz interior *shine*, como uma grande montanha que nada no mundo externo ou interno é capaz de perturbar. Precisamos aperfeiçoar rapidamente o método autocurativo da concentração relativa e absoluta.

Sexta Luz da Jóia
A perfeição da sabedoria

NGEL – O Caminho das Sombras

Neste momento, temos a causa e condição de surgir interdependente autodestrutivo de acreditarmos e seguirmos os fenômenos relativos. Dessa crença surgem nossas perturbações emocionais, obscurecimentos internos e externos, doenças, sofrimentos e contínua servidão à prisão samsárica. Vida após vida, nunca experimentamos um só momento de paz e alegria pura em nosso mundo interno e externo.

SO – O Caminho da Luz

Precisamos de autocura, e não do suicídio de seguir as projeções da ignorância. Precisamos seguir a causa e condição de surgir interdependente positivo de usarmos nossa mente de superconcentração (*shine*), fortalecida pelo grande coração de Bodhichitta relativa, para penetrar como um raio *laser* a realidade do espaço absoluto. Precisamos relaxar a mente no espaço absoluto para compreendermos a verdade sobre nós mesmos, os outros seres e todos os fenômenos. Meditando repetidamente no espaço absoluto com superconcentração, podemos remover rapidamente os véus interiores de ignorância e escuridão, transformando-nos em Arhats, ou pessoas autoliberadas que vivem a paz pessoal do Nirvana. Mais do que isso, se tivermos o grande coração desperto, poderemos passar pelo incrível desenvolvimento pessoal de um Arya Bodhisattva. Com a Autocura Tântrica, despertamos os níveis mais profundos, sutis e poderosos de nossa mente e energia. Quando percebemos diretamente a natureza não dual da realidade, podemos ligar, harmonizar e unir o nível absoluto e o relativo da verdade e os dois mandalas da realidade, completando assim os caminhos e estágios tântricos para chegar à Iluminação total. Precisamos unir sem demora os dois mandalas e completar esse nível mais profundo de autocura.

Desenvolvendo as Quatro Qualidades de um Líder

NGEL – Seguindo a causa e condição de surgir interdependente negativo de termos a mente pequena e sem autoconfiança, não desejamos guiar ou curar os outros, mesmo tendo capacidade para isso.

SO – É melhor fazermos uma grande doação ao mundo, criando a causa e condição de surgir interdependente positivo de sermos muito gentis, bons e amigos verdadeiros dos outros, presenteando-os, contentando-os e realizando seus desejos. As outras pessoas começam a gostar de nós e a se interessar pela autocura, devido às nossas palavras, ações, qualidades e vibração.

Nonagésima Quinta Luz

Como Desenvolver Shine, a Paz da Concentração

Se possível, devemos usar pelo menos cinco minutos do dia tentando aprender a nos concentrar. Cinco minutos é o suficiente para começar, pois nossa memória está muito fraca. Embora tenhamos concentração ilimitada para os objetos de nossos desejos e de nossa raiva, como os namorados e namoradas ou mesmo os inimigos, nossa mente não consegue manter um pensamento ou imagem positiva nem mesmo por alguns segundos. Entretanto, com a prática, como um bebê que aprende a segurar uma bola, aprendemos a segurar o objeto e a pegá-lo novamente a cada vez que ele cair, até conseguirmos nos concentrar ininterruptamente por cinco minutos.

No começo, é melhor tentar concentrar-se intensamente por um curto período de tempo, em vez de ficar duas ou três horas em distração desfocada, pois a mente logo se cansa e, se a forçamos muito, tudo que conseguimos é ficar nervosos, deprimidos e entediados, além de perturbar nossas energias sutis. Mesmo em meio ao nosso atribulado dia-a-dia, é possível aprendermos a nos concentrar por toda a sessão de meditação (por exemplo, vinte minutos). Quando conseguirmos fazer isso, devemos começar a pensar seriamente em fazer um retiro de pelo menos seis meses, para desenvolver o poder da concentração.

A capacidade de concentração é útil também para o dia-a-dia. Uma vez, nos Estados Unidos, meu Lama Zong Dordjetchang teve que ir ao dentista para um tratamento de canal. Devido ao seu profundo poder de concentração, ele suportou com alegria horas de trabalho dentário sem anestesia. Ele não sentiu nenhuma dor, porque havia colocado sua mente no estado de *samadhi*. O dentista ficou tão impressionado que se tornou aluno de Zong Rimpoche!

É claro que a "permanência serena" é muito mais que um analgésico conveniente. Ela nos possibilitará viver a Bem-aventurança celestial, a paz do Nirvana, ou a paz e as energias ilimitadas do estado de Buddha. "Permanência Serena" é o nome que damos à concentração estável capaz de durar mais de quatro horas.

Podemos começar a aumentar nossa porcentagem de concentração desde já, escolhendo qualquer objeto da prática de Autocura Tântrica e tentando nos concentrar nele diariamente. É melhor escolhermos um objeto do qual gostamos, como o rosto de nosso Lama, por exemplo. É importante gostarmos do objeto de nossa concentração, pois assim não ficaremos sempre desejando mudar de objeto, o que serviria apenas para perturbar nossa concentração.

Precisamos usar o Gancho da Vigilância e o Anel da Consciência Desperta para desenvolvermos o poder da concentração "Shine"

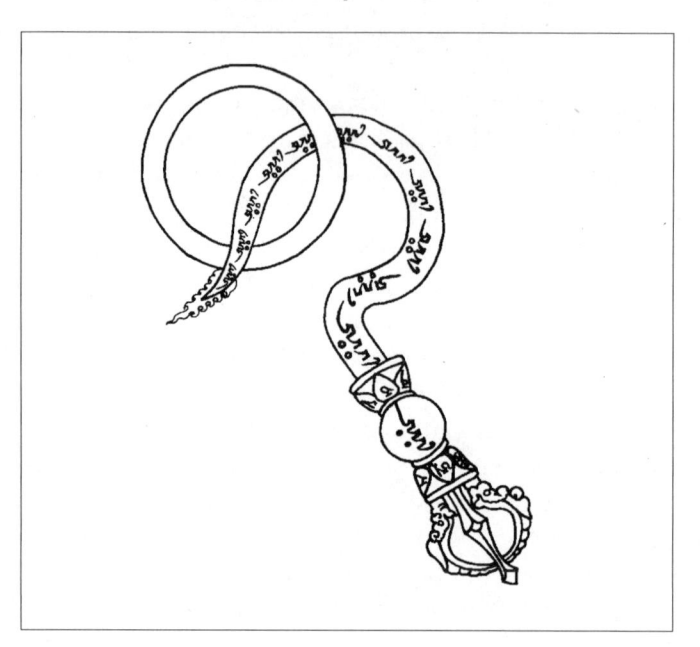

Existem cinco obstáculos à concentração:

1 Preguiça.
2 Esquecer o objeto.
3 Excitação (pensar nas coisas que desejamos, por exemplo, uma pizza ou nossa namorada ou namorado) e torpor mental (que é como um capuz cobrindo nossa cabeça e fazendo a mente afundar na escuridão, peso e sonolência).
4 Não utilizar os antídotos. Por exemplo, a mente deixa escapar o objeto e nós não o recuperamos usando a consciência desperta, ou não curamos nossa excitação ou torpor por meio da vigilância. Dos oito antídotos para curar os cinco obstáculos à concentração, o que mais precisamos aprender a usar é o anel da consciência desperta e o gancho da vigilância. A consciência desperta impede que a mente divague e nos previne de esquecer o objeto de nossa concentração. A vigilância é

como um espião verificando se nossos dois inimigos, o torpor mental e a excitação, estão por perto. Com a consciência desperta e a vigilância podemos segurar nosso objeto firmemente, como um gancho e um anel fechando uma corrente.

5   Não administrar o antídoto quando não precisamos mais dele. Por exemplo, nos estágios finais da realização da superconcentração, precisamos relaxar um pouco a mente, para que a intensidade de nossa consciência desperta e da vigilância não criem distúrbios em nossos ventos de energia.

Para curar de verdade a nós mesmos e aos outros, precisamos de uma mente muito estável e em paz. Da mesma forma que um cirurgião precisa de uma mão muito firme para executar uma boa operação, precisamos de uma mente muito estável para manejar a afiada faca da sabedoria e fazer a operação interior que corta nossas ilusões. Com a Permanência Serena, podemos atingir facilmente todas as realizações autocurativas do Lam Rim e do Tantra.

A melhor forma de chegar à realização da concentração é fazer um longo retiro de seis meses ou mais. Se isso, porém, não for possível devido a compromissos de trabalho ou estilo de vida, não se preocupe. Você pode fazer alguns retiros pequenos, de uma semana, por exemplo. Também é possível alcançar a concentração perfeita apenas pela bênção de nosso Lama Curador, se criarmos as condições perfeitas de fé e abertura. Um gueshe atingiu a realização da permanência serena enquanto limpava o banheiro de seu Lama.

Para nós, treinar a mente no dia-a-dia é muito mais importante do que treinar a mente com meditações formais, pois gastamos a maior parte de nosso tempo com as atividades diárias. Precisamos integrar a autocura em todas as horas do dia, utilizando assim nosso tempo precioso da melhor forma possível. Quando fazemos a prática da Autocura, devemos ao menos tentar nos concentrar em nossa meditação e recitação, procurando manter a mente na mesma sala em que estamos e substituindo nosso mantra do "comprar" pelo mantra da autocura.

Precisamos focalizar a mente em um objeto curativo, como a renúncia, a Bodhichitta, a sabedoria, a natureza de nossa própria mente ou o arquétipo de um ser de cristal puro, como um dos cinco Curadores Supremos em nossos chakras. O objeto curativo sobre o qual nos concentramos deve ser adequado à nossa mente. Por isso, é bom discutir essa questão com nosso Lama Curador.

A percepção da vacuidade do "eu" e do "meu" leva-nos à libertação perfeita

Trigésimo quinto oráculo de sabedoria – quinto bhumi: praticando a Autocura, precisamos desenvolver a "permanência serena" nos objetos de nosso desejo, raiva, ignorância e outros sentimentos negativos, para perceber assim sua natureza vazia ou qualidade de espaço absoluto. Podemos então chegar à incomparável concentração perfeita do quinto bhumi, "O Difícil Domínio", pois até os Bodhisattvas acham um pouco difícil harmonizar a preocupação com o desenvolvimento dos outros com a proteção de sua própria mente.

Nonagésima Sexta Luz

A Vacuidade e a Interdependência dos Fenômenos

A Vacuidade

Está dito no *Madhyamakavatara* do Mahasiddha Chandrakirti:

"Não existindo o ator, não existe a ação. Não pode haver um Eu de uma pessoa que não existe. Se você, que procura a verdade, compreender a vacuidade do Eu e do Meu, chegará à libertação perfeita".

Estamos preenchidos da sensação de que somos independentes e auto-suficientes, e não de que somos manifestações interdependentes. Essa é a base de todos os nossos problemas e sofrimentos.

Nossa mente comum sente espontaneamente: "Eu existo", "Eu existo". Esse é nosso mantra no nível subconsciente. Temos uma percepção distorcida da realidade de nosso eu ou ego pois, mesmo tendo conhecimento intelectual de nossa própria morte e impermanência, sentimos nosso eu como completamente independente e permanente. Não conseguimos integrar o conhecimento intelectual de nossa morte e impermanência em nosso coração. Por isso, quando a realidade da impermanência invade nossa fantasia de um mundo e um Eu permanentes, vivemos um monte de problemas e sofrimentos. Esse ego independente do qual cuidamos tanto e com o qual nos identificamos 100% é, na verdade, uma completa alucinação.

O Treinamento Espacial, ou a meditação na vacuidade, na sabedoria ou no espaço absoluto são métodos para nos fazer aceitar, de uma forma mais suave ou mais firme, que esse ego é uma alucinação, uma ilusão e um terrível engano. São técnicas para dissolvermos a loucura alienada do apego a si mesmo e devolvermos nossa mente à sanidade, na qual vivemos diretamente a natureza verdadeira da realidade como espaço absoluto e manifestações interdependentes de fenômenos.

Tanto no Sutra como no Tantra, o processo de meditação na vacuidade é o mesmo. A diferença é que no Sutra usamos a mente grosseira, enquanto no Tantra usamos os níveis mentais mais profundos, o que torna a experiência subjetiva mais poderosa. A vacuidade à qual tentamos unir nossa mente, porém, é a mesma.

Pergunta: O que é essa vacuidade de existência intrínseca que temos que compreender?

Resposta: No nível relativo, você pensa que é uma pessoa bonita, sente fome, dorme, trabalha, sente-se só, etc. Entretanto, se você tentar encontrar esse "você" que acredita tão fortemente existir independentemente de todos os outros fenômenos, perceberá que não pode encontrá-lo. Você pode, por exemplo, dividir seu corpo em muitas partes. Qual dessas partes é realmente você? Não é possível encontrar o que realmente você é. No entanto, dentro da relação interdependente corpo-mente, há alguém que existe. Há muito para se falar sobre esse tema. É um assunto muito profundo.

Vacuidade significa vazio de existência intrínseca ou independente. Por isso, no primeiro estágio de meditação no espaço absoluto, tentamos visualizar, imaginar ou identificar claramente como é esse estado de existência concreta. Temos que procurar esse estado para nos convencer por meio da lógica que ele não existe de verdade. Só percebemos isso quando o procuramos.

Sempre começamos esse tipo de meditação usando nossa própria sensação de si mesmo ou ego como a coisa que desejamos fazer desaparecer, pois o impacto emocional de perdermos nosso próprio ego é, ao mesmo tempo, devastador e libertador. Perceber que o ego de outra pessoa é uma fantasia ou que a montanha não existe como parece não tem o mesmo impacto e capacidade de transformar nossas distorções e negatividades mentais. Nosso ego é nosso inimigo número um e, por isso, precisamos empreender uma guerra impiedosa contra ele.

Uma vez tendo destruído nosso próprio ego com a arma da sabedoria, toda a estrutura de nosso samsara pessoal começa a desmoronar e rapidamente entra em colapso. O primeiro passo é compreender o que é existência intrínseca independente.

Tchandrakirti, o grande filósofo mahayana indiano, disse:

"As coisas existirem por si mesmas significa que elas não dependem de outros fatores para sua existência. Como as coisas, porém, realmente dependem de outros fatores, não pode haver um fenômeno existente por si mesmo".

Isso significa que nós não existimos realmente de uma forma independente. Somos o resultado de muitas causas e condições de surgimento interdependente.

Tchandrakirti também disse:

"Muitas pessoas podem usar o mesmo cavalo para passear. Da mesma forma, quando pessoas diferentes percebem a vacuidade, todas elas percebem a mesma vacuidade".

Muitos grandes iogues antigos como Tchandrakirti chegaram à percepção profunda da vacuidade de existência independente, mas não tinham interesse por desenvolver ou cuidar do mundo externo. Hoje, os cientistas modernos pesquisam a natureza dos fenômenos de uma forma relativa e, como resultado, são capazes de criar muitas coisas no mundo externo. Além disso, sua investigação da natureza da realidade externa os levou, através da teoria da relatividade geral e da mecânica quântica, a uma idéia sobre a realidade grosseira que se assemelha em muitos aspectos às idéias sutis dos iogues antigos e modernos.

Por exemplo, como disse o grande físico americano David Bohm:

"O estado atual da física teórica implica que o espaço vazio tem toda a energia e que a matéria é um leve aumento dessa energia. A matéria é como uma pequena ondulação nesse imenso oceano de energia, uma ondulação manifesta e com uma relativa estabilidade. Portanto, minha sugestão é a de que isso nos leva a uma realidade muito além do que chamamos de matéria. A própria matéria é apenas uma ondulação nesse pano de fundo".

e

"A massa é um fenômeno de raios de luz em conexão movimentando-se para frente e para trás, como que congelando-se em formas... Portanto, a matéria, tal como é, é luz condensada ou congelada. Pode-se dizer que quando chegamos à luz estamos chegando à atividade fundamental na qual a existência tem sua base ou, ao menos, estamos nos aproximando dessa base".

Não quero sugerir com essas citações que os cientistas atuais tenham o mesmo nível de realização que os iogues, mahasiddhas ou Buddhas. Entretanto, se os cientistas modernos aprofundassem suas idéias e pesquisassem nosso mundo interior, eles se tornariam realmente seres realizados, mais que os antigos siddhas budistas como Tchandrakirti, Darikapa e outros. Quem sabe o que Einstein teria feito se tivesse entrado em contato com a filosofia Madhyamika ou o Tantra de Kalachakra. Talvez ele ligasse o contínuo espaço-tempo da relatividade geral à Roda Absoluta do Tempo de Kalachakra, encontrando assim a teoria fundamental para explicar a natureza do universo, o objeto de sua busca.

Em minha opinião, se as pessoas de hoje que possuem uma mente científica apenas deslocassem um pouco a posição da mente, poderiam chegar às realizações internas com mais rapidez que os antigos iogues. Por quê? As pessoas dos tempos antigos não acreditavam e não concordavam com muitas coisas, ao passo que hoje as pessoas têm uma mente muito mais aberta, além de receberem uma ótima educação no nível relativo.

Além disso, atualmente muitos cientistas sentem-se entediados depois de tanto pesquisar o mundo externo. Gastaram tanto tempo, dinheiro e esforço e ainda não descobriram a natureza da realidade, uma das metas da física e da cosmologia. Se eles integrassem sua investigação do mundo externo com uma pesquisa do mundo interior, tenho certeza de que algo realmente maravilhoso poderia acontecer. Tanto os que investigam cientificamente o mundo interno quanto os que pesquisam o mundo externo precisam usar a chave da interdependência dos fenômenos para abrir os segredos da realidade.

NADA POSSUI EXISTÊNCIA POR SI MESMO POIS TODAS AS COISAS SÃO FENÔMENOS SURGIDOS INTERDEPENDENTEMENTE

Trigésimo sexto oráculo de sabedoria – sexto bhumi: não seguir ou acreditar nos fenômenos relativos, dançando assim no espaço Absoluto, nos conduz à perfeita sabedoria insuperável do sexto bhumi, "O Confronto". A experiência da sabedoria transcendental leva ao confronto e à vitória sobre as percepções dualistas do samsara e do Nirvana.

Nonagésima Sétima Luz

A Interdependência dos Fenômenos (Tendrel)

"Todas as coisas carecem de verdadeira existência por si mesmas, pois são fenômenos surgidos interdependentemente".

A interdependência dos fenômenos é considerada a rainha das razões. Todos os fenômenos carecem de existência independente, pelo simples fato de que todas as coisas são dependentes de:

No nível grosseiro
1. Suas causas e condições, positivas, negativas ou neutras.
2. Suas partes.
3. Sua base de imputação.

No nível sutil
Todos os fenômenos dependem de:
4. Serem nomeados.

No nível muito Sutil
Todos os fenômenos dependem de:
5. Sua mera imputação por nossos pensamentos (essa idéia é muito sutil e difícil de ser aceita emocionalmente).

Precisamos investigar esses cinco aspectos do surgir interdependente dos fenômenos para descobrir por nossa própria experiência que os fenômenos não podem de forma alguma (exceto em nossa imaginação) existir independente e permanentemente ou "de sua própria parte".

A interdependência dos fenômenos pode ser investigada no nível grosseiro tanto por meio de nossos sentidos quanto por aceleradores de partículas, câmaras de ar, radiotelescópios, matemática, etc. O surgir interdependente dos fenômenos no nível sutil é investigado com nossas mentes de sabedoria grosseiras, sutil e muito sutil, que são acionadas quando nossos ventos de energia elementar absorvem-se no chakra do coração.

A interdependência dos fenômenos é muito simples e fácil de entender-se, mas difícil de aceitar, porque nossa mente e coração são muito complicados e endurecidos. Sempre sentimos que a solução deve ser alguma coisa muito complicada e trabalhosa. Talvez acreditemos nisso se os cientistas (como parecem de fato estar fazendo), depois de gastarem bilhões de dólares em aceleradores de partículas e pesquisas subatômicas, chegarem a essa mesma conclusão. Se isso não acontecer, continuaremos cheios de dúvidas.

Para fortalecer nossa conexão pessoal com a realidade do surgir interdependente dos fenômenos é muito mais fácil e menos caro usar o mantra da interdependência:

Em sânscrito, sua forma original é:

**OM YE DHARMA HETU PRABHAWA
HETUN TESHAN TATHAGATO
HIAWADATA TESHAN TCHAIO NIRODHA
EVAM VADI MAHA SRAMANAYE SOHA**

E em Tibetano:

**OM TCHÖ NAM TAMTCHE GUIU LE DJUNG
DE GUIU DE SHIN SHEG PE SUNG
GUIU LA GO PA KANGYING BAR
GUE DJONG TCHENPO DE KE SUNG**

Em português, traduzimos:

OM Todos os fenômenos são dependentes de causas e condições. Sabemos disso porque o Tathagata, o Grande Asceta que fala a verdade, disse: "O que não depende de causas e condições não existe SOHA".

Guru Buddha Shakyamuni ensinou o remédio especial do surgir interdependente dos fenômenos como um *Ne Guyar Mentchik*, a panacéia capaz de curar centenas de doenças do corpo e da mente, como a pílula Gangchen Rigsum Rilbu. O ensinamento da interdependência dos fenômenos é único para o Budismo. A interdependência e a Bodhichitta são as qualidades particulares de cura do Budismo e sua contribuição à sociedade deste mundo. Todas as grandes religiões do mundo ensinam a moralidade, a renúncia, o amor, a compaixão, o perdão, o respeito à vida de outros e o fato de que nossas ações presentes determinam nosso sofrimento ou felicidade depois da morte. O surgir interdependente dos fenômenos, portanto, é o remédio especial de Buddha e está disponível na sociedade moderna para ser experimentado por todos, religiosos ou não-religiosos. É preciso apenas tomá-lo. Para isso, basta ter uma mente aberta.

Como disse Lama Tsong Khapa em seu louvor a Buddha Shakyamuni pelo ensinamento da interdependência:

*"Qualquer coisa que dependa de condições
é vazia de existência inerente.
Que ensinamento pode haver
mais maravilhoso que esse?"*

*"Dentre os que ensinam, o número um é quem ensina sobre o surgir interdependente dos fenômenos.
Dentre as sabedorias, a mais importante é a sabedoria do surgir interdependente dos fenômenos.
Esses são os Majestosos Vencedores do mundo,
tornando-nos Campeões Absolutos do Conhecimento".*

Enquanto cantamos ou recitamos o mantra da interdependência em sânscrito ou tibetano, a vibração mântrica pura ajuda-nos a entrar em contato com a realidade do espaço absoluto, com a energia de Guru Buddha e a interdependência dos fenômenos.

O surgimento interdependente dos fenômenos é a vacuidade e vice-versa. É como olhar os dois lados de uma mesma moeda. O vazio de existência por si mesmo significa que o mundo que alucinamos, cheio de objetos e pessoas independentes e permanentes, não existe. Isso não quer dizer, porém, que nada existe e que podemos ficar histéricos ou explodir de energia nervosa. Essa é, normalmente, a reação exagerada que temos quando nossa mente toca pela primeira vez o espaço absoluto, mas ainda não compreende ou não aceita essa realidade. O que existe são coisas, pessoas e objetos surgidos interdependentemente, transformando-se e funcionando momento após momento segundo a lei do karma. A lei do karma não é uma coisa mística, mas uma análise precisa da transmutação da energia e dos fenômenos, que parece ter alguma semelhança com as leis de conservação da energia da física moderna.

Como disse Pantchen Tchoekyi Gyaltsen:

"Abençoe-me para eu compreender que não existe contradição, mas apenas harmonia, entre a ausência de um único átomo de existência independente no samsara e no Nirvana e a relação de dependência entre a causa e o efeito kármicos".

Entretanto, ter a percepção direta do surgir interdependente dos fenômenos não é assim tão fácil. Se fosse, todos nós já teríamos chegado a essa percepção. Esse é o motivo por que devemos recitar o mantra. Precisamos de uma chave de sabedoria que ligue o computador de nosso coração ao poder transformador da bênção de Buddha Shakyamuni, que tem sido transmitida através de uma linhagem ininterrupta de mestres realizados até o momento presente. A energia absoluta de Shakyamuni Tubwang Tendrelma, "o totalmente capaz de curar pelo poder da interdependência dos fenômenos", ainda está funcionando muito bem mesmo depois de dois mil e quinhentos anos de Seu Paranirvana!

Para ter a percepção do espaço absoluto, ou shunyata, precisamos primeiro perceber o espaço de forma relativa. Se conseguirmos fazer isso, todo o nosso nervosismo e tensão automaticamente desaparecerão.

Em nosso estado normal, nossa mente nunca aceita o espaço. Vemos o espaço como os "espaços" entre os objetos que nos fascinam, entediam ou repugnam. Não entramos realmente em contato com o espaço. Além disso, no mundo pessoal interno de nossa mente, ficamos tomados pela dança de nossas emoções e energias mentais sempre em mutação; nunca focalizamos o espaço entre os pensamentos e emoções. Se pudermos entrar em contato com o espaço do mundo interno e externo, nunca nos sentiremos desconfortáveis, mesmo em situações muito atribuladas ou cheias de gente, e nunca nos sentiremos sozinhos ou nervosos quando não houver ninguém mais por perto.

Se estivermos em contato com o espaço, quando as pessoas disserem coisas ruins para nós, nos ofenderem ou nos causarem problemas, enxergaremos simplesmente que elas estão sofrendo. A experiência profunda do espaço dissolve todas as nossas reações negativas. Quando conseguimos relaxar, mesmo no espaço relativo, sentimos um profundo alívio em nossa mente e começamos a perceber a dança das energias elementais que permeiam os fenômenos, a vibração boa, básica do mundo natural. Isso pode acontecer mesmo estando em meio a uma floresta de concreto superpoluída. Estando em contato com o espaço, podemos jogar fora os tranqüilizantes e os remédios para dormir.

Quando temos um pensamento ou emoção positiva ou negativa surgindo, precisamos ter consciência do movimento de nossa mente. Devemos focalizar nosso espaço interior e ver a emoção ou pensamento transitório como ele realmente é, e não identificar-se com ele. Simplesmente o rotulamos de "pensamento", "apego", "raiva", "inveja", etc. Pensamos: "Aí vem mais um pensamento". Não reagimos, pois não acreditamos mais nesse filme interno.

Os pensamentos e as emoções surgem e depois perdem a energia e se dissolvem de novo na mente. É como um pássaro que soltamos no convés de um barco no oceano: podemos vê-lo voando no céu ali perto por algum tempo. Depois ele se cansa, sua energia se esgota e ele volta para o barco, pois não tem outro lugar para pousar. Da mesma forma, nossos pensamentos e nossas emoções surgem de nosso espaço interior e depois perdem o impulso e voltam para esse espaço, onde se dissolvem.

Se pudermos aceitar o espaço relativo em nosso dia-a-dia, teremos uma base para aceitar e desenvolver a experiência do espaço absoluto da vacuidade. Esse é o motivo por que tradicionalmente os meditadores budistas se dedicam muito ao controle da energia (moralidade): para possibilitar o contato com o espaço absoluto e relativo mais facilmente. A moralidade age como uma cerca, mantendo todo os animais selvagens e destrutivos de nossas emoções negativas longe de nosso jardim interno de Buddha, onde estamos tentando cultivar nossa experiência do espaço interior e desenvolver a mente e a energia de cristal puro.

Quando nossa mente está intensamente tomada por um sentimento de raiva, desejo ou inveja, é muito mais difícil perceber o "espaço" entre nossos pensamentos negativos. Por isso, é melhor impedi-los de surgir usando o controle energético da moralidade. A moralidade Vinayayana procura evitar as coisas que tornam nossa mente intranqüila. A moralidade Mahayana, por sua vez, enfatiza o desenvolvimento de um bom coração e das seis perfeições. Por isso, dentro da moralidade Mahayana, se for necessário para beneficiar os outros, podemos aceitar os objetos das ilusões. A moralidade Vajrayana procura não perder a experiência de espaço e Bem-aventurança em todas as atividades do dia-a-dia, além de transformar nossas emoções negativas nas sabedorias elevadas.

No caminho Vajrayana, precisamos aceitar todas as energias, usá-las positivamente e transformá-las. Não há reações negativas. Essa é a

Tubwang Tendrelma absorvendo todos os obstáculos à paz mundial

Trigésimo sétimo oráculo de sabedoria – sétimo bhumi: precisamos aperfeiçoar nossas práticas do método (a manifestação de nosso grande coração) para chegar ao sétimo bhumi, "O Que Vai Além". Essa é a fronteira entre os sete primeiros estágios impuros do desenvolvimento Arya, onde ainda temos muito orgulho, e os três últimos estágios, quando nosso orgulho por sermos especiais desaparece.

razão por que a prática Mahayana-Vajrayana é mais avançada que a prática Vinayayana ou o caminho Mahayana em geral. Precisamos de um controle mental muito profundo para mantermos nossa energia de cristal puro, momento após momento.

As ilusões destroem nossa experiência do espaço interior e fazem a mente ficar nervosa e tensa, dificultando assim seu relaxamento no espaço absoluto da vacuidade. Se queremos ter a percepção da vacuidade, precisamos criar um templo interno, e não um circo interno.

Nonagésima Oitava Luz

Como "Caçar e Matar" o Ego, Nosso Verdadeiro Inimigo

Podemos também tentar "caçar e matar" nosso ego para reforçar a sabedoria que percebe a vacuidade, baseando-nos no cultivo do espaço relativo e na recitação do mantra da interdependência. Em nosso estado mental normal, nosso ego parece enorme e concreto; ele parece ser justamente nosso melhor amigo, protetor e benfeitor. Mas na verdade, ele é nosso pior inimigo, uma fraude que nos engana fazendo-nos sentir que não podemos existir ou viver sem ele. Como um monstro morando em nosso coração, ele está sempre pronto para fazer coisas ruins e causar problemas a nós e aos outros. Nosso ego tem um monte de truques para se manter na ativa. Por isso, devemos prestar atenção quando começarmos a nos dizer: "Se eu não cuidar do 'número um' (eu mesmo), não vou trabalhar e vou acabar passando fome"; "Se eu ficar me distraindo com esse assunto de espaço vou acabar virando um vegetal. Posso até morrer!" O ego tem mais defesas que a NATO. Cuidado!

Estranhamente, toda vez que começamos a caçar nosso próprio ego, ele parece diminuir até ficar do tamanho da cabeça de um alfinete, ou então desaparece da tela de nosso radar interno como uma bomba escondida. Como o ego é cheio de defesas, o melhor é tentar pegá-lo de surpresa, em flagrante, por exemplo, quando estamos em um estado emocional exaltado. Quando alguém nos diz: "Eu não te amo mais", "Como você é feio", "Você está despedido", "Eu vou te matar"; ou quando pedimos um beijo a alguém que achamos muito atraente e essa pessoa recusa, é fácil ver nossa identificação com o ego ou eu permanente e concreto aparecer com clareza em meio à nossa autojustificação, luxúria, orgulho, inveja, raiva, medo, autopiedade, etc.

O medo é uma emoção especialmente boa para fazer o ego se manifestar. No Tibete, muitos iogues e mahasiddhas iam para um cemitério em uma noite escura e convidavam espíritos, fantasmas e monstros para aparecer e comê-los. Eles amedrontavam a si mesmos dessa forma boba para identificar seus egos claramente e extingui-los com a sabedoria. Entretanto, precisamos ter desenvolvido uma personalidade muito estável e um bom coração antes de entrarmos em uma terapia de choque como essa.

Saberemos que identificamos com clareza nossa mente de apego a si mesmo, quando ficarmos chocados e cheios de repulsa por nós mesmos, desejando nos livrar dela o mais rápido possível utilizando qualquer meio: pacífico, irado, lógico, dramático, etc. Em nosso estado atual, não gostamos nem mesmo de aceitar que temos a ignorância do apego a si mesmo. Por isso, o simples reconhecimento de sua existência já é um grande passo.

Repentinamente, tomaremos consciência de nossa loucura individual, de como todas as nossas emoções e pensamentos surgem a partir de uma distorção mental. Perceberemos então diretamente o estado alienado de consciência que o apego a si mesmo produz, como também nosso próprio sofrimento. O eu está de um dos lados, e o resto do mundo parece completamente separado, como se existisse uma parede invisível entre nós e o mundo! A mente de apego a si mesmo é realmente cara demais. Ela não apenas nos enlouquece dando origem a todas as nossas ilusões e energias negativas, como também é a causa de toda nossa dor física, sofrimento, doenças e tensões. Estamos sempre dizendo "muito caro", "muito caro", calculando nossa conta telefônica, conta de luz, aluguel, impostos, comida e outras despesas, mas nunca nos preocupamos com a forma como estamos gastando nossa energia vital, dia após dia.

Nossa mente de apego a si mesmo dá origem à inveja e ao humor vento, prejudicando nossos rins, bexiga, glândulas supra-renais, joelhos, órgãos sexuais, ossos, etc.

Nossa mente de apego a si mesmo provoca o orgulho e a avareza, prejudicando nossa digestão, estômago, baço, pele, juntas e o plexo solar.

Nossa mente de apego a si mesmo dá origem a uma mente instável e cheia de raiva, desenvolvendo nossa bile e prejudicando nosso fígado, vesícula biliar, coração, intestino, duodeno, circulação, timo, além de criar tensões musculares, estresse e nervosismo.

Nossa mente de apego a si mesmo dá origem ao hábito de criticar, prejudicando nossos pulmões, cólon, circulação, tireóide, garganta, língua, boca, nariz, fígado, vesícula biliar, intestinos, duodeno, glândulas tireóides e paratireóides.

Nossa mente de apego a si mesmo dá origem à ignorância e à fleuma, prejudicando nossos pulmões, rins, cérebro, pele, carne, ossos, sistema digestivo, glândulas pineal e pituitária.

Por que amamos tanto nosso maior inimigo, que nos causa tanta dor física e mental?

> *O apego a si mesmo é o destruidor de nosso mundo interno,*
> *é quem nos tortura;*
> *Parece ser nosso melhor amigo e nos trazer tantos benefícios,*
> *mas na realidade é nosso pior inimigo.*

Não há dúvidas de que é nosso próprio interesse nos livrarmos desse demônio interior o mais rápido possível (a menos que sejamos masoquistas e gostemos da eterna dor física e mental). Ao reconhecer e responsabilizar nosso ego de apego a si mesmo por todos os nossos problemas, com certeza geramos o desejo de cuidar de nosso mundo interno e de nos livrar desse ego o mais rápido possível. Para isso, precisamos enxergá-lo como um mentiroso, examinando se de fato existimos como parece ou não.

Isso significa dizer a nós mesmos: "Pela lógica, se eu existo tal como parece, devo ser ou um todo com meu corpo e mente, ou separado e diferente deles". Se, quando busco meu ego, não consigo encontrá-lo nem em minha mente nem em meu corpo, e nem tampouco como algo separado deles, não tenho outra opção senão aceitar que o que estou percebendo é o meu falso senso de individualidade. Precisamos expulsar esse fantasma da máquina.

Pensando dessa forma, começamos a caçar nosso ego aparentemente vivo, nosso inimigo verdadeiro, e isso nos força a confrontar nossas suposições nunca examinadas sobre como existimos de fato. Eis um desafio bastante significativo do ponto de vista emocional: descobrir que nossa percepção básica da realidade é uma grande bobagem. Essa é a autocura absoluta e, por isso, devemos prosseguir cheios de alegria esse nível grosseiro do Treinamento Espacial.

Se sentimos que o eu, ou nosso ego, é realmente nosso corpo (como as indústrias de cosméticos adorariam que nós acreditássemos), então:

Primeira luz de cristal – Qual parte do corpo somos? A cabeça, o coração, os membros?

Segunda luz de cristal – Como tenho muitas partes, devo ter muitos "eus" e muitos "egos".

Terceira luz de cristal – Se sou o meu corpo então, mesmo que minha mente não esteja nele, eu estarei existindo. Quando meu corpo morrer, deixarei de existir. (Essa visão materialista e niilista tem sido desafiada por muitos relatos de experiências pós-morte, além de testemunhos de tulkus nascidos no Ocidente e no Oriente, terapeutas de reencarnação, etc.)

Quarta luz de cristal – Se alguém corta nossa perna fora com um machado, ficamos histéricos e gritamos: "Ele cortou minha perna", mostrando assim que sentimos que somos os proprietários de nosso corpo, e não o corpo em si.

Quinta luz de cristal – Se sentimos que nosso ego é nossa mente, precisamos examinar o que nossa mente é. Temos muitos fatores ou aspectos maiores ou menores da mente: seis sentidos e consciências mentais e cinqüenta e um fatores composicionais (todos os aspectos misturados de clareza e escuridão em nossa mente). Ora, se tenho tantas mentes diferentes, devo ter muitos egos diferentes (uma personalidade múltipla esquizofrênica com 57 identidades).

Sexta luz de cristal – Quando alguém nos insulta, pensamos: "Ele machucou meus sentimentos", mostrando assim que nos sentimos os proprietários de nossa mente, e não a mente em si.

Sétima luz de cristal – "Penso, logo existo." – "Se sou minha mente, posso viver sem meu corpo."

Oitava luz de cristal – Se sentimos que somos a combinação de nosso corpo e mente, devemos tentar seguir o seguinte raciocínio:
- Não sou meu corpo.
- Não sou minha mente.

Mesmo assim, quando eles estão juntos, eu os chamo de "eu". Mas como é possível que dois "não sou" tornem-se um "eu sou"? Pense nisso! (Esse é um enigma profundo e cheio de sentido, não uma piada."

É o mesmo que chamar foguete a combinação de todas as partes de um foguete. Na verdade, nenhuma delas separadamente é o foguete, mas à união de todas as partes damos o nome de "foguete". Enquanto estamos satisfeitos com o simples nome das coisas e não investigamos nosso mundo com mais profundidade, tudo parece estar certo. Os carros, as pessoas, os computadores, tudo trabalha e funciona. Mas se verificarmos o que há por trás das ilusões, perceberemos que não há nenhum foguete que exista independentemente, mas apenas um objeto surgido interdependentemente, dependendo de suas partes, causas, condições, etc. Esse é o misterioso milagre da realidade.

Quando buscamos as coisas em si, elas desaparecem. Mas quando as aceitamos convencionalmente (aceitando seus nomes), elas trabalham e funcionam maravilhosamente bem, até o momento em que se quebram, adoecem ou morrem.

Nona luz de cristal – Se sentimos que nosso eu é diferente de nosso corpo e mente, devemos tentar imaginar então que nosso corpo foi totalmente destruído por uma bomba atômica e que nossa mente foi, de alguma forma, desligada, totalmente aniquilada. Onde estaríamos então? Obviamente, em lugar nenhum.

Décima luz de cristal – Portanto:

*Eu certamente não sou meu corpo,
não sou minha mente,
nem a combinação holística de meu corpo e mente;
então, onde estou?*

EM LUGAR NENHUM.

*O que percebemos nesse momento,
se tivermos feito o jogo da forma adequada, é:*

NADA,

exceto o Espaço Absoluto.

    Esse nada não é o frio vácuo morto do espaço externo ou a completa negação da vida que nos ensinaram nas aulas de filosofia. A experiência da vacuidade, ou do espaço absoluto, é preenchida por uma sensação de extrema Bem-aventurança e uma profunda paz. Sem dúvida, segundo os nossos sentidos não há nada lá, mas de alguma forma encontramos a sensação de arrebatadora alegria de tocarmos a essência da vida e o tecido fundamental da realidade. Ainda assim, não há nada lá. É fascinante e maravilhoso. Então, compreendemos de verdade o monstro que é nosso ego, nos impedindo completamente de ter essa arrebatadora experiência. O eu é realmente muito egoísta.
    Todas as vezes que "caçarmos o ego", devemos tentar manter a mente ingênua como a mente de uma criança. Não é bom começar o jogo pensando "eu já sei a resposta", ou "que tédio"; pois assim não poderemos ter o impacto emocional do inacreditável fato de que de repente nosso ego desapareceu, fugiu envergonhado. Quando nosso inimigo interior tiver sido exposto como uma fraude, um mentiroso e um traidor, a fantasia de sua existência se desintegrará no nada. Mas não se preocupe: ele voltará para nos assombrar por muitos e muitos anos. Está apegado a nós tanto quanto nós estamos apegados a ele. Matar o ego é um processo difícil e demorado. Mas é absolutamente benéfico e, por isso, devemos persistir com alegria. Nossa porcentagem de vitória crescerá passo a passo e, um dia, teremos vencido completamente.
    Assim, tendo exposto nosso ego como uma fraude usando a luz de nossa consciência de sabedoria, tudo que nos resta é uma negação, um vasto espaço ou vacuidade que não implica nada mais, mas prova apenas que nosso ego independente nunca existiu. O vasto espaço da vacuidade não prova nem confirma mais nada.
    As pessoas comuns em geral necessitam de muito espaço individual e sempre se sentem desconfortáveis em espaços pequenos e em multidões. O antídoto para essa sensação e para o "ser comum" é familiarizar a mente com o vasto espaço interior do *NÃO-EGO, NÃO-EU, NÃO-MEU!*

Autocura não é desenvolver o ego, mas dissolvê-lo no espaço. Assim, sempre nos sentiremos muito confortáveis e relaxados, mesmo se estivermos rodeados por 30 pessoas gritando todas ao mesmo tempo.

Algumas pessoas sentem medo quando entram em contato com esse imenso espaço interior, sentindo que fizeram desaparecer a si mesmas. Mas não há motivo para se preocupar: apenas fizemos desaparecer temporariamente nossa alucinação ou fantasia do ego. A energia do apego ao ego é tão forte nas pessoas comuns que certamente reaparecerá logo. Quando chegar o momento de você entrar em contato com o espaço interior, NÃO SE PREOCUPE, seu corpo e mente e seu eu surgidos interdependentemente ainda estão aqui.

Mas agora você pode relaxar!
NGELSO!

Neste exato momento, apenas lendo e escutando essas instruções, é possível ter acesso a alguma sensação especial, alguma intuição do NÃO-EGO, NÃO-EU. Mas para chegar a uma intuição realmente especial, precisamos desenvolver nossa concentração desde o nível normal (muito baixo) até 100% (*shine*). Então, o oceano de nossa consciência se tornará muito quieto e pacífico, e não ficará mais se movimentando o tempo todo. Com a mente sempre em movimento, mesmo se desejamos atacar nosso ego com a sabedoria, não conseguimos focalizá-lo por um tempo suficiente para acertarmos o tiro no alvo. Com a permanência serena, o oceano da mente fica calmo e quieto, e o ego está como que flutuando nesse oceano. Nesse momento, ele se torna um alvo fácil para a nossa consciência de sabedoria que, como um submarino-caçador, persegue-o até conseguir explodi-lo para fora do oceano de nossa consciência, usando um torpedo de sabedoria. Desaparecido o ego, tudo o que permanece é o vasto espaço interior do Não-Eu e o movimento das ondas de energia do karma e do surgir interdependente dos fenômenos.

O verdadeiro caminho autocurativo de todos os praticantes budistas dos métodos Vinayayana, Mahayana ou Vajrayana é dissolver a mente nesse vasto espaço interior do Não-Eu muitas vezes, até atingir uma realização estável e imutável dessa experiência, fazendo assim o ego desaparecer para sempre. A vacuidade que eles experimentam objetivamente é a mesma; entretanto, suas motivações e a experiência mental subjetiva de suas mentes são diferentes. Essa diferença é o que distingue um caminho inferior de um caminho superior.

Guru Buddha Shakyamuni ensinou a natureza da realidade para muitas pessoas diferentes, de acordo com sua cultura, perspectiva e inteligência individual. Mas todos os seus ensinamentos podem ser agrupados nos três yanas e Três Voltas da Roda do Dharma. Seu verdadeiro desejo era que todos os seres finalmente entrassem no mais elevado caminho do Tantra e desvelassem sua mente de cristal por meio da meditação sobre a visão "Prasangika Madhyamik", nos níveis mais profundos e Bem-aventurados da mente. No Tantra, damos muita importância à geração de um estado mental de Bem-aventurança. Assim, com a mente fascinada e fixada nessa sensação maravilhosa, podemos permanecer na vacuidade por tempo suficiente para que as transformações e a purificação mental interna ocorram.

Com a meditação do Sutra, usando a mente grosseira, podemos nos entediar e deixar a mente cair no torpor. Também pode ocorrer que a mente se disperse do objeto à procura de algo mais interessante, pois quando o ego desaparece, ficamos apenas com a experiência do espaço vazio, e não com a experiência do Espaço da Vacuidade Plena de Bem-aventurança, como no Tantra. Quando a mente grosseira entra em contato com o espaço absoluto, sua tendência é agarrar-se a qualquer objeto interessante, como o almoço ou nosso namorado. Quando a mente sutil, por sua vez, tem essa mesma experiência, entra em contato também com uma profunda sensação de Bem-aventurança, muito melhor que o prazer do sexo e, por isso, fica "colada" à experiência do espaço.

Entretanto, para evoluir, devemos praticar o Sutra e o Tantra juntos. Podemos dizer que o Sutra torna a estrada até a Iluminação muito uniforme e boa, enquanto o Tantra é a Ferrari que voa por essa estrada em máxima velocidade. Se formos realmente entrar no mundo do Tantra, devemos tentar equilibrar e estabilizar nossa personalidade e energia usando as meditações do Lam Rim. O Tantra trabalha estimulando nossas emoções negativas da inveja, apego, raiva, orgulho, etc. Precisamos transformar essas energias em espaço absoluto e Bem-aventurança, e nas cinco sabedorias elevadas, por meio do poder do mantra, mudra e da energia pura da bênção do Lama Curador. Sem a renúncia, um grande coração e a experiência do espaço interior, porém, o Tantra pode ser uma montanha russa perigosa, como muitos ocidentais já descobriram.

O Sutra nos dá todas as práticas preliminares, como a renúncia, a bondade, um bom coração, a permanência serena e as informações completas sobre como chegar da forma correta à percepção do objeto, o espaço absoluto da vacuidade. O Tantra nos dá as práticas de transformação da energia dos elementos, do corpo e da mente e os meios para gerarmos a mente muito sutil mais profunda e plena de Bem-aventurança, a que realmente precisa relaxar no espaço absoluto e meditar na vacuidade.

Devemos tentar nos dar conta do quanto somos privilegiados. Guru Buddha Shakyamuni partilhou sua experiência interior com o mundo há mais de dois mil e quinhentos anos. É de fato extraordinário que mestres totalmente realizados ainda estejam vivos hoje para nos ajudar a chegar ao mesmo relaxamento e regeneração autocurativa NgelSo que Buddha Shakyamuni viveu e partilhou há dois mil e quinhentos anos.

Nonagésima Nona Luz
Lodjong – O Treinamento da Mente

Os estágios básico, intermediário e avançado da Autocura Tântrica Ngelso podem ser agrupados nas meditações do Lam Rim, Lodjong e Mahamudra. Em português, poderíamos chamá-las de o Caminho Suave, o Treinamento da Mente e o Grande Relaxamento. Precisamos praticar a autocura e não a autocondescendência. Assim, com o grande coração desperto de um Bodhisattva, devemos decidir cuidar de nosso mundo interno e completar nossa autocura agora, ainda nesta vida, para desenvolvermos rapidamente o poder de curar o mundo interno e externo de outros e trazer a paz interna e externa a todos os seres vivos. Para realizar isso, temos que praticar a unificação dos três grandes métodos de autocura: o Lam Rim, o Lodjong e o Tantra.

Em nosso estado normal, temos um coração pequeno e obscurecido. Precisamos desenvolver o oposto, um coração grande e cheio de luz. O Lodjong é um método muito especial de treinamento da mente, que trabalha destruindo nossas mentes pequenas de egocentrismo e apego a si mesmo (nossos dois piores inimigos). É uma técnica que nos desafia profundamente do ponto de vista emocional, pois nos propõe fazer exatamente o que nossas mentes de egocentrismo e apego a si mesmo detestam, por exemplo, sempre nos colocar em último lugar e cuidar dos outros, dia e noite. Seguindo esse método, é fácil desenvolver o grande coração de um Bodhisattva, a chave do palácio da Iluminação.

Há muitos métodos Lodjong de cura e transformação da mente, mas eu gostaria de partilhar com vocês os oito versos de cura da mente escritos no século XI por Gueshe Langri Thangpa, uma encarnação prévia de meu Guru-raiz, Tridjang Dordje Tchang. Essa técnica oferece conselhos muito práticos sobre como viver nosso dia-a-dia.

Com o coração pleno de amor, veja a vida como um sonho, flua com a impermanência e cure o mundo

Trigésimo oitavo oráculo de sabedoria – oitavo bhumi: não precisamos seguir as informações negativas que nos enfraquecem e cansam. Ao contrário, precisamos aperfeiçoar nossa força seguindo apenas as informações positivas, para chegarmos à perfeita força insuperável do oitavo bhumi, "O Inabalável", quando nossa mente nunca se deixa tocar pelas informações negativas.

Centésima Luz

Os Oito Versos de Treinamento da Mente por Gueshe Langri Thangpa

Primeira Luz – Porque aspiro às realizações mais elevadas, muito mais preciosas do que uma jóia que realiza todos os desejos, momento após momento devo cuidar de todos os outros seres.

Segunda Luz – Sempre que eu estiver com outras pessoas, devo sentir que eu e os meus desejos não somos importantes e, com um bom coração, devo cuidar dos outros em primeiro lugar.

Terceira Luz – Atento a todas as minhas ações de corpo, palavra e mente, em todo momento em que uma ilusão se manifestar levando a mim e aos outros a agir inadequadamente, devo enfrentá-la e impedir que ela cresça.

Quarta Luz – Sempre que eu encontrar pessoas cheias de maldade e emoções obscuras e violentas, devo considerá-las tesouros preciosos.

Quinta Luz – Mesmo que uma pessoa de quem eu tenha cuidado de uma forma especial e em quem eu realmente tenha confiança se volte contra mim, devo enxergá-la como alguém que me traz ensinamentos.

Sexta Luz – Quando outras pessoas me causarem dificuldades devido à inveja (ou outras ilusões), devo tomar para mim a derrota e lhes oferecer a vitória.

Sétima Luz – Concluindo, tanto em público quanto secretamente, devo sempre oferecer ajuda e felicidade a todos os seres vivos e tomar para mim todas as suas dores e sofrimentos.

Oitava Luz – Livre dos distúrbios dos oito sentimentos desequilibrados (ver **Nota A**) e enxergando todas as coisas como ilusões, possa eu ser libertado da prisão dos pensamentos negativos (ver **Nota B**).

Nota A

Os Oito Sentimentos Desequilibrados

Estes são os sentimentos normais que a maior parte de nós vive diariamente:
1. Sentir felicidade quando a vida está boa para nós.
2. Sentir infelicidade quando a vida parece estar contra nós.
3. Sentir felicidade quando estamos ricos.
4. Sentir infelicidade quando estamos pobres.
5. Sentir felicidade quando somos famosos e importantes.
6. Sentir infelicidade quando somos desconhecidos e ignorados.
7. Sentir felicidade quando os outros nos elogiam e nos admiram.
8. Sentir infelicidade quando os outros nos criticam e nos culpam.

Devemos evitar esses oito sentimentos que dominam a vida da maioria das pessoas, pois eles são causados por nossos dois maiores inimigos: a mente de apego a si mesmo e a mente egocêntrica. Permitir que esses oitos sentimentos se manifestem em meio às agitadas circunstâncias da vida energiza nossos dois inimigos, tornando mais difícil nossa vitória sobre eles. Além disso, é devido a esses oito sentimentos mundanos que nos sentimos sempre tensos e nervosos. Assim, com a mente sempre desequilibrada, torna-se muito mais difícil entrarmos em contato com o espaço relativo ou absoluto.

O poema Lodjong nos mostra que, se realmente desejamos ter a experiência de profunda regeneração e relaxamento autocurativo NgelSo, precisamos parar de viver controlados pelas reações extremas de nossa mente de apego a si mesmo e de nossa mente egocêntrica. Para curar nosso egocentrismo, precisamos cuidar com carinho especial dos outros seres e, para curar o apego a si mesmo, precisamos de mente de sabedoria que tem a percepção do espaço absoluto e relativo. Se programarmos a compaixão e a sabedoria em nosso computador do coração, gradualmente os altos e baixos da vida vão se estabilizar, permitindo-nos desenvolver uma mente feliz e equilibrada. Ter uma mente assim não é chato e entediante; ao contrário, é a experiência de paz interior e vibração de felicidade contínuas, independentes das circunstâncias externas. Nossa mente se torna como o ouro: bonita, preciosa e constante.

Nota B

A Prisão dos Pensamentos Negativos

A prisão dos pensamentos negativos é a projeção que nossa mente faz de todas as coisas dos mundos interno e externo como independentes e existentes por si mesmas, como blocos congelados permanentes. Quando a mente produz pensamentos, nós os trazemos à realidade e criamos nosso mundo interno e externo. Projetamos os pensamentos para fora e, então, nós nos relacionamos com eles como um mundo externo, que nada tem a ver conosco. É assim que nos relacionamos com o mundo neste momento. Sentimos que ele está inteirinho lá fora, esperando para ser descoberto por nós, e que não temos absolutamente nada a ver com a criação de todas as montanhas, árvores, cidades, poluição e problemas.

O antídoto para essa servidão à conceitualização negativa é perceber a "Mente Apenas", a visão da ciência interna do Budismo antigo que encontra hoje eco nos grandes físicos de nosso tempo, como Wolfgang Pauli, o ganhador do Prêmio Nobel, que disse:

"A partir de um centro interno, a psique parece mover-se para fora no sentido de uma extroversão em direção ao mundo externo."

Para entrar em contato com a realidade, precisamos meditar no espaço absoluto da vacuidade e na projeção correta dos fenômenos como manifestações interdependentes. Quando sintonizamos o espaço interno e externo e a dança cósmica recitando os mantras da Autocura e da Interdependência dos Fenômenos, devemos tentar descongelar todo os objetos à nossa volta e permitir que suas energias que estão surgindo interdependentemente dancem no espaço absoluto. Precisamos enxergar a qualidade de espaço absoluto em todas as nossas atividades cotidianas, enquanto trabalhamos, dormimos, comemos, relaxamos, fazemos amor, etc. Assim, sempre procurando perceber todos os fenômenos como ilusões da mente, como sonhos ou filmes mentais projetados na tela do espaço, podemos pouco a pouco "derretê-los" da permanência, trazendo-os de volta à sua verdadeira natureza de manifestações interdependentes.

Como disse o Mahasiddha Savari (o Caçador):

"Qualquer manifestação ou som é como uma ilusão, miragem ou reflexo. A mente que percebe tal ilusão é como o espaço."

O "SISTEMA DE COZIMENTO" DOS CINCO ELEMENTOS SEGUNDO O ESTÁGIO DE GERAÇÃO

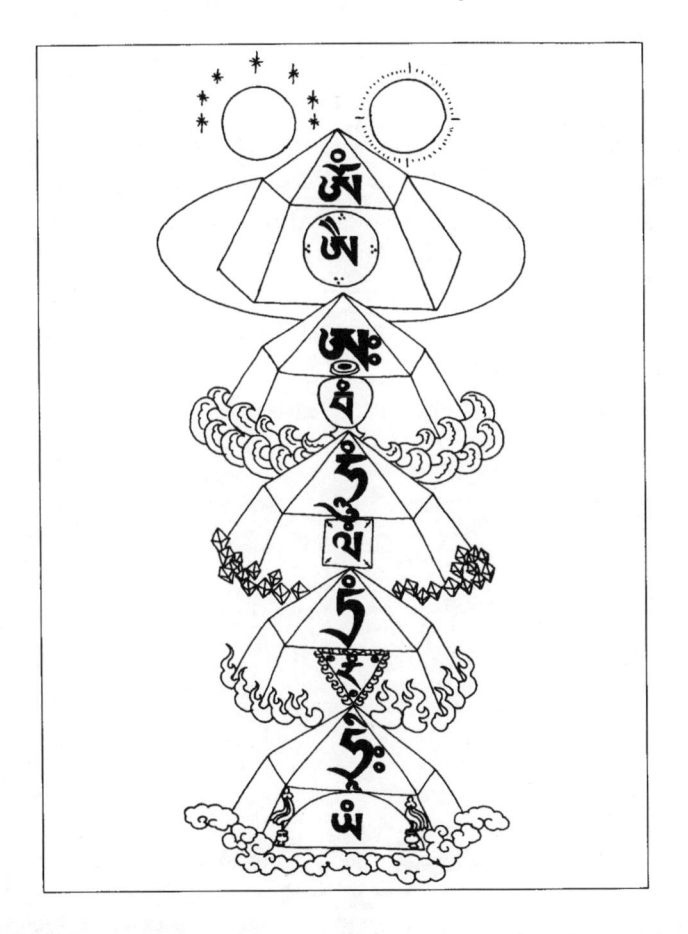

OM AH HUM TRAM HRI
EH YAM RAM LAM BAM
Os mandalas-vajra do espaço, vento, fogo, terra e água.

Centésima Primeira Luz
Por que Precisamos Praticar o Lam Rim e o Tantra Juntos

O Tantra ativa muitas energias sutis poderosas em nosso corpo e mente e, se não tivermos um treinamento ou disciplina mental, esse excesso de energia pode tomar o caminho da resistência mínima por meio de nossas emoções negativas do apego, ciúme, orgulho, egoísmo, etc. Esse é um mau uso do caminho rápido para a Iluminação, que pode até aumentar nosso sofrimento, prendendo-nos mais profundamente ainda à prisão samsárica. Se praticarmos a união do Sutra e do Tantra, treinando-nos tanto com o Lam Rim quanto com um método tântrico de autocura, as realizações do Lam Rim atuarão como canais de energia positiva através dos quais nossa energia assim ampliada poderá fluir. As meditações do Lam Rim ajudarão a nos conduzir rapidamente do sofrimento à autolibertação e a estágios de consciência muitos mais profundos do que o que podemos imaginar neste momento, possibilitando-nos chegarmos rapidamente à condição de Lamas Curadores.

Vajrayana:
O nível muito sutil de surgir interdependente e Autocura Tântrica NgelSo

Centésima Segunda Luz

Como Transformar o Obscuro Caminho do Bardo no Resplandecente Caminho da Libertação

Esta seção baseia-se no texto *Como Atravessar o Caminho do Bardo*, de Pantchen Tchokyi Gyaltsen.

Bardo significa "entre", como em "entre a vida e a morte". Existem muitos bardos a serem atravessados, e cada um é uma chance para desenvolvermos nossa luz interior. Vivemos muitos bardos mesmo em nosso dia-a-dia. Por exemplo, toda vez que não conseguimos decidir algo ou ficamos inseguros, entramos em um estado de bardo. Precisamos aprender a usar positivamente essa energia de transição.

OM MANI PEME HUM HRI
OM MANI PEME HUM
TCHOM DEN GUIALWA SHIDRO LA TSOK KIEN
BARDO DGIPE TRANG LE DREL DU SOL

Ó, assembléias de divindades pacíficas e iradas, ouçam-me: libertem-me, por favor, da assustadora e estreita passagem do bardo.

Por favor, Lama Vajradhara Khyen,

Por muitas vidas tivemos os oito renascimentos desafortunados nos quais era muito difícil evoluir espiritualmente, como, por exemplo, as muitas vidas que despendemos no inferno, ou sob a forma de espíritos, deuses, em mundos animais, ou as inúmeras vidas em sociedades não religiosas sem acesso aos ensinamentos autocurativos de Buddha. Em muitas vidas, possuíamos incapacidades mentais graves, ou tínhamos bloqueios mentais muito fortes em relação à autocura. Agora, por uma chance incrível, vivemos o precioso renascimento humano com todas as causas e condições afortunadas. Além disso, encontramos por acaso um Lama Curador que está revelando a essência de todos os métodos de cura de Buddha, mostrando-nos os meios para dispersar a escuridão interna da ignorância, cruzar o oceano do samsara e entrar pela porta única da libertação.

Será muito difícil conseguir outro precioso renascimento humano e uma chance como a que possuímos agora. Por isso, devemos tentar tirar o máximo desta oportunidade. Devemos procurar usar a vida de modo positivo, em vez de gastar nossa energia vital em coisas insignificantes. Não devemos nos agarrar à ilusão de nossa vida presente, mas apreender a essência e o real significado de nosso renascimento humano, para tornarmos nossa vida muito preciosa e significativa.

Os ventos de nosso karma negativo nos empurram para todos os lados, causando-nos os três sofrimentos terríveis da dor, perda de prazer e o sofrimento-que-tudo-permeia, momento após momento. Além disso, existem inumeráveis condições negativas continuamente associando-se para manifestar o sofrimento do nascer, envelhecer, adoecer e morrer. Percebendo que esta é natureza de nossa atual existência, e conscientizando-nos de que em breve teremos que percorrer as sendas da morte, bardo e renascimento, pedimos que nos guie, por favor, e nos ajude a criar somente causas e condições de surgir interdependente positivo.

Somos impermanentes e não sabemos quando vamos morrer. Por isso, pedimos sua bênção para não nos fixarmos tanto em nossos irmãos, amigos, maridos, esposas e namorados do samsara, que nos distraem com envolvimentos passageiros, dificultando assim a realização de nosso desejo de acabar com os projetos transitórios desta vida.

As folhas de outono que caem nos oferecem a clara mensagem da mudança e da impermanência; devemos trazê-la em nosso coração. Precisamos nos dar conta de como os doze elos da cadeia do surgir interdependente negativo nos mantêm presos à cidade do samsara, tão cheia de sujeira, poluição, e onde não temos outra escolha senão vivenciar corpos poluídos, cheios de bactérias, vírus e parasitas. O samsara é repleto de cenas e experiências desprazerosas. Por isso, precisamos tentar usar a impermanência positivamente, transformando a morte, o bardo e o renascimento no caminho para a Iluminação.

Intelectualmente, todos nós sabemos que vamos morrer algum dia, mas precisamos sentir isso no coração. Há inumeráveis causas e condições interdependentes para a morte, e muito poucas para a vida. Morrer é tão fácil e permanecer vivo, tão difícil. Já que não podemos realmente deter a impermanência, precisamos percebê-la em todos os fenômenos e aprender a usá-la de uma forma positiva. A morte pode acontecer devido

Vairochana — O Curador Supremo da Ignorância

a várias causas e condições negativas maiores ou menores. Nosso corpo é facilmente ferido e machucado. Nossa vida inteira é cheia de grandes ou pequenas doenças, uma das quais eventualmente nos matará.

Manifestaremos muitos sentimentos negativos e sofrimentos mentais e físicos quando nos dermos conta de que a morte se aproxima e de que ninguém pode nos salvar. Quando começarmos a morrer, nossos pais, familiares, amigos e amantes se reunirão à nossa volta chorando e segurando nossa mão, mas isso só nos deixará mais deprimidos, nervosos e perturbados. Nessa hora, mesmo o mais fantástico remédio será desnecessário e não terá poder de nos salvar da morte. Nossos médicos vão dizer que esse é um caso sem esperança e deixarão de nos visitar. Todos os nossos amigos queridos nos serão desnecessários; não há como evitar o fato de que morreremos sozinhos. E o que faremos nessa hora?

Precisamos transformar nossa experiência negativa da morte em uma experiência feliz e positiva. A partir de agora, temos que desenvolver momento após momento, e especialmente no momento da morte, a experiência profunda da renúncia aos prazeres desta vida.

Eis o que acontecerá se morrermos uma morte comum:

Nossos órgãos começarão progressivamente a falhar; nosso corpo e mente se separarão. Pouco a pouco, nosso rosto começará a inchar e os olhos afundarão nas órbitas. O coração se encherá de medo e agarraremos os lençóis e o corpo, quando tivermos a horrível sensação de afundarmos na cama. Nossa visão começará a falhar e os olhos ficarão fixos e cravados. Os parentes se entristecerão com nossos estertores desesperados da morte, quando a respiração quase cessar. Durante a vida inteira tivemos um cuidado tão especial com nosso corpo e ingerimos uma quantidade enorme de comida e bebida para sustentá-lo. Quando enfim precisamos mesmo dele, ele se despede de nós e morre. Enxergamos nesse momento o quanto ele nos enganou.

Quando a respiração falha, temos visões terríveis de muitos espíritos ruins se aproximando e vemos a face de Yama Radza, o Senhor da Morte. Todos esses demônios são reflexos de nosso karma negativo. Nesse momento, nós nos sentimos como criminosos cercados pela polícia que nos espera para nos levar presos. Durante toda a vida, estivemos tão ocupados em colecionar belas posses e objetos e, no final, tudo isso se mostra desnecessário e enganoso, pois temos que morrer e deixá-los para trás. No lugar dessa mesquinha atitude samsárica de acumular posses, precisamos desenvolver a energia positiva da generosidade de Ratnasambhava. Ela será nossa verdadeira amiga quando morrermos. Todos os nossos queridos amigos, familiares,

Ratnasambhava — O Curador Supremo do Orgulho e da Avareza

amantes, empregados, assistentes, casas e bichos de estimação serão deixados para trás nessa hora. Por isso, precisamos criar desde já a causa e condição de surgir interdependente positivo de nos desapegarmos de nossos suportes emocionais.

Quando morremos, nossa energia de vida falha, as narinas se alargam e incham, e a língua endurece, fica preta e encolhe. Nosso corpo vai ficando frio, sem vida e enrijecido, enquanto o calor se retira para o coração. A respiração vai se tornando um esforço quase insustentável e lentamente desvanece nos estertores da morte. Nossa mente é dominada por um medo insuportável. Nessa hora, precisaremos da vibração da "ausência de medo" de Amogasiddhi e de nos lembrar com clareza os métodos essenciais da Autocura Tântrica de nosso Lama Curador. Por isso, precisamos gravá-los no disco interno de nosso coração desde já.

Quando morrermos, nossos cinco elementos pouco a pouco deixarão de funcionar e os ventos de energia que os sustentam se dissolverão. Nessa hora, teremos uma série de visões internas elementares. Precisamos começar agora a cultivar e reconhecer essas visões elementares através de meditações, para reconhecermos o que está acontecendo quando a morte chegar. Ela não será então uma surpresa ou um choque; ao contrário, seremos capazes de usar essa experiência de uma maneira positiva.

LAM – Quando o elemento terra se absorve no elemento água, nossa visão falha e sentimos o corpo muito solto e pesado. Enquanto diminui o poder do elemento terra e o elemento água torna-se dominante, temos visões de trêmulas luzes azuis como em uma miragem, ou como a luz do sol na água ondulada de uma praia ou piscina. Pela bênção de Lama Vajradhara, transformamos todas essas experiências negativas interdependentes na Sabedoria Tipo Espelho e na qualidade de paz, de Vairochana, transmutando assim formas negativas em formas puras e a energia negativa do elemento terra em energia positiva.

BAM – Quando o elemento água se absorve no elemento fogo, nosso corpo seca, a audição começa a falhar e temos a visão interior de um turbilhão de fumaça de incenso. Pela energia da bênção do Lama Curador Vajradhara, precisamos transformar todas essas causas e condições negativas interdependentes na Sabedoria da Equanimidade e na qualidade de crescimento de Ratnasambhava, transmutando os sentimentos negativos em sentimentos puros e a energia negativa da água em água-vajra.

Amitabha – o Curador Supremo do Apego

RAM – Quando a energia de fogo se absorve no vento sutil, nosso corpo esfria, o olfato começa a falhar e temos a visão interna de muitos vaga-lumes alaranjados ou de labaredas crescendo sobre uma fogueira. Pela energia da bênção do Lama Curador Vajradhara, precisamos transformar todas essas causas e condições interdependentes negativas na Sabedoria Discriminativa de Amitabha, capaz de discriminar com clareza os fenômenos autocurativos ou autodestrutivos de nosso samsara particular e geral, transmutando assim nosso fogo impuro em fogo-vajra.

YAM – Quando o elemento vento se absorve no elemento espaço, o paladar e a respiração começam a falhar. Emitimos os estertores e nossa respiração grosseira cessa. Nesse momento, a visão interna de uma única, pequenina e fulgurante luz vermelha se manifesta em meio à completa escuridão, como uma chama desprovida de oxigênio. Pela energia da bênção do Lama Curador Vajradhara, precisamos transformar essas causas e condições interdependentes negativas, e usar a cessação de nosso corpo e mente grosseiros de uma forma positiva, para que se manifeste a Sabedoria que Tudo Realiza de Amogasiddhi.

EH – Devido à dissolução de nossas mentes e ventos grosseiros no espaço interior, à medida que nossas mentes sutis se manifestam, surgem três visões internas. Temos um canal central de energia, por onde flui nossa energia essencial de vida. Dos lados direito e esquerdo desse canal, há mais dois canais que se ligam a ele quatro dedos abaixo do umbigo e terminam em nossas narinas. Quando nossa respiração grosseira cessa, devido à absorção do elemento vento no espaço interno, as correntes de energia nos canais esquerdo e direito falham, e nossa energia vital passa a se concentrar no canal central e, dentro dele, no chakra do coração. A corrente de energia dos canais esquerdo e direito causa nossa percepção dualista da realidade. Por isso, quando eles falham, temos a chance especial de entrar em contato com a energia não dual em nosso canal central.

A VISÃO BRANCA VAZIA

O fluxo de energia de nosso canal esquerdo cessa. Os ventos sutis da parte superior do corpo se absorvem no canal central, a partir do chakra da coroa, fazendo com que a Bodhichitta branca, nossa energia masculina de lua fresca, dissolva-se e escorra até o coração. No nível

NgelSo — Autocura Tântrica III

Amogasiddhi – o Curador Supremo da Inveja

grosseiro, essa energia é responsável pelo sistema endócrino-linfático e pelos cinco tipos de energia de fleuma. Quando a Bodhichitta branca, localizada no chakra da coroa, dissolve-se e escorre pelo canal central até o chakra do coração, manifestam-se um ou muitos dos trinta e três fatores mentais grosseiros que surgem do apego, incluindo mentes de luz e de sombra, que gravam marcas negativas ou positivas no disco do espaço interior. Nossa mente é então preenchida pela visão que chamamos "visão branca vazia" que, como a brilhante luz branca da lua cheia, preenche completamente nosso samsara pessoal. Nesse momento, cessam os trinta e três fatores mentais grosseiros que surgem de nosso apego ilimitado, do apego à projeção ilusória.

As trinta e três mentes podem ser agrupadas em vinte e quatro mentes de sombra (mentes autodestrutivas), oito mentes positivas e uma neutra, do ponto de vista das sensações físicas e mentais. As vinte e quatro mentes de sombra que surgem na hora da morte devido à energia do apego são:

Primeira sombra: pequeno apego.
Segunda sombra: médio apego.
Terceira sombra: grande apego – aos prazeres desta vida.
Quarta sombra: distração causada por objetos atraentes externos e internos.
Quinta sombra: pequeno pesar.
Sexta sombra: médio pesar.
Sétima sombra: grande pesar – por perder os prazeres desta vida.
Oitava sombra: mente ocupada (incapaz de parar de pensar e se preocupar).
Nona sombra: pequeno medo.
Décima sombra: médio medo.
Décima primeira sombra: enorme medo da morte, da aniquilação e do desconhecido.
Décima segunda sombra: pequeno anseio.
Décima terceira sombra: médio anseio.
Décima quarta sombra: enorme anseio – de que a vida não acabe.
Décima quinta sombra: ganância – intensa energia para segurar os prazeres desta vida que estão se esvaindo.
Décima sexta sombra: dúvida – preocupação com a possibilidade de nossas ações positivas e a prática de autocura ter sido uma perda de tempo e não nos ajudar agora.
Décima sétima sombra: fome.

Akshobhya — O Curador Supremo da Raiva

Décima oitava sombra: sede.
Décima nona sombra: pequenos sentimentos negativos e dores mentais e físicas.
Vigésima sombra: grandes sentimentos negativos e dores mentais e físicas.
Vigésima primeira sombra: desejo.
Vigésima segunda sombra: turbulência mental e nervosismo.
Vigésima terceira sombra: avareza.
Vigésima quarta sombra: inveja e ciúme.

Na hora da morte, podem também surgir oito mentes de luz devido ao contentamento (transformação do apego) e à discriminação.

Primeira luz: paz interior.
Segunda luz: sensações mentais e físicas felizes.
Terceira luz: conhecimento conceitual (desenvolvemos a certeza mental. sobre algo devido a um sinal; por exemplo: vemos fumaça e sabemos que há fogo).
Quarta luz: reconhecimento (readquirimos nossa certeza sobre algo).
Quinta luz: discriminação (entre o que é nosso amigo verdadeiro e o que é nosso inimigo).
Sexta luz: vergonha (sentimento de embaraço por ter cometido ações negativas).
Sétima luz: compaixão (desejo de que os outros sejam livres do sofrimento).
Oitava luz: misericórdia (desejo de proteger os outros do perigo).

Essas trinta e três mentes grosseiras surgem nas pessoas comuns devido ao apego ilimitado. Com a bênção de Amitabha, devemos purificar e transformar essa energia na Sabedoria Discriminativa. Precisamos sobretudo reconhecer a vacuidade ou a qualidade de espaço interior dessas trinta e três mentes grosseiras e da mente da visão branca, percebendo-as como manifestações da energia de sabedoria de Amitabha.

A GRANDE VISÃO VERMELHA VAZIA

Enquanto nossa energia de vida continua a se dissolver, a energia do canal direito também cessa. Os ventos da parte inferior de nosso corpo entram pelo canal central, fazendo com que a Bodhichitta vermelha, localizada no chakra do umbigo, comece a se mover para cima, em direção ao chakra do coração. A Bodhichitta vermelha concentra a energia feminina solar do calor, ódio e bile. No nível grosseiro, essa energia controla o chakra do coração e o sistema circulatório. No momento em que ela cessa, a energia do canal direito é absorvida no canal central. A absorção dessa energia instável faz com que uma ou mais das quarenta mentes que surgem devido ao ódio se manifeste, de acordo com as gravações prévias em nosso disco do espaço interior.

Devido ao ódio antes da grande visão vermelha vazia, surgem 22 mentes escuras:

Primeira sombra: fantasia sexual.
Segunda sombra: memórias sexuais.
Terceira sombra: fixação em várias ações de união sexual, tais como:
Quarta sombra: abraçar.
Quinta sombra: beijar.
Sexta sombra: chupar (sexo oral).
Sétima sombra: excitação (nossa mente dança quando vemos um objeto atraente).
Oitava sombra: orgulho.
Nona sombra: flertar.
Décima sombra: desejo de roubar.
Décima primeira sombra: desejo de dominar os outros por meio de força física, mental ou verbal.
Décima segunda sombra: desejo de fazer pequenas ações autodestrutivas motivadas pelo orgulho.
Décima terceira sombra: desejo de fazer médias ações autodestrutivas motivadas pelo orgulho.
Décima quarta sombra: desejo de fazer grandes ações autodestrutivas motivadas pelo orgulho.
Décima quinta sombra: desejo de brigar.
Décima sexta sombra: mentir.
Décima sétima sombra: falta de vergonha.
Décima oitava sombra: hipocrisia.
Décima nona sombra: rigidez.
Vigésima sombra: más ações – excesso de pontos de vista negativos.
Vigésima primeira sombra: desonestidade.
Vigésima segunda sombra: malícia.

Dezoito mentes de luz surgem devido ao ódio antes da grande visão vermelha vazia:

Primeira luz: pequena alegria.
Segunda luz: média alegria.
Terceira luz: grande alegria.
Quarta luz: regozijo.
Quinta luz: êxtase.
Sexta luz: admiração – frente a nossas visões internas (tais como santos, anjos e céus).
Sétima luz: revelação – desejo de revelar a outras pessoas verdades profundas e experiências internas.
Oitava luz: contentamento – sensação de conforto e felicidade.
Nona luz: estabilidade mental.
Décima luz: esforço – energia para realizar ações positivas.
Décima primeira luz: sensação de prazer – com a Autocura Tântrica NgelSo.
Décima segunda luz: virtude – o lado leve e positivo de nossa mente.
Décima terceira luz: desejo de completar as ações positivas que começamos.
Décima quarta luz: intenção positiva inabalável.
Décima quinta luz: não cobiçar.
Décima sexta luz: patrocínio – desejo de dar dinheiro, presentes materiais e energia para sustentar centros e praticantes de autocura e paz.
Décima sétima luz: encorajar os outros a praticar a autocura.
Décima oitava luz: mente de herói ou heroína – desejo de superar nossos inimigos internos e ilusões.

A grande visão vermelha vazia surge devido ao movimento ascendente da gota de Bodhichitta vermelha, localizada no chakra do umbigo, subindo pelo canal central até o chakra do coração. A visão assemelha-se a um pôr-de-sol acobreado, preenchendo completamente nosso samsara pessoal. Nesse momento, nossas 40 mentes sutis que surgem devido ao ódio desaparecem. Quando a visão vermelha se manifesta, temos uma experiência mais profunda da vacuidade do que durante a visão branca. Por isso, essa experiência é chamada a grande visão vermelha vazia.

Quando as 40 mentes grosseiras cessam, devemos transformar essa energia instável da grande visão vermelha vazia em energia estável por meio da bênção de Akshobhya. Precisamos reconhecer a vacuidade

A DISSOLUÇÃO DOS VENTOS ELEMENTAIS E DAS CONSCIÊNCIAS DURANTE A MORTE, O ADORMECER E A MEDITAÇÃO TÂNTRICA

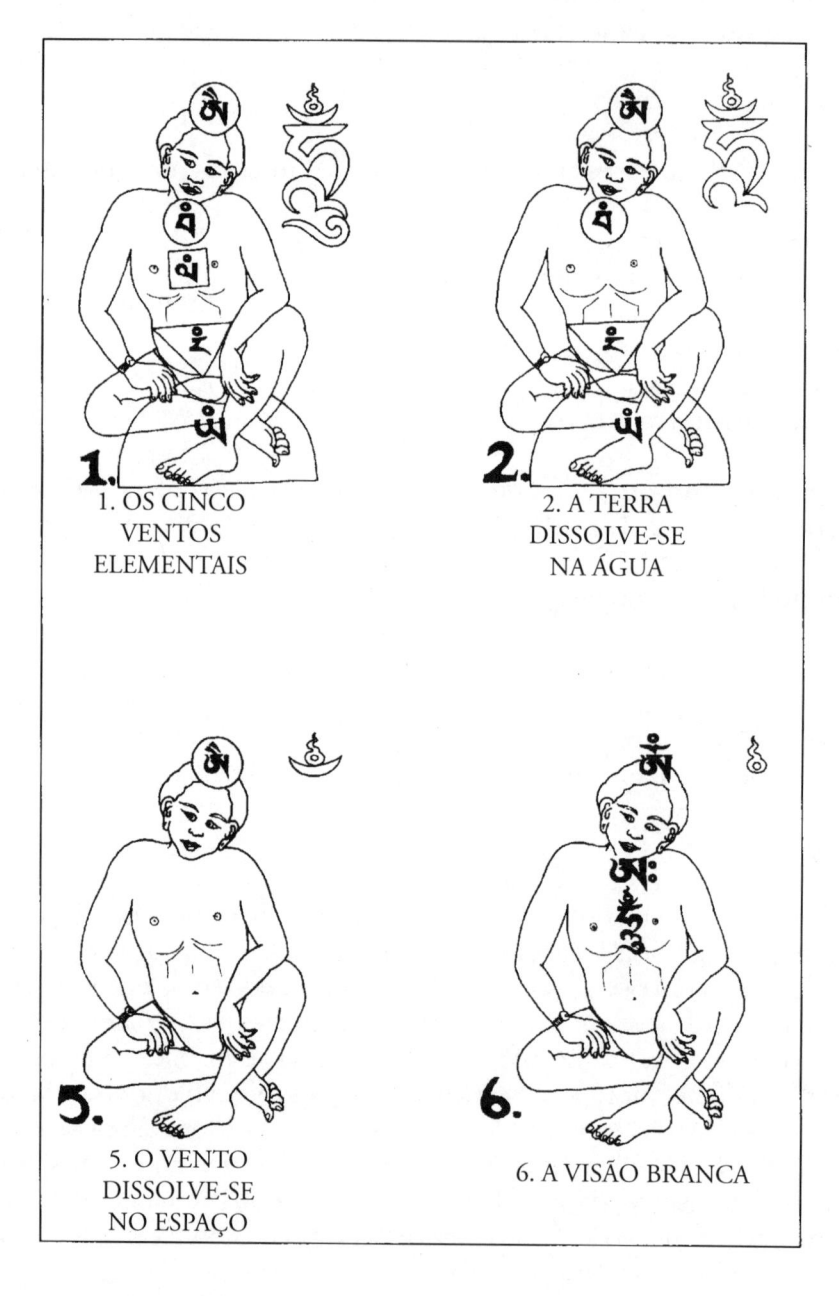

1. OS CINCO VENTOS ELEMENTAIS

2. A TERRA DISSOLVE-SE NA ÁGUA

5. O VENTO DISSOLVE-SE NO ESPAÇO

6. A VISÃO BRANCA

3. A ÁGUA
DISSOLVE-SE
NO FOGO

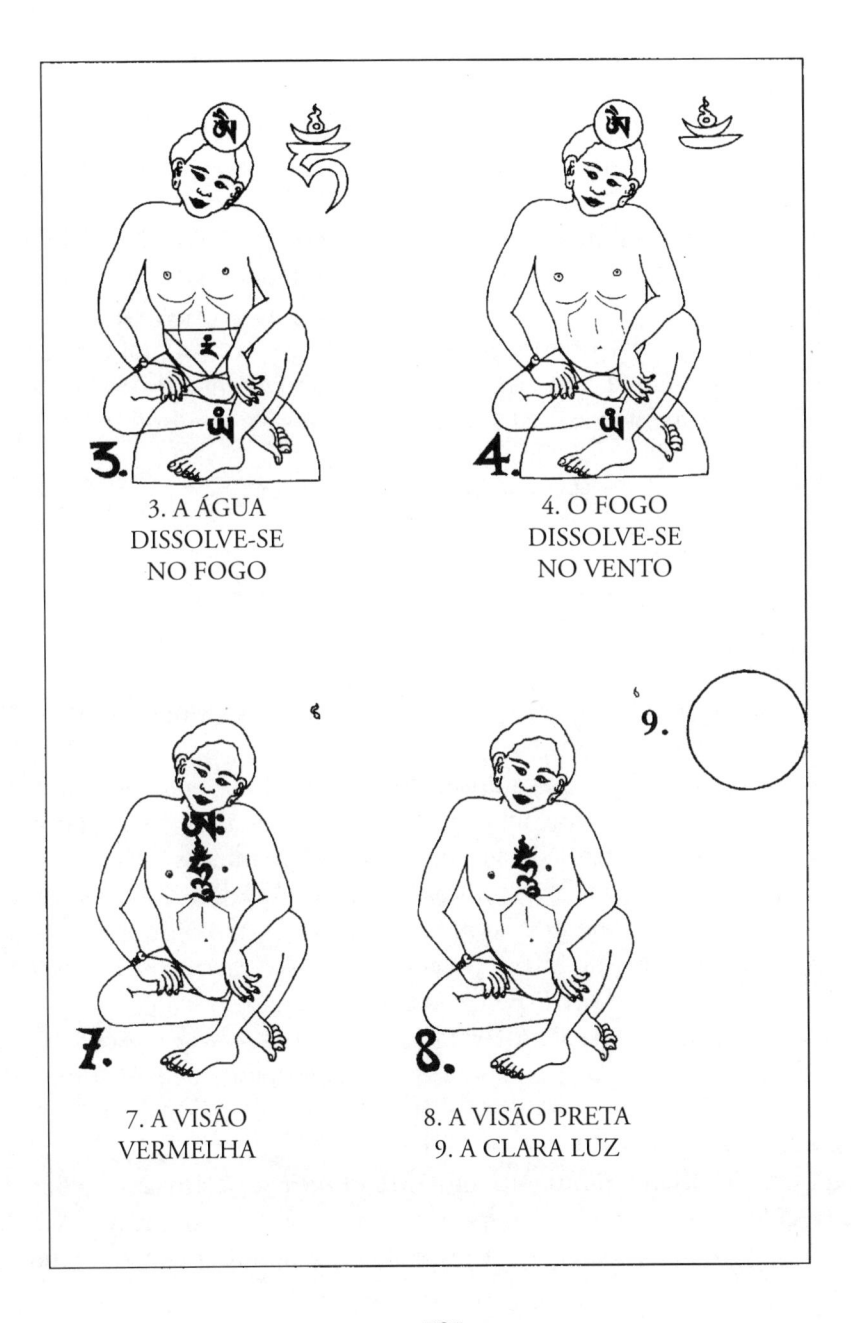

4. O FOGO
DISSOLVE-SE
NO VENTO

7. A VISÃO
VERMELHA

8. A VISÃO PRETA
9. A CLARA LUZ

ou a qualidade de espaço interior das 40 mentes grosseiras que surgem devido ao ódio e da grande visão vermelha vazia, percebendo-as como manifestações da energia de sabedoria do Dharmadhatu de Akshobhya.

A VISÃO PRETA EXTREMAMENTE VAZIA

Devido à dissolução de nossas energias direita e esquerda no canal central e ao encontro dos ventos da parte superior e inferior de nosso corpo no chakra do coração, a gota branca descendo do chakra da coroa e a gota vermelha subindo a partir do chakra do umbigo envolvem a gota indestrutível no chakra do coração, resultando na experiência da visão preta extremamente vazia. É como desmaiar inconsciente e depois acordar dentro de um quarto totalmente escuro. Nesse momento, sete mentes sutis se manifestam devido ao desaparecimento da ignorância.

Essas sete mentes são as seguintes mentes de sombra:

1   igual presença de ódio e desejo;
2   perda da memória;
3   alucinação;
4   depressão;
5   preguiça;
6   dúvida;
7   incapacidade de se comunicar devido à escuridão mental.

Nesse momento, nosso samsara pessoal é de intensa escuridão, e nossa experiência de shunyata é muito forte. Por isso, essa etapa do processo da morte é chamada visão preta extremamente vazia.

Precisamos sentir a vacuidade ou qualidade de espaço da manifestação das sete mentes de sombra causadas pela ignorância e da visão preta extremamente vazia, percebendo-as como manifestações da energia da Sabedoria Tipo Espelho de Vairochana.

Quando a mente da visão preta extremamente vazia se absorve em nossa mente muito sutil, esta última desperta e temos a experiência da "clara luz vazia final". Nesse momento, nosso samsara pessoal é preenchido por uma luz como a claridade que se manifesta logo antes de uma aurora de outono. Como no momento em que, tendo as estrelas e a lua já desaparecido, o sol começa a despontar logo abaixo do horizonte. A clara luz é como o momento em que a primeira luz da aurora aparece. Quanto mais profundamente tivermos desmaiado na escuridão da visão preta, mais brilhante aparecerá a clara luz da morte, como quando saímos de um quarto totalmente escuro na primeira luz da aurora.

Precisamos treinar o conhecimento e a experiência dessa visão interna agora, antes de morrermos. Fazemos isso meditando na absorção de nosso corpo de energia sutil em uma sílaba-semente mântrica, como HUM, TAM ou BAM, no chakra do coração. Visualizamos a sílaba-semente encolhendo gradualmente até desaparecer no espaço interior. Essas técnicas de meditação simulam o movimento de nossos ventos de energia durante o processo da morte, proporcionando-nos assim experiências internas similares às que de fato ocorrem.

À medida que nossa prática de autocura progride, torna-se possível passar pelo mesmo processo de absorção elemental que ocorre na morte, incluindo a parada de nossa respiração grosseira. Entretanto, como a intensidade dessa experiência simulada é menor, não temos uma experiência tão forte da desintegração dos elementos como a que de fato ocorre no momento da morte. Não se preocupem! Nossa língua não encolherá, nem nossos fluidos do corpo secarão. As práticas Mahamudra de autocura tântrica para a transformação da morte no caminho do Dharmakaya são como a morte com o botão do volume virado para baixo.

Quando a meditação de autocura tântrica na morte começa a funcionar, muitos praticantes se descontrolam, sentindo que estão morrendo de fato. A visualização criativa da meditação torna-se, de repente, mais real do que deveria, especialmente quando a respiração pára pela primeira vez. Precisamos enfrentar e transformar esse profundo medo da morte. Mesmo que nossa respiração pare devido à meditação e mesmo que todas as oito visões internas se manifestem com clareza, ainda assim não morreremos, pois o karma que nos prende a esta vida não se esgotou e, portanto, não é a hora da nossa mente muito sutil deixar o corpo. Grandes iogues chegam até a expelir sangue pelo nariz durante essa meditação sem que morram.

Na verdade, esse tipo de simulação da morte nos ajuda até a viver por mais tempo, pois economizamos nossa respiração durante essa meditação. Além disso, será apenas abraçando a morte que poderemos aprender a estar vivos de verdade.

Se durante a vida tivermos nos familiarizado com a experiência da morte em sonhos ou meditações, quando a hora chegar de fato, poderemos reconhecer com clareza todas as etapas. Tendo desenvolvido assim uma mente desperta e em paz, teremos a experiência das visões internas com mais clareza, mais estabilidade e por mais tempo do que o normal.

Quando nossos ventos de energia elemental se dissolverem e as visões se manifestarem, devemos tentar ter uma percepção profunda das visões como projeções de nossa mente, como manifestações do espaço interior da vacuidade. Se perdermos a concentração e ficarmos inconscientes, não estaremos despertos para as visões quando elas surgirem e não saberemos como usar a energia desse momento. Acabaremos então passando por mais uma morte descontrolada, caindo mais uma vez nas profundezas de um sono inconsciente para depois acordarmos assustados em uma nova vida, perguntando-nos onde estamos e quem somos. A palavra "Buddha" significa "O Totalmente Desperto". Se morrermos conscientemente, poderemos integrar nossa experiência meditativa da morte e nossa mente muito sutil, a clara-luz-filho, com a própria experiência da morte. Poderemos usar a morte para despertar do sonho da vida.

No momento da morte, nossa mente muito sutil se manifesta em seu pleno esplendor. A essa aparição damos o nome de clara-luz-mãe. Todas as pessoas experimentam a clara-luz-mãe por um breve momento quando morrem, mas apenas meditadores tântricos podem prolongar a mente muito sutil final dessa luz e misturar a clara-luz-mãe à clara-luz-filho. Essa clara luz da morte ou clara luz da Bem-aventurança é o nível mais fundamental da consciência humana, a parte de nós que sobrevive à morte. Nossa personalidade e memória comuns são apagadas durante as absorções da morte. Tudo o que resta de nós depois é o contínuo de nossa mente muito sutil de clara luz e dos ventos de energia – nosso disco do espaço interior –, e as gravações kármicas registradas nesse disco. Devido às gravações negativas, registradas no disco do espaço, para a maior parte das pessoas a morte não é uma experiência útil. Se praticarmos a Autocura Tântrica agora, porém, a morte poderá ser uma experiência muito bela, confortável e significativa, como voltar para nossa verdadeira casa e encontrar nossa mãe querida após muitos anos de separação.

Depois do momento da morte propriamente dita, quando os ventos de energia *sodgzin* da mente muito sutil se separam irreversivelmente do corpo, entramos no bardo. Nesse momento, começam a manifestar-se, a partir da clara luz, níveis mais grosseiros da mente, cuja vibração dependerá das gravações e do programa acionado no computador de nosso coração. Para a grande maioria das pessoas, da clara luz manifesta-se novamente a projeção de uma outra realidade samsárica, mais uma vida de sofrimento.

Reconhecendo e usando nossas mentes sutis e muito sutil durante o processo da morte, podemos transformar todas as nossas energias e experiências negativas em positivas por meio do poder tântrico. Usando a clara luz muito sutil de Bem-aventurança para meditar no espaço absoluto da vacuidade de nosso ego, podemos dissolvê-lo no espaço interior e apagar os registros de nossas negatividades do disco do computador mental. Então, depois de algum tempo, a concha da Bodhichitta branca e vermelha envolvendo nossa consciência fundamental no chakra do coração rompe-se (nossa gota indestrutível desta vida é destruída), e nossa mente muito sutil e sua "aura" ou vento de energia saem pelo canal central em direção a uma nova vida.

As pessoas comuns têm a experiência da clara luz da morte por apenas alguns momentos, alguns minutos ou algumas horas. Os que morrem despertos, porém, podem passar um dia, três dias, uma ou três semanas, ou até sete semanas na experiência da clara luz. Essa meditação não é apenas uma fantasia budista. Mesmo nos dias de hoje, grandes lamas e iogues da Índia, Tibete, Nepal, Lhadak, Butão e outros lugares chegam a passar dias ou semanas em sua meditação final. Seus corpos não se deterioram durante esse período e, freqüentemente, exalam um aroma perfumado. Eu mesmo testemunhei isso.

A morte ocorre de fato quando a clara luz da morte termina e nossa mente e vento muito sutis deixam o corpo. Desse momento em diante, o programa de nossa próxima vida é ativado e, por isso, precisamos criar causas e condições de surgimento interdependente positivo. As pessoas comuns devem procurar concentrar-se para desenvolver uma mente positiva, feliz e em paz na hora em que o elemento vento se dissolver no espaço interno e a respiração cessar, pois essa é a última mente de consciência grosseira ou normal. A partir desse momento começam a manifestar-se as mentes sutis e, como a maioria das pessoas não está suficientemente desperta para focar a mente na visão interior nessa hora, acaba desmaiando em um estado de sonho, não sendo mais capazes de observar e se lembrar de nada. Daí para frente, seus computadores mentais só funcionam no automático, seguindo o programa que tiver sido selecionado pela última mente grosseira.

Para manifestar-se no Gyulu, ou Corpo Ilusório, por meio das bênçãos do Lama e do poder tântrico, além de ter uma motivação muito forte, os iogues tântricos com uma concentração altamente desenvolvida precisam focar a mente para gerar causas e condições de surgir interdependente positivo no momento em que a clara luz cessar.

Quando a meditação da clara luz da morte termina, as mentes sutis e os elementos começam a surgir de novo na ordem inversa, da quase-realização preta ao surgimento do elemento terra a partir do elemento água.

EH   Da clara luz surge a quase-realização preta.
EH   Da quase-realização preta surge a grande visão vermelha vazia.
EH   Da grande visão vermelha vazia surge a visão branca vazia.
YAM Da visão branca vazia surge a "visão de luz de lamparina" do elemento vento.
RAM Do elemento vento surge a "visão de vaga-lume" do elemento fogo.
BAM Após a "visão de fumaça de incenso" surge o elemento água.
LAM Após a "visão-miragem" surge o elemento terra.

Se o iogue meditou corretamente, com a mente desperta e consciente durante a clara luz da morte, quando o vento de energia muito sutil chega o nível de intensidade que seria o da mente da quase-realização preta, repentinamente manifesta-se em seu lugar o Corpo Ilusório na forma de um Buddha Tântrico com todos os seus ornamentos. O Corpo Ilusório manifesta-se instantaneamente da esfera de Bem-aventurança e vacuidade como um peixe que se lança para fora d'água.

O Corpo Ilusório é branco e constituído de ventos de energia muito sutil. Lama Tsong Khapa, por exemplo, como não praticava a ioga tântrica sexual devido aos seus votos monásticos, atingiu a Iluminação dessa forma, lançando-se da absoluta clara luz da morte para a forma pura de Guhyasamajah branco Yab/Yum. Se o iogue não conseguir purificar seu karma com a meditação na vacuidade da clara luz de Bem-aventurança, a mente sutil entrará no bardo, o estado entre a morte e o próximo renascimento.

Quando chegamos ao estado intermediário do bardo, nosso corpo fica como uma casa vazia: um corpo de ventos sutis, sem ossos ou órgãos e com cinco sentidos de consciência sutis. Como um corpo de sonho, ele se move muito rapidamente para todos os lugares, soprado pelo vento de nosso karma. Nessa hora, realmente precisamos da ajuda de nosso Guru-raiz

Lama Gangchen Tulku Rimpoche

Tubwang Tendrelma Vajradhara

Trigésimo nono oráculo de sabedoria – nono bhumi: precisamos seguir o método da meditação e recitação "gonde" dos arquétipos da energia de cristal puro para chegarmos ao nono bhumi, "O Superintelecto," quando atingimos o insuperável domínio perfeito da oração.

e de todos os Seres Sagrados. Não sabemos para qual cidade de renascimento seremos soprados; simplesmente seguimos nosso karma de luz ou de sombra, e não nossos próprios desejos. Nessa hora difícil e incerta, precisamos da máxima ajuda de nosso Lama Vajradhara.

Nosso corpo de bardo é um reflexo do próximo renascimento: humano, divino, como espírito, etc. Ele pode atravessar paredes ou montanhas e, para a maior parte das pessoas, o bardo é um estado assustador e confuso. A memória da última vida já foi perdida e muitas imagens e alucinações passeiam por nossa mente. Podemos ver outros seres do bardo, e eles estão todos correndo de um lado para outro muito nervosos e amedrontados, a procura de um novo renascimento. É como uma imensa estação de metrô na hora do *rush*. Apesar da presença de tantos outros seres se movimentando rapidamente por todos os lados, nós nos sentimos completamente sozinhos e desesperados. Não há ninguém para nos ajudar; nós mesmos precisamos reconhecer essa experiência como o bardo e ter uma mente estável e forte. O bardo é intensamente escuro. A única luz que temos é nossa própria luz interior, o reflexo de nosso karma positivo.

Como a mente está mais sutil e sensível, os cinco elementos manifestam-se com muita força, causando muitos distúrbios aos seres. Muitas luzes e ruídos estranhos chegam até nós; nós não devemos segui-los nem sentir medo, mas reconhecê-los como manifestações de nossos elementos internos, projetados para fora.

No bardo, percebemos nosso trêmulo elemento terra **LAM** como um forte terremoto e um barulho estrondoso. Nosso trêmulo elemento água **BAM** nos provoca alucinações de dilúvios externos e internos e vagalhões estrondosos. Nosso trêmulo elemento fogo **RAM** manifesta-se como tempestades internas e externas de fogo, e nosso trêmulo elemento vento **YAM** nos provoca visões de furacões e tornados externos e internos. Por último, nosso trêmulo elemento Espaço **EH** nos faz ficar loucos e perder a cabeça.

Nessa hora precisamos de uma ajuda muito profunda. Se tivermos cometido ações negativas durante a vida, teremos visões terríveis de perigosos animais selvagens, guerreiros e demônios nos cercando e nos ferindo com garras e armas. Nessa hora, precisamos muito da ajuda de nosso Lama Curador e de sua companhia para nos ajudar a reconhecer essas visões como projeções de nossa mente e nos guiar através da passagem estreita e escura do bardo.

Se nos lembrarmos de nosso Lama, será possível transformar todas as causas e condições de surgir interdependente negativo em positivo, pois nossa mente está muito mais sensível nesse momento. Na medida em que atravessamos o bardo e nos aproximamos de nosso avião de renascimento, muitos caminhos com auras de cores diferentes surgem à nossa frente. A maior parte de nós criou karma de luz e de sombra e, por isso, os seis caminhos dos seis reinos aparecem para nós. Devemos rezar com muita força, tanto agora quanto no bardo, para não nos fixarmos em caminhos astrais que nos conduzam para baixo, para os três reinos inferiores: o inferno, o reino dos espíritos e o reino dos animais.

OM MANI PEME HUM HRI
OM MANI PEME HUM
TCHOM DEN GUIALWA SHIDRO LA TSO KIEN
BARDO DGIPE TRANG LE DREL DU SOL

Ó assembléias de divindades pacíficas e iradas, por favor, ouçam-me: libertem-me da assustadora e estreita passagem do bardo.

Precisamos fechar as portas para os três renascimentos inferiores com a ajuda do Lama de Ação-Vajra. Temos que transformar nossa visão samsárica negativa do bardo em um mandala puro. Para isso, devemos desenvolver a visão pura de todos os seres vivos como yidams ou formas de energia de cristal puro. Devemos reconhecer todos os fenômenos como manifestações interdependentes de shunyata, e ter um grande coração compassivo em relação a todos.

Ligando-nos ao poder de nosso Lama Curador, podemos criar as causas e condições de surgir interdependente positivo para renascermos em uma Terra Pura como Tushita ou Shambala. Em uma Terra Pura, poderemos continuar nosso crescimento e evolução através dos caminhos e bhumis ("solos") sútricos e tântricos do Bodhisattva, até chegarmos ao estado de Vajradhara. Ou, com a ajuda do Lama de Ação-Vajra, podemos escolher um renascimento no reino humano, uma preciosa vida humana como monge ou praticante tântrico leigo.

O mundo humano oferece a melhor chance para a Iluminação, pois nascemos com o tipo de corpo adequado para praticar o Tantra. Além disso, a vida humana com sua mistura de prazer e dor é um perfeito laboratório ou escola tântrica para testarmos e aperfeiçoarmos nossa energias e qualidades internas. Podemos usar nosso precioso renascimento humano para escutar, contemplar, meditar e praticar a Autocura de uma maneira bem completa.

Por meio das bênçãos de nosso Guru Buddha, podemos nos tornar bons nadadores do samsara e cruzar o bardo nadando tranqüilamente, felizes e confortáveis, além de termos a possibilidade de escolher nosso próximo renascimento. Recitar a prece do bardo muitas vezes cria um hábito mental bastante sólido. Durante a vida, nós nos lembraremos dela em sonhos e, finalmente, quando chegar a hora, conseguiremos nos lembrar dela no bardo, pois nosso computador mental estará programado para isso.

Nessa prece, recitamos o mantra **OM MANI PEME HUM HRI**, que fecha as portas para os seis reinos da experiência samsárica. Assim, poderemos renascer em uma Terra Pura, caso seja esse o nosso desejo.

OM fecha as portas para o reino dos devas
MA fecha as portas para o reino dos assuras invejosos
NI fecha as portas para o reino humano
PE fecha as portas para o reino animal
ME fecha as portas para o reino dos espíritos
HUM fecha as portas para o reino dos infernos
HRI é a sílaba-semente mântrica de Buddha Amitabha, uma chave de sabedoria para renascermos em Sukhavati, o Paraíso Ocidental.

OM MANI PEME HUM HRI
OM MANI PEME HUM
TCHOM DEN GUIALWA SHIDRO LA TSOK KIEN
BARDO DGIPE TRANG LE DREL DU SOL

Ó assembléias de divindades pacíficas e iradas, por favor, ouçam-me: libertem-me da assustadora e estreita passagem do bardo.

Tendo nos tornado bons nadadores do samsara, podemos ser salva-vidas de outros, protegendo-os e ensinando-os a nadar sem perigo no oceano do samsara.

Centésima Terceira Luz

Como se Preparar para a Morte, a Libertação e a Iluminação Através da Meditação Mahamudra

Está dito no Tantra Hevajra:

"Onde quer que você procure entre os fenômenos impermanentes do universo, nunca encontrará um Buddha. Quem quiser encontrar um Buddha perfeito, deve olhar para sua própria mente".

Está dito no Tantra Vajradakini:

"Você se tornará o Buddha primordial quando compreender a natureza de sua própria mente".

A linhagem de Ganden Kargyu Tchagya Tchenpo contém a essência do Mahamudra Guelupa, do Dzogchen, do Sutra, do Tantra e dos três yanas (veículos).

No *Autocura Tântrica III*, estamos usando os métodos de Ganden Kargyu Tchagya Tchenpo para entrar em contato e transformar a energia de nossa mente muito sutil, possibilitando-nos assim desenvolver nosso pleno potencial para a Iluminação em nosso atribulado dia-a-dia.

Para realizar de forma plena nossa mente e energia de cristal puro, precisamos nos concentrar unidirecionadamente nas naturezas relativa e absoluta do tigle muito sutil, no centro do chakra do coração. A Iluminação dos Gurus Buddhas é o estado integrado de corpo e mente nos níveis grosseiro, sutil e muito sutil. Nosso principal problema em nosso estado atual é a não integração ou desarmonia em cada nível. Para alcançar a Budeidade, precisamos criar harmonia usando o Tantra, o caminho que traz o resultado para o próprio caminho.

O Tantra opera inicialmente por meio de uma fantasia positiva. Primeiro entramos em contato com nosso espaço interior para desligarmos assim o canal samsárico de nossa televisão pessoal da realidade. Depois, imaginamos que temos o corpo, palavra, mente, energia, qualidades e ações de um ser de cristal puro. No início, trata-se simplesmente de um pensamento positivo. Mais tarde, porém, à medida que estabilizamos nossa visão criativa pura de nós mesmos e desenvolvemos o orgulho divino, podemos tornar possível o impossível, despertando, transformando e harmonizando a energia de nosso corpo e mente sutil e muito sutil.

Para entrar em contato com nossa mente muito sutil, precisamos ir além da consciência mental e sensória normal, que contém todos os pensamentos e emoções normais de nosso dia-a-dia. Precisamos ir além das mentes sutis que se manifestam em nossos mandalas da água, terra, fogo, vento e espaço e nas Bodhichittas absorvidas durante a morte, o sono ou pela meditação no estágio de completamento. Na verdade, mesmo em nosso dia-a-dia, segundo após segundo nossa energia do corpo, da mente e dos elementos é muitas vezes absorvida no espaço absoluto para depois manifestar-se novamente devido ao amadurecimento de muitas condições surgindo interdependentemente. Vida e morte são processos dinâmicos; precisamos despertar para essa dança energética sutil e aprender a usá-la de forma positiva.

Praticando o Tantra e desenvolvendo nossa consciência desperta, poderemos entrar em contato com os níveis mais profundos de nossa mente, as quatro mentes vazias de nossa mente sutil e muito sutil: a visão branca vazia, a grande visão vermelha vazia, a visão preta extremamente vazia e a vacuidade última da clara luz.

A visão branca vazia, a primeira luz especial, surge na meditação como o resultado positivo surgido interdependentemente a partir do poder tântrico e da dissolução da Bodhichitta branca em nosso chakra da coroa. A grande visão vermelha, a segunda luz especial, surge como resultado da dissolução da Bodhichitta vermelha no chakra do umbigo pelo poder tântrico. A visão preta extremamente vazia, a terceira luz especial, surge devido à dissolução da Bodhichitta branca e vermelha na gota indestrutível do coração. As visões branca, vermelha e preta manifestam-se em estágios à medida que nossos ventos de energia masculina e feminina absorvem-se no chakra do coração, causando um estado de total inconsciência nas pessoas comuns.

Quando as energias das Bodhichittas masculina e feminina do coração se separam, a última clara luz vazia, ou a mente muito sutil, manifesta-se, como a luz que surge logo antes de uma aurora de outono. Essa manifestação é a quarta luz interior especial.

Todos nós temos o tempo todo essa energia potencial da mente de clara luz muito sutil mas, nas pessoas comuns, ela está obscurecida e adormecida. As pessoas comuns podem ter a experiência desse nível mais profundo de consciência (a clara luz) por um breve momento durante o adormecer e o processo da morte, quando essa consciência de clara luz desperta por um curto espaço de tempo.

Os cinco elementos sustentam toda a energia dos mundos externo e interno e, depois que eles se absorvem, a mente da clara luz sustenta todos os fenômenos dos mundos externo e interno.

Como disse Saraha:

"A Mente é a semente de todas as realidades, de onde se originam o samsara e o Nirvana".

O objetivo da meditação tântrica Mahamudra é chegar a ter a experiência da mente de clara luz nos estados despertos (ou meditativos) e aprender a usá-la de forma positiva. Quando a mente sutil relaxa no espaço absoluto de Bem-aventurança e Vacuidade, ela se cura e se transforma na mente de cristal puro de Buddha, e nosso vento de energia relativa muito sutil transforma-se no corpo de cristal puro de Buddha. Esse é o caminho veloz para a Iluminação.

Alguns de vocês podem estar pensando: "Isso é maravilhoso, mas como chegamos a esse estado?"

Primeiro precisamos compreender exatamente o que é a nossa mente. No Sutra Astasahsrika Prajraparamita ou, em tibetano, "Gyetong", está dito:

"A natureza da mente é a claridade luminosa".

O Tantra Uttara diz:

"A claridade luminosa é a natureza da mente e ela é imutável como o espaço".

O Tantra Guhyasamajaha diz:

"Todas as coisas têm a natureza da claridade luminosa como o espaço. Elas são puras desde o princípio".

A natureza relativa de nossa mente é a de um cristal claro, imaterial e capaz de conhecer e ter consciência de todos os fenômenos de nosso mundo interno e externo. A natureza absoluta de nosso mundo é o ilimitado espaço absoluto de Bem-aventurança e Vacuidade. Não podemos tocar a mente nem medi-la com uma máquina. Também não é possível dar uma explicação verdadeira sobre ela com palavras. Apenas a experiência direta de sua própria natureza, desde a luminosidade da mente normal até a clara luz, pode nos fazer compreender por que essas palavras foram escolhidas para representá-la.

É fácil experimentar o nível relativo da mente. Quando todos os pensamentos, fantasias e projeções cessam, somos deixados com a natureza relativa de nossa mente: límpida, clara, nua e direta. Chegamos a essa experiência concentrando-nos no espaço entre os pensamentos, assentando a mente em sua clara natureza luminosa, livre das perturbações dos pensamentos, preguiça mental e torpor, que a maior parte das vezes acaba levando ao sono. Há três etapas principais para chegarmos à percepção da natureza de nossa própria mente. Assim disse o grande meditador tibetano Gampopa:

Primeira Luz: "No início, devemos evitar qualquer grande esforço na meditação e enfatizar o completo relaxamento Ngelso de nosso corpo, palavra e mente".
Segunda Luz: para chegar à percepção da natureza relativa de nossa mente: "A seguir, devemos fixar a mente em seu estado natural sem qualquer inquietação".
Terceira Luz: para chegar à percepção da natureza absoluta de nossa mente: "Por fim, devemos compreender nosso fluxo de pensamentos e sensações como uma manifestação da vacuidade".

O grande Mahasiddha Saraha sugeriu o uso dos seguintes exemplos para assentar a mente e desenvolver a concentração unidirecionada em sua natureza:

1 Relaxar (NgelSo) como o sol em um céu sem nuvens.
A luz interna de nossa mente dever ficar livre da fala mental, emoções e nuvens escuras de energia pesada.

2 Relaxar (NgelSo) como o vôo de um garuda.
O garuda voa alto no céu em correntes térmicas por horas a fio,

usando um mínimo de energia para permanecer lá em cima. Da mesma forma deve voar nossa meditação unidirecionada na mente. Muitos pensamentos diferentes energizam a mente, fazendo-a voar por toda parte. Precisamos de vez em quando bater nossas asas da consciência desperta e da vigilância, para evitar que a mente afunde e nos faça cair do céu para o sono, torpor ou consciência normal.

3 **Relaxar (NgelSo) como um grande oceano.**
Devemos permanecer unidirecionadamente absorvidos e assim relaxar na natureza oceânica dos níveis mais profundos de nossa mente, sem nos distrair com as ondas do movimento mental ou com o marulhar das emoções na superfície de nossa consciência. Não devemos seguir nossos pensamentos. Temos muitos pensamentos sobre o passado e o futuro continuamente surgindo, mas não devemos segui-los. Precisamos manter a mente no momento presente, sem pensamentos conceituais. Se conservarmos a mente presente clara e límpida, sem pensamentos, poderemos nos libertar das amarras do passado, presente e futuro, e relaxar no eterno agora. Quando os movimentos relativos da mente se interrompem, as ondas das emoções grosseiras cessam, e podemos experimentar a quietude e a paz interior do grande oceano de nossa consciência.

4 **Relaxar (NgelSo) como um bebê contemplando uma obra de arte.**
Quando um bebê olha uma obra de arte, vê apenas alguns tipos de cores e formas e se satisfaz com isso. Enquanto somos meditadores-bebês, devemos nos alegrar e ficar satisfeitos com qualquer experiência mais grosseira que pudermos ter com a natureza da mente, evitando nos preocupar com a prática ou nos pressionar até ficarmos nervosos, entediados ou doentes. Quando nossa prática se desenvolver e nós nos tornarmos meditadores adultos do Mahamudra, poderemos ter a experiência da natureza relativa e da natureza absoluta da mente de uma forma clara e detalhada. Devemos, porém, tomar cuidado para não tentarmos correr antes de ter aprendido a andar. Enquanto somos bebês, precisamos crescer felizes e sem pressa, estudando na escola do Mahamudra ou do Treinamento Espacial.

5 Relaxar (NgelSo) como a trilha de um pássaro no céu.

Os aviões deixam uma trilha branca no espaço, mas os pássaros não deixam rastro algum. Quando surgem pensamentos enquanto tentamos nos concentrar unidirecionadamente na natureza da mente, não devemos segui-los. Devemos deixar que eles passem livremente, até desaparecer no espaço. Os pensamentos produzem desenhos, causando uma turbulência energética no céu interno de nossa mente. Se lhes damos atenção, ficam mais energizados e a turbulência torna-se mais forte. Precisamos deixar os pensamentos passar, sem apego ou rejeição, e nos concentrar na tentativa de enxergar o espaço em nossa mente.

6 Relaxar (NgelSo) como um fio de algodão macio, suave e firme.

Quando estamos aprendendo a nos concentrar unidirecionadamente na natureza da mente, o fio de nossa consciência dever estar muito relaxado e macio, e não nervoso e tenso, para poder assim, em estado desperto, fixar-se na natureza da mente.

Como disse o Mahasiddha Tilopa (O Moedor da Semente de Sésamo):

"Relaxe (NgelSo) a mente em seu estado natural, pois se a mente estiver relaxada, a libertação da amarra interior será alcançada".

Se meditarmos assim, estaremos seguindo as instruções para encontrarmos a mente. Precisamos lembrar das instruções que nos apontam o que nossa mente relativa realmente é. Quando uma imagem, mesmo que vaga, aparece em nossa mente, já "encontramos a mente". Em seguida, precisamos exercitar manter essa imagem, usando os seis exemplos de Saraha para nos ajudar no percurso do caminho correto. À medida que nossa mente crescer e se fortalecer, nossa concentração se desenvolverá e seremos capazes de "ficar concentrados em nossa mente". Precisamos praticar esse buscar, encontrar, segurar nossa mente e nela permanecer, para desenvolvermos a concentração unidirecionada em sua natureza.

Se estamos levando a sério o desejo de entrar em contato com a mente de cristal interior, precisamos tentar nos concentrar em sua natureza relativa e absoluta todos os dias. A consciência da natureza absoluta de nossa mente se origina da consciência de sua natureza relativa. Precisamos desenvolver e manter essa consciência, não só durante a meditação, mas também em todos os momentos de nosso dia-a-dia, enquanto comemos, dormimos, trabalhamos, etc. Se tentarmos fazer isso regularmente, acabaremos criando esse hábito ou impulso na mente, e alcançaremos logo nosso objetivo. Por outro lado, praticar apenas de vez em quando é como ficar acendendo e apagando o fogo e achar que assim o almoço vai cozinhar. Desculpem-me, por favor, amigos, mas agora tenho que falar com honestidade: apenas ler este comentário pode até ser benéfico e interessante; a mera curiosidade, porém, não será suficiente.

Vivemos uma quantidade enorme de poluição e sofrimento nos dias de hoje. Precisamos cuidar de nós mesmos e dos outros, praticando os exercícios da Autocura todos os dias. O volume I explica o que fazer e o volume II contém oito métodos práticos que esbocei para ajudá-los a integrar as energias de cristal puro do mandala absoluto no dia-a-dia. Os que desejam chegar à experiência da clara luz da Bem-aventurança precisam integrar todos os *osels* ou "luzes claras" do volume II no dia-a-dia, de uma forma equilibrada e harmoniosa.

Levei dez anos para dizer isso: se vocês desejam se curar nos níveis grosseiro, sutil e muito sutil, precisam tornar a Autocura parte integrante do dia-a-dia; ou melhor, transformar o dia-a-dia em uma prática de autocura.

Para equilibrar nosso mandala pessoal, temos que desenvolver da forma correta nossa energia interior de Bem-aventurança e espaço. A partir do centro interno de nossa psique até os limites de nosso universo, precisamos equilibrar os níveis grosseiro, sutil e muito sutil, relaxando no espaço interior, onde as energias e os pensamentos negativos perdem seu poder e desaparecem. À medida que desenvolvermos essa experiência, gradualmente nosso mandala relativo do samsara se misturará ao mandala absoluto da Terra Pura, até se transformar integralmente nele.

Depois de desenvolver a concentração unidirecionada na natureza relativa de nossa mente, não apenas nos sentiremos muito melhor, como também a mente deixará de ser um cavalo selvagem e indomável para se tornar um cavalo perfeitamente obediente, pronto para nos conduzir aonde desejarmos ir: o inferno, o céu ou a Iluminação.

No entanto, como está dito no Sutra Samadhi-Nirmocana:

"A concentração apenas suprime as distorções mentais, enquanto a sabedoria destrói as distorções-raiz escondidas".

Para fazer o samsara desaparecer, precisamos tanto da permanência serena quanto da sabedoria. Desenvolvendo apenas a permanência serena na natureza convencional ou relativa de nossa mente, a clareza luminosa como espaço, teremos a experiência de uma cessação temporária de nossas energias e emoções negativas, o que pode nos fazer imaginar que já atingimos o Nirvana ou a Iluminação. Entretanto, teremos ainda muitas gravações negativas em nosso disco do espaço interno; apenas apertamos o botão da pausa do computador mental interno, interrom-pendo assim temporariamente o funcionamento do programa do samsara. Cedo ou tarde, porém, devido a causas e condições de surgimento interdependente negativo, o programa samsara recomeçará a funcionar, e voltaremos para nossa realidade limitada e sofrida. Se queremos unir os dois mandalas e chegar à Iluminação, precisamos realizar a natureza absoluta da mente, unindo nossa energia de sabedoria tântrica à permanência serena.

Depois de gerarmos a natureza relativa de espaço de nossa mente nos níveis grosseiro, sutil e muito sutil, precisaremos meditar na vacuidade da mente e do "eu". A experiência do espaço interior faz com que todos os fenômenos sensoriais desapareçam, deixando-nos apenas com o espaço interno e a sensação de nós mesmos ou do "eu". Devemos então analisar esse "eu" para saber se ele é real ou apenas uma alucinação, percorrendo o mesmo processo descrito nas seções deste livro que explicam a vacuidade e a interdependência dos fenômenos.

Este é um dos pontos sobre o qual diferem os iogues hinduístas e budistas. Os iogues hinduístas acreditam que esse sentimento do "eu" ou ego flutuando no espaço interior é o atman, nosso eterno e permanente "em-si" ou alma. Para os iogues budistas, porém, esse "eu" é apenas uma alucinação mental, pois nossa mente fundamental é um estado de consciência plenamente desperta sem sensação de "eu" ou "em-si".

O espaço absoluto da vacuidade, ou a ausência total de "eu", ego, atman ou qualquer outro nome, limpa completamente nossa natureza búdica de cristal puro, removendo todos os venenos mentais, distorções e obstruções. O espaço interior absoluto causa o despertar das cinco energias de cristal puro de nosso corpo, palavra, mente, qualidades e ações de Buddha. É como um comando especial de sabedoria que apaga os programas negativos do disco de nosso espaço interior, garantindo que daí em diante sejam acionados apenas programas de cristal puro.

Centésima Quarta Luz

A Chave de Sabedoria

Alguns de vocês podem estar pensando: "Tudo isso parece maravilhoso, mas comigo essa meditação não funciona. Quando tento imaginar minha mente convencional como cristal claro, imaterial e cognitivo, ou quando tento meditar na natureza absoluta vazia da mente, não acontece nada. O que devo fazer?"

Para abrir a porta secreta de nossa mente de cristal puro e chegar à experiência do espaço relativo e absoluto, precisamos de uma chave especial de sabedoria. Essa chave de sabedoria é o poder da bênção e da energia da linhagem pura de paz de Vajradhara e Manjushri. Ela foi revelada no mundo humano ao meu antepassado espiritual Lama Tsong Khapa no século XIV e, desde então, tem sido transmitida de coração para coração, de Guru-Vajra para discípulo-Vajra, em uma linhagem ininterrupta de muitas gerações de grandes Mahasiddhas, Panditas e Lamas. Fui extremamente afortunado por ter recebido a linhagem próxima de Ganden Kargyu Tchakya Tchenpo diretamente de meu Guru-raiz, Kyabje Tritchang Dordjetchang, um mestre de incalculável grandeza. A linhagem Vajrayana é a essência dos ensinamentos de Buddha dos Sutras e do Tantra, a essência dos três yanas e das quatro escolas do Budismo Tibetano.

Nos tempos antigos, essa chave de sabedoria era oferecida apenas a alguns discípulos. Entretanto, para mim todos vocês são especiais e, por isso, eu gostaria de oferecê-la a todos que a desejarem. Os que desejam essa chave de sabedoria precisam ser discípulos especiais, que se dediquem a cuidar da linhagem de paz dos Lamas Curadores e passá-la adiante.

Com essa chave de sabedoria, tudo fica muito mais fácil. É preciso apenas abrir o coração e se ligar à energia da bênção de Guru Buddha Vajradhara para automaticamente começar a ter alguma espécie de experiência da natureza absoluta e relativa da mente. A sensação e experiência de cada um dependerá do karma e de quão desbloqueado e limpo estiver o disco do espaço interior. Mas, mesmo assim, estou oferecendo abertamente essa chave a todos. Por favor, façam uso dela.

Talvez vocês se surpreendam ao descobrir que a chave de sabedoria não era secreta: ela sempre esteve aqui, mas vocês não sabiam usá-la. As chaves de sabedoria são, na verdade, as orações que sempre fizemos na Fundação Lama Gangchen pela Paz no Mundo, que vocês já devem ter recitado inúmeras vezes:

1 Oração para pedir as bênçãos da linhagem do Guru Tridjang Dordjetchang.
2 Oração para pedir as bênçãos do Lama fundador da Autocura e o mantra do Guru-raiz.
3 Pedido unidirecionado.
4 As bênçãos das quatro Iniciações.
5 Pedido para tornar-se da mesma natureza do Guru.

Quando usamos o termo "secreto" não queremos dizer que as palavras, melodias ou explicações sejam secretas. Todos os tibetanos podem ir a uma livraria e comprar livros sobre todos os assuntos mais incríveis e secretos do Tantra Tibetano. "Secreto" significa que é necessária uma transmissão de coração para coração para que as instruções funcionem. A experiência interna que cada um tem é secreta, pois é uma experiência meditativa, e quando nos dirigimos às pessoas que não a tiveram, podemos apenas sugeri-la por meio de palavras. "Secreto" significa que a mente não tem forma e que, portanto, é muito difícil expor uma experiência mental. Tradicionalmente, todos os meditadores tântricos mantinham secretos os resultados de suas práticas, contando-os apenas aos seus melhores amigos, para assim guardar sua energia interna. Como resultado, tudo que eles desejavam fazer com a mente (desenvolver a compaixão, a experiência da vacuidade ou a Iluminação) sempre dava certo. Esse é o motivo por que aconteciam tantos milagres e experiências especiais no início das linhagens tântricas: os meditadores sabiam muito bem como cuidar de sua preciosa energia mental interna.

Os que estão interessados em ter a experiência da União Mahamudra nesta vida devem praticar o gonde Mahamudra, a oitava clara luz do segundo volume deste livro, abrindo o coração de uma maneira muito suave e gentil. Ligando-se às bênçãos de Guru Buddha Vajradara, podemos relaxar no espaço relativo e absoluto de Bem-aventurança e Vacuidade de nossa própria mente. Esse é o verdadeiro relaxamento e regeneração da Autocura Tântrica NgelSo.

Lama Gangchen Tulku Rimpoche

A forma de energia de néctar cristalino de pura luz

Centésima Quinta Luz

A Forma da Energia de Néctar Cristalino de Pura Luz

Precisamos aprender a nos concentrar unidirecionadamente na natureza relativa e absoluta de nossa mente no centro do chakra do coração, até conseguirmos manter essa concentração por um período ilimitado de tempo, sem nos distrair. É isso que chamamos "permanência serena", uma superconcentração poderosa e focada como um raio *laser*. Quando estamos nesse estado, nossas energias sutis fluem automaticamente para o ponto onde está focada a mente. Por isso, podemos usar esse raio *laser* de concentração para soltar os nós em volta do chakra do coração, permitindo assim que nossos ventos de energia fluam para dentro do canal central, na região do coração.

A fim de focar a mente no chakra do coração por tempo suficiente para unir os nós e abrir a porta secreta de nossa mais profunda mente de cristal puro, usamos uma imagem visualizada para sustentar nossa energia. Fazemos a meditação do Buddha de Cristal. Dentro da pequena esfera vazia do espaço no centro do nosso chakra do coração, visualizamos um cristal perfeitamente puro. Dentro está o corpo de arco-íris de Guru Buddha, como um holograma, fazendo com que a luz de arco-íris das sabedorias elevadas dos cinco Curadores Supremos irradie em volta do cristal. Gradualmente, em etapas, visualizamos que o mundo dissolve-se em nós, nós nos dissolvemos no cristal, o cristal se dissolve em Buddha e o Buddha se dissolve em uma gota radiante de cinco cores. Focalizamos essa pequenina bola de energia de cristal puro por um tempo. Dentro do tigle está a sílaba-semente (HUM, BAM, TAM, etc.) do yidam cuja energia estamos tentando desenvolver. Visualizamos agora que o tigle se dissolve na sílaba-semente que, por sua vez, dissolve-se no espaço interior.

Como resultado de nossa concentração contínua, nossa mente sutil e muito sutil de clara luz aparecerá. A mente muito sutil é como nosso "lado" (cristal de essência vital) interior. Se o limparmos com o relaxamento no espaço absoluto de Bem-aventurança, nossa clara mente límpida de cristal puro se manifestará.

Com a permissão e a bênção do Guru e a transmissão energética, podemos fazer essa prática do Treinamento Espacial em qualquer situação ou lugar: dormindo, meditando, relaxando, com a família, sozinhos, acompanhados, comendo, trabalhando ou fazendo amor. Podemos fazê-la também na meditação e recitação de qualquer yidam (divindade de meditação) do Tantra Ioga Superior. Precisamos desenvolver a energia de nossa mente sutil, para integrá-la e harmonizá-la com nossa mente grosseira.

No início, nossa mente é muito lenta e leva algum tempo para passar da consciência relativa para a consciência absoluta. Depois que a mente tiver se desenvolvido, porém, poderemos passar com muita rapidez de um nível de realidade para o outro. Finalmente, quando nos tornarmos Buddhas, poderemos operar simultaneamente nos dois canais, com harmonia e a equilíbrio perfeitos. Esse é o motivo por que devemos tentar fazer os exercícios da Autocura diariamente: para desenvolver a habilidade de entrar em contato com o nível absoluto da realidade e harmonizá-lo com nosso dia-a-dia. Gradualmente, poderemos realmente integrar e harmonizar essa experiência em nosso cotidiano, integrando assim os dois mandalas. Na Autocura Tântrica III, fazemos a meditação Mahamudra dissolvendo em nosso coração espiritual nosso Guru no aspecto do Curador Supremo Lama Tubwang Tendrelma Vajradhara. Mas o Guru pode na verdade assumir muitas formas, como Manjushri, Heruka, Vajrayoguini, Je Tsong Khapa, os cinco Curadores Supremos e muitas outras mais.

As imagens tântricas foram concebidas para abrir a mente das pessoas do passado, com sua estrutura cultural e emocional específica. Se alguns de vocês não gostarem delas ou sentirem que elas não funcionam no seu caso, esqueçam a imagem e recebam apenas a energia de cristal puro do Lama em seu coração, do coração dele para o seu coração. Usamos a imagem de Lama Tubwang Tendrelma Vajradhara para mostrar a união das linhagens de paz do Sutra, do Tantra e da Autocura, para o desenvolvimento da paz interna e mundial agora e sempre.

Quando absorvemos nosso Guru, imaginamos que Guru Shakyamuni Vajradhara se dissolve em uma pequena esfera de luz de arco-íris (de três centímetros de diâmetro, por exemplo) e que essa esfera, penetrando pelo topo de nossa cabeça, dissolve-se no chakra do coração. A essência da energia pura grosseira de Guru Buddha se absorve em nossa energia impura grosseira; a essência de sua energia pura sutil em nossa energia impura sutil e, por fim, a essência de sua energia pura muito sutil se absorve em nossa energia impura muito sutil. Devemos visualizar o Lama que absorvemos muito pequeno, para simbolizar que estamos absorvendo a essência mais íntima de sua energia pura, a essência da energia cósmica de cristal puro. A energia pura de cristal muito sutil da mente dos Lamas Curadores é a essência de diamante de todos os Buddhas. Quem tiver recebido essa chave de sabedoria tem toda liberdade para usá-la como achar melhor.

Centésima Sexta Luz

Um Gostinho do Significado de Evam
A Essência da Paz Interior e da Paz Mundial

Na sadhana de SHRI HERUKA está dito:

HE representa o Não-Em-Si dos fenômenos
RU representa o Não-Em-Si dos seres vivos
KA representa o objeto (o espaço absoluto da vacuidade) e a experiência mental subjetiva dele completamente misturados
SHRI representa o significado de EVAM: a sabedoria não dual que é de um só sabor com a vacuidade.

EVAM significa praticar os quatro Tantras juntos. Os quatro Tantras formam um espectro de práticas iogues. O Tantra de Ação refere-se principalmente aos rituais externos; o Tantra de Atuação é como o Tantra de Ação, mas com uma prática interna mais profunda; o Tantra Ioga tem partes iguais de prática interna e externa; por fim, o Tantra Ioga Superior refere-se principalmente às iogas internas e à purificação e transformação interior.

Precisamos aprender a usar as energias dos quatro Tantras juntas. Por exemplo, quando encontramos nosso Lama pela primeira vez, apenas nos olhamos. Depois as coisas ficam mais claras entre nós, e começamos a sentir mais alegria. Esse segundo momento é como o Tantra de Atuação.

Curando o mundo pelo poder de Ngelso e EVAM

1. *Geração*

2. *Purificação e Transformação*

3 - Estabilização dos cinco elementos de cristal puro no espelho cósmico

Em um terceiro momento, já estamos fazendo várias coisas juntos e podemos nos comunicar de uma forma mais profunda, o que corresponderia ao Tantra Ioga. Finalmente, não temos mais nenhuma dúvida sobre o Guru Buddha e uma mesma mente inseparável surge. Esse é o nível do Tantra Ioga Superior e o significado de absorvermos o Guru Buddha em nosso próprio coração.

PA KIO KYI KU DANG DAG GUI LU
PA KIO KYI SUNG DANG DAG GUI NGAG
PA KIO KYI TUG DANG DAG GUI YI
PA KIO KYI YONTEN DAG GUI YONTEN
PA KIO KYI TRINLEY DAG GUI LE
DON YER ME TCHIG TU DJIN GUI LOB (3x)

Meu corpo limitado e seu corpo sagrado, ó Pai
Minha palavra normal e sua palavra pura, ó Pai
Minha mente sofrida e sem paz
e a sua Grande mente plena de paz, ó Pai
Minhas qualidades subdesenvolvidas
e suas qualidades puras, ó Pai
Minhas ações impuras e suas ações puras iluminadas, ó Pai
Por meio de suas bênçãos, possam minhas cinco energias
e suas cinco Energias puras sagradas
se tornar inseparáveis e do mesmo sabor.

Um segundo exemplo de como funcionam as quatro classes do Tantra é o ato de comer. Primeiro vemos um pequeno biscoito saboroso (Tantra de Ação) e sentimos desejo de experimentá-lo (Tantra de Atuação). Por fim, nós o pegamos (Tantra Ioga) e o saboreamos com prazer (Tantra Ioga Superior).

Por último, podemos também entender o Tantra usando o exemplo da atração sexual. Primeiro vemos uma pessoa atraente e sentimos desejo por ela (Tantra de Ação). Ela corresponde e começa a sorrir e a comunicar-se conosco (Tantra de Atuação). Depois nós nos damos as mãos e nos acariciamos (Tantra Ioga) e, por fim, fazemos amor (Tantra Ioga Superior).

O Tantra nos dá um método para transformar todos os nossos desejos e emoções samsáricos relativos nas iogas internas da sabedoria e do método, para despertarmos o nível absoluto de energia e consciência. Com o Tantra podemos transformar todos os nossos venenos em remédios e, se usarmos positivamente nossas energias samsáricas, transformando-as, poderemos ter a experiência de EVAM.

A esfera de Evam é a experiência absoluta do Mahamudra segundo o Tantra Ioga Superior. **EH** significa o espaço absoluto, que sustenta e contém nosso corpo, mente e o universo.

Primeiro precisamos entrar em contato com o espaço relativo. Quando nosso disco do espaço interior fica um pouco mais limpo, percebemos todos os fenômenos "sustentando-se" no espaço relativo e começamos a enxergar todas as coisas do dia-a-dia como visualizações tântricas, sustentando-se no espaço relativo e permeadas pelo espaço absoluto. De acordo com a fisiologia sutil do Tantra, o mandala do espaço-Vajra **EH** se encontra sob a coroa de nosso crânio e, por isso, visualizamos o espaço absoluto como um vasto recipiente craniano cósmico. O espaço dentro de nossa cabeça é maior que o espaço cósmico inteiro, mas precisamos reconhecer essa verdade e entrar em contato com esse espaço interior. **EH** (a Bodhichitta absoluta) é a energia do espaço absoluto ou shunyata.

O recipiente craniano é revestido internamente pela Bodhichitta vermelha, a essência pura da energia feminina de sabedoria. Essa energia feminina de sabedoria sustenta a Bodhichitta líquida branca (**VAM**), que também está localizada no centro do chakra da coroa, logo abaixo da coroa de nosso crânio. Isso significa que a Bodhichitta masculina branca plena de Bem-aventurança (**VAM**) é sustentada pelo imenso e vazio recipiente craniano, vermelho-sangue por dentro. Segundo o sistema médico tibetano, as Bodhichittas branca e vermelha são a essência pura de nossos fluídos regenerativos e, a partir do momento de nossa concepção, a mais pura essência das Bodhichittas branca e vermelha permanece em nosso coração espiritual dentro da gota indestrutível, formando nosso "la" ou corpo de aura. A essência impura das duas Bodhichittas forma de um lado o sêmen, e de outro, o óvulo e o sangue menstrual.

A energia feminina vazia **EH** precisa ser preenchida pela energia masculina **VAM** de Bem-aventurança, assim como o lótus feminino é preenchido com a Bodhichitta líquida branca. Entretanto, a cabeça do homem e da mulher contêm igual quantidade de energia masculina e feminina. EVAM significa: precisamos criar harmonia e equilíbrio entre as energias masculina e feminina externas e internas.

A maior parte das pessoas hoje tem problemas sexuais e de relacionamento que nascem de um desequilíbrio interno da psique e da energia sutil. Precisamos curar esses distúrbios com as práticas de energia sutil do Tantra. Do ponto de vista tântrico, as energias masculina e feminina são consideradas igualmente importantes. Precisamos das poderosas energias inseparáveis masculina e feminina (Yab/Yum) para sermos saudáveis e felizes no nível grosseiro e para desenvolvermos nosso pleno potencial humano de Iluminação.

Com a meditação tântrica do estágio de completamento, podemos unificar nossas Bodhichittas absoluta e relativa (**EH** e **VAM**) e integrar as energias de sabedoria e método (**EH** e **VAM**). Isso acontece quando dissolvemos as energias masculina e feminina, os ventos de nossos canais esquerdo e direito, dentro do canal central. Nesse momento, à medida que as gotas puras de Bodhichitta fluem para cima e para baixo através de nosso canal central, despertamos a mente e o vento de energia muito sutis no chakra do coração, chegando assim à experiência de paz interior e harmonia do nível absoluto de EVAM, o espaço absoluto da vacuidade de nossa mente muito sutil (**EH**) unificado à experiência subjetiva de extrema Bem-aventurança.

EVAM é a última meditação do programa de Treinamento Espacial. Todas as práticas do Lam Rim, Lodjong e Mahamudra são uma preparação para ela. Depois de EVAM, nós nos tornamos astronautas do espaço interior, viajantes e peregrinos do espaço interior (dakas e dakinis). EVAM é o verdadeiro *ne gyar mentchik*, o remédio capaz de curar os mundos externo, interno e secreto nos níveis grosseiro, sutil e muito sutil. Se queremos nos tornar Curadores Supremos do mundo e de seus seres, precisamos dedicar o maior tempo e energia possíveis ao nosso programa de peregrinação ao espaço interior, para podermos realizar a mente e a energia de cristal puro ainda nesta vida, unificando nossos espaços externo, interno e secreto. Esse é o poder do espaço absoluto e relativo, o poder de shunyata, o poder do Mahamudra e o significado de EVAM.

Agora podemos nos tornar Mestres do Espaço e Senhores do Tempo e manifestar inúmeras emanações (tulkus) de acordo com as necessidades dos seres vivos, tornando-nos uma fonte de cura, benefício e felicidade para incontáveis seres por todo o espaço e tempo. Com a chave de sabedoria, todas as coisas tornam-se possíveis: podemos realizar a paz interna e a paz no mundo agora e sempre.

Os sete beijos puros

Quadragésimo oráculo de sabedoria – décimo bhumi: precisamos unificar os mandalas relativo e absoluto e chegar à insuperável sabedoria transcendental perfeita do décimo bhumi, "A Nuvem do Dharma", quando a realidade vazia absoluta e a realidade vazia manifesta interpenetram-se como nuvens no céu. Esse é o ponto mais elevado do caminho de autocura Mahayana. Para chegarmos, porém, à Iluminação total, precisamos também praticar o Tantra para alcançar o estado dos Sete Beijos Puros.

Lama Gangchen Tulku Rimpoche

Centésima Sétima Luz

Dedicação Mahamudra para Obter os Sete Beijos Puros

Para realizar todos os desejos dos seres sencientes
Possa eu, por este mérito, rapidamente alcançar
As sete qualidades elevadas do abraço
(os sete beijos puros de extrema alegria, boca sagrada em boca sagrada)
Um corpo da forma adornado com as marcas maiores e menores
Em união com uma consorte de sabedoria pura
Uma mente em estado de grande Bem-aventurança
Permanecendo na percepção do espaço absoluto
(ausência de existência inerente)
A compaixão que abandonou o extremo da paz
Um corpo-vajra imortal e incessantes ações iluminadas

Que tudo seja auspicioso!

Centésima Oitava Luz

Dedicatória do

དགེ་བསྔོ་

Ngelso — Autocura Tântrica III
Guia para o Supermercado dos Bons Pensamentos

A Autocura é o caminho para a iluminação.
Um método para relaxar e curar o corpo,
a palavra e a mente.

Possam todos os seres
desfrutar de paz interior
e paz no mundo
agora e sempre

APÊNDICE I

A Universidade Budista de Khanyagopa As Cavernas dos Mahasiddhas, Perto de Bombaim, na Índia

por Dorje Khanyen Lhamo

O que são lugares sagrados?

Uma das principais práticas de cura de Lama Gangchen nos últimos anos tem sido a peregrinação com seus amigos e estudantes aos lugares sagrados da Ásia. Muitos de vocês, porém, podem ter dúvidas sobre o que é um lugar sagrado e sobre o propósito de se visitar tais lugares.

Um lugar sagrado é um lugar onde as energias elementais naturais são especialmente puras e poderosas, e onde muitas gerações de iogues praticaram a meditação e o Tantra Ioga. Um lugar sagrado é um lugar onde é fácil ter uma sensação de completude, harmonizando e integrando as energias de nosso corpo e mente, nos níveis grosseiro, sutil e muito sutil.

Os lugares sagrados podem ser lugares completamente naturais como Lhamo Latso, o "Lago das Visões," no Tibete, ou podem ser lugares com muitos templos e estátuas. Na antiga tradição do Budismo e do hinduísmo, as energias poderosas vitais elementais, astrológicas e de cristal puro eram personificadas em "divindades" com muitas cabeças, braços e corpos sutis de luz multicoloridos. A aparência física das divindades contém uma mensagem especial sobre a energia de cristal puro específica da qual desejamos ter a experiência direta. Adorando uma divindade externa ou imaginando a si mesmo como a divindade em que se está meditando, é possível ir além do arquétipo e ter a experiência das energias curativas de cristal puro do mundo externo e interno. Dessa forma, podemos relaxar (NgelSo) em níveis mais profundos e mais sutis da consciência.

As divindades meditacionais são criações mentais do meditador. Não são deuses no céu, mas poderosas imagens energéticas autocurativas completamente imantadas com a energia de nosso Lama Curador, que nos possibilitam chegar rapidamente à experiência da Autocura Tântrica do corpo e da mente. Estabelecer essa conexão com a realidade, as energias, terras, e seres absolutos é a finalidade de se visitar um lugar santo.

Simplesmente observar o lugar como um turista, porém, não é suficiente. Para estabelecer a conexão com o mundo absoluto, precisamos de um guia especial, alguém que conheça muito bem o nível absoluto da realidade e que possa, por meio da transmissão de suas ações, palavras e mente, introduzir-nos a ele.

Lama Gangchen está continuamente oferecendo a seus amigos e alunos essas "Chaves de Sabedoria", com as quais podemos abrir as portas da percepção do mundo absoluto interno e externo. Precisamos, porém, ter a mente e o coração abertos, além de muita vontade de aprender, para poder reconhecer e aceitar essas chaves quando elas nos são oferecidas. Visitando os lugares sagrados externos, podemos compreender e ter a experiência direta dos lugares sagrados internos de nosso corpo e mente sutil, relaxando em níveis profundos de Autocura Tântrica NgelSo à medida que nossas aflições emocionais se dissolvem espontaneamente. Como disse um grande iogue budista:

"Em meu corpo estão os rios sagrados; nele estão o sol, a lua e os lugares de peregrinação. Nunca encontrei outro templo tão pleno de Bem-aventurança quanto o meu próprio corpo".

Em resumo, quando vamos a um lugar sagrado, a combinação do elemento exterior puro e das vibrações positivas acumuladas de muitas gerações de iogues e ioguines nos permite ter uma experiência de percepção da realidade diferente da de nosso mundo sensório relativo comum. Energias puras mais elevadas e seres de cristal podem se manifestar espontaneamente para nós, e nós podemos ter ao mesmo tempo a experiência dos dois mundos: o relativo e o absoluto. Como resultado, aprendemos a integrar essas energias de cristal puro em nosso dia-a-dia, desenvolvendo-nos até nos tornarmos guias e curadores de nossos amigos, parentes e de nossa sociedade. Esse é o propósito de ir a um lugar sagrado.

Do Ponto de Vista Histórico

Khan Yagopa, "A Montanha Negra", é um conjunto de ruínas de uma antiga universidade monástica budista localizada a 45 km da cidade de Bombaim. Essa universidade foi construída dentro da Montanha Negra, entre os séculos I e X d.C. Hoje, esse conjunto de ruínas encontra-se bem no centro de uma reserva florestal para tigres. No total, são 109 grutas, um vasto complexo de salas de reuniões, salas de jantar, cozinhas, tanques para lavar, mausoléus e cavernas para os iogues meditarem. As cavernas são iluminadas pela luz do sol e os riachos que fluem na Montanha Negra foram canalizados e represados, formando assim dois tanques de água fresca para cada caverna. As salas dos iogues são pequenas mas muito agradáveis, cada uma com um banco esculpido na rocha e vistas panorâmicas da água corrente, do céu e da selva.

A terra foi originalmente doada à comunidade de meditadores pelo Rei Ashoka no século III a.C. Era um lugar ideal para a prática de meditação devido ao isolamento, às muitas fontes de água pura fluindo das colinas rochosas e à beleza da natureza local. A construção do complexo de cavernas começou no século I da era cristã, sob o patrocínio de Krishna I, o marajá de Bombaim. Os sucessivos membros de sua dinastia deram continuidade à sua construção até o século III, quando Bombaim foi conquistada pelos Guptas.

Os Guptas continuaram a manter a universidade das cavernas até o século VII, quando foram derrotados pela dinastia dos Silharas, que sustentou e ampliou a universidade até 1260. Bombaim caiu então em mãos estrangeiras, e a universidade foi saqueada e amplamente destruída.

Do Ponto de Vista Energético

Apesar de grande parte do interior das cavernas ter sido destruído durante os séculos XI e XII, ainda podemos ter um vislumbre da unidade das tradições Hinayana, Mahayana e Vajrayana na antiga Índia. Embora no nível externo a universidade das cavernas se encontre hoje abandonada, no nível interior ou energético, ela está muito viva, e esse é o motivo por que fomos visitá-la: para nos conectar à poderosa energia de cristal puro dos Buddhas, Chime Rigdzins (iogues imortais) e seres de corpo ilusório, cuja presença permeia todo o complexo de forma tão poderosa.

Durante nossa visita, muitos sinais dessa energia absoluta se manifestaram espontaneamente. A forma como a energia absoluta é percebida quando irrompe na realidade relativa depende do karma e da pureza perceptiva do observador. Algumas pessoas não viram nada de anormal, enquanto outras viram e compreenderam seres e energias absolutas se manifestando de diversas maneiras. De qualquer forma, todos tiveram um sentimento especial de paz e felicidade devido ao poder do lugar.

Quando entramos no complexo, fizemos prostrações e recitamos para a caverna (como para um receptáculo da energia de cristal puro) os versos sânscritos de louvor (Omnama Majushirie), um pedido para recebermos a energia pura dos Seres Sagrados. Logo em seguida, apareceram duas mulheres carregando grandes vasos de água pura. Rimpoche lhes fez oferendas, como a dakinis nos trazendo um néctar, e borrifou o néctar pelo lugar para purificá-lo.

A primeira caverna em que entramos era uma sala de reuniões inacabada. Fizemos um Puja pela paz interna e pela paz no mundo. A "Sociedade Buddha, Dharma e Sangha" local apareceu e ofereceu ao Rimpoche duas bandeiras do Dharma, simbolizando a unidade de todas as tradições budistas.

Vinte ou trinta morcegos voaram para fora vindos do interior das cavernas, fazendo círculos sobre nós. Rimpoche nos disse que na realidade a caverna estava cheia de seres de corpo ilusório, seres que conseguiram atingir o nível mais elevado de autocura, e cujos corpos e elementos grosseiros foram absorvidos na luz sutil ou corpo de arco-íris.

As pessoas tiveram experiências diferentes de Chime Rigdzins (iogues imortais). Algumas pessoas viram morcegos, e Rimpoche disse que isso era muito bom. Morcegos são sinais auspiciosos e, quando fazem sujeira sobre a sua cabeça, isso é um sinal de desenvolvimento da riqueza, energias positivas e siddhis. Alguns viram o Chime Rigdem (o corpo imortal ilusório), como um jovem iogue dourado e com ornamentos de ouro, rindo e sorrindo para nós. Outros sentiram aromas perfumados, viram luzes brancas saindo das rochas e tiveram vislumbres de vidas passadas.

Quando saímos da caverna, os membros da "Sociedade Buddha, Dharma e Sangha" nos ofereceram muitas flores brancas de jasmim, dizendo: "Samia Mangelam"(Que tudo seja auspicioso!).

A segunda caverna era uma sala de reuniões com duas stupas e muitas esculturas de Buddha Shakyamuni e do futuro Buddha do amor, Maitreya. Dentro da caverna, fizemos muitas circumbulações, um método para absorver as energias puras do lugar sagrado e, depois, Rimpoche realizou uma cerimônia de refúgio em sânscrito. Mais duas dakinis apareceram para nos oferecer néctar.

A terceira caverna em que entramos era a maior sala de reuniões da comunidade. Em cima das portas está escrito o mantra da Interdependência dos Fenômenos, ensinando-nos a entrar em contato com o nível absoluto da realidade. Em cada um de seus lados podemos ver duas enormes estátuas do Buddha da paz mundial, o símbolo da Fundação Lama Gangchen para a Paz no Mundo. As estátuas foram patrocinadas por Bhuddhagosa (um famoso antigo professor de Treinamento Espacial). Depois que alcançamos um certo nível de pureza mental, não vemos mais a estátua como um belo trabalho artístico, mas como a forma viva de Buddha. E, se chegarmos à experiência autocurativa ainda mais profunda chamada "Contínuo de Dharma", a estátua falará conosco, respondendo às nossas perguntas. Os Bodhisattvas vêem as estátuas de Buddha como formas sutis dos Buddhas. O que vemos é completamente subjetivo e depende do tamanho de nosso coração e espaço interior.

Dentro da sala de reuniões havia uma stupa maior em uma das extremidades e uma rota de circumbulação demarcada por grandes pilares, em cujos topos estão esculpidos elefantes e cavaleiros, simbolizando o Mahayana ou o Grande Veículo. Fizemos a prática da Autocura Tântrica nesse local. Muitas pessoas sentiram que a prática foi especialmente poderosa e compreenderam o significado da Sangha e da linhagem de paz, a forma como a energia da Autocura Tântrica foi mantida ao longo dos tempos até o momento presente.

Na quarta caverna, Rimpoche recebeu de presente uma concha, um sinal de que o método de Autocura Tântrica NgelSo se tornará um novo sistema para o nosso mundo. Sentados nos bancos dos iogues sobre as rochas, muitos sentiram o movimento da Kundalini e compreenderam por que esse é um lugar onde se pode obter realizações com facilidade. Enquanto subíamos o complexo das cavernas, recitamos o mantra da Interdependência dos Fenômenos.

Havia muitos símbolos secretos do Vajrayana esculpidos nas portas das cavernas mais altas, mostrando que nos tempos antigos os três *Yanas* (veículos) eram praticados aqui. O mantra da Interdependência dos Fenômenos também estava esculpido em muitos lugares. Mais acima na colina, há uma caverna-observatório e, enquanto cantávamos mantras lá dentro, o sol e a lua do décimo dia apareceram simultaneamente no céu, um sinal da harmonização e integração da energia solar feminina e lunar masculina do corpo e mente por meio da prática iogue. Depois disso, Rimpoche trocou suas roupas normais de Lama por uma simples tanga branca de iogue, e ofereceu o "chabstrue" (remoção da energia negativa por meio de uma limpeza) ao grupo todo. Em seguida, fez um "tsechog" de longa vida e abluções ritualísticas em si mesmo, enquanto nós recitávamos os mantras de longa vida para Tridjang Dordjetchang.

No topo da "Montanha Negra", fizemos a prática da Autocura no centro de um mandala natural. No final, apareceram "dois sóis" ao mesmo tempo em que por sob a órbita vermelha do sol aparecia no horizonte uma longa faixa vermelha de luz, como as asas de um Garuda. Lindas formações de nuvens manifestaram-se atrás de nós. Todos nós sentimos uma energia especial de paz, amor e felicidade.

Na viagem de volta ao hotel, passamos por muitas procissões religiosas hinduístas, e várias vezes muitas pessoas dançando nos cercavam, cantando, tocando música e jogando flores e balões em nosso ônibus. Rimpoche nos explicou que esses "sinais" ambientais e energéticos eram os reflexos do poder da Interdependência dos Fenômenos, a essência do *Autocura Tântrica III*, além de serem sinais também de que a energia pura do amor de Buddha Maitreya estava envolvendo nossa vida.

Apêndice II

Sistema Geral dos Ventos Elementais no Tantra Ioga Superior

Esse é o sistema geral dos ventos elementais do estágio de completamento da prática Mahamudra do Tantra Ioga Superior. Existem

1	2	3	4	5
Natureza Elemental do Vento	Símbolo	Cor	Vento	Localização
Espaço		Azul	Kyabdje Vento Que Tudo Permeia	Chakra da Coroa
Fogo		Vermelho	Kenguiur Vento Ascendente	Chakra da Garganta
Água		Branco	Sogdzin Vento de Sustentação da Vida	Chakra do Coração
Vento		Verde	Namne Vento Digestivo	Chakra do Umbigo
Terra		Amarelo	Tursel Vento Descendente	Chakra Secreto

Sistema Geral dos Ventos Elementais no Tantra Ioga Superior
(continuação)

6	7	8	9	10
Função	NGEL ENERGIA - VE	SO ENERGIA + VE	Família do Curador Supremo	Siddhi
Permite que o corpo se mova	Ignorância Falta de Inteligência Distração Depressão	Sabedoria tipo Espelho	Vairochana Família de Buddha	Siddhi da Paz
Engolir Cuspir Falar	Desejo Domínio Solidão	Sabedoria Discriminativa	Amithaba Família do Lótus	Siddhi do Poder
Sustenta a força da vida	Raiva Ódio Mente instável	Amor Sabedoria do Dharmadhatu Estabilidade	Akshobia Família do Vajra	Siddhi da Estabilidade
Digestão Temperatura do corpo	Medo Inveja Paranóia	Ação iluminada louca Sabedoria	Amogasiddhi Família do Karma	Siddhi da Ira Assertividade
Excreção Menstruação Ejaculação	Avareza Orgulho Mente fixa no negativo	Generosidade Humildade Sabedoria da Equanimidade	Ratnasambava Família da Jóia	Siddhi do Desenvolvimento

muitos outros sistemas nas diversas práticas do Tantra Ioga Superior, como o sistema de Kalachakra, que lida com a relação entre os mundos externo e interno, a astrologia, o Guyshi, os quatro Tantras da medicina e muitos outros. Por exemplo, na medicina tântrica, a posição dos ventos *Sogdzin* e *Kyabdje* é inversa à utilizada aqui. As práticas tântricas trabalham principalmente com a transformação da energia psicofísica nos níveis mais profundos, com o objetivo de transformar a morte, o bardo e o renascimento. Os Tantras da medicina, por outro lado, preocupam-se mais com a cura do corpo e da mente do que com os níveis mais profundos de transformação. No livro Autocura Tântrica II, usamos o sistema dos ventos elementais da Iniciação da Chuva de Sabedoria (**Eh Yam Ram Lam Bam**), que trabalha a purificação interna relativa e absoluta (i.e., na iniciação de Yamantaka).

APÊNDICE III

Algumas Considerações sobre o Aborto

Todas as religiões contêm inúmeras regras sobre o que devemos e o que não devemos fazer. Atualmente, as pessoas sentem que essas regras são pesadas e restringem seu espaço pessoal. Por isso, precisamos examinar com mais profundidade o que está sendo dito neste livro sobre o aborto: que praticá-lo é um ato que traz sofrimento. Isso não quer dizer que alguma divindade externa ou algum juiz virá nos punir, mas simplesmente que quando praticamos uma ação grave, ela é automaticamente registrada em nosso disco do espaço interno e, algum tempo depois, esse programa será ativado em nosso computador mental. Quando isso acontecer, sentiremos sofrimento e uma energia pesada por ter matado um outro ser vivo.

Muitas gerações de cientistas do mundo interno, em suas investigações da continuidade da consciência, chegaram à conclusão de que uma criança nasce no momento da concepção, da fusão entre o esperma, o óvulo e a consciência do ser que está no bardo. A energia mental é disforme e imaterial e, por isso, não pode se desenvolver a partir de puras causas físicas como o DNA, cromossomos, proteínas, etc. Mesmo usar uma "pílula do dia seguinte" é matar um ser humano. Quando uma criança morre por aborto, isso se deve à ação dos pais ou da mãe, e também a ações anteriores da própria criança. A mente muito sutil da criança voltará a entrar no bardo, o estado entre a morte e o próximo renascimento, até que, dentro de no máximo 49 dias, encontre uma nova possibilidade de renascimento.

O aborto é uma questão que devemos decidir individualmente, com sabedoria e compaixão, e não com preconceito e raiva. Se o nascimento da criança for criar uma situação muito difícil para a mãe e para os que estão à sua volta, eu pessoalmente não poderia criticá-la por esse ato.

Culpa e depressão são experiências comuns para as mulheres que fizeram abortos, e nós podemos fazer alguma coisa para ajudar tanto a mãe quanto a criança. Por exemplo, podemos lhes dedicar a energia dos mantras da Autocura e da companhia espiritual e meditar na remoção de sua dor emocional usando a prática do Lodjong.

Podemos também pedir a um Lama Curador para fazer um "powa" ou transferência da consciência da criança, para ajudá-la a atravessar o bardo em direção a uma vida mais feliz. Se por qualquer razão você estiver determinada a fazer um aborto, por favor, não tenha pensamentos negativos e raivosos em relação à criança que está residindo temporariamente em seu útero. Esse pequeno hóspede é muito sensível aos pensamentos e emoções. Por favor, seja gentil com ele, dirija-lhe pensamentos gentis. Uma boa coisa que se pode fazer nessa hora é falar com a criança, explicando-lhe as dificuldades de sua situação atual e dizendo-lhe que ela terá uma vida melhor em uma situação diferente. Peça-lhe para partir tranqüilamente. Depois do aborto, você pode continuar rezando e dedicando sua energia à consciência da criança enquanto ela atravessa o bardo em direção à sua nova encarnação. Esta oração é especialmente boa para ajudá-la:

OM MANI PEME HUM HRI
OM MANI PEME HUM HRI
TCHOM DEN GUIALWA SHIDRO LA TSOK
KIEN BARDO DJIKPE TRAN LE DREL DU SOL

Ó assembléias de gloriosas e vitoriosas divindades, pacíficas e iradas, por favor, ouçam-me: libertem (o nome da criança, meu filho, ou o nome dos pais) da assustadora e estreita passagem do bardo.

Podemos também usar essa oração para libertar a consciência de nossa comida, se for uma ave, animal, inseto ou peixe.

Visualize a energia curativa do mantra **OM Mani Peme Hum** fechando as portas dos seis reinos e conduzindo a consciência da criança para uma Terra pura ou, ao menos, para uma vida humana feliz, com condições perfeitas para a Autocura Tântrica Ngelso.

Se você se sentir culpada ou deprimida, tente praticar a Autocura Tântrica para desenvolver sua luz e paz interior.

APÊNDICE IV

Declaração Universal dos Direitos Humanos Adotada pela Assembléia das Nações Unidas

10 de dezembro de 1948

Considerando que o reconhecimento da dignidade inerente a todos os membros da família humana e de seus direitos iguais e inalienáveis é fundamento da liberdade, da justiça e da paz no mundo;

Considerando que o menosprezo e o desrespeito aos direitos do homem levaram a atos bárbaros que ultrajaram a consciência da humanidade, e que o advento de um mundo em que os homens gozem de liberdade da palavra, de crença e da liberdade de viverem a salvo do temor e da necessidade foi proclamado como a mais alta aspiração humana;

Considerando essencial que os direitos do homem sejam protegidos pelo império da lei, para que o homem não seja compelido, como último recurso, à rebelião contra a tirania e a opressão;

Considerando necessário promover o desenvolvimento de relações amistosas entre as nações;

Considerando que os povos das Nações Unidas reafirmaram, na Carta, sua fé nos direitos fundamentais do homem, na dignidade e no valor da pessoa humana e na igualdade de direitos do homem e da mulher, e que decidiram promover o progresso social em uma liberdade mais ampla;

Considerando que os Estados-membros se comprometeram a promover, em cooperação com as Nações Unidas, o respeito universal aos direitos e liberdades fundamentais do homem e sua observância;

Considerando que uma compreensão comum desses direitos e liberdades é da mais alta importância para o pleno cumprimento desse compromisso,

A Assembléia Geral

proclama a presente Declaração Universal dos Direitos do Homem, como o ideal comum a ser atingido por todos os povos e todas as nações, com o objetivo de que cada indivíduo e cada órgão da sociedade, tendo sempre em mente esta Declaração, se empenhe, através do ensino e da educação, em promover o respeito a esses direitos e liberdades, e, pela adoção de medidas progressivas de caráter nacional e internacional, em assegurar o seu reconhecimento e a sua observância universais e efetivos, tanto entre os povos dos próprios Estados-membros quanto entre os povos dos territórios sob sua jurisdição.

Artigo I

Todos homens nascem livres e iguais em dignidade e direitos. São dotados de razão e consciência e devem proceder uns para com os outros com espírito de fraternidade.

Artigo II

1 – Todo homem tem capacidade para gozar os direitos e as liberdades estabelecidas nesta Declaração, sem distinção de qualquer espécie, seja de raça, cor, sexo, língua, religião, opinião política ou de outra natureza, origem nacional ou social, patrimônio, nascimento, ou qualquer outra condição.

2 – Além disso, não será feita nenhuma distinção fundada na condição política, jurídica ou internacional do país ou território a que pertença uma pessoa, quer se trate de um território independente, sob tutela, sem governo próprio, quer sujeito a qualquer outra limitação de soberania.

Artigo III

Todos têm direito à vida, à liberdade e à segurança pessoal.

Artigo IV

Ninguém será mantido em escravidão ou servidão, e a escravidão e o tráfico de escravos serão proibidos em todas as suas formas.

Artigo V
Ninguém será submetido a tortura, nem a tratamento ou castigo cruel, desumano ou degradante.

Artigo VI
Todo homem tem o direito de ser, em todos os lugares, reconhecido como pessoa perante a lei.

Artigo VII
Todos são iguais perante a lei e têm direito, sem qualquer distinção, a igual proteção da lei. Todos têm direito a igual proteção contra discriminação que viole a presente Declaração e contra qualquer incitamento à discriminação.

Artigo VIII
Todo homem tem direito a receber dos tribunais nacionais competentes remédio efetivo para os atos que violem os direitos fundamentais que lhe sejam reconhecidos pela constituição ou pela lei.

Artigo IX
Ninguém será arbitrariamente preso, detido ou exilado.

Artigo X
Todo homem tem direito, em plena igualdade, a uma justa e pública audiência por parte de um tribunal independente e imparcial, para decidir de seus direitos e deveres ou do fundamento de qualquer acusação criminal contra ele.

Artigo XI
1 – Todo homem acusado de um ato delituoso tem o direito de ser presumido inocente até que a sua culpabilidade tenha sido provada de acordo com a lei, em julgamento público, no qual lhe tenham sido asseguradas todas as garantias necessárias à sua defesa.
2 – Ninguém poderá ser condenado por qualquer ação ou omissão que, no momento, não constituíam delito perante o direito nacional ou internacional. Também não será imposta pena mais forte do que aquela que, no momento da prática era aplicável ao ato delituoso.

Artigo XII
Ninguém será sujeito a interferências arbitrárias na sua vida privada, na sua família, no seu lar ou na sua correspondência, nem a ataques a sua honra e reputação. Todo homem tem direito à proteção da lei contra tais interferências ou ataques.

Artigo XIII
1 – Todo homem tem direito à liberdade de locomoção e residência dentro das fronteiras de cada Estado.
2 – Todo homem tem o direito de deixar qualquer país, inclusive o próprio, e a este regressar.

Artigo XIV
1 – Todo homem, vítima de perseguição, tem o direito de procurar e de gozar asilo em outros países.
2 – Este direito não pode ser invocado em caso de perseguição legitimamente motivada por crimes de direito comum ou por atos contrários aos objetivos e princípios das Nações Unidas.

Artigo XV
1 – Todo homem tem direito a uma nacionalidade.
2 – Ninguém será arbitrariamente privado de sua nacionalidade, nem do direito de mudar de nacionalidade.

Artigo XVI
1 – Homens e mulheres maior de idade, sem qualquer restrição de raça, nacionalidade ou religião, tem o direito de contrair matrimônio e fundar uma família. Gozam de iguais direitos em relação ao casamento, sua duração e sua dissolução.
2 – O casamento não será contraído senão com o livre e pleno consentimento dos nubentes.
3 – A família é o núcleo natural e fundamental da sociedade e tem direito à proteção da sociedade e do Estado.

Artigo XVII
1 – Todo homem tem direito à propriedade, só ou em sociedade com outros.
2 – Ninguém será arbitrariamente privado de sua propriedade.

Artigo XVIII
Todo homem tem direito à liberdade de pensamento, consciência e religião; este direito inclui a liberdade de mudar de religião ou crença, pelo ensino, pela prática, pelo culto e pela observância isolada ou coletivamente, em público ou em particular.

Artigo XIX
Todo homem tem direito à liberdade de opinião e expressão; este direito inclui a liberdade de, sem interferência, ter opiniões e idéias por qualquer meio e independentemente de fronteiras.

Artigo XX
1 – Todo homem tem direito à liberdade de reunião e associações pacíficas.
2 – Ninguém pode ser obrigado a fazer parte de uma associação.

Artigo XXI
1 – Toda pessoa tem o direito de tomar parte na direção dos negócios públicos de seu país, seja diretamente, seja por intermédio de representantes livremente escolhidos.
2 – Toda pessoa tem o direito de acesso, em condições de igualdade, às funções públicas do país.
3 – A vontade do povo é o fundamento da autoridade dos poderes públicos; essa vontade deve exprimir-se por eleições honestas que periodicamente se deverão realizar, com sufrágio universal e voto secreto, ou mediante equivalentes processos assecuratórios da liberdade do voto.

Artigo XXII
Qualquer pessoa, como membro da sociedade, tem direito à segurança social, e esta se funda na obtenção da satisfação dos direitos econômicos, sociais e culturais indispensáveis à sua dignidade e ao livre desenvolvimento de sua personalidade, graças ao esforço nacional e à cooperação internacional, tendo-se em vista a organização e os recursos de cada país.

Artigo XXIII
1 – Toda pessoa tem direito ao trabalho, a condições equânimes e satisfatórias de trabalho e proteção contra o desemprego.

2 – Todos têm direito, sem nenhuma discriminação, a um salário igual por trabalho igual.

3 – Quem quer que trabalhe tem direito a uma remuneração equânime e satisfatória, capaz de assegurar-lhe, e à família, uma existência conforme a dignidade humana, e completada, se couber, por todos os outros meios de proteção social.

4 – Toda pessoa tem o direito de, com outras, fundar sindicatos e de se filiar a sindicatos, para a defesa de seus interesses.

Artigo XXIV
Toda pessoa tem o direito ao repouso e ao lazer e, notadamente, a uma limitação razoável de duração do trabalho e a férias pagas, periódicas.

Artigo XXV
1 – Toda pessoa tem direito a um nível de vida suficiente para assegurar a sua saúde, seu bem-estar e o de sua família, especialmente para alimentação, vestuário, moradia, cuidados médicos e serviços sociais necessários; tem direito à segurança, em caso de desemprego, doença, invalidez, viuvez, velhice, ou em outros casos de perda dos meios de subsistência, graças a circunstâncias independentes de sua vontade.

2 – A maternidade e a infância têm a ajuda e assistência especiais. Todas as crianças, nascidas no casamento ou fora do casamento, gozam da mesma proteção social.

Artigo XXVI
1 – Toda pessoa tem direito à educação. A educação deve ser gratuita, pelo menos no que concerne ao ensino elementar e fundamental. O ensino elementar é obrigatório. O ensino técnico e profissional deve ser generalizado; o acesso aos estudos superiores deve ser aberto a todos, em plena igualdade, em função das capacidades de cada um.

2 – A educação deve visar ao pleno desenvolvimento da personalidade humana e ao reforço do respeito aos direitos humanos a às liberdades fundamentais. Deve favorecer a compreensão, a tolerância e a amizade entre todas as nações e todos os grupos raciais e religiosos, assim como o desenvolvimento das atividades das Nações Unidas para a manutenção da paz.

3 – Os pais têm, com prioridade, o direito de escolher o gênero de educação a dar a seus filhos.

Artigo XXVII
1 – Todos têm o direito de tomar parte, livremente, na vida cultural da comunidade, de beneficiar-se com a arte e de progresso científico, assim como dos benefícios dele resultantes.
2 – Cada um tem o direito à proteção dos interesses morais e materiais decorrentes de qualquer proteção científica, literária ou artística, de que seja autor.

Artigo XXVIII
Todo homem tem direito a uma ordem social e internacional em que os direitos e liberdades estabelecidos na presente Declaração possam ser plenamente realizados.

Artigo XXIX
1 – Todo homem tem deveres para com a comunidade, pois só nesta o livre e pleno desenvolvimento de sua personalidade é possível.
2 – No exercício de seus direitos e liberdades, todo homem estará sujeito apenas às limitações determinadas pela lei, exclusivamente com o fim de assegurar o devido reconhecimento e respeito dos direitos e liberdades de outrem e de satisfazer as justas exigências da moral, da ordem pública e do bem-estar de uma sociedade democrática.
3 – Esses direitos e liberdades não podem, em hipótese alguma, ser exercidos contrariamente aos objetivos e princípios das Nações Unidas.

Artigo XXX
Nenhuma disposição da presente Declaração pode ser interpretada como reconhecimento a qualquer Estado, grupo ou pessoa, do direito de exercer qualquer atividade ou praticar qualquer ato destinado à destruição de quaisquer dos direitos e liberdades aqui estabelecidos.

Apêndice V

Fundação Lama Gangchen para a Paz no Mundo (LGWPF)

Associação internacional de apoio à medicina tibetana, à filosofia budista Vajrayana e à Autocura, para o desenvolvimento da Paz no Mundo.

Breve introdução e esquema básico

Os principais objetivos propostos pela fundação são o apoio e o desenvolvimento da paz no mundo, por meio da criação de condições para o surgimento de um sentimento altruísta transcultural e da dedicação a uma associação mundial que se preocupe com a proteção e a propagação da Autocura e da linhagem de cura de Gangchen (linhagem do Himalaia), por meio da medicina natural tibetana e da filosofia budista Vajrayana, incluindo:

1. arte gráfica (pintura de tankas);
2. escultura;
3. danças tântricas;
4. mandalas tradicionais em areia/pintados/tridimensionais;
5. coleta, tradução e publicação em diversas línguas dos textos do Dharma de Buddha, além da publicação de textos novos.

O Budismo Vajrayana deve gerar as condições certas para o desenvolvimento da sabedoria ocidental, em nosso mundo atualmente tomado por uma mentalidade materialista e, de certa forma, vítima de fatores ambientais como a poluição, para possibilitar assim a transformação transcultural da filosofia budista.

Estamos desenvolvendo a Fundação Lama Gangchen para a Paz no Mundo a fim de aumentar e fortalecer um apoio médico mundial que permita compartilhar e manter inestimáveis intercâmbios entre as várias tradições médicas, com o intuito de assim encorajar sua unificação para o propósito comum do desenvolvimento mais sólido da saúde inter-nacional. A contribuição dos médicos ocidentais é, portanto, o ingrediente que permite ao saber oriental crescer em direção a uma abordagem mais científica. Para isso, precisamos criar:

1. centros médicos e de cura que ofereçam cursos para explorar o sistema médico tibetano, integrando ambas as medicinas, ocidental e Tibetana, com a possibilidade de prestar os relativos exames e receber diploma reconhecido tanto no Ocidente quanto no Oriente;
2. centros de meditação e de retiro que ofereçam uma variedade de cursos e a oportunidade de desenvolver a Autocura;
3. centros para assistência social.

O objetivo é estabelecer tais centros por todo o mundo, em colaboração com associações mundiais de preservação dos direitos humanos como a ONU, a Unesco e outras, além de buscar o apoio dos vários governos onde as fundações deverão agir.

Há também a necessidade essencial de se reestruturar os antigos textos médicos tibetanos, de uma forma adaptada à sociedade moderna. Para isso, precisamos criar e organizar vários departamentos que devem lidar com:

A tradução de textos tradicionais;
B classificação de assuntos e tópicos;
C publicação de textos de estudos modernos e concisos e livros de referência;
D exploração da fabricação dos remédios tibetanos à base de ervas.

Com uma ampla colaboração, está ao nosso alcance realizar os cinco tipos de cura, que são:
1. física;
2. do corpo sutil;
3. da mente;
4. da mente interior;
5. da mente específica.

A união de valores espirituais internos e um melhor entendimento humano global podem fazer da paz mundial uma realidade ao nosso alcance.

E, finalmente, a mensagem especial de Lama Gangchen Tulku Rimpoche, nosso guia espiritual:

"Desenvolvendo plenamente nossa natureza humana (natureza de Buddha), despertando-a por meio das bênçãos de um coração aberto, transformaremos um coração pequeno e uma mente pequena em um grande coração e uma mente grande que possam realizar a paz no mundo. Trabalhando da forma correta e desenvolvendo o sentimento do amor, podemos criar as condições para que Buddha Maitreya, o Buddha do futuro, possa manifestar-se agora, fazendo-se presente no coração de cada um de nós, para a grande paz mundial".

Todos os conselhos e sugestões são bem-vindos e serão recebidos como contribuições valiosas.

Pelo Budismo no Ocidente
Lama Marco Polo

Grupos de Estudo e Centros de Autocura e Paz Interior de Lama Gangchen

Argentina
Self-Healing and Inner Peace Education Study Group
c/o French 2769 — Buenos Aires, Argentina
Tel.: +54-1-8-55342

Bélgica
Maitreya House
37, Rue du Châtelain, 1050 — Bruxelas, Bélgica
Tel.: +32-2-6487576 — Fax: +32-2-6473725

Snowlion
52 Place St. Antoine, 1040 — Bruxelas, Bélgica
Tel.: +32-2-6460979

Brasil – São Paulo
Centro de Dharma da Paz Shi de Choe Tsog
Rua Aimbere, 2008 — CEP: 01258-020 — São Paulo, Brasil
Tel./Fax: +55-11-38714827
www.centrodedharma.com.br
info@centrodedharma.com.br

Centro Jampel Pawo
Direção: Lama Kalden
Alameda Jauaperi, 1871 — CEP: 04523-016 — Moema — São Paulo, SP
Tel.: 11-50491938
www.jampelpawo.org

Centro Tardo Ling
Direção: Ruth Cardoso
Rua Purpurina, 504 — CEP: 05435-030 — Vila Madalena — São Paulo, SP
Tel.: 11-38124801

Grupo de Estudos de Autocura
Coordenadora: Karin Czech
Zona Sul — CEP: 04645-080 — São Paulo, SP
Tel.: 11-56860328

AACHAA – Associação de Artes Curativas Himalaia Andes Amazônia
Direção: Débora Tabacof
Tel.: 11-30341701

Rio de Janeiro
Porta Secreta da Paz
Direção: José Mauro e Zinda Garcia
Rua Inglês de Souza, 296/202 — CEP: 22460-110
Tel.: 21-32090871

Pax Drala
Direção: Ashu e Fernando
Largo das Neves, 12 — Santa Teresa, RJ
Tel.: 21-22523777

Instituto Mahayana – Ensinamentos para a Paz Interior
Direção: Wilson M. Moura
Rua Dr. Tavares de Macedo, 95, sala 905 — Icaraí, Niterói
Tel./Fax: 21-27053043/91477940
meditar@institutomahayana.com.br
www.institutomahayana.com.br

Chile
Sangye Menkhang
Via Blanca 7277, Las Condes, Santiago, Chile
Tel.: +56-2-2427007 — Fax: +56-2-2066105

Inglaterra
Medicine Buddha Dharma Sangha
9 Stanley str., Ulverston, Cumbria, England
Tel.: +44-229-585572 — Info: +44-229-580055

Self Healing Study Group
Mayfield, Clyst street, Lawrence, Exeter EX15 2NJ, England
Tel.: +44-1404-822872

Self Healing Study Group
Waye House, Alstron Cross, Ashburton, Devon TQ13 7ET, England
Tel./Fax: +44-1364-652114

Tashi
1 Trinity Church Hall, The Gill, Ulverston, Cumbria, LA12 7BJ, England
Tel.: +44-1229-586959 — Fax: +44-1229-588804

França
Association Lama Gangchen Pour la Paix Interieur et la Paix Mondial
6 rue Veronese app 306, 75013, Paris, France
Tel.: +33-1-4707701 — Fax: +33-1-47073449

ALEMANHA

Shide Lam
Hochstr. 17, 64283, Darmstadt, Germany
Tel.: +49-6151-421098

Yeshe Lam Chen
Knorrsts. 66A, 80807, Munich, Germany
Tel.: +49-89-3599778

GRÉCIA

Karuna Chötsok, Lesbos, Greece

Lama Gangchen Medicine Buddha Healing Center
Popliou 18-20, 10436, Athens, Greece
Tel.: +30-1-5237525

HOLANDA

Jangchub Lam
Tivolistraat 26, 5017 HL, Tilburg, Holland
Tel.: +31-13-422726 — Fax: +31-13-5445161

Medicine Buddha Dharma Garden
Bazuinstraat 24, 5802 JV, Venray, Holland
Tel./Fax: +31-4785-86812

Pentok Lam Chen
Aan De Eppenbeek 10, 6071 BW, Swalmen, Holland
Tel.: +31-4740-4303 — Fax: +31-4740-5342

Sangye Men Lam
Steenstraat 5/7, 8011, Zwolle, Holland
Tel.: +31-38-229151/229302

Shide Lam
Waalstraat 44D, 1078, Amsterdam, Holland
Tel.: +31-20-6734615 — Fax: +31-20-6648871

ÍNDIA

Lama Gangchen International Foundation
A – 15 Paryavaran Comlex, Saidulajaib, New Delhi, 110030, Índia
Tel.: +91-11-6865084 — Fax: +91-11-6967514

Para contato em Nova Delhi:
N-230 Greater Kailash 1, New Delhi, Índia
Tel.: +91-11-6425897

Gangchen Chöpel House-Kailashpura Monastery, Mysore,
Sul da Índia

Gangchen Kachoe Drupkhang Retreat Centre
Merik Post Dist., Darjeeling, Índia

Gangchen Thubten Kang-Ri Con, Gangtok, Sikkim, Índia

ITÁLIA
Kunpen Lama Gancen Institute for the Propagation of the Tibetan Medical Tradition (Central Office)

Kunpen Lama Gangchen
Via Marco Polo 13, 20124, Milão, Itália
Tel.: 02-2901-0263 — Fax: 02-2901-0447
E-mail: kunpen@gangchen.it
Site: www.peacenvironment.net

Albagnago Healing Meditation Centre
Via Campo dell'Eva, 1
Albagnano di Bèe 28813, Verbanha, Itália
Tel.: 0323-569601 — Fax: 0323-569622
Site: www.lamagangchenpeacetimes.net
E-mail: infoalba@lgpt.net

Centro Buddha della Medicina
Via Cenischia 13, 10239, Torino, Italy
Tel.: +39-11-3241650

Detchen Ling
Pallanza (NO), Italy
Tel.: +39-323-557285

Gangchen Phende Lamton
Alessandria, Italy
Tel.: +39-131-231838

Jang Chub Lam (Gruppo di Studio di Autoguarigione)
Via Palermo 42, Padova, Italy
Tel.: +39-49-8761513

Lama Gangchen Inner Peace Development Centre
(Healing and Retreat Centre)
c/o LGWPS, Tel.: +39-2-29010263 — Fax: +39-2-29010271
E-mail: gangchen@micronet. it

Om Shanti
Cisternino (BR), Italy
Tel.: +39-80-716093

Shide Chopel
Via Sorcinelli 15, 74100, Taranto, Italy
Tel.: +39-99-7324967

Shide Self-Healing Study Group
Via S. Petronio Vecchio 11, 40125 Bologna, Italy
Tel.: +39-51-227123

Spring of Dharma
00049 Colle Santa Maria 19, Velletri (Roma), Italy
Tel.: +39-6-96453464

Tekchok Men Choepel Ling
Cuneo, Italy
Tel.: +39-173-797025

MALÁSIA
Medicine Buddha Center
260 F 2, segundo andar, Jalan Ipho, Batu 2 1/2,
51200 Kuala Lumpur, Malásia
Tel.: +6-034431262 — Fax: +6-03-4432133

MONGÓLIA
Chenpo Hor Chöpel Ling, Ulan Bator, Mongolia

NEPAL
Gangchen Labrang Medical & Retreat Centres
P.O. Box 804, Kathmandu, Nepal
Tel.: +977-1-471266 — Fax: 470525

Shakti Himalayan Healing Centre
(Secretário: Tsetan Gyurme) Tel.: +977-1-470473 — Fax: +977-1-470525
Boudha, Tinchuli, Kathmandu, P.O. Box 2523
Tel.: +977-1-482514

ESPANHA
Lama Gangchen World Peace Foundation (Main Office)
c/ Diego de Leon, 20-2 izq, 28006, Madrid, Spain
Tel./Fax: +34-1-4311790

Sangye Menkhang
Avda. Velazquez 9, portal 16 E2, 29003, Malaga, Spain
Tel./Fax: +34-52-356625

Shide Sango
c/ Penna Huecas 6, 45111, Cobisa, Toledo, Spain
Tel.: +34-25-293682

Environment and Peace
Avda. Pablo Inglesias 8 – 5C Ed. Tauro, 04003, Almeria, Spain
Tel.: +34-50-256046 — Fax: +34-50-256046

Suíça

Inner Peace Centre
Freudwil, CH 8615, Switzerland
Tel.: +41-1-9412912

Ngalso Self-Healing Study Group
Geneva, Switzerland
Tel.: +41-22-7562330

Ngalso Self-Healing Study Group
Krummenlandstrasse 23, 5107, Shinznach Dorf, Switzerland
Tel.: +41-56-4432730 — Fax: +41-56-4433388

Tibete

Gangchen Chöpel Monastery, Shigatse, Tibete

Tailândia

Environment of Peace for the safety of physical and mental energies
Hua Hin, Thainland
Tel./Fax: +66-32-515511

Turquia

Self-Healing Study Group
Cumhuryiet Cad N. 257/3, 80230, Harbiye, Istambul
Tel.: +91-212-248 4864 — Fax: +91-212-230 3697

Rússia

Medicine Buddha Healing Center
Akademica Anohina 6-301-2, Moskow, Russia
Tel.: 007-096-430 9192

Estados Unidos

Hans Janitschek (representante em N.York)
945 Fifth Ave, New York, EUA
Tel.: +212-2885716 — Fax: 212-6289167

New York Self-Healing Study Group
54 Harbour Road, West Port, Connecticut 06088
Tel.: +1-203-222 7002 — Fax: +1-203-222 7079

Ngelso Self-Healing Study Group
10400 Cherry Ridge rd., Seastopol, CA 95472, EUA
Tel.: +1-707-823 8700

Lama Gangchen Tulku Rimpoche

O Lapidador de Diamantes

Estratégias de Buddha para gerenciar seus negócios e sua vida

Todos os que desejam enriquecer, todos os que querem prosperar interna e externamente, mantendo, contudo, uma relação saudável com a riqueza, devem conhecer as estratégias apresentadas em *O lapidador de diamantes*, livro que conta a experiência de um mestre do Budismo Tibetano como executivo, responsável pelo setor de diamantes da Andin International, que começou com um capital de cinqüenta mil dólares, até gerar negócios de milhões de dólares anuais, utilizando princípios da antiga sabedoria budista.

Qualquer executivo espera que seu negócio seja bem-sucedido, e para isso trabalha; mas nem sempre mantém a mente e o corpo saudáveis para usufruir de seus bens, acabando por concluir que os anos de trabalho não tiveram um bom significado. É esta atitude que Gueshe Michael Roach procura inverter, ajudando-nos a atribuir um sentido mais profundo à vida e aos negócios, mostrando que o dinheiro é perfeitamente compatível com a vida espiritual.

Autocura I

Proposta de um mestre tibetano

Considerando que o Budismo Tibetano deve ser vivenciado de forma simples e direta, este livro procura difundir os ensinamentos de Buddha que podem libertar as pessoas do sofrimento, fazendo com que integrem a paz em seu cotidiano e desenvolvam a saúde física, mental e espiritual.

O Lama Gangchen Rimpoche, profundo conhecedor da relação de interdependência entre corpo e mente, reúne neste livro a essência dos pensamentos sobre como praticar o budismo no Ocidente, tornando-se um guia prático que auxilia o leitor a pensar e se concentrar na autocura, na autoproteção, desenvolvendo, assim, uma mente estável, identificando seus problemas e as causas de suas doenças, ou seja, encontrando em si próprio o caminho para a cura.

NgelSo – Autocura Tântrica II

Autocura Tântrica do corpo e da mente,
um método para transformarmos este mundo em Shambala

Este livro é importante, pois apresenta de forma bastante simples e acessível a essência dos pensamentos de Lama Gangchen sobre como praticar o budismo no Ocidente, isto é, como desenvolver paz interna e mundial. Este livro é um verdadeiro presente para as pessoas do terceiro milênio, pois pode ajudá-las a integrar a paz em seu cotidiano.

Autocura é desenvolver a paz interna nos níveis sutil e muito sutil, e, no nível grosseiro, a paz no mundo. Autocura é cortar nosso egocentrismo, é automoralidade, autorealização, autocompreensão, é entrar em contato com nosso curador, médico terapeuta e Lama interno, nossa Divindade interna e Protetor interno.

Oráculo I – Lung Ten

108 predições de Lama Gangchen Rimpoche
e outros mestres do budismo tibetano

Durante suas viagens, em companhia do Lama Ganchen Rimpoche, para países e lugares sagrados da Ásia, Europa, Américas do Norte e do Sul, Bel Cesar registrou num diário "as pequenas conversas" que ele teve com amigos e pacientes. A partir dessas anotações e de outras de mestres do Budismo Tibetano, Bel selecionou 108 Lung Ten: predições e oráculos.

Esses 108 Lung Ten são um método para acalmar nossa mente quando ela estiver confusa, em dúvida ou insegura, pois um oráculo é um canal através do qual podemos obter respostas às perguntas provenientes de nosso coração.

Os Lung Ten oferecem uma nova perspectiva e uma nova solução para nossas dificuldades.

Oráculo I - Lung Ten, nesse tempo tumultuado e violento de nossa civilização, é um poderoso remédio que pacifica cem doenças do corpo e da mente e cura os 108 pensamentos negativos do nosso "supermercado" de pensamentos negativos.

Viagem Interior ao Tibete

Acompanhando os Mestres do Budismo Tibetano
Lama Gangchen Rimpoche e Lama Michel Rimpoche

Viagem Interior ao Tibete narra uma viagem de 25 dias que se inicia em São Paulo rumo ao Tibete, passando por Katmandu, Lhasa, Shigatse e Gangchen.

Bel Cesar viajou com um grupo acompanhando seu filho, Lama Michel Rimpoche, e seu mestre, Lama Gangchen Rimpoche, narrou na forma de um diário sua estadia no Tibete, a inauguração do Monastério de Lama Gangchen Rimpoche e o dia-a-dia visitando as inúmeras relíquias de conhecimento espiritual que o Tibete e o Budismo oferecem.

Morrer não se improvisa

Proposta de um mestre tibetano

Ao compartilhar sua vivência clínica como psicóloga, Bel ensina que a morte pode se tornar mais tranqüila se houver uma preparação psicológica e um acompanhamento espiritual anterior. O que ela propõe neste livro pode ser aplicado por qualquer pessoa, de qualquer religião. Discípula do mestre espiritual Lama Gangchen Rimpoche, Bel aplica a perspectiva budista no seu trabalho ao mesmo tempo em que atende às necessidades espirituais de cada paciente.

A convite de Bel Cesar, dezessete representantes espirituais, médicos e terapeutas, do Brasil e do exterior, complementam o livro e nos mostram diversas maneiras de se fazer esse acompanhamento a pessoas que enfrentam a morte.

Impressão e acabamento:
GRÁFICA PAYM
Tel. (011) 4392-3344